"탐 사인의 사역에 관해 읽거나 보지 못했던 사람들에게 그의 대화에 참여할 수 있게 해주는 지름길이 될 만한 책이다. 책값이 결코 아깝지 않을 것이다!"
_앤드루 존스, 톨 스키니 키위 대표

"이머징 교회 운동으로 인해 서구 교회 전체가 탐 사인이 줄곧 이야기해 온 바에 귀 기울이기 시작했다. 「하나님 나라의 모략」에서 그는 그리스도를 닮는 새로운 방법을 보여 주는 현장의 사례와 이를 실천에 옮기는 데 도움이 되는 자료를 제공한다. 꼭 필요했던 책이며 크게 환영받을 책이다."
_커트 프레드릭슨, 풀러 신학교 교수

"탐 사인은 교회의 불편한 진실을 폭로한다. 탐은 우리가 이 시대에 다뤄야 할 도전들을 개괄한 후 우리가 근대성의 가치에 영혼을 판 것을 냉정하게 재평가해야 한다고 경종을 울린다. 교회의 대안적인 미래를 소개하는 이 책은 타협과 안락함을 포기하지 않고도 하나님 나라를 건설할 수 있다고 생각하는 모든 사람에게 강력히 도전할 것이다."
_앤디 해링턴, 캐나다 YFC 상임이사

"이 책에는 탐 사인의 노련함이 배어 있다. 언제나 우리로 하여금 성경을 우리 시대에 맞추는 것이 아닌 우리 문화를 성경 이야기에 뿌리를 두게 만든다. 복음의 통전성을 강조하며, 이를 약화시키거나 사적인 것으로 축소하도록 결코 내버려 두지 않는다. 언제나 작고 지역적인 것의 역할을 예리하게 강조하지만, 하나님 나라의 전 지구적 관점을 놓치지 않도록 한다. 신앙의 철저한 공동체성을 상기시키면서 한순간도 하나님의 구속 계획 안에 있는 우리의 개인적 역할과 책임을 약화시키지도 않는다. 위대한 교사이자 진정으로 현명한 안내자가 쓴 위대한 책이다."
_앨런 허쉬, 「새로운 교회가 온다」 공저자

"오랫동안 탐 사인의 글은 나로 하여금 안락한 공간을 벗어나 하나님의 복된 소식을 더 풍성하고 깊이 바라보게 해주었다. 그는 저술과 우정을 통해 나에게 소망과 격려를 주었다. 그의 새 책에는 도전과 영감이 넘치며, 흐름이 바뀌고 있고 따뜻한 햇살이 비치고 있으며, 교회와 세상을 위해 좋은 일이 일어나고 있다는 징조가 가득하다. 탐 사인의 책을 읽어 본 적이 없다면 이 책을 읽으라. 그의 이전 책들을 즐겁게 읽었다면 또 다른 도움을 받기 위해 이 책을 읽으라."
_브라이언 맥클라렌, 「새로운 그리스도인이 온다」 저자

"어쩌면 당신도 나처럼 가끔 세상이 가만히 멈추어서 우리가 숨을 고르고, 어디로 가고 있는지 살피고, 여행 계획을 짠 다음 새로운 마음으로 지구촌으로 돌아가 가장 바쁜 곳으로 찾아갈 수 있기를 바랄지도 모르겠다. 탐 사인은 우리에게 세상이 속도를 늦추지 않을 테지만 우리가 어디로 향하고 있는지, 가장 창의적이며 대담한 그리스도인들이 새로운 미래로 향하는 길 위에 서 있으며, 이들이 벌이고 있는 일의 지도를 그려 준다. 이 노련한 기독교 미래학자와 함께 예수님을 따라 하나님 나라의 모략에 가담한 이들이 어디로 향해 나아가고 있는지 살펴보라."
_스캇 맥나이트, 북침례 신학교 신약학 교수

"나는 세계를 여행하면서 가장 둔감한 사람들조차도 무언가 벌어지고 있음을 느끼고 있다는 것을 알게 되었다. 문제는 무슨 일이 일어나고 있는가 하는 것이다. 교회와 공동체 안에서 대부분의 사람들이 씨름하는 문제는, 우리가 어떤 미래를 만들어 갈 수 있는가 하는 것이다. 「하나님 나라의 모략」에서 탐 사인은 다양한 통찰을 수집하고 그것을 엮어 미래가 어떤 모습일지에 관해 떠오르는 상을 직조해 냈다. 하나님 나라가 하늘에서 이루어진 것같이 땅에서도 이루어지기를 기도하고 그 기도를 실천함으로써 세상을 변화시키기 원하는 모든 사람에게 유익한 통찰을 줄 중요한 책이다."
_퍼즈 키토, 스피리티드 컨설팅 이사

"마음을 단단히 먹으라. 이 책은 결코 즐겁게 읽을 책이 아니다. 저자는 하나님 나라의 모략에 가담한 이들의 다양한 운동을 소개하며 예수님을 따르는 제자로서 앞으로 당신이 어떤 사람과 어떤 교회가 되어야 하는지 결단하게 만들 것이다. 예수 그리스도의 다스리심과 그분의 나라에 뿌리를 박은 소망이 미래의 불확실성과 기회를 점검할 절호의 기회를 제공한다."
_앨런 리클, 미국개혁교단 선교부 대표이사

"지혜로우면서 폭넓고, 신중하면서도 철저하고, 도발적이면서도 주도면밀하고, 실제적이면서도 소망이 넘치는 본서는, 최근 쏟아져 나오는 '미래에도 교회가 있을까?'라는 매우 현실적인 물음을 탐구하는 수많은 책들 중에서도 단연 최고의 책이다."
_드와이트 프리슨, 마스힐 대학원대학교 실천신학 교수

"대안적인 미래를 소개하는 이 책은 타협과 안락함의 자리를 포기하지 않고도 하나님 나라가 건설될 수 있다고 생각하는 모든 사람에게 강력한 도전이 될 것이다."
_조니 베이커, 그린벨트 예술축제 기획자

"모략을 꾸미다'라는 말은 '성령과 동행하다', '그 움직임에 동조하다'라는 뜻이다. 이것이 바로 '모략'의 본질이며, 선교의 미래를 다룬 탐 사인의 책을 적절하게 설명하는 표현이다. 나는 이 책을 적극 추천하며 이 책이 널리 읽히기를 바란다. 교회를 새롭게 상상하고 선교의 미래를 모색하기 위해서는 「하나님 나라의 모략」에서 제공하는 GPS가 반드시 필요하기 때문이다."

_캐런 워드, 사도들의교회 주임사제

"탐 사인은 신실하게 예수님을 따르고자 노력하는 우리 모두에게 평생 배우려는 자세가 얼마나 중요한지를 일깨워 준다. 그만큼 나이 들고 탁월한 삶과 사역을 이룬 사람들은 물러앉아 회고록을 쓰려고 하는 경우가 많다. 하지만 탐은 지금 여정을 시작한다. 오늘날 젊은 세대를 통해 하나님이 어떤 창의적인 방법으로 그분의 전복적인 하나님 나라 혁명을 일으키고 계신지 그는 여전히 배우고 있다. 「하나님 나라의 모략」에서 그는 요란 떨지 않고 하나님 나라의 변화를 조용하고 신실하게 일으키고 있는 이들의 이야기를 들려준다. 하나님 나라를 위해 변혁적인 사업을 하고 있는 젊고 창의적인 사업가들에서부터 이 세상에서 작은 예수가 되어 도심의 버려진 땅에 사랑과 소망을 전하고 있는 도심의 젊은이들에 이르기까지, 탐은 그들의 놀라운 이야기를 전하면서 우리가 어떻게 변화와 변혁, 소망이라는 성령의 바람을 향해 우리의 생각과 마음을 열고 거기에 동참할 수 있는지 가르쳐 준다."

_토마스 야시노, 델 카미노 커넥션 책임간사

"목회자와 교회 개척 활동가, 사역 기관 지도자들이 반드시 읽어야 할 책이다. 이 책이 담고 있는 원리와 연구, 통찰은 점점 더 다인종, 다문화적으로 변하는 세상 속에서 하나님 나라의 영향력을 미칠 수 있도록 우리를 준비시켜 줄 것이다."

_에프럼 스미스, 생추어리 언약교회 담임목사

"탐 사인은 「하나님 나라의 모략」에서 우리에게 새로운 신앙의 흐름들을 유익하게 소개하며 미래에 대한 소망을 품게 해준다. 각각의 역사적·문화적 맥락 안에서 이 흐름들을 살펴봄으로써 여러 운동들이 서로 긴밀하게 연결되어 있음을 이해하고 오늘날 우리가 직면한 도전을 깨닫도록 도와 준다. 오늘날 세상이 직면한 위기의 실체를 냉정하게 지적하면서도, 소망을 잃지 않고 더 나은 미래를 상상할 수 있다고 역설하는 저자는 소망과 지속 가능성, 정의를 아우르는 생활방식을 추구하는 이들의 이야기가 평범한 독자들에게 영감을 줄 뿐 아니라 그들의 삶에도 쉽게 적용될 수 있다고 믿는다. 「하나님 나라의 모략」은 기독교 내의 새로운 운동의 미래를 예측하는 소중하고 중요한 책이다. 혼란스러운 이 시대에 교회가 어디를 향해 나아가고 있는지 이해하고자 하는 사람이라면 반드시 읽어야 할 책이다."
_줄리 클로슨, 비아 크리스투스 커뮤니티 교회 담임목사

"이 책에서 탐 사인은 자신이 가장 잘할 수 있는 일을 하고 있다. 광범위한 자료에서 정보와 이야기를 걸러 내어, 교회와 선교, 하나님 나라 공동체의 미래 모습에 관심을 갖고 있는 모든 사람들이 이해하고 활용할 수 있도록 만들었다. 이 책은 이론을 말하는 책이 아니다. 그저 이야기를 모아 놓은 책도 아니다. 「하나님 나라의 모략」은 교회를 주변의 문화와 다시 연결시키려는 열망으로 교회를 혁신하고자 하는 동시대적이며 전 지구적인 운동들에 관한 탁월한 보고서다. 매우 현실적이며 현재 우리의 삶의 현실에 단단히 밀착해 있지만, 우리가 단지 현재의 상태를 불가피한 미래로 받아들이지 않고 세상과 하나님 나라를 위해 그것을 변화시킬 수 있도록 해주는 통찰력이 넘치며 유익한 도구들을 제공한다. 어떤 사람을 비난하거나 비판하지 않으면서 모든 흐름에 속한 교회 지도자들에게 영감과 도전을 제공하며, 채찍으로 우리를 재촉하기보다는 소망을 품고 앞으로 나아갈 수 있게 한다. 모든 교회에 중요한 자료가 될 책이다."
_마크 피어슨, 도시의씨앗 대표

"탐 사인은 기독교 공동체를 향해 피조물을 돌보는 선한 정원지기가 되라는 창조 명령을 진지하게 받아들일 것을 끈질기게 촉구해 왔다. 「하나님 나라의 모략」에서 그는 실제로 어떤 일이 일어나고 있는지, 얼마나 더 많은 필요를 채워야 하는지를 포괄적으로 살펴봄으로써 이 중요한 사역을 이어 간다. 이 책에는 지구촌에서 그리스도인의 증언을 격려하고 재평가해야 하는 까닭이 담겨 있다."
_대럴 구더, 프린스턴 신학교 선교학 교수

"탐 사인은 현대 교회가 직면한 도전과 기회를 개괄하면서, 우리를 향해 '겨자씨'에서 시작된 운동이 현실을 변화시킨다는 확신을 가지고 담대하고 창의적인 행동에 나설 것을 촉구한다. 문화적 분석, 성경적 통찰, 원리를 담고 있는 이야기를 결합한 이 책은 우리에게 다가오는 미래를 기쁘게 맞이하라고 권하는 영감 어린 역작이다."
_스튜어트 머레이, 도시교회개척 컨설턴트 대표

"세상이 변하고 있다. 우리 문화 속에서 전통적인 형태의 기독교 공동체는 그 어느 때보다도 매력을 잃어 가고 있으며, 계속 줄어드는 교회 출석률은 이에 대한 명백한

증거다. 도발적이며 매력적인 이 책에서 탐 사인은 예수 그리스도의 복음에 대한 헌신과 현대 문화의 경험을 통해 대안적 형태의 교회를 만들어 감으로써 이 상황에 대처하기 원하는 사람들의 아이디어와 대화 속으로 독자들을 초대한다. 교회의 미래에 관심이 있는 모든 사람에게 중요하고도 소망을 주는 책이다."
_존 프랭크, 옐로우스톤 신학연구소 소장

"탐 사인은 우리 모두의 유익을 위해 새로운 흐름을 파악하고, 연결고리를 만들고, 결론을 이끌어 내는 언론인, 신학자, 미래학자다. 「하나님 나라의 모략」을 통해 그는 급변하는 현대 교회의 모습을 파악하는 새로운 통찰을 제시한다."
_짐 월리스, 「하나님 편에 서라」 저자

"「하나님 나라의 모략」에서 탐 사인은 세계 곳곳에서 거대한 선교적 공동체로 자라날 능력을 지닌 수많은 씨앗을 심는다. 만약 세상의 미래에 대한 소망이 무엇인지, 그 속에서 교회가 어떤 역할을 할 수 있는지 알고 싶다면, 오늘 「하나님 나라의 모략」을 집어 들라."
_윌 & 리사 샘슨, 「교외에서 정의롭게 살아가기」 저자

"젊은 세대는 세상을 변화시키고 싶어 한다. 그들은 한쪽 옆으로 물러나 있기를 원하지 않으며, '말만' 하는 것도 원하지 않는다. 그러나 행동주의자들인 그들은 비전은 있지만 실제로 무엇을 해야 할지 모른다. 탐 사인은 우리의 눈으로 세상을 더 깊이 보게 하며, 우리의 상상력을 자극해 기회를 잡고, 우리를 향해 하나님 나라의 삶이 무엇을 뜻하는지를 더 깊이 이해하게 만든다. 이 책은 앞으로 내가 학생들에게 하나님 나라 운동에 동참하라고 도전할 때 꼭 사용해야 할 책이다."
_스티브 헤이너, 컬럼비아 신학교 전도학 석좌교수

"우리는 탁월한 네트워크 운동가인 탐 사인에게서 점을 잇듯이 전 세계 다양한 사람들과 사역 단체들을 이어 주는 작업을 기대해 왔다. 만약 사인이 그저 지도를 그리듯이 세계 전역에서 벌어지는 참신하고 활기찬 하나님 나라의 운동들을 소개해 주기만 했더라도 이 책은 교회에 놀라운 선물이 되었을 것이다. 그러나 「하나님 나라의 모략」에서 그는 훨씬 더 나아간다. 그는 현재 사역을 해석할 수 있는 틀을 제공한다. 제대로 소개된 적이 없던 세계 곳곳의 이야기들로 가득한 이 책에서 사인은 왜 이 사역들이 나타났는지를 알려 준다. 하지만 그의 설명은 무미건조하고 냉정한 해석으로 이야기를 제한하지 않는다. 오히려 그의 저술을 통해 우리는 하나님이 그분의 백

성을 통해 놀라운 일을 행하시는 것을 본다. 그가 들려주는 이야기를 통해 나는 감동을 받고 영감을 얻고 실천하라는 부르심을 느낀다. 신학교에서 내가 가르치는 학생들은 세상 속에서 그리스도처럼 활동하는 사람들의 생생한 예를 소개해 달라고 아우성이다. 탐 사인의 「하나님 나라의 모략」은 그런 요구를 충족하고도 남는다. 강력히 추천한다."

_라이언 볼저, 풀러 신학교 교수

"교회에 대한 희망 지수가 낮은 오늘날 탐 사인은, 우리가 세상과 교회에서 직면한 몇 가지 중대한 도전을 이 책에서 강조한다. 그러나 우리를 더 큰 절망으로 이끄는 대신 그는 우리에게 성경적 전망을 상기시키고, 자유로운 상상력으로 이 세상의 도전에 긍휼의 마음으로 창의적으로 대응하는 개인과 가족, 공동체의 이야기를 들려줌으로써 우리에게 소망을 불어넣는다. 「하나님 나라의 모략」에서 언급한 세자르 로페스의 말처럼 "이것이 바로 변화다…이것이 바로 악을 선으로 변화시키는 것이다…이것이 바로 가능성이다." 이 책을 읽고, 이 책이 주는 소망을 기뻐하면서 당신의 상상력을 자유롭게 펼치라."

_스탠리 그린, 메노나이트 선교 네트워크 상임이사

하나님의 나라
모략

IVP(InterVarsity Press)는
캠퍼스와 세상 속의 하나님 나라 운동을 지향하는
IVF(InterVarsity Christian Fellowship)의 출판부로서
생각하는 그리스도인을 위한 문서 운동을 실천합니다.

Originally published by InterVarsity Press
as *The New Conspirators*
ⓒ 2008 by Tom Sine
Translated and printed by permission of InterVarsity Press,
P. O. Box 1400, Downers Grove, IL. 60515, U. S. A.
All rights reserved.

Korean Edition ⓒ 2014 by Korea InterVarsity Press
156-10 Dongkyo-Ro, Mapo-Gu, Seoul 121-838 Korea

# 하나님의 나라 모략

탐 사인
박세혁 옮김

1981년, 열 살의 나이로 이곳 시애틀의 소아병원에서 바이러스성 중이염으로 사망한 나비에 소트르에게 나는 내 첫 책을 헌정한 바 있다. 당시 열일곱 살이던 나의 아들 클린트를 비롯해 우리 교회의 소그룹 모임은 캄보디아 난민이었던 나비에와 그의 부모를 후원하고 있었다. 우리는 나비에가 병상에 누워 있던 몇 주 동안 마음을 다해 기도했다. 그러나 나비에는 그만 세상을 떠나고 말았다. 나비에의 죽음으로 우리 모두, 특히 내 아들 클린트가 마음 아파했다.

2006년 5월 20일, 우리는 오랫동안 병마와 싸웠던 아들 클린트를 마흔한 살에 떠나보냈다. 클린트가 떠난 지 1주기가 되는 지금 나는 이 글을 쓰고 있다. 나는 아들을 깊이 사랑했으며 지금도 너무나 그립다. 클린트는 하나님에게 많은 은사를 받았다. 총명하고 영민했으며 유머 감각이 뛰어났고 늘 어려운 사람들을 도우려고 했다. 하지만 클린트는 받아 마땅한 것보다 더 큰 시험을 받아야 했다.

마음껏 날아 보기는커녕 하나님께 받은 가능성을 펼쳐 볼 기회조차 갖지 못한 채 나비에와 클린트는 우리 곁을 떠나갔다. 이들이 우리 곁에 없음으로 이 세상은 더 가난한 곳이 되었다. 그리스도 안에 있는 소망과 약속의 바람을 타고 날개를 펼쳐 비상하기도 전에 스러져 간, 안타까운 이 세상의 모든 이들에게 이 책을 바친다.

**차례**

추천의 글 15
감사의 글 17
혼란스러운 시대를 여행하는 법 19

**첫 번째 대화: 하나님 나라 운동을 주목하라 35**
1. 이머징 교회, 선교적 교회, 모자이크 운동, 수도원 운동 37

**두 번째 대화: 현대 문화를 주목하라 69**
2. 9/11 이후 지구촌 이웃에게로의 귀향 71
3. 전 세계적 쇼핑몰이 선전하는 좋은 삶으로의 귀향 85

**세 번째 대화: 하나님의 미래를 주목하라 111**
4. 하나님이 베푸신 좋은 삶으로의 귀향 113
5. 이미 여기 와 있는 또 다른 세상 131
6. 변화된 인류의 미래로의 귀향 141

**네 번째 대화: 혼란의 시대를 주목하라**  153

7. 미래에 대한 성찰  155

8. 바보들의 배를 타고 함께 여행하기  163

9. 전 세계 부자들이 직면한 도전  175

10. 취약한 중산층이 직면한 도전  187

11. 서구의 가난한 사람들이 직면한 도전  211

12. 전 세계 가난한 사람들이 직면한 도전  227

13. 위기에 처한 교회가 직면한 도전  245

**다섯 번째 대화: 하나님 나라의 상상력을 주목하라**  257

14. 이미 여기 와 있는 하나님 나라에 대한 새로운 상상  259

15. 전인적 청지기직에 대한 새로운 상상  293

16. 전인적 공동체에 대한 새로운 상상  307

17. 전인적 선교에 대한 새로운 상상  323

18. 새로운 기업 운동에 동참하라  339

정말로 작고 작은  361

주  365

## 추천의 글

탐 사인은 제국의 그늘 아래서도 여전히 하나님의 모략이 살아 약동하는 작은 틈을 찾아낼 줄 아는 사람이다. 그는 꿈을 좇아가는 사람이며 하나님의 이야기를 모으는 재기발랄한 수집가다. 이 책은 그가 엮어 낸 모자이크 화집이다.

 탐의 유산이 무르익으려면 앞으로 십 년 이상은 더 지나야 할 것 같다. 그는 여전히 충분히 칭송받지 못한 믿음의 영웅으로 살고 있다. 그는 자기 세대의 많은 이들처럼 이 세대를 이해하려고 노력했을 뿐 아니라 그들 아래에 서려고 애써 왔다. 교회에 관해 실수도 하고 꿈도 꾸는 이 세대를 이해하려고 했으며 그들의 목소리에 귀를 기울여 왔다. 그는 다른 이가 해 놓은 풍성한 수확물을 먹어 치우는 사람이 아니라 겸손하게 겨자씨를 뿌리는 사람이다.

 이 책에서 탐은 나 같은 젊은이들을 있는 그대로의 모습보다 더 훌륭해 보이도록 만들 위험을 무릅쓴다. 이는 그가 얼마나 겸손한 사람인지를 보여 주는 방증이다. 그는 한 분 하나님처럼 하나인 교회, 독특하고도 반문화적인 하나님 나라의 정치를 반영하는 한 백성, 낡은 종교보다 예수님을 닮은 한 공동체를 살펴보기 위해 이 귀한 책을 집필했다. 진부한 기독교는 참된 기독교로부터 우리를 떨어뜨려 놓는 것에 반해, 이 책은 우리의 상상력을 자극하여 이 세상에서 하나님을 만날 수 있게 해준다. 한마디로 이 책은 교회와 세상에 주어진 선물이다.

셰인 클레어본

## 감사의 글

많은 벗들의 도움과 기도가 있었기에 이 책을 쓸 수 있었다. 그 오랫동안 나와 함께하면서 유익한 조언을 아끼지 않은 아내 크리스틴에게 특히 감사한다. '겨자씨의 집' 사람들의 기도와 도움, 특히 피터 질에게 고마움을 전한다. 내 아들 웨스의 창의적인 자극은 이루 말할 수 없을 정도로 소중했다. 겨자씨협회 직원 모두에게서 큰 도움을 받았다. 특히 주디 네이즐리는 여러 시간 동안 나의 원고를 편집해 주었으며 엘리아신 로자리오는 섬세한 혜안을 나누어 주었다. 이사회 회원인 질 영과 폴 스티븐슨으로부터도 큰 도움을 받았다. 인터내셔널 서클 회원인 마이크 모리스와 톰 보크도 귀한 조언을 해주었다. 스티브 루츨의 조언과 기도에 진심으로 감사드린다. 미국 IVP의 데이비드 지머맨의 전문적인 조언과 사려 깊은 제안, 그리고 내가 침체되어 있을 때에도 인내심을 갖고 기다려 준 데 대해 감사드린다. 패터노스터 출판사의 로빈 패리에게도 진심으로 감사드린다.

많은 이들이 긴 시간을 들여 원고의 여러 부분을 읽고 솔직한 의견을 제시해 주었다. 그들의 도움 덕분에 훨씬 더 나은 책이 될 수 있었다. 바이런 보거, 스캇 스미스, 자니 베이커, 앤드루 존스, 페니 커루서즈, 리처드 달스트롬, 리사 서다이크, 드와이트 프리즌, 팀 베드너, 조던 쿠퍼, 마크 스캔드릿, 제러드 켈리, 필 윌, 에디 깁스, 커트 프레드릭슨, 루크 브레서튼, 커윈 케스터, 이언 맙스비, 매튜 프로스트, 로빈 패리, 앤디 해링턴, 에프럼 스미스, 팀 모리, 루커스 랜드, 스티브 테일러, 셰인 클레어본, 폴라 해리스, 브라이언 왈쉬, 브라이언 맥클라렌, 팀 소렌스, 캐런 워드, 글렌 스타센, 스캇 맥나이트, 매니 오티즈, 놈 이워트, 커트 프레드릭슨, 필 스미스, 스티브 헤이너, 덕 다우닝, 찰스 버지스, 앨런 허쉬, 퍼즈 키토, 제시카 스티븐스, 트레버 토머스, 딕 스타웁, 킴 포터, 마이클 리브스, 마이크 기어츠, 스탠 손버그, 트레버 토머스, 제프 큐스에게 진심으로 감사의 말을 전한다.

끊임없이 변화하는 시대를 어떻게 하면 신실하게 살아갈 수 있을지 알고자 노력하는 나를 도우시며 나의 여정에 함께하시는 하나님께, 그리고 나보다 앞서 이 길을 걸어간 이들의 기도에 특히 감사드린다.

## 혼란스러운 시대를 여행하는 법

우리가 탄 차는 출퇴근 시간에 시속 70킬로미터의 속도로 인도의 하이데라바드 시내를 통과하고 있었다. 시속 25킬로미터 이상으로 달리는 차가 한 대도 없었기 때문에 그것은 굉장한 속도였다. 아이를 데리고 나온 부모와 노인들은 혼잡한 보도에서 밀려나 차도까지 내려와 걷고 있었다. 사람들은 자전거와 인력거, 물소와 씨름을 하며 걸어야 했고, 자동차와 트럭은 도로 가운데 남은 차선 하나를 이용해야 했다.

한 시간 전만 해도 나는 함께 여행하던 네 사람과 여유 있게 점심을 즐기고 있었다. 신선한 파파야와 라임을 곁들인 훌륭한 코코넛 치킨 카레 요리를 먹으며 가난한 가정들이 최근 시작한 작은 자전거 사업에 관한 소식을 듣고 있었다. 하지만 지금 우리는 지옥을 빠져나가고 있었다.

질주하는 45분 동안 우리는 죽을 고비를 몇 차례 넘겼다. 유조차량과 만원 버스, 세 대의 인력거와 충돌할 뻔한 상황을 겨우 피했다. 우리를 태운 이슬람교 운전사는 영어를 할 줄 몰랐기에 우리는 서두를 필요가 없다는 말을 전할 방법이 없었다. 불안한 마음에 기도를 하려는데 최근 알게 된 사실이 머릿속에 떠올랐다. 선교사들의 사망원인 1위가 교통사고라는….

순간 운전사가 핸들을 갑자기 왼쪽으로 틀었다. 어디선가 튀어나온 자전거의 손잡이가 차에 걸렸고, 운전사는 급정거를 했지만 자전거와 자전거에

탄 사람을 30미터 정도는 끌고 가 겨우 멈추었다. 자전거는 엉망이 되었지만 다행히 사람은 다치지 않았다. 운전사는 그 사람과 차도 한복판에서 한참을 싸우더니 아무렇지 않다는 듯이 운전석에 앉아 다시 차를 몰았다. 다행히 그후 운전사는 속도를 낮췄고, 나도 곧 안정을 되찾았다.

## 혼란스러운 시대, 급변하는 세계

쓰나미, 허리케인, 지진, 테러, 중동의 격변, 경제 불황. 새 천 년에 진입한 이후 세계는 누구도 통제할 수 없는 속도로 질주하고 있는 것처럼 보인다. 그리고 이 속도는 당분간 줄어들 것 같지 않다. 우리는 지구촌의 일부로 급속히 편입되고 있으며 앞으로 더 심각한 도전에 직면하게 될 것이다. 이러한 변화와 불확실성은 우리의 가장 가난한 이웃들이 늘 직면해 온 현실, 특히 경제적 위기와 불확실성을 더 닮아 갈 가능성이 크다.

전 세계적으로 하루하루를 힘겹게 싸우고 있는, 삶을 위협하는 불확실성을 줄이기 위해 부단히 노력하는 이들이 있다. 이 활동가들은 2015년까지 전 세계의 빈곤율을 절반 수준으로 줄일 것을 목표로 하는 유엔의 '새천년 개발목표'에 전 세계 180여 개국들이 동참하도록 설득시켰다. 기간이 조금 남기는 했지만, 이 목적에 동참하기로 한 나라들이 약속했던 투자를 이행하지 못할 것임은 분명하다. 새 천년 벽두에 일어난 쓰나미로 인해 15만 명이 목숨을 잃었음을 상기시키면서 가난한 이들의 권익을 열정적으로 옹호해 온 U2의 리드싱어 보노는 다음과 같이 말했다. "아프리카에서는 매달 15만 명이 죽고 있다. 한 달에 한 번씩 쓰나미가 닥치는 셈이다. 그러나 분명한 것은 이것은 피할 수 있는 재앙이라는 사실이다."[01]

이런 혼란스러운 사건들로 인해 종말에 대한 예언에 사람들은 열광하고 있다. 그러나 이 혼돈의 시대에 하나님이 어떤 일을 행하시며 그분이 행하시는 일에 우리는 어떻게 동참할 수 있는지를 발견하는 데 그리스도인은 더 집중해야 한다. 예수를 따르는 이들에게 위기의 때는 사람과 세상을 위한 하나님의 사랑을 새롭고 창의적인 방식으로 표현할 수 있는 기회의 때이다. 「반지의 제왕」(The Lord of the Rings, 씨앗을뿌리는사람들)에서 간달프가 말하는 바와 같이, 우리는 태어나는 시대를 선택할 수는 없지만 "우리에게 주어진 시간은 책임져야 한다."

### 혼란스러운 시대, 변하는 교회

세상뿐 아니라 교회 역시 급속도로 변하고 있다. 아프리카, 라틴아메리카, 아시아 지역의 교회가 놀라운 성장을 경험하고 있는 반면, 북반구의 교회는 그렇지 못하다. 영국, 호주, 뉴질랜드, 캐나다, 미국에서는 주류 개신교와 로마 가톨릭뿐 아니라 복음주의 교회와 은사주의 교회도 급속한 변화와 교인 수 감소라는 문제와 씨름하고 있다.

영국의 이머징 교회 지도자들은 전통적인 제도권 교회의 장점과 프로그램의 상당 부분이 탈 교파적, 탈 기독교 세계적, 탈 기독교적, 탈 현대적 문화와 더 이상 맞지 않는다고 주장한다.[02] 앨런 록스버그(Alan Roxburgh)는 이 상황을 다음과 같이 생생하게 묘사한다.

> 우리는 모두 중대한 전환기의 시작 단계에 와 있다…우리는 '요절복통 70쇼'처럼 향수 어린 과거로 돌아갈 수도 없고, '스타 트렉'(Star Trek) 시리즈처럼 아무도 가 보지 않은 미지의 세계로 나아가기 위해 현재를 뛰어넘을 수도 없다. 우리는 우주정거장 '바빌론 5호'에 승선한 채 자신이 처한 상황을 극복하려는 외계 생명체들과 더 닮아 있다.[03]

「잊힌 길」(The Forgotten Ways)에서 앨런 허쉬(Alan Hirsch)는 현대 교회 지도자들의 주된 고민을 이렇게 설명하고 있다. "그들의 공동체는 점점 더 복잡해지는 주변 환경을 극복하는 데 더 큰 어려움을 겪고 있다. 그 결과 교회는 오랫동안 심각한 쇠락의 길을 걷고 있다."[04] 교인 수, 참여도, 헌금 감소로 인해 교회는 미래로부터 오는 새로운 도전에 혁신적으로 대응할 방법을 찾기는커녕 지역적·세계적 선교 사역을 현재 수준으로 유지하기조차 어려워 보인다.

### 새로운 모략을 꾸미는 사람들

이 같은 위협적인 도전에도 불구하고 하나님은 전통 교회의 메마른 뿌리에 새로운 생명을 주는 작은 갱신의 물줄기를 부어 주신다. 물론 하나님은 모든 세대를 통해 일하신다. 나와 아내는 전 세계를 여행하면서 하나님의 영이 참되고 활기차고 선교 중심의 신앙을 갈망하는 전통 교회들 안에서 일하실 뿐 아니라, 새로운 세대의 전망과 창의력과 진취적인—이머징 교회, 선교적 교회, 다문화 교회, 수도원 운동 같은—정신을 통해 일하고 계심을 목도했다. 나는 독자들에게 이러한 교회 갱신 운동을 통해 하나님이 행하시는 일들을 지지할 뿐 아니라 그와 같은 긍휼의 모략에 동참할 것을 촉구하기 위해 이 책을 썼다.

이머징 교회에 관해 논하면서 브라이언 맥클라렌(Brian McLaren)은 이러한 갱신 운동에 참여했던 젊은 그리스도인들의 독특한 관점에 주목한다. "이런 흐름은 당신의 필요를 채우는 교회를 만들자는 것이 아니라, 세상의 필요를 채우는 하나님 백성의 선교에 동참하자는 것이다."[05] 이러한 흐름에 참여하는 이들은 언제나 외부에 초점을 맞추며 자신이 속한 지역사회와 그보다 광범위한 세계의 긴급한 필요를 채우기 위해 노력한다.

이 운동의 또 다른 특징은 전에는 보지 못했던 방식으로 상상력을 일깨운다는 점이다. 예를 들어 이머징 교회 지도자들은 (자신들의 포스트모던적인 성향으로 인해) 예술, 영화, 대중문화에 민감하게 반응한다. 2005년 동남아시아 쓰나미 참사가 있었던 주일, 아내와 나는 시애틀의 프리몬트 수도원(Fremont Abbey)에서 캐런 워드(Karen Ward)가 인도하는 예배에 참석했다. 이 예배는 쓰나미 참사에 관한 뉴스를 오래된 예전에 섬세하고 예술적으로 접목시켰는데, 우리는 그 사건의 고통과 하나님의 섭리 안으로 이끌림을 강력하게 경험했다.

이들 젊은 지도자들은 특정 지역의 문화적 맥락을 주의 깊게 읽어 낸 후, 주변 지역의 개인들이 쉽게 접근할 수 있는 카페나 예술회관 같은 공간을 창안해 낸다. 노팅엄 시민회관에 자리한 몰트 크로스 카페의 모략가들은 수도회(The Friary)라는 영적 성장을 위한 공동체에서 영적 자양분을 얻어 그곳을 찾는 젊은이들을 환대하며, 팀을 꾸려 약물 중독이나 남용 등의 문제로 어려움을 겪는 지역 주민들을 돕는다.[06]

나는 최근 새로운 수도원 운동을 하는 이들에게서도 영감어린 상상력을 발견한다. 다양한 기독교 공동체들이 모여 벌이는 '파파 페스트'(Papa Fest)의 기획자들은 집회를 위한 혁신적인 물물교환 경제를 고안하고, 광대극이나 곡예, 즉흥극 같은 흥겨운 놀이를 통해 아이들도 집회에 참여할 수 있게 한다.

영국 구세군의 러셀 룩(Russell Rook) 사관은 이머징 교회 1세대 지도자들 중 하나였다. 선교를 교회의 핵심으로 회복시키는 깊은 열망을 갖고 있던 그는 상상력을 발휘하여 영국 구세군의 청년부를 선교를 위한 준비 과정으로 혁신시켰.

러셀과 동료들은 젊은이들의 필요에 초점을 맞추는 통상적인 프로그램 대신 세상을 향한 하나님의 사랑에 초점을 맞춰 청년부 이름을 ALOVE

로 바꿨다. 현재 ALOVE는 선교 중심적인 교회 개척을 비롯하여 다양한 선교 활동에 참여하는 11개월 과정의 프로그램을 통해 젊은이들을 훈련시키고 있다. 러셀의 상상력에서 나온 또 다른 아이디어는 영국 최고의 요리사들의 도움을 받아 수프 조리법을 공유한 것이다. 리버풀과 런던 지역의 가난한 이들은 직업훈련의 일환으로 이 과정에 참여하여 수프 만드는 법을 배운 후 지역 상점에 판매함으로써 교회 개척을 재정적으로 후원하고 있다.

**작은 모략에 동참하는 사람들**

이 세상은 빠른 속도로 변하고 있고 그 속에서 교회 역시 힘든 시기를 지내고 있다. 하지만 분명한 것은 하나님이 여전히 일하고 계신다는 사실이다. 그러나 그분의 일하는 방식을 우리가 언제나 눈으로 볼 수 있는 것은 아니다. 어떤 이유에서인지 하나님은 작고 보잘 것 없으며 평범한 것들을 통해 교회를 새롭게 하고 세상을 변화시키는 모략을 좋아하신다. 유진 피터슨(Eugene Peterson)은 이렇게 말한다. "예수님은 사역의 삶을 묘사하면서 겉보기보다 훨씬 큰 결과를 내는 소금, 누룩, 씨앗 같은 작고 차분한 이미지를 자주 사용하셨다."[07]

첫 책 「겨자씨 모략」(The Mustard Seed Conspiracy)에서 나는 예수님의 가르침에 등장하는 비유 하나를 자세히 살핀 바 있다.

> 우리가 하나님의 나라를 어떻게 비교하며 또 무슨 비유로 나타낼까? 겨자씨 한 알과 같으니 땅에 심길 때에는 땅 위의 모든 씨보다 작은 것이로되 심긴 후에는 자라서 모든 풀보다 커지며 큰 가지를 내나니 공중의 새들이 그 그늘에 깃들일 만큼 되느니라.(막 4:30-32)

책을 읽은 독자들이 보낸 수백 통의 편지를 받고 나는 깜짝 놀랐다. 그들은 하나님이 자신을 겨자씨로 사용하셔서 다른 이들의 삶에 변화를 일으키신 과정에서 발견한 창의적인 방법들을 자세히 말해 주었다. 어떤 이들은 해비타트(Habitat for Humanity)와 함께 사랑의 집짓기 운동에 참여했고, 어떤 이들은 지역의 가난한 이들을 섬기기 위해 대학 내에 겨자씨 모임을 결성했다. 또 어떤 이들은 해외의 가난한 사람들을 돕기 위한 크리스마스 크래커(Christmas Cracker)라는 단체를 만들어 거대한 사역을 시작하기도 했다. 그리고 겨자씨 재단은 세계 곳곳에서 새로 설립되는 단체에 재정적인 지원했다.

책이 출간된 이후 세계와 교회 모두 엄청난 변화를 겪었다. 하지만 하나님의 전략은 전혀 바뀌지 않았다. 이는 예수님이 우리에게 알려 준 놀라운 비밀이자 소망의 메시지로, 하나님은 미천하고 평범하고 보잘것없는 이들을 택해 세상을 변화시키신다는 것이다.

작은 자들을 통해 세상을 변화시키시는 것이 하나님의 모략이다. 하나님은 비루한 셈족 노예들을 택해 새로운 질서를 일으키는 무리가 되게 하셨고, 횃불과 나팔을 든 3백 명으로 막강한 힘을 가진 군대와 맞서 싸우게 하셨다. 누가 물맷돌을 든 양치기 소년으로 그분의 택하신 백성을 이끌게 하셨고, 마구간에서 태어난 아기를 통해 세상을 뒤집어엎으시리라고 생각했겠는가!

바울은 이렇게 우리를 일깨운다. "그러나 하나님께서 세상의 미련한 것들을 택하사 지혜 있는 자들을 부끄럽게 하려 하시고, 세상의 약한 것들을 택하사 강한 것들을 부끄럽게 하려 하시며, 하나님께서 세상의 천한 것들과 멸시받는 것들과 없는 것들을 택하사 있는 것들을 폐하려 하시나니, 이는 아무 육체도 하나님 앞에서 자랑하지 못하게 하려 하심이라"(고전 1:27-29).[08]

셰인 클레어본은 예수님의 조용한 혁명에 관해 이야기하면서 영국인 작곡가 마틴 조셉(Martyn Joseph)을 인용한다.

"혁명의 시작 치고는 너무나 이상한 방식…세계 일주의 완성 치고는 너무도 이상한 방식이라네." 우리는 죽은 씨앗을 경배한다. 혁명은 텔레비전의 주목을 받지 않을 것이다. 틈만 나면 광고를 하는 폭스 뉴스는 혁명 같은 것에는 관심을 두지 않을 것이다…삶의 속도를 높이라는 광고와 잠재력을 개발하라는 홍보 사이에서 관심거리가 되지 않을 것이다. 재방송도 없을 것이다. 혁명은 실시간으로 진행될 것이다. 혁명은 거리에서 일어날 것이다. 혁명은 화장실을 청소하는 일이며, 캐런에게 담요 한 장을 갖다 주는 일일 것이다. 혁명은 호텔 연회장에서 가난에 대해 이야기하는 것이 아닐 것이다. 오히려 혁명은 미스 리틀 선샤인과 콩밥을 함께 먹고 이웃집 메리와 영화 "백 투 더 퓨처"를 보는 일일 것이다. 친구들이여, 준비하게나…하나님은 우리를 위해 정말로 작고 작은 무언가를 준비하고 계신다네.[09]

나는 "정말로 작고 작은" 무언가가 되라고, 우리 삶과 하나님이 만드신 세상을 변화시킬 조용한 모략에 동참하라고 여러분을 초대할 것이다. 특히 우리는 이머징 교회, 선교적 교회, 모자이크 운동, 수도원 운동을 통해 하나님이 행하시는 일에 초점을 맞출 것이다. 이렇게 하나님이 우리의 겨자씨를 사용해 긍휼과 소망의 모략에 참여하게 하심을 깨달을 때, 우리는 이 모략에 창의적으로 참여하게 될 것이다.

우리 이야기에 함께하셨던 하나님은 우리를 향해 하나님 이야기에 참여하여 앞으로 어떤 일이 일어나는지 지켜보라고 초대하신다. 만일 당신이 자신의 삶과 하나님의 세상에 아무런 영향을 주지 않는 것처럼 보이는 '평범한' 신앙이 만족스럽지 않다면, 이 책은 바로 당신을 위한 책이다. 만일 당신이 하나님이 새로운 모략을 꾸미는 이들을 통해 행하시는 일에 관심이 있다면, 이 책은 혁신적인 감각을 지닌 사람들과의 만남으로 당신을 인도해 줄 것이다. 만일 당신이 예수를 따르는 이들과 더불어 하나님 나라를 드러내는 새로운 길을 찾고자 한다면, 이 책을 계속해서 읽어 볼 것을 권한다.

**위치를 파악하기 위한 여정**

우리는 먼저 우리가 여행할 지형을 간략히 살펴볼 것이다. 방향 감각이 떨어지는 나는 여행할 때면 종종 길을 잃는다. 하지만 이 여행에서 당신을 잃어버리는 일은 없을 것이다. 우리는 여행하는 중에 중요한 지점에 멈춰 하나님의 은밀한 모략에 관한, 그리고 그 모략에 어떻게 참여할 수 있는지에 관한 대화를 다섯 번에 걸쳐 나눌 것이다.

첫 번째 대화: 우리 시대 하나님 나라 운동 주목하기. 우리는 삶과 교회와 선교를 새롭고 창의적인 방식으로 표현해 내는 새로운 지도자들을 주목할 필요가 있다. 새로운 수도원 공동체를 만들어 가난한 사람들과 관계를 맺고 그들과 더불어 기도하며 일하는 데 헌신한 모든 세대의 그리스도인들과, 예술과 연대와 축제를 통해 자신의 믿음을 새롭게 표현하고 있는 이들 또한 주목해야 한다. 이러한 시인과 수도자, 광대, 예언자 같은 하나님 나라의 모략을 꾸미는 사람들을 알게 되면 내가 그랬듯 당신도 도전을 받게 될 것이다.

이러한 일련의 흐름을 나는 네 가지(이머징 교회, 선교적 교회, 모자이크 운동, 수도원 운동) 운동으로 분류했다. 나는 이 흐름들을 통해 하나님이 어떻게 일하시는지에 관한 창조적인 사례를 나누고, 이것이 우리에게 주는 도발적인 물음, 곧 급변하는 세상 속에서 예수님의 신실한 제자가 된다는 것이 무엇을 의미하는지에 대해 씨름할 것이다.

**두 번째 대화: 현대 문화 주목하기.** 2부에서 나는 9/11 이후의 세계를 살펴볼 것이다. 우리는 새로운 지구촌, 곧 우리 삶과 우리 교회와 하나님의 세계에 새로운 기회와 문제를 제기하는 하나의 세계경제 질서 속에 살고 있다. 특히 세계화가 어떻게 세계 전역에서 사람들이 소중히 여기는 가치에 점점 더 큰 영향을 끼치고 있는지를 살펴볼 것이다. 나는 새로운 세계 경제가 근대 문화와 포스트모던 문화의 가치를 극대화하고, 이를 지구 전역에 확산하는 방식을 신랄하게 비판할 것이다. 그러한 가치가 우리의 오래된 신앙과 전통 문화를 대체하고 있는 현실이 나는 매우 우려스럽다. 새로운 전 세계적 쇼핑몰을 선전하는 이들은, 자신들이 만들어 놓은 허구의 세계에 우리를 안주하게 하고, 좋은 삶과 더 나은 미래에 대한 자신들의 생각을 우리에게 주입시키려 하고 있다.

**세 번째 대화: 하나님의 미래 주목하기.** 많은 이들이 세상이 직면한 수많은 긴급한 문제나 우리가 매일 내리고 있는 중요한 결정과는 동떨어진, 축소되고 영적인 종말론에 만족하고 있다. 세상에 일어나는 일에 직접적으로 개입할 뿐 아니라, 우리 개인의 삶과 신앙 공동체에 방향을 제시해 줄 종말론적 전망을 나는 모색할 것이다.

이 대화에서 우리는 본향에 이르는 새로운 길, 이를테면 고대에 근거해 있으면서 동시에 미래적인 소망의 이미지들을 살펴볼 것이다. 그리하여 이 소망의 이미지들이 지구촌 쇼핑몰이 제시하는 좋은 삶과 더 나은 미래에 대한 전망의 진정한 대안임을 보여 줄 것이다. 다시 말하면, 우리는 하나님의 새로운 질서는 일요일에 초점이 맞춰진 천국 신학보다 훨씬 크다는 것을 새롭게 이해해야 한다. 이는 우리에게 월요일에 침대를 박차고 일어날 근거를 제공한다.

필라델피아 도심의 심플웨이 공동체(Simple Way Community)의 셰인 클레어본과 친구들은 새로운 세계 경제와 그것이 가난한 사람들에게 미치는 영향력에 대해 항의하는 즉석 집회를 열었다. 뉴욕 월가의 한 광장에 모인 많은 사람들 앞에서 셰인은 새로운 상상력으로 하나님 나라의 초점을 다시 그려 냈다.

우리 공동체에는 월스트리트에서 일하는 사람도 있고, 월스트리트에서 노숙하는 사람도 있습니다. 우리는 싸우는 공동체입니다. 우리 중에는 외로움에서 벗어나려고 애쓰는 부자도 있고, 추위에서 벗어나려고 애쓰는 사람도 있습니다. 약물에 중독된 사람도 있고, 돈에 중독된 사람도 있습니다. 우리는 서로를, 그리고 하나님을 필요로 하는 깨어진 사람들입니다. 우리가 세상을 얼마나 엉망진창으로 만들었는지, 그로 인해 우리 또한 얼마나 깊은 상처를 입었는지 우리는 깨닫습니다. 이제 우리는 오래된 사회의 껍질 안에서 새로운 사회를 만들려고 합니다. 다른 세상은 가능합니다. 다른 세상이 필요합니다. 그리고 다른 세상이 이미 여기 와 있습니다.[10]

이것이다. 창조주 하나님이 만들고 계신 미래의 핵심에 바로 이 이미지가 자리 잡고 있다. "다른 세상이 이미 여기 와 있다!"

이머징 교회를 다룬 중요한 연구서에서 라이언 볼저(Ryan Bolger)와 에디 깁스(Eddie Gibbs)는, 이것이 이머징 교회 운동의 비전이라고 말한다. 한 이머징 교회 지도자는 이렇게 말했다. "우리는 그 실재와 소망을 삶으로 살아 내려고 한다. 우리는 십자가를 간과하지 않는다. 십자가는 여전히 핵심이다. 하지만 기쁜 소식은 그분이 죽으셨다는 것이 아니라 하나님 나라가 왔다는 것이다."[11]

영화 "겨울의 라이언"(The Lion in Winter)에서 아키텐의 엘리노는 "유대인 목수가 죽은 자 가운데서 다시 살아난 세상에서는 무엇이든 가능하다"고 선언한다. 참으로 무엇이든 가능할 뿐 아니라, 부활하신 그리스도의 능력으로 우리는 새로운 세상이 정말로 이 세상 속으로 침입해 왔음을 확신하며 선언할 수 있다. 다른 세상이 이미 여기에 와 있다! 예수님은 이 좋은 소식을 전하러 오셨고, 우리의 남은 인생이 아니라 우리의 온 삶으로 그 세상에 참여하라고 초대하신다.

**네 번째 대화: 혼란의 시대 주목하기.** 전통적인 교회에 속한 이들과 새로운 표현을 수용한 이들 모두 앞을 내다보는 통찰력을 반드시 익혀야 한다. 그러므로 나는 새로운 도전이 우리 코앞에 닥치기 전에 이를 예측하고 창의적으로 대응할 수 있도록 구체적인 방법을 소개할 것이다.

그런 다음에 향후 10년에서 15년 사이에 전 세계의 상황과 교회가 어떻게 변하게 될지를 보다 자세히 살펴볼 것이다. 그리고 이런 변화에 대응하기 위한 혁신적인 방법에 대해 생각해 볼 것이다. 특히 우리 모두가 직면할 것으로 예상되는 몇몇 새로운 문제와 위협을 지적할 것이다. 또한 어려움에 처한 교회가 직면하고 있는 새로운 도전을 제시하고, 예수님을 따르는 이들이 이런 도전에 어떻게 창의적으로 대응하고 있는지 설명할 것이다.

**다섯 번째 대화: 하나님 나라의 상상력 주목하기.** 마지막으로 우리는 이미 와 있는 세상 속에서 다양한 방식으로 새로운 삶을 상상하고 창조하고 실천하려는 전 세계 평범한 사람들을 살펴볼 것이다. 이들은 하나님이 주도하는 은밀한 모략에 참여하기 위해 자신에게 상상력을 불어넣어 달라고 하나님께 간구하고 있다. 이들 중에서 앞에서 언급했던 네 가지 운동에 속한 이도 있고, 전통적인 교회에서 예수님을 따르며 살아가는 이들도 있다.

나는 새로운 형태의 전인적인(whole-life) 신앙, 축제와 전복의 공동체, 고대의 예전, 세상을 변화시키는 선교적 교회, 사회적 기업의 새로운 모델, 그리고 한 주 내내 하나님 나라를 즐기는 새로운 방법 등을 소개할 것이다. 이는 혁신을 위한 혁신이 아니라고 확신하며 나는 두 가지 구체적인 이유로 성령 하나님이 당신의 상상력에 불을 붙여 주시기를 간구하기를 당신에게 권한다.

- 삶, 공동체, 선교 영역에서 이미 여기에 와 있는 하나님 나라를 온전하고 참되게 표현하기 위해서
- 변화하는 세상과 변화하는 교회 속에서 우리가 직면한 도전에 효과적으로 대응하기 위해서

이 책은 은밀하게 세상을 변화시키고 있는 정말로 작은 어떤 것에 동참하라는 요청이자, 삶을 바쳐 살아온 이야기를 검토해 보라는 초대장이다.

**다시 그려 보는 삶, 신앙, 교회, 선교**

어느 정도 성숙한 그리스도인은 중요한 문제에 대한 해답을 이미 알고 있으며, 이제 전략과 전술을 개발하기만 하면 된다고 생각한다. 하지만 현재 그리스도인의 삶과 교회 상황, 선교 현장을 볼 때, 과연 그 해답이 정확한 것인지 확신이 서지 않는다. 나는 하나님의 모략 최전선에 선 젊은 지도자들이 제기하는 삶과 신앙과 선교에 관한 다섯 가지 까다로운 물음을 함께 생각해 보고자 한다.

1. 우리는 종말론을 오해하지는 않았는가?
2. 우리는 제자도를 오해하지는 않았는가?

3. 우리는 청지기직을 오해하지는 않았는가?
4. 우리는 교회를 오해하지는 않았는가?
5. 우리는 선교를 오해하지는 않았는가?

**쉽지 않은 여정**

새로운 세대로부터 많은 것을 배울 수 있어 진심으로 고마움을 느낀다. 나는 탈현대적이기보다는 현대적인 사람이며, 제법 나이 든 사람으로서 젊은 이들이나 위험을 무릅쓰는 이들을 통해 하나님이 행하시는 일을 충분히 이해하지 못하기도 한다. 게다가 문화적 특권층에 속한 백인 작가로서 교회의 다문화적 측면에 관한 글을 쓰기에 최적화된 사람은 분명 아니다. 내 관찰에도 부족한 부분과 맹점이 있을 것이다. 하지만 이 여정에서 나는 우리 앞에 놓인 점점 더 심각해지는 문제뿐 아니라 새로운 가능성 모두에 대해 솔직히 이야기하고 싶었다는 점을 독자들이 알았으면 한다.

여행 중에 당신은 미래에서 우리에게 몰아칠 몇 가지 위협들에 직면할 것이다. 당신이 나를 포함해 새로운 모략에 가담한 사람들의 주장에 전적으로 동의하리라고 기대하지는 않는다. 하지만 이 여정이 변하고 있는 세상과 변하고 있는 교회에서 예수를 따른다는 것이 무엇을 의미하는지에 관해 진지한 대화를 촉발할 수 있기를 진심으로 바란다.

각 장이 끝날 때마다 나는 당신을 이 대화에 초대할 것이다. 이 책은 다른 이들과 함께 토론하고 연구하는 교재로 사용할 수 있도록 구성되었다. 각 장의 끝에 함께 생각해 볼 질문들이 있으며, 우리 웹사이트(thenewconspirators.wordpress.com)에서 인도자를 위한 참고 자료를 내려받을 수도 있다. 하나님이 당신 안에 불러일으키시는 영감을 표현해 낼 새로운 방법을 생각해 볼 것을 권한다. 또한 당신의 창의적인 겨자씨와 당신의 질문, 비판, 위트 등의 반응을 보여 주길 기대한다.

은밀하게 세상을 변화시키는 이 작은 일에 동참할 방법을 모색할 당신을 진심으로 환영한다!

# 첫 번째 대화

## 하나님 나라 운동을 주목하라

# 1.
## 이머징 교회, 선교적 교회, 모자이크 운동, 수도원 운동

이미 여기에 와 있는 하나님 나라를 창의적으로 표현하는
이머징 교회, 선교적 교회, 모자이크 운동, 수도원 운동에 참여하는 이들을 통해
하나님은 어떤 모략을 꾸미시는가?

---

"시애틀의 텐트 시티(텐트 생활을 하는 실업자 마을)에서 노숙자 친구들과 함께 춤을 추는 '거리의 춤' 행사에 여러분을 초대합니다." 젊은 이머징 교회 개척자인 네이선은 최근 트리니티 감리교회에서 열린 겨자씨협회 국제대회에서 큰 소리로 광고했다. 대회 마지막 회의에서 참석자들은 하나님의 새로운 질서를 상상하고 그것을 표현할 방법을 창안해 보라는 요청을 받았다. 네이선의 그룹은 노숙자를 섬길 창의적인 방법을 생각해 냈다.

"'거리의 춤' 행사는 중산층 이웃들이 트리니티 감리교회 주차장에서 노숙자 친구들을 만날 기회를 마련해 줄 것입니다. 우리는 각국의 다양한 음식뿐 아니라 아이들을 위한 장난감, 텐트 시티 이웃들이 즐겨 듣는 음악, 모두가 함께 춤을 출 수 있는 거대한 야외 파티를 열 계획입니다. 사람들 사이의 벽이 무너져 내려 모든 사람이 하나님의 샬롬을 조금이나마 경험하게 되기를 소원합니다."

'건물 없는 교회'라는 이름의 집회를 열면서 우리는 출신 국가와 세대가 다른 사람들, 네 가지 갱신의 흐름에 속한 사람들을 한데 모으고자 했다.

20대와 30대가 주를 이루었으나 다양한 연령대의 사람들이 참석했다. 우리는 이렇게 광고했다. "스케이트보드 타는 사람과 보행보조기를 끄는 사람, 모두를 환영합니다!"

## 활기 넘치는 주변부를 주목하라

성인이 된 후로 나는 항상 활기 넘치는 변두리, 곧 변하는 우리 사회 속에서 하나님이 행하시는 일에 주목했다. 1968년, 새롭게 회심한 히피들이 내가 출석하던 하와이 마우이의 교회에 갑자기 나타났다. 처음부터 나는 하나님이 예수 운동(Jesus People Movement)을 통해 일하고 계신 게 분명하다고 생각했다. 그래서 1970년에 시애틀로 이사했을 때 나는 기꺼이 예수 운동에 동참했다. 지난 수년간 나는 마지막까지 이 운동을 이어 가고 있는 유일한 단체인 시카고 예수 운동에 속한 친구들과 함께 일하는 기쁨을 누려 왔다. 해마다 그들이 여는 코너스톤 페스티벌(Cornerstone Festival)에는 예술계에서 활동하는 그리스도인들이 지금도 많이 참여하고 있다.

### 출발

"하나님은 평범한 급진주의자들을 통해 새로운 일을 시작하신다. 우리는 날마다 평범한 사람들이 위대한 사랑으로 작은 일을 행하는 것을 보고 있다." 집회 개회식에서 셰인 클레어본은 선언했다. 그는 새로운 수도원 운동을 통해 하나님이 행하시는 일의 최전선에 서 있는 인물이다. 그의 말이 옳다! 하나님은 이 네 가지 흐름에 속한 새로운 모략을 꾸미는 사람들을 통해, 또한 우리처럼 전통적인 교회에 속한 이들을 통해 새로운 일을 행하고 계신다.

첫 번째 대화에서 나는 네 가지 흐름을 살펴보고 각 흐름의 역사와 주요 인물 및 자원을 간략히 소개할 것이다. 지면 제약으로 인해 개략적으로밖에 다룰

> 수 없음을 양해해 주기 바란다. 이 주제는 여기서 다룬 것보다 훨씬 더 심층적인 분석이 필요하다.

1970년대 말과 1980년대 초에 나는 급진적 기독교 운동과 기독교 공동체 운동에 참여했다. 토니 캠폴로(Tony Campolo), 로날드 사이더(Ronald Sider), 존 퍼킨스(John Perkins), 조 앤 라이언(Jo Anne Lyon), 하워드 스나이더(Howard Snyder), 올랜도 코스타스(Orlando Costas), 존 알렉산더(John Alexander), 바버라 스키너(Barbara Skinner), 톰 스키너(Tom Skinner), 매니 오티즈(Manny Ortiz), 짐 월리스(Jim Wallis) 같은 친구들과 함께 나는 수천 명의 사람들이 급진적인 제자도를 받아들여 자신의 생활 방식을 바꾸는 모습을 목격했다. "간소한 삶을 위해 자신이 먼저 간소한 삶을" 실천했던 것이다. 많은 사람들이 다양한 형태의 대안적 기독 공동체를 일구었다. 나는 성령께서 수천 명의 마음을 흔들어 이 운동에 참여하게 하심으로써 사회 변화를 위해 노력하도록 이끄셨다고 믿는다. 내가 「겨자씨 모략」을 쓰고 기독교 공동체에서 생활하는 실험을 시작한 것도 바로 이즈음이었다.

오늘날 하나님은 새로운 세대의 모략가들을 통해서 일하신다. 이 모략가들은 참된 신앙이란 다른 사람의 삶과 하나님의 선한 피조세계를 돌보는 일에 실제로 변화를 불러오는 삶으로 이해하며 그런 신앙에 못 미치는 삶에 만족하지 않기로 다짐한 이들이다. 이제 나는 네 가지 흐름—이머징 교회, 선교적 교회, 모자이크 운동, 수도원 운동—을 간략히 설명할 것이다. 하지만 각 흐름의 지도자들은 그들의 운동에 대해 내가 내리는 정의에 동의하지 않을 수도 있을 것이다. 네 가지 흐름은 역동적이고 유동적이며 몇몇 지점에서는 서로 공통된 면도 있기 때문이다.

이 네 가지 흐름의 지도자들은 자신의 부족함을 솔직히 인정할 뿐 아니라 자신이 언제나 옳은 것은 아님을 기꺼이 인정한다. 하지만 이들이 하는 일들은 대부분 실험적이며 자금 지원을 충분히 받지 못하는 경우가 대부분이므로 조금 너그럽게 봐줄 필요가 있겠다.

### 떠오르는 흐름

젊은 교회 개척자들이 시애틀로 몰려들고 있다. 지난주 나는 펜실베이니아 주에서 시애틀로 이주해 온 두 젊은이를 만났다. 그들은 시애틀에 교회를 다니지 않는 사람들이 너무 많아서 이곳으로 찾아 왔다고 말했다. 하지만 이야기를 나눌수록 나는 그들이 교회를 다니지 않는 사람들보다는 커피와 하우스맥주 때문에 이사 왔을지도 모른다는 생각이 들었다. 그때 내가 좀 냉소적이었던 것 같다. 이머징 교회 운동의 초창기로 돌아가 보자.

많은 미국 그리스도인들은 1970년대 말과 1980년대 초에 영국을 휩쓸었던 가정교회 운동에 대해 들어 본 적이 없다. 파이오니어(Pioneer), 레벌레이션(Revelation), 익투스 펠로우십(Ichthus Fellowship)과 같은 은사주의 운동을 통해 수천 명의 영국인들이 활력 넘치는 신앙을 갖게 되었고 영국 전역에 수백 개의 새로운 교회가 개척되었다. 하지만 1980년대 말에 이 갱신 운동은 동력을 다하기 시작했다.

1980년대 말과 1990년대 초에 나는 레벌레이션 같은 단체의 젊은이들 및 새로운 형태의 교회를 만들어 내기 시작한 영국 성공회 소속의 젊은이들을 많이 만났다. 피터와 새미 그리그(Peter & Samie Greig), 필과 웬디 월(Phil & Wendy Wall), 제러드와 크리시 켈리(Gerard & Chrissie Kelly), 앤디와 헬렌 해링턴(Andy & Helen Harrington), 조니와 제니 베이커(Jonny & Jenny Baker) 등이 그러한 지도자들이었다. 그들은 다양한 방식으로 세상을 다시 한 번 새롭게 만들기 위해 노력했다. 그들 중 일부는 자신들이 후기복음주의자임을 자처했다. 어떤 이들은 대안적인 형태의 예배를 실험했다. 그들은 모두 문화와 교회에 대한 포스트모던적 비판을 공유하는 듯 보였다. 내가 만났던 그들은, 그리스도를 따를 뿐 아니라 분열된 세상 속에서 하나님 나라를 먼저 구하려는 신실한 열정으로 가득 차 있었다. 제러드 켈리는 「리트로퓨처」(RetroFuture)라는 저서에서 이 젊은 지도자들이 얼마나 신중하게 자신들의 신앙을 통해 문화와 신앙을 새롭게 이해하려고 애썼는지를 보여 준다.

이런 1세대 영국의 젊은 지도자들 덕분에 나는 내가 가지고 있는 신학적 전제를 철저히 점검할 수 있었다. 스캇 맥나이트(Scot McKnight)의 말처럼, 그들은 "하나님이 조직신학이 아니라 이야기를 계시하셨으며, 오직 하나님만이 절대적 진리이므로 어떤 언어로도 '절대적 진리'를 온전히 포착할 수 없다"고 믿었다.[01] 앞선 세대의 그리스도인들 중 일부가 복음에 대해 지나치게 합리적인 접근 방식을 취했다는 그들의 주장은 매우 시의적절했다. 최소한 내게는 분명 그랬다. 조니 베이커는 1999년에 쓴 이메일에서 "'근대성'과 '계몽주의 기획'의 오랜 확실성이 이제 어마어마한 규모의 불확실성과 의문으로 대체되었다. '실재는 전과 다른 의미를 갖게 되었다'"고 썼다.[02]

이런 이들 덕에 나는 복음이 신비와 경이로 가득 차 있는 이야기임을 재발견할 수 있었다. 분명 나는 그들로부터 많은 것을 배웠으나 포스트모더니즘을 이해하는 데 지금도 어려움을 겪고 있다. 당시 이 첫 번째 물결에 전념했고 현재는 영국 메이드스톤의 성공회 주교로 있는 그레이엄 크레이(Graham Cray)는 친절하게도 두 차례에 걸쳐 내가 이해할 수 있도록 도와주었다.

영국 성공회에서 런던에 개척한 무트(Moot) 같은 새로운 형식의 교회들과, 이언 몹스비(Ian Mobsby), 맷 리스(Matt Rees), 케스터 브루윈(Kester Brewin) 같은 지도자들은 고대의 상징과 실천을 그들의 창의적인 예배 경험에 접목시키고 있다. 이언 몹스비는 미국 순회 집회 중 시애틀에서 행한 연설에서 이머징 교회는 고대로부터 자원을 끌어오려고 할 뿐 아니라 대중문화라는 "세속적인 것에서 거룩한 것"을 찾아내려고 노력한다고 지적한 바 있다.[03] 영국 이머징 교회 운동에서 두각을 나타내는 멘토로는 그레이엄 크레이, 세인트 앤드루즈 칼리지의 존과 올리브 드레인(John & Olive Drane)이 있다.

"리더십 저널"(Leadership Journal) 2000년 가을 호에 실린 기사에서 나는 이 새로운 운동에서 내가 배운 바에 관해 썼다. "지난 12년 동안 영국의 신세대 지도자들은 포스트모던 문화에 적극적으로 개입해 왔다. 이들은 관계와 경험을 중시하며, 예술에 관심이 많고, 명제 신학보다는 이야기 신학을 선호한다. 이들은 종족과 지역에 밀접히 연관되어 있다…이들 영국의 기독교 지도자들은 미국의 지도자들보다 전 지구적인 의식을 보다 적극적으로 드러내는 경향이 있다."[04]

이머징 교회 운동은 가정 교회 운동만큼 수적인 면에서 성장하지는 못했다. 하지만 그 영향력은 어디서나 분명 느낄 수 있다. 일례로, 2006년에 나는 가정 교회 운동이 한창이던 때에 시작된 대표적인 기독교 예배 및 교육 집회인 스프링 하비스트(Spring Harvest)에서 강연한 적이 있다. 4일간 두 군데에서 네 차례의 집회를 진행하는 스프링 하비스트에는 5만여 명의 그리스도인들이 참여한다. 나는 이머징 교회의 영향력이 점점 더 확대되고 있음을 모든 예배 장소에서 확인할 수 있었다. 대부분의 예배에 예술가들이 참여해 메시지를 시각적으로 해석해 냈다. 예배 장소 한쪽에는 초와 전통적인 상징물로 장식된 공간과 개인 묵상을 위한 자리도 마련되어 있었다. 십대를 위한 예배 공간은 포스트모던 교회에서 유행하는 혁신적인 아이디어를 그대로 수용하고 있었다.

교회선교회(Church Mission Society)는 이머징 교회 지도자들이 서로 교류

할 수 있도록 웹사이트(www.emerginingchurch.info)를 운영하고 있다. 해마다 8월에 영국의 첼트넘 경마장에서 열리는 그린벨트 예술축제(Greenbelt Arts Festival)는 젊은 지도자들을 많이 만날 수 있는 최적의 자리다.

1990년대 초 뉴질랜드의 넬슨에서는 몇몇 젊은 그리스도인들이 '레드 지브라'(Led Zebra)라는 세련된 공간을 만들었다. 사파리를 주제로 꾸민 그곳은 시내의 다른 어떤 공간보다 더 많은 십대들이 찾는 곳이 되었다. 한편 뉴질랜드 오클랜드의 홍등가에서는 마크 피어슨, 마이크 리들, 그리고 몇몇 친구들이 신앙이 없는 20대, 30대들에게 매달 한 차례 대안적인 예배를 드릴 수 있는 기회를 제공하는 패러럴 유니버스(Parallel Universe)를 시작했다. 그들은 나이트클럽을 개조해 바닥에서 천장까지 이르는 3개의 대형 스크린을 설치하고, 대중문화를 예술적으로 재창조한 영화와 음악으로 예배하는 독특한 멀티미디어 예배를 창안했다. 토요일 밤이면 2백여 명의 청년들이 그들을 돌보시는 하나님의 사랑을 경험하기 위해 이 독특한 곳을 찾았다. 이 사역의 초기부터 마크 피어슨은 이머징 교회 진영에서 가장 예술적인 교회 중 하나로 알려진 오클랜드의 시티사이드 침례교회(Cityside Baptist Church)를 이끌어 왔다.

2002년 호주침례교회는 새로운 세대를 상대하기 위해서는 전통적인 형식을 넘어서는 무언가에 투자해야 함을 깨달았다. 그들은 1백만 달러를 투자해 20명의 교회 개척자를 훈련시켰고 그들로 하여금 새롭고 다양한 교회 모델을 만들게 했다. 이 교회 개척자들 중 한 사람인 앤 윌킨슨 헤이즈(Anne Wilkinson-Hayes)에 따르면, 물감으로 캔버스 위에 기도 제목을 나누고 지역 주민들에게 다가가기 위해 작품 전시를 하는 일군의 화가들을 비롯해 다채로운 공동체들이 멜버른 전역에서 생겨나고 있다.

뉴질랜드 크라이스트처치의 오파와 침례교회(Opawa Baptist Church) 목사

스티브 테일러(Steve Taylor)는 이머징 교회의 개척자 중 가장 젊은 세대로서 작가이자 강연자로도 활동하고 있다. 그는 「교회의 경계를 넘어 다시 교회로」(The Out of Bounds Church?, 예영커뮤니케이션)라는 책에서 포스트모더니즘을 논하면서 기독교가 지나가 버린 세대의 교회를 만들어야 할 필요성을 역설한다. 뉴질랜드 케임브리지에서 활동하는 폴 프로몬트(Paul Fromont), 멜버른의 포지(The Forge)에서 활동하는 앨런 허쉬와 마이클 프로스트(Michael Frost) 및 그들의 동역자들은 호주와 뉴질랜드의 이머징 교회 운동을 주도하고 있다.[05]

1990년대 중반, 이머징 교회 운동은 북미에 상륙했다. 리더십 네트워크(Leadership Network)로부터 자금 지원을 받은 더그 패짓(Doug Pagitt)과 소수의 목회자들이 미국 전역에서 집회를 열기 시작했다. 이 집회에 참석한 젊은 지도자들은 미네소타 주 트윈시티즈의 솔로몬의 주랑(Solomon's Porch), 텍사스 주 휴스턴의 에클레시아(Ecclesia), 미시건 주 그랜빌의 마스힐(Mars Hill) 같은 새로운 형태의 교회를 잇달아 개척했다.

1990년대 중반부터 말까지 이처럼 첫 번째 겨자씨 실험이 있고 나서, 포스트모던 스타일의 예배를 드리며 노숙자들에게 샌드위치를 대접하는 남캘리포니아의 베리타스(Veritas)를 비롯해 북미에서 이머징 교회는 폭발적으로 증가했다. 캘리포니아 주 산타크루즈의 빈티지 페이스(Vintage Faith)를 섬기는 「그들이 꿈꾸는 교회」(They Like Jesus but Not the Church, 미션월드라이브러리)의 저자 댄 킴볼(Dan Kimball)은 교회와 저술 활동을 통해 이머징 교회와 관련된 논의에 큰 영향을 주고 있다. 레이첼 미 채프먼(Rachelle Mee Chapman)은 수도원의 모습이 가미된 몽크피쉬 수도원(Monkfish Abbey)을 세웠으며, 「예수도」(Practicing the Way of Jesus, 한국 IVP)의 저자 마크 스캔드렛(Mark Scandrette)은 샌프란시스코에서 예수 도장(Jesus Dojo)을 이끌고 있다. 샐리 모건샐러(Sally Morgenthaler)는 이 운동에서 예배와 거룩한 공간 사용에 관한 한 가장 창의적인 지도자 중 하나다. 크리스 세이(Chris Seay)는 문화와 예술을 진지하게 수용하는 새로운 방식으로 성경을 번역해 내는 일군의 예술가들과 함께 일하고 있다. 영국 출신의 이주자로서 브리티시컬럼비아 주 밴쿠버의 십대선교회(Youth for Christ)를 이끌고 있는 앤디 해링턴(Andy Harrington)은, 스테이션 엑스(Station X)나 웨어하우스 180(Warehouse 180) 같은 새로운 교회를 개척해 신세대들에게 다가가기 위해 애쓰는 젊은 캐나다 사역자들을 도왔다. 지면 관계상 다 언급할 수는 없지만, 북미에만도 수많은 이머징 교회가 세워져 있다.

미국 주류 교단의 젊은 지도자들 가운데서도 이머징 교회에 대한 관심이 커지고 있다. 이머징 교회와 문화와 선교의 관계에 초점을 맞춘 온라인 성공회 커뮤니티인 앵글리머전트(Anglimergent, http://anglimergent.groups.vox.com)를 살펴보라. 미국 장로교회의 젊은 지도자들은 프레스비머전트(Presbymergent, http://presbymergent.org)라는 온라인 포럼을 개설하여 전통적인 교단과 새로운 이머징 교회 운동 사이에서 균형을 잡기 위해 애쓰고 있다. 마스힐 대학원(Mars Hill Graduate School)의 드와이트 프리즌(Dwight Friesen)은 미국교회협의회(National Council of Churches)가 주관하는 대화에 1년간 계속해서 참여했다. 그가 전하는 바에 따르면, 동방정교회 출신 참석자들이 이머징 교회 운동에 관한 대화에 가장 관심을 많이 보였다고 한다.

어떤 교회가 이머징 교회인가에 대해 나라마다 이해하는 방식이 다르다. 영국, 호주, 뉴질랜드의 이머징 교회 지도자들은 포스트모던 문화와 기독교 세계 이후의 교회에 관한 대화에 적극적으로 임하는 경향이 있다. 각국의 젊은 지도자들 중에는 이머징 교회를 교파주의와 회중중심주의를 탈피한 교회를 만드는 것으로 정의하는 이들도 있다. 미국의 젊은 지도자들 중에는 "포스트모던 교회"를 그저 대안적인 예배를 일컫는 또 다른 표현으로 생각하는 이들도 있다. 그렇지만 이들이 교회가 된다는 것과 선교를 한다는 것의 의미를 다양한 방식으로 새롭게 표현하고자 노력하고 있다는 것만큼은 분명하다.

이머징 교회의 정의 역시 다양하다. 에디 깁스와 라이언 볼저는 「이머징 교회」(Emerging Churches, 쿰란출판사)라는 중요한 책에서 영국과 미국에서 진행되고 있는 이 운동을 개괄했다. 그들은 이 운동에 대한 매우 간결한 정의를 제시한다. "이머징 교회란 포스트모던 문화 안에서 예수님의 길을 실천하는 공동체다."[06] 스캇 베이더 세이(Scott Bader-Saye)는 이 흐름 속에 있는 이들은 이머징 교회에 대해 운동보다는 대화, "아직 젊고 실험적이며 발전하고 있는" 대화라는 정의를 선호한다고 본다.[07] 레너드 스윗(Leonard Sweet)은 이머징 교회를 "지속적인 대화, 곧 새로운 시대가 새로운 교회를 요청하고 있으며, 20세기 후반의 강고하고 행복한 교회로는 미래의 기대와 위험에 대처하기 어렵다는 문제의식에 관한 지속적인 대화"로 이해한다.[08]

이머징 교회를 어떻게 정의하든, 블로그상에서 이 운동은 다른 모든 기독 운동과 구별되는 방식으로 분명히 존재하고 있다. "우리 교회 목사보다 우리가 더 많이 안다: 블로거들이 참여적 교회의 선구자인 이유"라는 도발적인 제목의 글에서 팀 베드너(Tim Bednar)는 이렇게 주장한다.

> 우리의 블로그 네트워크는 목회자 한 사람이 다 파악할 수 없을 정도로 광범위하다…수천 명의 블로거들이 위계질서를 우회해 다른 매개 없이 서로 관계를 맺고 있다. 우리는 대중매체와 기술, 교육, 연예, 정치, 언론, 기업에 영향을 미치는 참여를 중시하는 사회 현상의 일부다.[09]

북미에서 토니 존스(Tony Jones)가 이끄는 이머전트 빌리지(Emergent Village)와 스펜서 버크(Spencer Burke)가 이끄는 우즈(TheOOZE)는 집회와 온라인 공간을 통해 젊은 교회 개척자와 그 지망생들을 끌어모으는 주요 단체이다. 미국에서는 유스 스페셜티즈(Youth Specialties) 역시 중요한 역할을 하고 있다. 지금까지의 이머징 교회 운동은 백인 남성이 주도하는 경향이 있었다. 그러나 이제 많은 여성들이 이 운동에 참여하고 있으며, 이는 전 지구적 현상이 되고 있다. 실제로 이머전트 빌리지는 전 세계의 모든 이머징 교회 지도자들과 교류하기 시작했다. 브라이언 맥클라렌은 아프리카의 클로드 니콘데하(Claude Nikondeha), 아시아의 시빈 키트(Sivin Kit), 라 레드 델 카미노(La Red del Camino)의 자원봉사 담당관인 토마스 야시노(Tomas Yaccino) 같은 지도자들과 교류하고 있다.

모두가 그런 것은 아니지만 다수의 다양한 이머징 교회들이 몇 가지 공통된 특징을 보인다.

- 이머징 교회 지도자들은 이야기, 내러티브, 은유로서의 복음에 훨씬 더 관심이 많으며, 보수적인 교회에서 흔히 볼 수 있는 신학에 대한 명제적·교의적 접근 방식에는 관심이 없다.
- 세계 어느 곳에서나 복제해 사용할 수 있는 프로그램을 만들어 내려는 일부 대형교회와 달리, 이머징 교회 지도자들은 특정한 문화적 맥락에서 사람들에게 다가가기 위한 혁신적 방법을 찾고자 매진한다.
- 포스트모던한 감성에 영향을 받은 이머징 교회는 대단히 실험적이고 예술적이며, 이미지와 말을 효과적으로 활용한다.
- 이머징 교회는 고대의 상징과 '세속' 문화에서 가져온 이미지를 모두 활용하는 다층적·경험적 예배를 드리는 경향이 있다.
- 이머징 교회 지도자들은 사람들을 더 참되고 구체적이며 전인적인 신앙으로 이끌려고 노력한다.

- 외부에서 볼 때 이머징 교회는 선교에 초점을 맞추는 경향이 있는데, 이들의 선교는 특정 집단에게 다가가려는 목적뿐 아니라 지역사회 및 더 큰 세계에 살고 있는 사람들의 삶에 영향을 주고자 하는 열망을 갖고 있다.
- 다수의 교파 교회나 무교파 교회와 달리, 이머징 교회는 관계적·유기적·공동체적이며 관료적·위계적 형태의 리더십을 가진 경우는 거의 없다.
- 이머징 교회의 그리스도인들은 사회정의, 화해, 피조세계의 돌봄 등 다양한 사회 문제에 관심을 기울이는 경향이 있다.

영국, 호주, 뉴질랜드, 북미에서 이머징 교회 운동이 향후 어떤 방향으로 나아갈지 분명히 말할 수는 없다. 최근 이 흐름을 다룬 책 「이머징 교회의 희망 선언」(*Emergent Manifesto of Hope*)에는 다양한 젊은 지도자들의 글이 실려 있다. 기고자들 모두가 이머징 교회 운동 출신은 아니지만 생각해 볼 점들이 많은 책이다. 한편 D. A. 카슨(Carson) 같은 신학자들은 이머징 교회 지도자인 브라이언 맥클라렌의 글과 이머징 교회 운동에 대해 상당히 유보적인 태도를 취하기도 한다.

이머징 교회를 비판하는 사람들이 이 운동의 지도자들을 만나 이야기를 나눈다면, 내가 그랬던 것처럼 그들도 이 운동의 지도자들 대부분이 성경과 우리 신앙의 풍부한 전통에 충실하려고 노력하고 있다는 것을 알게 될 것이다. 실제로 나는 이들 지도자들 중 많은 이들이 일부 비판자들보다 '바른 실천'(orthopraxy)—신앙에 대한 지적 동의뿐 아니라 온 삶으로 성경의 신앙을 충실히 살아 내는 것—에 대한 요청을 더 진지하게 받아들이고 있음을 알고 있다.

블로그에서 활동하는 이머징 교회 운동의 사도라 할 수 있는 앤드루 존스(Andrew Jones)는, 하나님이 이 운동을 통해 행하시는 일을 더 지원하라고, "하나님이 무엇을 심고…어디에 물을 주시는지" 알아보라고 촉구한다.[10] 우리는 하나님이 이 겨자씨들을 사용해 행하시는 일에 물을 주고 그 일을 적극적으로 도와야 할 뿐 아니라, 창의적 모략에 가담한 이들의 헌신과 위험을 무릅쓴 그들의 태도와 상상력을 배우려고 하는 개방적인 자세를 가져야 한다.

**선교적 흐름**

1996년에 나는 이머징 교회 개척자인 나의 친구 필 월(Phil Wall)이 시력이 떨어진 레슬리 뉴비긴(Lesslie Newbigin) 박사에게 책을 읽어 주고 있다는 사실을 알게 되었다. 뉴비긴이 쓴 많은 중요한 저서, 특히 「다원주의 사회에서의 복음」(Gospel in a Pluralistic Society, 한국 IVP)에 나는 큰 빚을 지고 있다. 나는 지금도 풀러 신학교 세계관 강의에서 이 책을 교재로 사용하고 있다. 친절하게도 필은 내가 영국을 방문하는 동안 뉴비긴 박사와 만날 수 있도록 주선해 주었다.

뉴비긴과 함께 동네 카페에서 다양한 주제들에 관해 이야기 나눈 그날의 오후가 지금도 생생히 떠오른다. 그가 교회와 교회의 사명을 다룬 초대 교부들의 글에 관해 이야기할 때 그의 예리한 통찰력을 따라가기 버거웠던 기억이 또렷하다. 뉴비긴 박사는, 지역적이면서도 동시에 전 지구적인 방식으로 선교를 수행하려고 애쓰는 필과 이머징 교회 개척자들의 활동에 깊은 인상을 받았다고 말했다. 그는 전통적인 교회들도 선교를 회중의 삶 중심에 두게 되기를 간절히 바란다고 말했다.

사실 1980년대에 세계교회협의회(WCC)는 레슬리 뉴비긴의 예리한 통찰에 영향을 받아 말씀과 봉사의 선교라는 통합적인 접근을 강조하면서 모든 교회에 선교를 회중의 삶 중심에 두어야 한다고 촉구하는 성경적인 선언문을 기안했다. 미국과 캐나다에 있는 일군의 기독교 학자들은 신앙과 문화와 선교에 관한 뉴비긴의 탁월한 글에 영감을 받아 '복음과우리문화 네트워크'(Gospel and Our Culture Network)를 결성했으며, 1998년에는 「선교적 교회」(The Missional Church, 주안대학원대학교출판부)라는 책을 출간했다. 이 책에서 그들은 교회가 다른 이들을 위한 교회가 되기 위해서는 교회 스스로를 넘어서야 한다고 주장했다. 대럴 구더(Darrell Guder) 외 기고자들은 이 책이 새로운 갱신의 흐름을 불러일으키리라고는 생각조차 못했을 것이다. 이 책은 캐나다와 미국의 전통적인 주류 교회와 복음주의 교회 지도자들의 이목을 사로잡았다.

포스트모던적 상황에서 교회를 혁신하려고 하는 활동가들에 의해 이머징 교회 운동이 생겨난 반면, 선교적 교회 운동은 학계의 촉구에 의해 태동되었다. 학문적으로 무르익은 학자들이 전통적인 교회들을 향해 외적으로 선교에 더 초점을 맞추고 '하나님이 보내신 백성'이라는 교회의 소명을 재발견하라고 촉구하고 나섰던 것이다. 2004년에 「선교적 교회」의 저자들은 「질그릇 속의 보화」(Treasures in Clay Jars)라는 책에서 "선교적 회중은 어떤 모습을 지니는가?"라는 물음에 답했다. 그들은 지역사회와 더 넓은 세계를 향한 선교에 초점을 맞춘 아홉 곳의 회중을 소개하면서, 하나님이 이들의 겨자씨를 사용하시는 다양한 방식에 대해 약술했다.

이 네트워크에서 최근 펴낸 책인 「태풍의 전선」(StormFront)은 학문적 이해를 넘어서 선교에 초점을 맞춘 회중이 어떤 모습인지를 실제적으로 이해하는 데 특히 유익하다. 최선의 경우일 때 선교적 교회는 교회 내부 사람들의 필요를 채우는 프로그램을 만드는 데서 교회 외부 사람들의 필요에 부응하도록 교인들을 훈련시키는 일로 초점을 바꾼다고 이 책은 분명히 밝힌다. 이러한 초점의 변화는 하나님이 맡겨 주신 시간과 돈의 사용 같은 실제적인 선택에 반영되어야 한다.

2006년에 나는 이와 동일한 주제를 다룬, 영국에서 출간된 중요한 책 두 권을 발견했다. 「기독교 세계 이후」(Post-Christendom)에서 스튜어트 머레이(Stuart Murray)는 기독교 세계 이후의 세계에서 어떻게 선교를 수행할 것인지에 관해 도발적인 질문을 제기한다. 「기독교 세계 이후의 선교」(Mission After Christendom)에서 데이비드 스미스(David Smith)는 다수 세계(제3세계라는 용어를 대체하는 새로운 표현—옮긴이)의 교회들이 신앙과 선교에 대한 우리의 이해를 철저히 바꾸어 놓고 있다고 지적한다.

호주의 앨런 허쉬와 마이클 프로스트는 전통적인 교회에 불만을 가진 이들을 주 독자층으로 삼은 첫 번째 대중서인 「새로운 교회가 온다」(Shaping of Things to Come, 한국 IVP)를 썼다. 이 책이 이머징 교회에 관심을 갖는 이들에게도 인기를 얻으면서 두 흐름을 잇는 첫 번째 가교가 된 것은 놀라운 일이 아니다.[11] 2005년에 허쉬와 프로스트는 호주 멜버른에서 '위험한 이야기들'이라는 이름의 수련회를 열었다. 포지의 후원으로 열린 이 열정 넘치는 수련회는, 이머징 교회 운동가들과 선교적 교회 운동가들이 한자리에 모여 하나님의 선교 사역에 동참하기 위한 혁신적인 방법을 모색한 첫 모임이었다.[12]

선교적 교회 운동은 교회가 된다는 것과 교회가 사명을 수행한다는 것이 무엇을 뜻하는지에 대해 중요한 신학적 물음을 제기했다는 평가를 받아 마땅하다. 라이언 볼저, 에디 깁스, 커트 프레드릭슨의 풀러 신학교와 존 프랭크(John Franke)와 스캇 맥나이트가 재직할 당시의 비블리컬 신학교와 노스파크 대학교, 스티브 헤이너의 컬럼비아 신학교, 드와이트 프리즌의 마스힐 대학원 등이 이 물음에 응답했다. 조지폭스 신학교 역시 이 영역을 강조하는데 대표적 인물로는 레너드 스윗이 있다. 최근 이 학교는 앨런 록스버러가 '선교적 지도력'이라는 과정을 개설했다.

현장 활동가들이 이러한 선교적 부름에 서서히 응답했다. 이들 모략 가담자들은 신학교 교육을 받은 경우가 많고 다문화적인 요소에 초점을 맞추는 경향이 있다는 점을 제외하고는 이머징 교회 활동가들과 비슷한 점이 많다. 전부는 아니지만 이들 중 다수는 전통적 교단 안에서 선교적 교회를 개척하려고 한다. 영국 성공회는 '참신한 표현'(Fresh Expressions)이라는 새로운 선교적 실험을 지원하기 시작했다. 앤디 해링턴(Andy Harrington)에 따르면, 캐나다 복음주의연맹은 젊은 그리스도인들을 선교적 지도자로 길러 내는 '카덴스'(Cadence)라는 전국적인 프로그램을 개발했다고 한다.

미국의 경우, 전통적 의미의 회중이 심각히 퇴조할 것이라는 조짐을 알아차린 몇몇 주요 교단에서 더 젊고 다문화적인 세대에 다가가겠다는 소망을 품고 새롭고 실험적이고 선교적인 교회를 개척하는 일에 투자를 아끼지 않고 있다. 언약교단(스웨덴 이민자 중심으로 설립된 북미의 복음주의 교단—옮긴이)의 교회개척 사역을 총괄하고 있는 데이브 올슨(Dave T. Olson)은 선교적 교회의 가치를 거의 전적으로 반영하는 새로운 교회를 개척하고 있다. 캘리포니아 주 어바인의 뉴송(NewSong), 오클라호마 주 에드먼드의 라이프 카버넌트(Life Covenant) 교회 등이 그 대표적인 사례다. 또한 기독교개혁교단(Christian Reformed Church)과 미국개혁교단(Reformed Church in America) 두 교단 모두 다양한 인구 집단에 다가가기 위해 다양한 선교적 교회를 개척하기 위해 애쓰고 있다. 기독교개혁교단의 교회개척 사역을 이끌고 있는 팀 빙크(Tim Vink)는 기존 교회와 협력하여 2013년까지 4백 개의 교회를 개척하는 것을 목표로 삼고 있다. 미국개혁교단의 앨런 리클(Allen Likkel) 역시 비슷한 목표를 가지고 노력하고 있다.

오늘날 전 세계적으로 전통적 교회에 속한 그리스도인들과 이머징 교회에 속한 그리스도인들 모두가 선교적이란 말을 수용하고 있다. 「선교적 교회」의 편집자인 대럴 구더는 이 용어가 나름의 생명을 얻었다고 말한다. "선교적 열광: 선교적 교회, 정말로 존재하는가?"라는 글에서 노스캐롤라이나주 더럼의 엠마오의길(Emmaus Way) 목사 팀 콘더(Tim Conder)는, 선교적이라는 말이 새로운 유행어가 되었다고 생각한다. "한때는 셀 교회, 메타 교회, 구도자 중심 교회, 목적이 이끄는 교회라고 자처했던 많은 교회들이 이제는 선교적 교회라고 주장한다." 콘더는 이 용어를 "제도주의, 개인주의, 감상주의에 매몰된 상품화된 문화적 기독교에 대한 교정책 혹은 그에 대한 직접적인 거부"로 정의하면서, 선교적 교회는 "프로그램과 재정 운용에 있어서 교회 외부를 지향한다"고 설명한다.[13] 그가 외부를 강조하는 것은 마음에 들지만, 내가 조사한 바에 따르면 콘더의 표현은 선교적 교회보다는 이머징 교회와 더 일치한다.

### 다문화적 흐름

에프럼 스미스(Efrem Smith)와 필 잭슨(Phil Jackson)이 공저한 「힙합 교회」(*The Hip-Hop Church*)와 토미 킬로넌(Tommy Kyllonen)이 쓴 「비정통」(*Un.orthodox*)은 하나님이 다양한 문화에 속한 젊은이들을 통해 새로운 일을 행하고 계신다는 강력한 증거를 제시한다. 두 책 모두 힙합을 도심 속 흑인 문화의 표현일 뿐 아니라 세계 전역에서 통용되는 새로운 세대의 언어로 인지한다. 실은, 내가 이 책을 쓰는 지금 영국의 한 젊은이는 여러 해 동안 맨체스터에서 젊은이들과 함께 춤을 추는 도심 선교를 하다가 등에 부상을 입고 수술을 받고 있다.

주류 교회의 지도자들 대부분—그리고 그가 이머징 교회와 관련된 수련회에서 만난 이들 대부분—이 백인이라는 점을 지적하면서, 킬로넌은 시대가 변하고 있음을 상기시킨다.

이머징 교회는 이웃집 흑인 청년이기도 하다. 로스앤젤레스의 멕시코계 이민 2세대, 휴스턴의 중국계 이민자의 자녀이기도 하다. 이머징 교회는 월가의 푸에르토리코계 여성이기도 하다.[14]

이 흐름에 속한 사람들 대부분은 포스트모더니티라는 말을 들어 본 적이 없겠지만, 힙합 문화의 일부인 도시 젊은이들 다수는 이머징 교회에 속한 젊은이들과 마찬가지로 근대성, 권위, 손쉬운 답변에 의심을 품고 있다.[15] 에프럼 스미스는 나에게 힙합 문화가 포스트모던할 뿐 아니라 탈제도, 탈소울, 탈시민권적인 성격도 가지고 있다고 말했다.

도심 속 흑인 젊은이들은 그들에게 와 닿는 영성을 갈망하고 있다. 미국에는 20여 개의 힙합 교회가 있으며 그 수가 계속 늘어나고 있는 것으로 알려져 있다. 필 잭슨이 섬기는 다문화 회중으로 이루어진 시카고의 론데일 커뮤니티 교회는 이러한 갈망에 대응하기 위해 매달 첫 주와 둘째 주 토요일에 힙합 예배를 드리고 있다. 첫 주 예배는 하우스 파티(House Party)라 하고, 둘째 주 예배는 하우스 언플러그드(House Unplugged)라 한다.

힙합 교회는 그 수가 점증하고 있는 다문화 교회를 통해 하나님이 행하시는 일을 보여 주는 한 가지 사례에 불과하다. 북미의 수많은 이민 2세대 아시아계 교회는 다문화적 회중이 되기 위해 노력한다. 캘리포니아 주의 몇몇 교회는 단일문화적인 교회라면 불편함을 느꼈을 인종 간 결혼으로 이루어진 가정들을 중심으로 모이고 있다.

심지어 단일문화 교회 모형이 과연 성경적인가 하는 의문을 제기하는 단일문화 교회들도 있다. 한국인, 러시아인, 나이지리아인, 중국인, 영국인으로 구성된 영국의 킹스턴 연합개혁교회는 다문화적 회중이 되기 위해 의도적으로 노력하고 있다. 레슬리 찰튼 목사는, 교회가 되기 위해서는 다양성이 필수적이라고 믿는다. 그는 이렇게 말한다. "모두가 똑같다면 우리 스스로를 교회라고 부를 수 없습니다. 그런 것은 좋은 모임일지는 모르나 교회는 아닙니다. 하나님 나라처럼 교회에는 모두를 위한 자리가 마련되어 있어야 합니다."[16] 물론 단일문화 지역에서는 인종과 계급의 다양성이 늘 가능한 것은 아닐 것이다. 하지만 성경은 분명 찰튼 목사의 주장을 뒷받침해 준다.

단일문화 교회를 넘어서야 하는 또 다른 중요한 이유가 있다. 미래의 모습을 그려 볼 때 우리가 인정하든 인정하지 않든, 그 모습은 런던과 로스앤젤레스, 오클랜드를 닮았다. 이 도시들은 우리가 사는 이 세상의 다양한 문화를 반영한다. 실제로 2060년에 미국은 서구 국가 최초로 비유럽계 국가, 라티노와 흑인과 아시아인의 국가가 될 것으로 전망된다. 유럽계 미국인은 그저 또 하나의 인종 집단에 불과할 것이다. 교회는 사람들이 이러한 미래 속에서 살아가도록 준비시킬 뿐 아니라 다른 문화의 유익을 받아들이고 즐길 수 있도록 도와야 한다.

하나님은 새로운 모략에 가담해 다문화적인 하나님 나라를 빼닮은 교회를 만들기 위해 노력하는 사람들을 정말로 일으키고 계신다. 최근 "크리스천 사이언스 모니터"(Christian Science Monitor)는 미국에서 가장 빠르게 성장하는 교회들의 주요 특징 중 하나가 다인종성이라는 기사를 냈다.[17] 영국 크리스천 리서치(Christian Research)를 이끌고 있는 피터 브라이얼리(Peter Brierley)는 런던의 다문화 교회는 영국에서 성장하고 있는 몇 안 되는 교회들 중 하나인데, 그 수가 교회를 다니는 사람들 전체 수의 17퍼센트에 달한다고 전한다.

백인 문화에 속한 사람들이 다문화 교회라는 흐름을 받아들임으로써 하나님이 행하시는 일에 참여한다는 것은 곧 모든 서구 사회의 일부였던 노예제와 인종주의 및 억압의 역사를 먼저 인정한다는 것을 뜻한다. 영화 "어메이징 그레이스"(Amazing Grace)를 통해 노예제가 얼마나 끔찍한 것이었는지를 깨닫게 된 데이비드 포트(David Pott)는 2000년 영국에서 '생명선 원정대'(Lifeline Expeditions)를 시작했다. 그는 백인들에게 미국을 비롯한 서구 국가에 있는 과거 노예 거래를 하던 항구에서 사슬에 묶인 채 걸어 보게 함으로써 아프리카계 사람들을 노예로 삼았던 자기 조상들의 죄를 회개하라고 권했다. 이 시위를 목격한 흑인과 백인 모두 강렬한 인상을 받았다.

호주에서는 유럽계 그리스도인들과 원주민 그리스도인들이 예전에 학살이 벌어졌던 곳에 모여 하나님의 치유와 화해를 위해 기도한다(나는 미국에서도 유럽계 미국인들과 미국 원주민들이 이들의 본을 따라 북미 대륙의 대학살 현장에 함께 모여 치유와 화해를 위해 기도하는 모습을 보고 싶다).

에릭 다이슨(Eric Dyson)은 "백인성은 보편적인 것처럼 보이기 때문에, 그에 대한 구체적인 논의가 이루어진 적이 전혀 없었다"고 주장한다. 다이슨은 유럽계 사람들이 인종과 계급, 권력에 관해 배울 수 있도록 대학 안에 '백인학 과정'을 개설해야 한다고 말한다.[18] "크래쉬"(Crash) 같은 영화에서는 인종과 계급의 차이가 고통스러운 방식으로 드러난다. 영화는 편견과 인종주의가 만연해 있음을 분명히 보여 준다. 우리 백인들은 다른 집단을 차별하고 억압했던 과거를 뉘우칠 수 있으나, 우리는 여전히 그와 같은 과거의 수혜자다. 미래로 여행하면서 우리는 백인의 권력과 특권이라는 현실을 인정해야 할 것이다. 어떤 인종적·문화적 집단에 속해 있든 간에 예수를 따르는 사람들은, 하나님의 위대한 다문화적 본향에 들어갈 그날을 선취(先取)함으로써 우리에게 주어진 다채로운 선물을 기뻐하고 기꺼이 수용할 수 있어야 한다.

캘리포니아 주 컬버시티에 있는 캐털리스트 교회의 교회 개척사역을 담당하고 있는 더그 리 목사는 그의 교회 교인들이 다른 문화의 선물을 이미 풍성히 누리고 있다고 한다. "우리 공동체는 남태평양제도 출신의 사람들한 테서 따뜻함과 환대, 너그러움의 정신을 배웠습니다. 흑인 친구들한테서는 하나님 앞에 온전히 나아가며 예배에 집중하는 태도를 배웠습니다. 라티노 형제자매들은 가족과 환대의 중요성을 일깨워 줍니다…아시아계 교우들한 테서는 굳이 인정받으려 하지 않으면서 남을 섬기는 태도가 중요함을 배웁 니다. 새 가족이 된 우리는 각자가 가지고 있는 다양한 선물로 인해 더욱 풍 성해집니다."

나는 존 퍼킨스가 시작한 기독교공동체계발협회(Christian Community Development Association) 연례 회의에서 하나님의 새로운 공동체의 다양하고도 풍 성한 선물을 경험할 수 있었다. 이 협회는 우리의 영혼을 한껏 고양시켜 줄 찬양대를 항상 초대한다. 또한 어바나 학생 선교대회(Urbana Student Missions Conventions)에서도 세계의 다양한 지역을 대표하는 예배 인도자들 덕분에 풍성한 선물을 경험할 수 있었다. 겨자씨협회에서는 지역사회 활동가인 루 디 카라스코를 초청해 '도시 안의 사랑의 색'이라는 행사를 열었다. 이 행사 의 목적은 우리 지역사회의 색에 대해 대화를 나눠 보자는 것이었다. 루디 의 이야기를 경청한 다음, 겨자씨협회 사역자인 엘리아신 로자리오의 사회 로 인종과 문화에 관한 토론을 나눴다. 놀랍게도, 다양한 인종적 배경을 가 진 사람들이 다문화 사회 속에서 신실하게 살아가기 위해 어떻게 노력하고 있는지, 그리고 그것이 얼마나 어려운 일인지 솔직한 나눔이 오갔다.

인종적 다양성이라는 면에서 미국에서 가장 혁신적인 교회는 남 캘리포 니아에 있는 모자이크 교회(Mosaic Church)다. 이 교회는 "세계 전역으로부터 캘리포니아 주 로스앤젤레스 지역으로 이주해 정착한 사람들"로 이루어졌다. "이 교회의 회중은 다문화적이며 탈현대적이고 다원적이며 전 지구적 문화 를 추구하는 사람들이다."[19] 이머징 교회처럼 모자이크 교회에서도 예술이 삶과 사명에서 중요한 부분을 차지한다. 모자이크 교회의 도시의시인들(Urban Poets)이라는 모임에는 예술가와 극작가, 사회 혁신가들이 참여하고 있다.

다문화 교회의 목회자들 대부분은 그저 교회 내부 사람들의 필요를 채우는 재미있는 프로그램을 만들어 내는 것에 만족하지 않는다. 그들은 지역 사람들의 삶에 영향을 미치는 말과 행동 사역에 교인들을 참여시키기 위해 노력한다. 그런 의미에서 이런 교회들 중 다수는 앞서 이야기한 선교적 모형에 가깝다. 예를 들어, 유진 조(Eugene Cho)가 개척한 시애틀의 다문화 교회인 퀘스트 교회(Quest)는 처음부터 지역적·전 지구적 선교에 초점을 맞춰 왔다. 퀘스트 교회의 커피숍인 큐 카페는 지역사회의 사안을 논의하고 지역 예술가들이 공연을 펼칠 수 있는 공간으로 자리 잡았다. 교인들 또한 노숙자들을 섬기고, 학교생활에 어려움을 겪는 아이들을 위해 컴퓨터 반을 운영하며, 전 지구적 사역에 시간과 자원을 기부하고 있다.

사우스센트럴 로스앤젤레스에 있는 대니 마티네스가 목회자로 있으며 개척한 지 3년 된 리디머 교회는 사회 정의에 대한 열정이 강한 사람들이 모여 시작한 교회다. 이 교회는 해외 선교뿐 아니라 미국 내에 있는 가난한 사람들을 섬기고 있다. 교인들도 노숙자들을 돕고, 지역의 양로병원에서 자원봉사를 하고, 도심의 학교에서 봉사하는 등 지역사회를 섬긴다.

데이비드 올슨이 말해 준 바에 따르면, 미국 언약교단이 새로 개척한 선교적 교회 중 50퍼센트 이상이 다인종적이거나 다문화적이라고 한다. 실제로 언약교단의 태평양서부해안총회는, 모든 교회 개척 사역자들로 하여금 캘리포니아 주 오클랜드에서 출발해 로스앤젤레스에서 끝나는 3일간의 버스 여행인 '모자이크로 가는 여행'에 참가하게 한다. 이 여행은 오클랜드에서 가장 험한 동네에 있는 흑인 교회에서 교인들의 이야기를 듣는 것으로 시작한다. 그 후에 참가자들은 농장 지역으로 이동하여 그곳에서 일하는 히스패닉 이주 노동자들의 이야기에 귀를 기울인다. 그다음에 버스는 로스앤젤레스 남부로 향한다. 거기서 제2차 세계대전 당시 일본인 강제 수용소에 수용된 적이 있던 사람들을 만난다. 비(非)백인 교회의 지도자들을 만난 후 이스트 로스앤젤레스에서 노숙자들과 어울리는 것을 마지막으로 이 여정도 끝난다. 또 다른 언약교단의 한 총회는 앨라배마 주 버밍엄의 16번가 침례교회, 조지아 주 애틀랜타의 마틴 루터 킹 기념관, 앨라배마 주 몽고메리의 민권운동기념관, 앨라배마 주 모빌의 노예시장터 등 흑인 민권운동의 유적지를 둘러보는 '상코파'라는 이름의 5천6백 킬로미터에 이르는 버스 여행을 후원하고 있다.

이처럼 간략히 살펴보는 것만으로도 알 수 있듯이, 다문화 교회는—그 수가 점점 늘어나고 있는 이민 교회와 더불어—서구 교회가 보여 주는 새로운 경향으로 자리 잡을 것이다. 새로운 모자이크 운동은 그 양상이 무척 다양하지만, (이머징 교회에 속한 이들과 마찬가지로) 이 흐름을 따르는 이들은 모두가 하나같이 새로운 세대에 다가가고자 하는 열망을 품고 있는 것으로 보인다. 선교적 교회와 마찬가지로 이들 역시 자기 교회의 회중을 넘어 교회 바깥에 있는 사람들의 요구에 응하는 데 사역의 초점을 맞춘다. 결국 이들은 지역적·전 지구적 선교에 훨씬 더 의미 있게 참여하게 된다. 우리는 하나님이 비백인 교회와 이민 교회뿐 아니라 모자이크 교회를 통해 행하시는 일에도 더 많은 관심을 기울여야 한다. 그리고 새로운 형태의 협력을 모색함으로써 교회로 하여금 다문화적인 미래에 참여하는 기쁨을 누리는 데 앞장설 수 있도록 해야 한다.

**수도원적 흐름**

이 책에서 다루는 새로운 갱신의 흐름의 마지막은 수도원 운동이다. 이 흐름은 몇 가지 점에서 나머지 셋과 구별된다. 수도원 운동에 속한 그룹들은 대부분 교회 개척에 관심이 없다. 20대와 30대가 주로 참여하고 있기는 하지만, 다른 세 흐름에 비해 40대 이상의 비율이 높다. 또한 이머징 교회와 선교적 교회 운동보다 훨씬 더 다문화적·다인종적이다.

이 모략에 가담한 사람들은 아마도 예수님의 제자가 된다는 것, 교회가 된다는 것, 교회의 사명을 수행한다는 것이 무엇을 뜻하는지에 대해 다른 어떤 흐름에 속한 이들보다 더 많은 의문을 제기할 것이다. 수도원 실험에 참여한 사람들은 복음주의권 출신인 경우가 많으나 가톨릭·정교회·켈트·성공회의 수도원 전통이 가지고 있는 풍성함에 매력을 느낀다.

**중산층과 함께하는 수도원 운동.** 우선 주로 수도원 생활의 영적인 측면에 매력을 느끼는 그룹들에 관해 이야기해 보자. 이들은 예수를 따르는 자로서 평범한 중산층의 삶을 살면서 더 진지한 영적 실천을 추구하는 그룹이다. 이러한 개신교 수도원 운동은 프란체스코회, 베네딕트회, 켈트 같은 이들의 수도원 전통으로부터 직접적으로 영향을 받았다.

20세기 초에 시작된 평신도 수도원 운동인 '제3의 프란체스코회'는 이 새로운 흐름의 기초를 놓았다. 오늘날 전 세계에서 2백만 명이 넘는 평신도 그리스도인들이 프란체스코회 수사들의 지도를 받아 생활 규율을 계발하고 따르고 있다. 그렇게 함으로써 그들은 기도와 봉사의 삶을 살아갈 힘을 얻는다. 이처럼 시작은 작았으나 그 후로 수많은 평신도 수도회가 제3회의 모범을 따랐다. 스코틀랜드의 아이오나 공동체(Iona Community), 잉글랜드의 노섬브리아 공동체(Northumbria Community), 잉글랜드의 성 에이든과 성 힐다 수도회(Order of Saint Aidan and Saint Hilda)는 참여자들이 영성 생활에 온전히 집중할 수 있도록 돕는 데 초점을 맞춘다. 이들 수도회에 참여하는 이들 중에는 공동생활을 하거나 가난한 이들과 함께 노동하는 이들도 있지만 대다수는 그렇지 않다.

몇 해 전 영국 쉐필드에 있는 세인트 토머스 크룩스 교회에서 한 무리의 그리스도인들이 선교수도회라는 이름의 수도회를 시작했다. 현재 이곳은 영국 성공회에 소속된 공식 수도회이며, 약 3백여 명이 수도회의 규율을 따라 생활하고 있다. 다른 평신도 수도회들과는 달리 이 수도회는 기도 생활을 중시한다. 이 수도회를 따르는 이들은 '작전회의'라는 소그룹에 참여하며, 가난한 이들과 함께하는 노동을 비롯해 다양한 사역에 동참한다. 하지만 대부분은 공동생활을 하지 않는다.

최근 전 세계적인 24/7 기도 네트워크를 시작했으며 영국에서 이머징 교회 운동을 벌이고 있는 피터 그리그(Peter Greig)는 겨자씨 수도회를 세웠다. 이 수도회 역시 기도와 섬김의 삶을 강조한다. 하지만 이 수도회를 따르는 이들은 이 책에 소개된 다른 그룹들에 비해 조직화되어 있지 않다.

새로운 세대의 서구 개신교 지도자들 사이에서도 고대의 수도 생활에 대한 관심이 점점 커지고 있다. 예를 들어, 장로교 목회자인 캐런 슬로언(Karen Sloan)은 「수도원 기행」(Flirting with Monasticism)이라는 책에서 도미니크회 영성을 탐구한 흥미로운 여정을 회고한다. 실제로 이머징 교회와 선교적 교회 운동에 참여하는 이들 중 다수가 고대의 예전뿐 아니라 고대의 영성 훈련에도 관심을 기울인다.

**가난한 이들과 함께하는 수도원 운동.** 수도원 운동을 가장 급진적으로 펼치고 있는 이들은, 공동체 안에 살면서 가난한 이들과 더불어 일하고 살아가는 동시에 영적 수행에 힘쓰는 성육신적 삶을 그리스도를 따르는 삶으로 이해했던 프란체스코회로부터 영감을 받은 그룹이다. 실제로 이들 중 다수는 더불어 지내는 사람들의 경제적인 수준에 맞춰서 살기로 결정한다. 내적변화(InnerCHANGE)라는 수도원 운동을 이끌고 있는 존 헤이즈(John Hayes)

는 이렇게 주장한다. "세상에 필요한 것은 더 많은 말, 심지어 더 '옳은' 말이 아니다. 세상에는 육신이 된 말이 더 많이 필요하다. 세상에는 보고 듣고 만질 수 있도록 복음을 성육신적으로 실천하는 사람들이 더 많이 필요하다."[20]

기독교자원사역(Christian Resources Ministry) 소속 사역단체인 내적변화는 가난한 이들과 더불어 성육신의 삶을 살면서 기도에 대한 강력한 헌신을 유지하는 프란체스코회의 생활 방식을 따르라는 하나님의 부르심을 깨달은 지도자들에 의해 시작되었다. 이처럼 소박하게 시작된 내적변화는 이제까지 캄보디아, 루마니아, 베네수엘라, 로스앤젤레스, 샌프란시스코, 미니애폴리스에 공동체를 세웠다. 최근 함께한 저녁 식사 자리에서 존 헤이즈는 새로운 공동체를 시작하기 위해 영국으로 떠날 계획이라고 말했다. 존은 자신의 책에서 이렇게 회고한다. "우리는 가난한 사람들 속에서 성육신적인 삶을 사는 사역이 개인적인 희생을 치를 만큼 가치가 있다는 것을 깨달았다. 우리의 이웃으로부터 '당신은 우리 중 하나입니다'라는 말을 듣는다면 그것은 실로 성스러운 순간이다."[21] 하지만 그는 그러한 순간에 이르기까지는 시간이 걸리며 자기 삶을 더 큰 공동체의 삶에 진지하게 헌신하는 노력이 필요하다고 분명히 말한다.

급진적 기독교 운동이 한창이던 1970년대에 가난한 이들을 섬기는 데 강조점을 둔 새로운 개신교 수도원 운동이 일어났다. 아시아에서 선교사로 사역했던 뉴질랜드인인 비브 그릭(Viv Grigg)은 빈민가에서 생활하는 선교사가 아무도 없다는 사실에 충격을 받았다. 그래서 그는 자신이 먼저 타날론의 빈민 정착촌에 들어가 살기로 결심했다. 그는 자신의 책 「가난한 자들의 친구」(Companions to the Poor, 한국 IVP)에서 예수를 따르는 이들을 향해 급진적이면서도 새로운 이 소명을 고려해 볼 것을 촉구했다. 그의 솔선수범을 통해 새로운 수도회 두 곳, 즉 섬기는벗들(Servant Partners)과 아시아도시빈민을 섬기는벗들(Servant to Asia's Urban Poor)이 초기에 생겨났다. 섬기는벗들은 방콕과 아프리카 북동부, 북아프리카, 나이로비, 인도, 중동, 마닐라, 멕시코시티에 새로운 수도원 공동체를 세우는 활동을 하고 있다. 멕시코시티에 있는 그들의 공동체는 부자와 가난한 자들 사이에 다리를 놓음으로써 전인적인 의료 서비스, 소규모 창업, 어린이 사역 같은 프로그램을 지원하고 있다. 아시아도시빈민을섬기는벗들은 필리핀, 캄보디아, 인도, 인도네시아, 호주, 캐나다, 뉴질랜드, 스위스, 영국, 미국에서 활동하고 있다. 최근에 마닐라의 섬기는벗들은 거리의 아동들을 위한 방 두 칸짜리 봉사 센터를 열었다. 하루에 20명의 아이들이 이곳 오네시모 키즈(Onesimo Kids)를 찾는다. 섬기는벗들은 그들이 생활하며 섬기고 있는 지역의 가난한 이들과 함께하는 다양한 사역을 펼치고 있다.

도시이웃의소망(Urban Neighbours of Hope)은 호주 그리스도의교회(Churches of Christ in Australia)가 내적변화의 도움을 받아 2001년에 설립한 "가난한 이들 속에서 살아가는 선교적 수도회"다. 이 수도회의 비전은 삶 속에서 복음을 실천하고 그리스도를 통해 아시아 태평양 지역 도심의 가난한 동네를 변화시키는 선교적 수도회가 되는 것이다. 도시이웃의소망 안에는 방콕, 시드니, 멜버른에서 생활하는 팀들이 있다. 수도회에 참여한 이들은, 가난한 지역에 살면서 "노숙자들을 초대해 함께 살고, 노동과 수입을 제한[협력 사업이나 외부 일을 주당 20시간 이하로 제한하고 수입 역시 호주 최저 생계비(Henderson poverty line)에 고정]하라는" 하나님의 부르심을 받았다고 생각한다.[22]

1991년 육신이되신말씀(Word Made Flesh)은 최저 빈곤층을 섬기는 사역을 시작했다. 1994년 마드라스에서 첫 번째 어린이집을 시작한 이래로 현재 남아시아뿐 아니라 아프리카와 남아메리카에서도 활동하고 있다. 이 공동체는 "동유럽의 하수관에서는 거리의 아이들을, 서아프리카의 난민 수용소에서는 소년병이었던 아이들을, 아시아에서는 성매매 희생자들과 에이즈에 감염된 아이들을, 남아프리카에서는 빈민가와 판자촌에 사는 아이들을 만난다."[23] 이들은 다문화적이고 다인종적인 사역자 양성을 위해 노력하고 있으며 교회 결속을 도모하는 방식으로 삶과 신앙에 접근하려고 한다.

가장 최근의 흐름을 보여 주는 단체로 랠프 뉴먼(Ralf Neumann)이 인도하고 있는 젊은 그리스도인들의 모임이 있다. 이들은 24/7 기도 네트워크와 연결되어 있으며 수도회를 세우기 위해 동독으로 이주하고 있는 중이다. 이들은 경제적으로 침체된 지역, 우울증 및 중독과 씨름하는 이들이 있는 지역에서 소금과 빛이 되기를 희망하고 있다.

「새로운 수도사들」(The New Friars)이란 책에서 (미국기독학생회의 글로벌 프로젝트 책임을 맡고 있는) 스캇 베스네커(Scott Bessenecker)는 "하나님의 영은…주변부에서 살아가고 있는 이들을 위해 자신의 삶을 기꺼이 내주는…[이들 21세기의 수사와 수녀들을] 통해 일하고 계신다"고 말한다.[24] 스캇이 기획한 대학생을 위한 여름 프로그램인 '세계 도시 기행'(Global Urban Trek)은, 카이로에서 마닐라에 이르는 지역에 있는 도시에서 가난한 자들과 함께 살도록 하나님이 부르시는지 분별하기 원하는 학생들을 위해 기획되었다. 선교의해(Mission Year)는 대학 졸업생들에게 미국 도시의 가난한 자들과 함께 일할 수 있는 비슷한 기회를 제공한다. 최근에 나는 선교의해에 참여한 학생들과 동역할 기회가 있었다. 많은 젊은이들이 이 기회를 통해 큰 영향을 받았으며 하나님이 그들의 겨자씨를 사용하셔서 주변부의 가난한 자들의 삶에 변화를 가져올 수 있음을 보면서 깊은 감명을 받았다.

**가난한 이들과 중산층이 함께하는 새로운 수도원 운동.** 수도원 흐름의 최신 경향 중 하나는 '새로운 수도원 운동'이다. 이 운동은 2005년에 수백 명의 젊은이들이 참여한 가운데 롤리더럼 지역에서 열린 한 집회에서 시작되었다. 이들 중 다수는 미국의 가난한 자들과 함께 생활하고 일하는 데 이미 헌신하고 있었다. 이 집회는 그동안 보아 온 이머징 교회 계열의 자유롭고 포스트모던한 형식의 집회보다는 근대적인 학교 교실 분위기에 훨씬 가까웠다. 첫 수련회가 끝난 후 「회심 학교」(Schools for Conversion)라는 책이 출간되었다. 이 운동에 참여한 이들은 그들의 공동체에서 환대를 베풀 뿐 아니라 '회심 학교'라는 몇몇 장소에서 배움의 기회도 제공하고 있다.

새로운 수도원 운동의 주창자 중 한 명인 셰인 클레어본은, 초기 수도원 공동체는 "하나님을 찾으려면 사막으로 가야 한다고 생각했다…우리의 사막은 도심이며 제국의 버려진 곳이다"라고 일깨운다.[25] "크리스천 센추리"(Christian Century)에 기고한 글에서 제이슨 바이애시(Jason Byassee)는 새로운 수도원 운동의 참여자들이 "미국이라는 제국의 구석에서…새로우면서도 근본적으로 다른 형태의 기독교적 실천을 보여 주는 선구자로 살아가고 있다"고 설명한다.[26] 이 모략에 가담한 사람들은 가난한 자들과 함께 제국의 버려진 공간을 자기 집으로 삼을 뿐 아니라, 중산층 사람들을 찾아가 하나님의 겨자씨 혁명에 동참하기를 권한다.

새로운 수도원 공동체로는 더럼의 룻바 하우스(Rutba House), 뉴저지 주 캠든의 캠든 주택공동체(Camden House Community), 렉싱턴의 커뮤낼러티(Communality), 필라델피아의 심플웨이 등이 있다. 이들의 네트워크에는 소저너스 공동체(Sojourners Community)와 레바 플레이스(Reba Place)처럼 급진적 기독교 운동기에 시작된 더 오래된 공동체들도 포함된다. 이들 공동체들 중 다수는 성숙한 신자들로 이루어져 있으나, 모두가 가난한 자들과 더불어 일하는 것은 아니며 또한 모두가 수도원 전통에 속한다고 자처하지도 않는다.

가난한 이들과 더불어 일하는 다른 수도원 그룹들도 새로운 수도원 운동에 참여하는 이들처럼 사회 정의와 화해, 그리고 가난한 이들을 정치적으로 대변하기 위해 노력한다. 그러나 새로운 수도원 운동은 대부분의 다른 그룹들보다 운동의 신학적 기초에 관해 성찰하는 데 많은 시간을 할애하는 듯 보인다. 이들은 알래스데어 매킨타이어(Alasdair MacIntyre)가 「덕의 상실」(*After Virtue*, 문예출판사)에서 시도한 분석, 곧 계몽주의 기획은 실패했으며 현대 문화는 생명력 넘치는 신앙에 위협이 된다는 주장을 그들 운동의 이론적 기초로 삼는다.[27] 「조각난 세상 속에서 신실하게 사는 법」(*Living Faithfully in a Fragmented World*)에서 조너선 윌슨(Jonathan Wison)은 "교회는 복음을 신실하게 지키지 못하고 타협해 버릴지도 모르는 중대한 위험에 처해 있다"고 주장한다. 그는 교회가 점점 더 전 지구적인 근대성의 문화가 가르치는 가치에 의해 전복되고 있음을 우려하면서, "한때는 다수였으나 이제 소수가 되어 버린 문화 속에서 신실하게 살면서 복음을 증언하기 위해 교회는 무엇을 해야 하는가?"라는 중요한 질문을 던진다.[28] 마지막 장에서 그는 자신의 질문에 답하면서 신앙 공동체를 향해 세상으로부터 물러나는 대신 세상 속에서 살아 숨 쉬는 작은 공동체로서 더 진실하게 복음을 구현할 것을 촉구한다.[29]

이러한 분석은 전통적인 교회에 속한 우리뿐 아니라 다른 세 흐름에 속한 이들에게도 심각한 문제를 제기한다. 많은 사람들이 교회를 그저 예배와 친교를 위해 일주일에 한 번 찾아가는 공간으로 이해하는 데 별다른 불만이 없어 보인다. 그러나 수도원 운동은 우리를 향해 교회를 일주일에 7일을 살아가는 공동체로 근본적으로 변화시키라고 촉구한다. 심각하게 파편화된 세상 속에서 신실하게 살고자 한다면 그리해야 한다고 말한다.

우리는 주변부에서 일하는 모략가들을 통해 하나님이 행하시는 일을 기뻐하고 지원할 뿐 아니라 그들의 노력에 동참함으로써 하나님이 어떻게 우리 각 사람을 사용하셔서 이 세상을 조용히 변화시키시는지 온전히 깨달아야 한다. 그러기 위해서는, 우리가 인식하지 못하는 방식으로 우리의 삶과 가치에 혼란을 주고 영향을 미치는 힘들을 이해할 필요가 있다. 이제 2001년으로 되돌아가 9/11 이후의 세계 상황이 어떻게 변화해 왔는지를 되짚어 보자. 그리고 우리의 가치관에 새로운 지구 쇼핑몰이 어떤 식으로 영향을 미치려고 하는지를 알아보자.

### 함께 생각해 볼 문제

- 네 가지 흐름 중 어떤 사례가 특히 당신의 관심을 불러일으키거나 상상력을 자극하는가?
- 주변부에서 창조적으로 살아가는 이들을 간략히 살펴본 지금, 어떤 신학적인 질문이 머릿속에 떠오르는가?
- 이들 실험적인 그룹들이 펼치는 이야기에서 얻게 된, 당신의 삶이나 교회에 적용할 수 있는 새로운 가능성을 한 가지만 생각해 보라.

# 두 번째 대화

## 현대 문화를 주목하라

## 2.
## 9/11 이후 지구촌 이웃에게로의 귀향

분열된 세계 속에서 우리가 맞이하게 될
미래의 특징과 성격을 규정하고자 할 때 전 지구화는
얼마나 중요한 영향을 미치는가?

"방금 여객기 한 대가 뉴욕 시의 쌍둥이 빌딩 중 한 건물에 충돌했다는 보도가 들어왔습니다." 미국공영라디오방송에서 기자는 건조한 목소리로 이렇게 발표했다. 순간 나는 심각한 위기가 시작되었음을 직감했다. 방금 전 일어난 일은 결코 단순한 사실이 아니었다. 나는 수백만 명의 미국인처럼 하루 종일 텔레비전을 통해 이 비극적인 사건을 지켜보면서 우리가 보고 있는 이 끔찍한 화면이 무엇을 의미하는지 이해하려고 했다.

물론 이 같은 테러 및 공격으로 인해 미국인들뿐 아니라 세계 전역에서 많은 사람들이 죽임을 당했다. 2002년 10월 12일 발리에서는 테러리스트의 폭탄 공격으로 수많은 호주인들이 목숨을 잃었다. 2004년 3월 11일에는 마드리드의 열차 폭탄 공격으로 무고한 사람들이 죽었다. 2005년 7월 7일에는 영국인들 역시 런던의 대중교통 수단에서 일어난 테러 공격을 당했다.[01] 테러 공격은 인도네시아에서 인도까지 세계 전역에서 발생하고 있다.

사실 이 세계는 이제 결코 전과 같지 않을 것이다. 우리는 계속되는 테러 행위로 인해 훨씬 더 불확실해진 세계 속에서 살고 있다. 어쩌면 최악의 사건은 아직 일어나지 않았는지도 모른다. 나는 2027년의 영국을 배경으로 한 영화 "칠드런 오브 맨"(The Children of Men)을 보면서 이 영화에 묘사된 무정부 상태의 도시와 테러에 경악했다. 하지만 오늘날 이라크와 아프가니스탄 같은 나라에서는 너무도 많은 사람들이 그러한 현실을 날마다 경험하고 있다. 이처럼 불확실한 시대를 살아가는 우리가 뒤로 물러나 생존을 위해 발버둥치기보다는 긍휼의 마음을 품고 위기와 혼돈 속에서 하나님의 종으로 살아갈 수 있기를 기도한다.

2001년 9월 11일의 테러 공격에 대한 대응으로 미국과 연합군은 알카에다를 궤멸하기 위해 아프가니스탄을 침공했다. 그런 다음 백악관은 이라크와 미국에서 일어난 테러 공격과의 직접적인 연관성이 전혀 없음에도 이라크를 침공하기로 결정했다. 이라크 침공이 반군으로 하여금 더 많은 테러리스트를 양성하게 함으로써 테러를 진압하기보다는 오히려 확산시키는 결과를 낳았다는 것이 역사를 통해 증명될 것이다. 다행히도 이제 미국의 외교정책은 다각적인 접근방식으로 되돌아오고 있다.

이 전쟁을 통해 우리는 압도적인 군사력을 이용해 복잡한 지정학적 문제를 해결하려는 방식이 심각한 한계를 지니고 있음을 깨닫게 되었다. 유엔 사무총장 반기문은 이라크 위기가 이제는 "전 세계의 문제"이며 유엔은 이라크 사람들과 정부가 이 위기를 해결할 수 있도록 도울 준비가 되어 있다고 말했다.[02] 이 혼란이 다른 나라로까지 퍼져 나간다면 중동지역 전체가 끔찍한 상황을 맞게 될 것이라고 많은 사람들이 예상하고 있다. 아랍권에서 이슬람 과격파가 더 큰 영향력을 행사하게 될지, 아니면 온건파가 득세할지, 혹은 수니파와 시아파의 갈등이 확산될지 어떤 판단을 내리기에는 아직 이르다.

분명한 점은, 이 지역의 주요 신앙에 속한 이들—유대교인, 이슬람교인, 그리스도인—이 이해와 화해를 이루기 위해 협력할 수 있는 방안을 모색해야 한다는 것이다.[03] 로날드 사이더는 미국의 복음주의 지도자 30명을 대표해 팔레스타인 국가 창설 및 팔레스타인인들이 겪고 있는 고통을 인정할 것을 촉구했다. 이 중대한 시기에 화해를 이루기 위한 노력의 일환으로 이들 복음주의자들은 모두가 서명한 서한을 미국 정부 지도자들뿐 아니라 이슬람교 지도자들에게도 전달했다.

이 서한이 중요한 이유는, 35년 넘게 점령 상태로 살아온 팔레스타인인들의 고통을 인정하고 있기 때문이다. 실제로 이 지역의 이슬람교인들은 팔레스타인 사람들이 겪고 있는 역경으로 인해 굴욕감을 느끼고 있다. 이 굴욕감은 십자군 원정, 이슬람 문화와 신앙에 대한 서구의 몰이해, 세계화의 영향력에 따라 확산되는 서구의 가치에서 기인한다. 나는 이 서한을 작성한 이들과 함께 팔레스타인 국가 창설을 강력히 지지한다. 그렇게 할 때 비로소 이스라엘의 안보를 보장하는 동시에 팔레스타인 사람들 역시 정의를 누릴 수 있을 것이며, 테러 발생률을 극적으로 줄일 뿐 아니라 일촉즉발의 이 지역에 이해관계를 가지고 있는 모든 국가와 문화 사이에 새로운 유대를 조성할 계기를 마련할 수 있다고 믿는다. 우리는 예루살렘의 평화를 위해 날마다 기도해야 한다. 하지만 그와 동시에 중동 사람들과 협력하여 이 지역에 사는 모든 이들의 항구적인 평화와 정의를 위해 노력해야 한다.[04]

예수를 따르는 이들은 우리가 충성을 바쳐야 할 대상은 하나님뿐 아니라 초국가적인 하나님 백성의 공동체임을 반드시 알아야 한다. 어느 나라에서나 우리는 우리를 둘러싼 문화와 다른 삶의 방식을 보여 주려고 노력하는 나그네 공동체다. 이러한 다른 삶의 방식에는 원수를 사랑하라는 예수님의 말씀이 있다. 모든 나라가 깃들어 쉴 수 있는 나무가 되는 겨자씨 비유처럼, 우리는 모든 민족 가운데서 하나님의 평화와 화해를 이루는 원천이 되어야 한다.

1990년대에 유럽 출신의 한 무리의 그리스도인들이 옛 십자군 원정길을 걸음으로써 예수님의 화해의 길을 보여 준 적이 있다. 이들은 십자군 원정에 대해 정교회 교인과 유대인, 이슬람 교인들에게 용서를 구했다. 많은 경우 이들을 만난 이슬람교인과 유대인, 정교회 교인들은 눈물로 이 순례자들을 끌어안고 그리스도인들에 대해 품고 있던 깊은 분노에 대해 용서를 구했다.

지난번 이스라엘을 방문했을 때 나는 벤야민이라는 메시아적 유대인을 만났다. 얼마 전에 그는 이스라엘에 있는 집을 토마스 쿠탑 가족에게 팔았다. 쿠탑 가족은 수년간 요르단 강 서안의 난민촌에서 살아온 팔레스타인 그리스도인이다. 다른 많은 팔레스타인인들처럼 그들은 이스라엘 정부에 집을 몰수당했으며, 이스라엘 정부는 그들에게 집의 가치의 1/20에 해당하는 돈을 지불했다. 하나의 씨앗을 심겠다는 마음으로 벤야민은 쿠탑 가족이 이스라엘 정부로부터 집값으로 받은 돈과 같은 금액에 자기 집을 팔기로 결정했다. 「레몬 나무」(The Lemon Tree)라는 책에서 샌디 톨런(Sandy Tolan)은 한 유대인과 팔레스타인인이 서로의 이야기를 이해하려고 애쓰는 모습을 매우 인간적으로 그리고 있다.

다년간 '메노나이트 중앙 위원회' 같은 메노나이트 선교 기관들은 화목하게 하시는 그리스도의 영으로 팔레스타인과 파키스탄, 이란, 요르단에 있는 어려운 사람들에게 다가가려고 애써 왔다. 그 결과 최근 이 단체는 지역 최고층 이슬람 성직자들의 초대를 받아 서로 다른 신앙을 가진 사람들이 어떻게 하면 화해와 희망의 다리를 놓을 수 있을지 그 방법을 의논하기도 했다.[05]

나와 함께 2001년 9월 11일 테러 공격이 있기 직전 넉 달 동안의 중동으로 돌아가 보자. 그곳을 방문했을 때 나는 현재 우리가 겪고 있는 혼란의 원인을 제공한 테러리즘 너머에 있는 어떤 힘, 곧 새로운 다수 세계 안에서 진행 중인 전 지구화에 관해 토론한 바 있다.

## 새로운 '다수 세계'에 오신 것을 환영합니다

**2001년 레바논.** 새벽 2시, 우리는 레바논의 베이루트에 도착했다. 아랍 기독교 미디어(Arab Christian Media)로부터 전 지구화와 선교에 관한 수련회에서 강연을 부탁받은 터였다. 공항을 빠져나오려고 할 때 우리는 3백 명가량의 승객들과 그들을 맞으러 나온 수많은 사람들에 둘러싸였다. 공항에서 우리는 유일한 유럽인인 듯 보였지만, 우리를 맞이해 수련회 장소까지 데리고 가기로 한 이들은 우리를 찾지 못했다. 우리는 길을 잃은 것 같았고 불안했다.

영어를 할 줄 아는 현지 여행 가이드가 다가와 택시를 타고 싶은지 여러 번 물었다. 새벽 4시, 우리는 비로소 마음을 놓고 운전기사를 따라 도무지 택시처럼 보이지 않는 차에 몸을 실었다. 베이루트를 향해 남쪽으로 달려가는 동안 우리는 위험에 노출되어 있음을 문득 깨달았다. 우리가 있는 곳이 어디인지, 우리가 탄 차를 운전하고 있는 사람이 누구인지 알 수 없었다. 감사하게도 우리는 편안한 모텔에 무사히 도착했고, 이튿날 수련회 주최 측에서 우리를 데리러 왔다.

생각해 보니 그때 내가 불안했던 것은, 우리를 태워 갈 운전기사가 나타나지 않았기 때문만이 아니라 우리가 서구에서 온 우리 같은 사람들을 달가워하지 않는—종종 이해할 만한 이유로—지역에 소수 집단으로 있었기 때문이다. 통제할 수 없는 상황에 처했을 때 참으로 우리는 나약한 존재일 수밖에 없었다.

**미래로 돌아가기.** 이 경험은 현재 우리가 처한 새로운 현실을 반영해 준다. 우리는 새로운 '다수 세계' 안에서 살고 있다. 현재 세계 인구의 80퍼센트 이상이 중동과 아프리카, 아시아, 라틴아메리카에 거주하고 있다. 유럽이 점점 이슬람화되는 것에 대한 우려 이상으로 미국인과 호주인, 유럽인들은 점점 더 많은 숫자의 다수 세계 출신 이민자들이 자국으로 밀려오는 것을 두고 심각하게 고민하고 있다. 에스파냐에서 열린 유럽 2020 수련회에서 말한 바와 같이, "유럽인들은 유럽 내의 공장을 가동하고 상점을 운영할 만큼 자녀를 많이 낳지 않았다. 유럽 사회가 급속히 노령화되는 상황에서, 과연 유럽은 이민자들의 참여 없이 경제를 계속 성장시킬 수 있을까?" 아무도 이 물음에 답하지 못했다.

**새로운 지구촌에 오신 것을 환영합니다!**

**2001년 레바논.** 2001년 아랍기독교언론대회 개막 연설에서 나는 거의 하룻밤 사이에 "지구상의 모든 주민이 지금까지 한 번도 살아 본 적 없는, 수많은 새로운 기회와 도전이 기다리는 마을로 이사 온 것 같다"고 지적했다. 우리는 지금 거리가 사라지고 국경이 희미해지는 새로운 지구촌 경제 질서 안에서 살고 있다. 「겨자씨 vs 맥세상」(Mustard Seed Versus McWorld, 예수전도단)에서 설명했듯이, 우리는 지금껏 한 번도 경험하지 못한 방식으로 서로 연결되고 있다.[06]

전 지구화는 모든 나라의 중산층에 수많은 유익을 가져다주었다. 많은 이들이 10년 전보다 더 많은 돈을 벌고 있다. 새로운 경제는 우리가 소비할 수 있는 것보다 훨씬 많은 제품을 생산해 내고 있으며, 상품을 구입해서 사용해 보기도 전에 구식이 되고 마는 첨단기술 제품을 만들어 내고 있다. 인터넷을 통해 세계 전역에 있는 사람들과 실시간으로 의사소통을 할 수 있게 되었으며, 문화적·정치적으로 매우 다양한 관점을 취하는 방대한 양의 정보를 확보할 수 있게 되었다.

그러나 이 새로운 전 지구적 경제에는 우리가 경계해야 할 수많은 단점도 있다. 각국의 경제는 극도로 복잡할 뿐 아니라 대단히 폭발하기 쉬운 하나의 전 지구적 경제로 급속히 편입되고 있다. 레바논, 시리아, 이집트, 북아프리카에서 온 기독교 지도자들은 이슬람교인들을 복음화하는 데 전 지구적인 위성이 강력한 잠재력을 지니고 있음을 너무나 잘 알고 있었다. 하지만 그들은 이 전 지구적 경제가 점점 더 격변하기 쉬운 경제로 재편되고 있다는 점과, 점점 더 불확실해지는 미래에 대비해야 할 필요성에 대해서는 알지 못하고 있거나 특별히 관심을 기울이지 않았다.

**미래로 돌아가기.** 그로부터 여러 해 뒤에 나는 미국의 한 선교단체 지도자들에게 같은 문제, 곧 전 지구적 경제가 한 치 앞을 내다보기 어려워졌다는 점을 다시 한 번 지적했다. 그들은 해외의 간사들에게 달러로 사례를 보내고 있었다. 나는 그들에게 자금을 다른 통화로 다원화하는 방안을 생각해 보라고 권했다. 이라크 전쟁에 쏟아붓는 막대한 비용으로 인해 미국의 국가 채무가 증가하고 무역 적자가 심해지고 있어서 미국 달러는 불안하고 다른 통화에 비해 약세가 지속될 것으로 보였기 때문이다.

2005년을 기준으로 중국을 비롯한 신흥 경제 국가들의 경상수지 흑자는 총 5천억 달러에 이르며 그중 상당액을 미국 국채에 투자했다. 이를 두고 하버드 대학의 켄 로고프(Ken Rogoff) 교수는 "세계 역사상 최대의 해외원조 프로그램"이라고 했다. 놀랍게도 가난한 나라들이 사실상 세계에서 가장 부유한 소비자들에게 원조를 제공하고 있는 셈이다.[07]

선교단체 지도자들은 내 충고를 귀담아듣지 않았다. 그들에게 그 이야기를 한 후로 미국 달러화의 가치는 다른 주요 통화에 비해 15퍼센트나 떨어졌다. 나는 당분간은 미국 달러화의 가치가 계속해서 떨어질 것이라고 본다. 미국의 선교단체들은 자금을 다원화하는 방안을 모색하는 것이 현명할 것이다. 달러화의 가치 하락으로 인해 미국의 구호단체들이 가난한 사람들에게 보내기 위해 구매할 수 있는 식량의 양도 줄어들고 말았다.

각 나라의 경제가 새로운 세계 단일의 경제 체제 아래서 서로 더 긴밀히 연결되고 있기에, 이제는 모든 나라가 다른 나라의 경제 불황의 파급효과에 훨씬 더 취약해지고 말았다. 다시 말해서, 미국 경제가 재채기를 하면 다른 모든 나라의 경제가 감기에 걸릴 확률이 매우 높아졌다. 현재 미국 경제는 경제 성장률의 둔화, 인플레이션의 심화, 주택 시장의 불황, 기록적인 연방 채무로 인해 불황이 발생할 경우 큰 타격을 입을 가능성이 매우 높다. 미국과 세계 전역의 기독단체들은 경제적으로 불안정한 상황 아래서도 그들이 맡은 사명을 온전히 수행할 수 있도록 경기 침체와 격변의 영향력에 대응할 비상 대책을 구체적으로 마련해 두어야 한다.

**격차가 벌어지고 있는 세계에 오신 것을 환영합니다**

2001년 레바논. "이 새로운 전 지구적 경제를 구상한 이들은, 전 지구적으로 활동하는 자유기업과 자유무역이 일체의 간섭 없이 작동하게 된다면 모든 결과가 긍정적일 것이며 세계의 모든 사람이 그 혜택을 누리게 될 것이라고 진심으로 믿는다. 하지만 실제로는 모든 결과가 긍정적이지만은 않으며, 이 새로운 전 지구적 경제가 세계 전역의 부자들에게는 유익을 주는 반면 가난한 자들에게는 그런 유익을 주지 못한다." 레바논에서 열린 수련회에서 나는 청중을 향해 이렇게 설명했다.

이 새로운 전 지구적 경제 질서 아래서 권력은 점점 더 소수의 손에 집중되는 반면 많은 이들이 그로 인해 고통받고 있다. 세계무역기구(WTO)와 국제통화기금(IMF) 지도자들은 강대국과 기업에 유리한 무역 및 경제 정책을 만들고 있으며, 그로 인해 가난한 나라들이 피해를 입는 경우가 많다. 레바논에 모인 지도자들은 나의 우려에 공감했지만, 전 지구화의 작동 방식에 내재한 문제점이나 그에 대한 그리스도인의 책임에 대해서까지 이해했는지는 모르겠다.

**미래로 돌아가기.** 나의 레바논 강연 직후 출간된 「세계는 평평하다」(*The World Is Flat*, 창해)에서 토머스 프리드먼(Thomas Friedman)은 전 지구화에 대해 나보다 훨씬 낙관적인 관점을 제시한다. 프리드먼은 전 지구화가 실제로 경제를 평평하게 만들고 있으며 모든 곳에서 사람들에게 더 큰 기회를 제공해 준다고 주장한다. 물론 프리드먼이 인용한 사례처럼 경제적 기회가 늘어나고 있음을 보여 주는 사례를 찾아낼 수도 있다. 하지만 그런 사례들이 보편적인 것은 결코 아니다.

일부 아시아 국가들은 전 지구화로부터 직접적인 혜택을 받았지만, 라틴 아메리카의 많은 나라들과 아프리카, 중동에 있는 대부분의 나라들은 그렇지 못하다. 조지프 스티글리츠(Joseph Stiglitz)는 「인간의 얼굴을 한 세계화」(*Making Globalization Work*, 21세기북스)에서 프리드먼의 낙관론을 정면으로 반박한다.[08] 그는 대부분의 가장 가난한 지역에서는 세계화가 전혀 작동하지 않고 있으며, 우리 모두가 정의로운 경제 정책을 만들기 위해 훨씬 더 적극적으로 노력하지 않는 한 앞으로도 그런 상황은 바뀌지 않을 것이라고 주장한다. 그리스도인들은 가난한 자들을 위한 정의로운 질서를 마련하기 위해 로비를 하는 동시에 그들이 이 새로운 경제에 더 충분히 참여할 수 있도록 도울 방법을 강구해야 한다.

사실 이 새로운 세계 경제는 전 지구적 불평등을 야기할 뿐 아니라 한 국가 안에서의 불평등 또한 더욱 심화시키고 있다. 아시아에서 가장 가난한 나라 중 하나인 방글라데시에서 개발업자들은 8천만 달러를 들여 바슌다라 시에 2천 개의 상점을 수용할 수 있는 8층짜리 초대형 쇼핑몰을 세웠다. 놀이공원과 복합 상영관, 오락 시설까지 갖춘 이곳은 서구의 그 어느 쇼핑몰에 견주어도 손색이 없을 정도다. 놀랍게도 방글라데시의 1억4천만 인구 중 절반 이상이 극빈 상태에서 살고 있으며, 20퍼센트만이 전기가 들어오는 집에서 살고 있다. 당연히 이 초대형 쇼핑몰이 들어선 지역에 살고 있는 사람들은 거기서 쇼핑을 할 여유가 없는 사람들이 대부분이다. 하지만 방글라데시의 경제 분석가인 무쉬피크 라흐만은 이 쇼핑몰에 관한 질문에 대해, "전 세계가 서구화되고 있다. 왜 우리만 뒤처져 있어야 하는가?"라고 발언했다.[09]

인접 국가인 인도는 훨씬 일찍 '서구화'와 세계화를 받아들였고 그로 인해 여러 가지 어려움을 겪고 있다. 서구식 정크푸드를 이제야 맛보게 된 신흥 중산층 어린이들 사이에 아동 비만과 당뇨가 걱정스러울 정도로 급속히 증가하고 있다. 델리의 십대들에 관한 한 보고서에 따르면, 2년 사이에 비만 인구가 16퍼센트에서 29퍼센트로 급증했다. 또한 이 연구에 따르면, 우타르 프라데시 주에서는 3세 이하의 어린이 가운데 47퍼센트가 저체중과 영양실조로 고통받고 있다. 인도 원주민들만 대상으로 하면 그 비율이 60퍼센트로까지 높이 올라간다.[10] 분명히 이 새로운 전 지구적 경제는 경제 성장이라는 에스컬레이터를 잡아탄 사람들에게조차도 항상 좋은 소식인 것만은 아니다.

**새로운 제국 쇼핑몰에 오신 것을 환영합니다**

**2001년 레바논.** "우리는 새로운 전 지구적 경제로 편입되고 있을 뿐 아니라 새로운 전 지구적 쇼핑몰에서 살면서 그 안에서 자녀들을 기르고 있다. 이 새로운 전 지구적 경제의 입안자들은 우리와 우리 자녀들에게 개인주의와 물질주의, 더 많은 것을 소유하려는 태도를 받아들이게 만들려고 노력하고 있다." 나는 레바논에서 열린 집회에 참석한 아랍의 기독교 지도자들에게 행한 연설에서 이렇게 주장했다. "전 지구적 쇼핑몰이 선전하는 가치는 우리가 가장 소중히 간직하고 있는 기독교적 가치를 약화시킨다. 여러분의 이웃인 이슬람교인들 중에는 전 지구화뿐 아니라 서구의 대중문화와 소비문화가 그들의 신앙과 문화, 특히 자녀들의 가치관에 미칠 영향력에 대해 깊이 우려하는 이들이 많다. 기독교 신앙을 가진 우리 역시 걱정하지 않을 수 없다."

강연 후 참석자들과 대화를 나누면서 나는 내 강연이 그다지 성공적이지 못했음을 깨달았다. 전 지구화가 가치관에 미칠 영향력에 대한 나의 우려가 그들을 납득시키지 못했던 것이다. 강연 후 이어진 패널토의 시간에 캐나다에서 기독학생회 캠퍼스 사역을 해온 이집트 출신의 지도자 한 사람이 내게 이렇게 말했다. "선생님이 깊이 우려하는 바를 이해하고 많은 부분 공감합니다. 하지만 전 지구화의 부정적인 영향력의 문제점을 환기시키려는 선생님의 노력은 여기 모인 사람들에게 큰 공감을 불러일으키지는 못할 것입니다. 아랍에 있는 대부분의 복음주의 신자들에게 그리스도인이 된다는 것은 곧 서구적이고 근대적인 사람이 되는 것을 뜻하기 때문입니다. 그들의 자녀가 바비 인형을 살 수 있고 메르세데스 벤츠를 운전할 수 있게 된다는 뜻이기 때문입니다."

이 말을 듣고 나는 마치 갑자기 잠에서 깨어난 기분이었다. 나의 친구가 나에게 해준 그 말은 서구에 살고 있는 많은 나의 그리스도인 동역자들에게도 해당된다는 것을 나는 깨달았다. 많은 사람들이 현대 문화와 전 지구적 쇼핑몰의 가치를 너무나도 쉽게 받아들이는 반면, 우리의 이슬람교인 이웃들은 전 지구화가 가치관에 미치는 영향력에 대해 훨씬 더 걱정하고 있다.

**미래로 돌아가기.** 벤저민 바버(Benjamin Barber)는 자신의 최신작 「소비」(Consumed)에서 "오늘날 맥세상에 대한 지하드가 일어난다면 상업에 대한 종교의 투쟁이 아니라 종교에 대한 종교의 투쟁일 것이다"라고 주장했다.[11] 사실상 바버는 전 지구화가 단순히 점점 더 전 지구화되는 경제의 문제가 아니라 종교의 성격을 띠고 있다고 주장하는 셈이다.

나는 아직도 전 지구적 경제가 아무런 폐해가 없다고 생각하는 경제학자들을 마주친다. 이들 중 다수는 전 지구적 자유 시장이 '가치중립적'이라고 주장한다. 하지만 점점 더 많은 경제학자들은 새로운 전 지구적 경제가 과도한 개인주의적·물질주의적·이기적인 근대성의 가치를 반영할 뿐 아니라 이를 확산시키고 있다는 사실을 인지하고 있다. 「종교가 된 경제학」(*Economics as Religion*)이라는 책에서 보수적 경제 이론을 신랄하게 비판하고 있는 로버트 넬슨(Robert Nelson)은, 경제학자들이 근대성의 가치를 옹호할 뿐더러 그들의 경제관 자체가 확실히 종교적인 성격을 지닌다고 주장한다.

> 경제학자들은 스스로 [사회]과학자라고 생각하지만…그들은 신학자에 더 가깝다…경제학자들이 수행하는 기본적인 또 하나의 역할은, 경제적 진보라는 오늘날의 세속적 종교에 복무하는 사제가 되어 기독교와 여타의 종교들이 한창때 수행했던 것과 동일한 기능을 현대 사회에서 행하는 것이다.[12]

나는 전 지구화가 환경과 가난한 자들에게 미칠 영향력에 대해 많은 이들이 우려하는 바에 공감하며 이 문제를 더 깊이 논의할 것이다. 그러나 내가 무엇보다 걱정하는 것은 전 지구화가 가치관에 미치는 영향력이다. 새로운 전 지구적 경제가 제국적인 성격을 띠고 있다는 점에 대해 우려하는 목소리가 점점 더 커지고 있다. 역사적으로 제국의 특징 중 하나는, 종교처럼 제국도 그 지배 아래 살아가는 사람들이 현실을 바라보는 관점을 규정한다는 점이다. 우리는 지금 모든 사람에게 무엇이 궁극적인 것인지를 규정해 주는, 종교적 성격을 지닌 전 지구적 경제 체제를 목도하고 있는 것이다. 전 지구화의 근거가 되는 현대적 세계관의 중심에는, 인간 경험의 궁극적 차원이 무엇보다도 경제적 관점에서 규정된다는 주장이 자리하고 있다.

이 제국의 전 지구적 경제는 궁극적 의미를 규정하려 할 뿐 아니라 사람들의 상상력을 식민화함으로써 그들로 하여금 좋은 삶과 더 나은 미래가 어떤 것이어야 하는지를 규정하는 제국의 관점을 받아들이게 하려고 한다. 많은 이슬람 신앙인들이 우려하는 것도 전혀 놀라운 사실이 아니다. 우리 역시 마땅히 긴장하며 살펴야 한다.

비록 우리가 믿는 기독교 신앙으로 물질적·경제적 세계를 충분히 받아들인다 할지라도, 기독교 세계관을 가지고 있는 사람들에게는 궁극적인 것이 무엇보다도 경제적인 관점에서 규정되지 않는다는 것을 우리는 알고 있다. 우리는 창조주 하나님과 우리의 관계 회복에 의해 규정되는 다른 실재, 전 지구적 미래에 대한 다른 꿈 안에서만 궁극적인 것을 찾을 수 있다고 주장한다. 부서진 삶이 회복되는 데서 궁극적인 것을 발견할 수 있으리라는 꿈, 마침내 가난한 자들을 위해 정의가 이루어지고 하나님의 선한 피조 세계가 온전함을 회복하며 열방이 샬롬을 누리게 되는 꿈.

지난 15년 동안 이 새로운 전 지구적 경제가 이룩한 가장 놀라운 성취는 국경이 사라진 서구화된 전 지구적 청소년 문화를 만들어 낸 것이다. 인도와 방글라데시에서 멕시코와 케냐에 이르기까지 젊은이들은 똑같은 청바지를 입고, 똑같은 MTV 프로그램을 보며, 똑같이 서구적인 가치를 받아들이고 있다. 이들은 자신의 전통 문화보다 북미와 영국의 청소년들과 더 많은 공통점을 가지고 있다. 우리는 다음 세대의 마음과 생각을 두고 '종교적' 전투를 벌이고 있는 셈이다.

전통적인 교회에 속한 많은 이들과 마찬가지로 이머징 교회, 선교적 교회, 모자이크 운동, 수도원 운동의 지도자들 역시 신앙과 문화의 만남에 관심을 기울인다. 이 새로운 전 지구적 경제가 어떤 방식으로 근대적이며 포스트모던적인 문화의 가치를 강화시킬 뿐 아니라 모든 곳에서 무엇이 중요하고 가치 있는 것인지를 규정하려 하는지 알아보자. 우리가 절실히 추구해야 할 더 나은 미래를 자세히 살펴보자.

> **함께 생각해 볼 문제**
>
> - 점점 더 새로운 전 지구적 미래로 편입되어 가고 있는 9/11 이후의 세계에서 우리는 어떤 도전과 기회에 직면해 있는가?
> - 전 지구화의 작동 원리가 되는 가치 중에서 우리가 갖고 있는 성경적 전제와 충돌하는 것은 무엇인가?
> - 전 지구화의 문제점이나 가능성에 대응할 수 있는 새로운 방법 하나를 생각해 보라.

## 3.
# 전 세계적 쇼핑몰이 선전하는 좋은 삶으로의 귀향

성경적 신앙의 이미지 대신 전 지구적 쇼핑몰의
이미지가 좋은 삶과 더 나은 미래에 대한 우리의 관념을 규정하도록
내버려 두어도 괜찮은가?

---

텔레비전 화면에는 매력적인 젊은 여성 네 명이 바닷가의 호화 리조트에서 서핑과 일광욕을 즐기면서 한가로이 앉아 있다. 순간 머리 위로 작은 비행기 한 대가 나타나더니 하늘에 커다란 글자를 만들었다. "애나, 나와 결혼해 줘요." 친구들은 애나를 얼싸안고 펄쩍 뛰며 놀라운 결혼 프러포즈를 받은 그녀를 축하했다. 그때 비행기가 다시 나타나 해변 위로 지나가며 더 많은 글자를 남겼다. "애나, 나와 결혼해 줘요. 그리고 내 빚도 갚아 줘요."

애나에게 청혼한 남자는 자신이 원하는 미래가 무엇인지 정확히 알고 있었다. 지금까지 쌓인 빚을 다 청산하고 애나와 함께 살아가는 삶. 집으로 돌아간다고 할 때 어떤 그림이 떠오르는가? 당신이 돌아가고 싶은 미래는 어떤 모습인가?

집으로 돌아가는 것을 생각할 때 내 마음은 아이다호 주의 블랙풋에 있는 조부모님의 농장으로 향한다. 어느새 나는 다섯 살로 돌아가 흰장미 덤불이 펼쳐진 풀밭에 다리를 뻗고 앉아 어린 고양이들과 함께 놀고 있다. 할아버지와 할머니는 독실한 감리교인이셨다. 신앙에 관해 그다지 많은 이야

기를 하지는 않으셨지만 얼마나 자주 삶으로 그 신앙을 보여 주셨던지! 하나님의 사랑을 생각할 때 가장 먼저 떠오르는 기억은 할머니가 나를 안아 주시는 모습이다.

> **출발**
>
> 집은 출발지인 동시에 종착지이기도 하다. 우리 삶은 서로 다른 이야기로 이루어지며, 이 이야기에는 우리가 의식적으로나 무의식적으로 우리의 삶을 방향 짓는 종착지로서의 서로 다른 집의 이미지들이 포함된다. 대개는 이 이미지들이 좋은 사람과 더 나은 미래가 무엇인지에 관한 서로 다른 관념을 규정한다. 나는 이 이미지들이 우리가 시간과 자원을 사용하는 방식만이 아니라 우리 삶의 방향 자체를 규정하는 데 중요한 역할을 한다고 믿는다. 이 이미지들은 우리가 자녀를 양육할 때 세우는 목표를 규정하는 데에도 중요한 역할을 한다. 그러나 나는 이 이미지가 우리에게 어떤 영향을 미치는지에 관해 이야기하는 기독교 토론 그룹에 참여해 본 적이 없다. 이 대화에서는 우리도 모르는 사이에 어느 정도까지 고대적인 동시에 미래적인 소망의 이미지가 아니라 얼마나 현대 문화와 전 지구적 쇼핑몰의 열망과 가치에 의해 우리 삶의 목적이 규정되고 있는지를 살펴볼 것이다. 이것은 정말로 어려운 물음이다. 우리가 종말론을 잘못 이해하고 있는 것은 아닐까? 우리는 이 세상의 수많은 시급한 문제들이나 우리가 살아가며 날마다 부딪치는 중요한 결정들과 너무나도 동떨어진 종말론을 받아들이고 있는 것은 아닐까? 좋은 삶과 더 나은 미래에 관한 우리의 생각을 규정하는 데 거의 영향을 미치지 못하는 종말론을 믿고 있는 것은 아닐까?

흑인 농부들의 역사를 돌아보는 미국 PBS의 텔레비전 시리즈 "귀향"(Homecoming)에서 욜랜다라는 한 여인은 조지아 주 실베스터에 있는 조부모의 농장에서 살던 시절을 회상한다. 20세기 초에 그분들은 그곳에서 열두 명의 자녀를 길렀다.

신선한 베이컨, 햄, 계란, 식빵, 비스킷, 설탕 시럽…부엌 중앙에 놓여 있던, 우리 가족이 모두 함께 식사할 수 있을 만큼 길었던 식탁이 지금도 생각난다…할아버지 할머니의 그 농장을 다시 찾았을 때, 나는 무릎 꿇고 땅에 입을 맞추고 싶었다. 이제는 세상을 떠난 분들이 그리로 돌아와 나를 맞아 주는 것 같았다.[01]

20-30대 중에는 영화 "가든 스테이트"(Garden State)가 고향과 인생의 방향을 갈망하는 그들의 심경을 대변하고 있다고 말하는 이들이 많다. 스물여섯 살인 앤드루 라지먼은 어머니의 부고를 받고 뉴저지 주의 고향을 찾아 나선다. 하지만 뿌리를 잃은 한 남자가 고향으로 돌아가는 이야기는 아니다. 영화는 그의 삶이 어디를 향하는지를 살펴보려고 한다. 고통 속에서 삶의 의미를 발견한 한 여인을 만남으로써 앤드루는 인생의 새로운 방향을 발견하게 된다.

영화 "패치 아담스"(Patch Adams)의 시작 부분에 나오는 연설에서 로빈 윌리엄스는 말한다. "인생이란 집으로 돌아가는 여정이다. 세일즈맨, 비서, 광부, 양봉업자, 칼 묘기를 부리는 사람…우리 모두가, 세상의 불안한 모든 영혼들이 집으로 돌아가는 길을 찾고 있다." 그리고 이렇게 덧붙인다. "집…사전은 그것을 출발지, 목적지 또는 종착지라고 정의한다."

기독교 이야기의 중심에는 구속자이신 하나님이 당신의 모든 자녀를 안전하게 집으로 인도하실 것이라는 강한 확신이 자리 잡고 있다. 실로 성경은 귀향의 이미지로 가득하다. 두 번째 대화와 이어지는 세 번째 대화에서 나는 너무도 많은 사람들이 지극히 내세 지향적인 종말론, 즉 여기서 좋은 사람, 더 나은 사람이 되는 것이 어떤 의미가 있는가 하는 생각에는 전혀 미치지 못하는 편협하고 영적인 종말론을 무의식적으로 수용하고 있음을 보여 주고자 한다. 결과적으로 너무도 많은 사람들이 참으로 중요하고 가치 있는 것을 전 지구적 쇼핑몰의 이야기꾼들이 규정하도록 내버려 두고 있다.

그리스도인들은 신앙과 문화의 관계에 대해 지금도 논의를 계속하고 있다. 이에 관한 논의는 많은 경우 리처드 니버(Richard Niebuhr)의 「그리스도와 문화」(Christ and Culture, 한국 IVP)라는 중요한 책을 중심으로 이루어진다. 그가 제시하는 주요한 선택지는 '문화 위의 그리스도', '문화에 대항하는 그리스도', '문화를 변혁하는 그리스도' 등이다. 신학자 존 스택하우스(John Stackhouse)처럼 나는 그동안 충분히 논의되지 못했던 네 번째 선택지, 곧 '역설적인 관계에 있는 그리스도와 문화'에 주목한다. 스택하우스는 말한다. "하나님은 어려운 역설 속에서 살아가도록, 갈등하고 경쟁을 벌이는 가치들 속에서 고통스럽게 절충하며 살아가도록, 어느 곳이든 하나님이 일하시는 곳에서 그분과 함께 일하기 위해 분투하도록 우리를 부르셨다. 이러한 입장은 모호함과 모순으로 가득 차 있으나 동시에 믿음과 소망으로 가득 차 있기도 하다. '이 모든 일에 우리를 사랑하시는 이로 말미암아 우리가 넉넉히 이기느니라' (롬 8:37)."[02] 서로 경쟁하는 가치들 속에서 힘겹게 살아가는 동안에도 여전히 우리에게는 신앙과 문화가 어느 지점에서 갈등하는지를 규명해야 할 책임이 있다. 여기서 나는 신앙과 문화에 관한 오랜 논의를 되짚기보다는 한 가지 물음에 집중하고자 한다. 우리는 전 지구적 쇼핑몰을 거점으로 세력을 확장하고 있는 현대 문화가 좋은 삶과 더 나은 미래에 관한 우리의 생각을 어느 선까지 규정하도록 내버려 두었는가?

**시대를 따를 것인가 저항할 것인가**

「소녀, 신을 만나다」(Girl Meets God, 코렌)를 쓴 로렌 위너(Lauren Winner)는 다음과 같은 중요한 질문을 던진다. "어떻게 당신은 문화에 관심을 기울이는 동시에 저항의 보루가 될 것인가?"03 이머징 교회 지도자들은 근대 문화와 포스트모던 문화의 특정 요소를 끌어들이는 혁신적인 방법을 찾는 데 탁월한 재능을 보인다. 하지만 그 문화가 우리의 삶과 가치를 어떻게 규정하는지에 대해서는 비판적으로 말하는 사람이 드물다. 우리가 그 문화에 크게 영향을 받고 있음을 온전히 깨닫지 못한 채 그저 도발적인 문화적 요소를 예배에 차용하는 초연한 예배 기획자처럼 보이는 사람들이 많다.04 "크리스천 센추리"의 한 기사에서 스캇 베이더 세이(Scott Bader-Saye)는 중요한 통찰을 덧붙인다. "이머징 교회가 미국 종교계에서 가장 세련된 최신 유행 이상의 것이 되고자 한다면 '고대-미래'의 긴장을 실천하는 만큼이나 '적실성-저항'의 긴장도 실천해야 할 것이다."05

선교적 교회를 연구하는 수많은 학자들은 현대 문화에 대한 신중하고도 학문적인 비판을 제시하면서 경제적인 전 지구화가 어떤 식으로 모든 곳에서 신자들의 가치에 영향을 미치고 있는지를 분석한다. 그러나 선교적 교회의 기치를 내건 교회들 중에서 전통적인 교회나 대형 교회와는 다른 제자도 훈련 자료를 사용하는 교회는 거의 없는 듯 보인다. 더 선교적인 사람이 되기 위해 우리의 문화적 가치나 생활방식을 바꿔야 한다고 언급하지는 않는 것 같다.

모자이크 운동 진영의 작가들은 지배 문화를 훨씬 더 강력히 비판한다. 매니 오티즈는 "유럽계 미국인 형제자매들처럼 우리 역시 미국인이 될 때 '좋은' 점은 기독교권에 속하게 된다는 것이며, 미국 중부(Middle America: 중산층·개신교인·백인이 주를 이루는 소도시와 교외의 문화를 지칭하는 용어—옮긴이)의 일원이 된다는 것은 곧 더 기독교적인 사람이 되는 것이라고 생각했다"고 말한다.06

미니애폴리스에 있는 생추어리 언약교회의 에프럼 스미스는, 유럽계 미국인이 주도한 아메리칸 드림이 자신의 다문화적 회중에게 적어도 세 가지

부정적인 영향을 미치고 있다고 지적한다. 첫째, 그는 개인주의와 특권의식, 소비주의, '안전한' 동네에 집을 사는 것 같은 백인적 가치에 맞서고자 한다. 둘째, 그는 번영의 복음을 수용한 수많은 흑인 교회들이 주류 문화의 소비주의를 기꺼이 받아들이고 있는 점에 당혹스러워 한다. 마지막으로, 그는 자기 교회 안의 많은 젊은이들에게 영향을 미치고 있는 물질주의와 흑인 힙합 유명인사가 주도하는 현란한 문화에 맞서려고 노력한다.

수도원 운동 진영에 속한 이들은 가난한 사람들과 더불어 사는 경우가 많기 때문에 고대의 영적 수행에 참여하는 동시에 검소한 생활 방식을 실천하려고 노력한다. 그들은 전 지구적 소비 문화가 그들의 삶과 가난한 사람들 및 환경에 미치는 영향력을 가차 없이 비판한다. 예를 들어, 셰인 클레어본 부자 청년 관원의 이야기는 하나님이 부자를 받아들이시는지에 관한 이야기가 아니라고 주장한다. 그 이야기는 하나님의 새로운 나라의 성격을 묘사하는 것이다. 하나님의 "경제는 세상의 경제를 정면으로 반대한다. 예수님을 따르는 이들은 자신을 위해 물건을 쌓아 두기보다는 자신의 필요를 채워 주시는 하나님만을 의지하며 모든 것을 기꺼이 포기한다."[07] 셰인처럼 우리는 영적인 삶을 위해 성경을 사용할 뿐 아니라 더 많이 가져야 좋은 삶을 찾을 수 있다는 현대 문화의 거짓 메시지를 성경의 메시지로 해독해 낼 수 있어야 한다.

**지배 신화를 풀어내다**

하나님이 우리를 위해 마련해 두신 최선의 것으로 되돌아가는 길을 찾고자 할 때 중요한 것은, 우리 삶이 여러 이야기 및 문화와 복잡하게 연결되어 있음을 인식하는 것이다. 이러한 이야기들이 어떻게 우리의 정체성을 형성하며 하나님은 어떻게 우리의 이야기와 우리가 속한 문화를 구속하시는지에 관해 이 지면에서 논의할 여유는 없다. 다만 내가 우려하는 바는, 근대성에서 잉태되어 제국 쇼핑몰을 통해 우리의 삶 속에 강력히 파고든 이야기들이 우리가 삶을 바치겠다고 다짐한 고대의 이야기와 미래의 소망을 무색하게 만들기 시작했다는 점이다.

나는 기독교 신앙을 가진 사람들이 우리의 삶과 회중과 공동체에 전해진 메시지, 즉 무엇이 좋은 삶이며 꿈꿀 가치가 있는 삶인지를 해독하는 데 도움이 될 만한 자료를 거의 가지고 있지 못하다는 것을 알게 되었다. 이에 나는 좋은 삶과 더 나은 미래에 대한 사람들의 생각이 얼마나 전 지구적 시장의 선전자들에 의해 규정되고 있는지를 확인할 수 있도록 돕는 '높은 지위, 멋진 인생'이란 간단한 연습 문제를 만들었다. 나는 40세를 기준으로 사람들을 둘로 나누었는데, 40세 이상의 참가자들에게는 자신이 속한 공동체에서 '높은 지위'로 여기는 것이 무엇인지 목록을 작성하게 했고, 40세 이하의 참가자들에게는 또래 사이에서 '멋진 인생'으로 통하는 것이 무엇인지 목록을 작성하게 했다.

40세 이상 그룹에서 멋진 인생이란 성공과 지위를 과시할 수 있는 상징물에 초점을 맞추는 경향이 있었다. 그들이 작성한 목록에는, 자동차 네 대가 들어가는 차고를 갖춘 해변 저택, 휴양지 별장, 재규어, 메르세데스 벤츠, SUV, 호화로운 이동주택, 컨트리클럽 회원권, 지중해 연안에서 보내는 휴가나 크루즈 여행 등이 포함되어 있었다. 당연히 자녀들은 명문 사립학교나 사립대학에 다녀야 하며 부모의 신용카드로 세계 여행을 즐길 수 있어야 한다.

40세 이하 그룹에게 멋진 인생이란 포스트모던한 최첨단의 경험과 이미지, 스타일, 소비자의 무한한 선택과 관련이 있었다. 그들은 고급 식당, 연주회, 극장 같은 화려한 밤 문화를 즐길 수 있는 도심의 아파트 생활을 선호한다. 스포츠카를 운전하고, 스마트폰 같은 첨단기기를 구입하며, 뉴질랜드나

알프스 산맥에서 익스트림 스포츠를 즐긴다. 패션과 이미지, 브랜드—복고풍의 복장, 피어싱, 문신, 유명 상표 등—에 열광한다.

교회에서 이런 순서를 가질 때마다 나는 거의 모든 경우에 참가자들이 교회에서 '문화'에 관한 이야기를 나눈 것이 그때가 처음이었음을 알고는 매우 놀란다. 또 한 가지 놀라운 사실은, 이 목록을 작성할 때면 눈에 띌 정도로 사람들에게 활기가 넘친다는 것이다. 참가자들 대부분은 자기가 작성한 목록에 올라온 것들을 갖고 있지 못하지만 그것들이 그들에게 중요한 것인 것만은 분명하다. 어째서일까? 전에 누군가가 우리 마음이 있어야 할 곳을 우리에게 말해 주었던 것은 아닐까?

**우리의 문화적 가치를 평가하라**

왜 우리는 교회에서 지배 문화의 가치가 우리에게 어떤 영향을 미치는지에 대해 이야기하지 않는 걸까? 우리 가운데 너무도 많은 이들이 받아들이고 있는 이야기와 그 이야기가 우리와 우리 자녀들에게 미치는 영향력에 대해서 우리는 왜 논의하지 않는 걸까? 그런 이야기들이 우리가 동경하는 좋은 삶에 대해 우리가 가지고 있는 생각을 얼마나 규정하고 있는지 왜 우리는 살펴보지 않는 걸까?

나는 서구 교회가 역사적으로 회심에 관해 제한적인 견해를 취한 데 일정 부분 원인이 있다고 생각한다. 오늘날 대부분의 교회가 그리스도를 따르면 우리의 영적인 삶과 도덕적 가치가 바뀌고 인간관계에 도움이 된다고 가르치지만 하나님이 우리의 문화적 가치도 바꾸기를 원하신다는 가르침은 거의 들리지 않는다. 그 이유는 우리가 그런 가치에 대해 이의를 제기하기보다는 아무런 고민 없이 세례를 베푸는 데 익숙해져 있기 때문이다.

구체적인 예를 들어 보자. 그리스도인 부모들은 자녀들에게 가장 좋은 것을 주기 원한다. 그게 잘못된 것은 아니다. 그러나 현대 문화의 엄청난 영향력 아래 있는 대부분의 부모들은 우선적으로 경제적 관점에서 '가장 좋은 것'을 규정하려고 한다. 믿기지 않겠지만, 대학생들이 선교를 나가지 못하도록 막는 가장 큰 걸림돌은 그리스도인 부모들이다. 부모들은 대개 이렇게 말한다. "나는 네가 에티오피아로 가서 난민 구호 활동을 벌이라고 네 교육비로 8만 달러를 쓴 게 아니다. 우선 직장을 얻고, 집을 마련하고 차를 장만하고, 연금에 투자하고 나서 번듯하게 자리 잡은 다음에 휴가 동안 아프리카에 선교 활동에 다녀와도 늦지 않다."

**귀향에 관한 전혀 다른 두 가지 시각**

많은 신실한 그리스도인들은 그들이 간절히 바라는 미래에 대해 전혀 다른 두 가지 이미지를 받아들이고 있다. 문제는 둘 다 성경적이지 않다는 점이다. 첫째, 새로운 전 지구적 쇼핑몰 안에 집을 짓고 상황이 악화되기 전에 '바위 한 조각'을 붙잡는 것이다. 둘째, 상황이 악화될 때 우리의 영혼이 구원받기를 기다리는 것이다. 첫째 이미지에는 우리 자신을 넘어서도록 촉구하는 전망이 결여되어 있다. 둘째 이미지는 집으로 돌아가는 것을 몸과 분리된 각각의 영혼이 구름 속 비물질적 존재로 구원받는 것으로 이해하는 그리스식 전망이다. 레슬리 뉴비긴은 "몸과 분리된 영혼으로 계속해서 존재하는 것은 바랄 바가 아니라 혐오하고 두려워할 바이다"라고 주장한다.[08]

내가 우려하는 바는 '개별적인 영혼의 탈출'이라는 이미지가 일상의 삶이나 하나님 만드신 세상에 편만한 시급한 도전과 무관한 종말론을 부추긴다는 점이다. 이 이미지가 어떤 이들에게는 더 많은 생명을 구하고자 노력하게 하는 자극제가 될 수도 있겠으나 예수를 따르는 이들로 하여금 이 세계의 시급한 사회 문제를 해결하기 위해 노력하도록 동기를 부여하는 경우는 거의 없다. 귀향을 몸에서 분리된 개별 영혼의 탈출로 이해하는 관점을 받아들인 사람들은 대개 현실 생활과 동떨어진, 사적 영역에 국한된 신앙으로 치우친 경우가 많다. 영혼이 구조되기만을 수동적으로 기다릴 경우 매일의 삶을 치열하게 살아 내야 할 이유는 사라지고 만다. 따라서 전 지구적 쇼핑몰이 선전하는 좋은 삶을 경험할 수 있는 기회를 제공하는 다른 이야기에 그리스도인들이 이끌려 그것에 따라 살아가려고 하는 것도 충분히 이해할 만하다.

글렌 스타센(Glen Stassen)과 데이비드 거쉬(David Gushee)는 의미심장한 책 「하나님의 통치와 예수 따름의 윤리」(Kingdom Ethics, 대장간)에서 이렇게 주장한다.

> 예수의 제자도가 희석되거나 주변화되거나 기피대상이 될 때, 교회와 그리스도인은 다른 주인을 섬기도록 조작하는 세속 이데올로기로부터 감염되지 않도록 지켜 주는 항체를 잃고 만다. 우리가 두려워하는 것은 바로 이런 종류의 우상숭배다.[09]

이처럼 파편화된 신앙의 기원은 기독교 국가 교회가 시작된 로마 황제 콘스탄티누스 시기와 그리스도인들이 문화와 국가에 순응했던 4세기 무렵까지 거슬러 올라간다고 로드니 클랩(Rodney Clapp)은 주장한다. "이 경우 사실상 그리스도인임을 자처하는 사람들이 그리스도의 주 되심이 구체적으로 아무런 영향력을 발휘하지 못하는 것처럼 국가와 문화 영역에 참여하는 것은 훌륭하고도 칭찬받을 만한 일이 되고 만다."[10] 계속해서 클랩은 종교개혁자들이 "성경의 말씀에 호소한 것은 매우 옳은 일이었으나" "콘스탄티누스주의적인 종합 자체"에 대해 이의를 제기하지는 못했으며 따라서 "자기도 모르는 사이에 근대적인 세속주의를 만들어 내고 말았다"고 주장한다. 신학자 존 밀뱅크(John Milbank)의 말을 빌리면, 종교개혁은 "성스러움을 완전히 사적이고 영적이며 초월적인 것으로 바꾸어 버렸다."[11]

**세속적 종말론 끌어안기**

지난 수세기 동안 성스러움을 더 사적이고 영적이며 초월적인 것으로 바라보는 관점을 가진 세계에서 성장한 사람들은 '현실' 세계의 삶을 이해하기 위한 틀로 근대의 세계관을 수용하는 데 훨씬 개방적인 태도를 갖게 되었다. 계몽주의는 우리 세계를 이해하기 위한 새롭고도 강력한 신화를 제공해 주었을 뿐 아니라 우리가 고대하는 더 나은 미래에 대한 새로운 이미지—새로운 세속적 구원—도 제시해 주었다.

사실, 서구 문화를 중심으로 경제적·기술적·사회적 진보가 영원히 지속될 것이라는 더 나은 미래에 관한 낙관적 이미지는 근대성과 계몽주의 기획의 산물이다. 본질적으로 계몽주의 이야기꾼들은 유럽 문화의 핵심이었던 하나님 나라를 향한 수직적 추구를 취해 그 방향을 수평으로 돌려놓았다. 결국 서구의 진보, 기술 발전, 경제 성장이라는 수평적 추구로 변질되고 말았다. 이러한 진보에 대한 낙관적인 견해는 신자유주의 경제 이론의 필수 요소이며 당연히 전 지구적 제국 쇼핑몰에 동력을 제공하는 관점이기도 하다. 로버트 넬슨은 미국의 보수 경제학자들을 비판하면서 "경제적 진보는 너무도 중요한데, 진보를 지상 천국을 이루는 길, 다시 말해 세속적 구원에 이르는 길이라고 믿기 때문이다"라고 말한다.[12] 나는 그의 말이 옳다고 확신한다. 우리는 더 나은 미래에 관한 이런 전망을 '웨스턴 드림' 혹은 '아메리칸 드림'이라고 부른다.

이처럼 더 나은 미래에 대한 전망이 일차적으로 경제의 관점에서 정의되고 있으므로 하나님의 피조물, 심지어 인간마저도 경제라는 관점에서 바라본다 하더라도 전혀 놀랄 일이 아니다. 하나님의 선한 피조물은 그저 이 꿈을 이루는 데 필요한 자원을 공급해 주는 대상으로 취급될 뿐이다. 이러한 관점에 따르면 사람들은 자신의 정체성과 가치, 심지어 삶의 목적을 경제적 측면에서—생산자/소비자로서 역할을 얼마나 잘 수행하는지에 따라—찾아낸다. 궁극적인 것이 경제적 측면으로 규정되고 경제적 힘이 세계를 지배하기 때문에, 하나님을 위한 자리는 거의 남아 있지 않다. 하나님을 믿기로 작정한 이들을 향해서는 그분을 성경 공부나 기도회 시간에는 찾아오실 수도 있으나 '현실' 세계에서 일어나는 일에는 크게 관여하지 않는 부재지주로 이해하라고 말한다.

브라이언 왈쉬(Brian Walsh)와 실비아 키즈마트(Sylvia Keesmaat)는 다양한 메시지들이 "모두 같은 이야기를 하고 있다"고 본다. "경제 성장은 역사를 움직이는 힘이며, 소비자로서의 선택은 우리를 인간으로 만들어 주는 요소이고, 탐욕은 정상적이다. 우리가 살고 있는 곳이 제국이라면, 이 제국은 전 지구적 소비주의의 제국인 것이다."[13] 전 지구적 소비주의에 의해 규정된 좋은 삶의 이미지를 받아들이고 그에 따라 살아갈수록 우리는 하나님이 마련해 두신 최선을 놓칠 뿐 아니라 구약성경이 우상숭배라고 일컫는 죄에 빠지고 만다.

마이클 버드(Michael Budde)와 로버트 브림로우(Robert Brimlow)는 「주식회사 기독교」(*Christianity Incorporated*)에서 서구 교회가 현대 문화의 사목(社牧) 노릇을 하면서 그 열망과 가치에 대해 문제를 제기하기는커녕 오히려 공인해 주는 경향이 있음을 설득력 있게 주장한다. "우리는 교회가 본질을 잃고 껍데기로 변해 가는 모습을 본다…교회는 자본주의와 경제력에 오랫동안 굴복한 나머지 그 고유한 실천과 신념까지도 기업의 형태와 정신에 의해 규

정되는 지경에 이르고 말았다."¹⁴

물론 교회가 현대 문화에 길들여졌음을 가장 분명히 보여 주는 예는 번영 복음 운동—안타깝게도 세계 곳곳에 수출되고 있는 미국의 발명품—이다. 나는 번영 복음의 진정한 기원은 성경이나 교회가 아니라 이신론자였던 벤저민 프랭클린(Benjamin Franklin)의 저작이라고 확신한다. 그의 자서전에 잘 나타나 있듯이 프랭클린은 열렬히 부를 추구하는 사람이었다. 그는 찢어지게 가난했지만 결국 큰 부자가 된 자신의 이야기를 모든 사람이 모방해야 할 모본으로 제시했다. 식민지 미국에서 성경을 제외하고 다른 어느 책보다 많이 읽힌 「가난한 리처드의 달력」(*Poor Richard's Almanac*, 휴먼하우스)에서 프랭클린은, 기독교 신앙을 가진 사람들을 비롯해 사회에 놀라운 영향을 미친 새롭고 세속적인 도덕적 가르침을 제시한다. 프랭클린은 삶의 목적이 덕이라고 가르쳤던 청교도들을 비판했다. 청교도의 가르침을 세속적으로 수정하면서 그는 덕이란 삶의 목적이 아니라 '수단'이라고 주장했다. 만약 누군가가 덕이 있는 사람이라면, 그는 삶의 '진정한' 목적—부와 성공—을 달성할 수 있을 것이다. 익숙한 이야기 아닌가?

번영 복음에서도 사회 가장자리에 있는 사람들을 향한 하나님의 사랑을 보여 주고 그들의 처지가 나아지기를 바라는 그분의 마음을 전하는 부분은 성경적이라 보아도 되겠다. 내가 문제 삼는 것은, 번영을 설파하는 많은 이들이 전 지구적 쇼핑몰이 전파하는 좋은 삶과 더 나은 미래에 대한 생각을 아무 비판 없이 부추기고 있다는 점이다. 그들은 예수께서 우리에게 '풍성한 삶'을 약속하실 때 하나님은 우리를 향한 사랑 표현으로 전 지구적 쇼핑몰에서 판매하는 모든 상품을 우리에게 주겠다고 하신 것으로 기대해도 된다고 주장하는 것이나 다름없다. 이 복음은 하나님과 다른 이들을 섬기는 데 우리의 삶과 자원을 내어놓기를 촉구하기보다는 자기의 이익을 추구하라는 계몽주의적 가치에 세례를 베푸는 경향이 있다. 설교자들의 부유한 삶은 십자가와 하나님 나라의 복음보다는 전 지구적 쇼핑몰을 선전하는 휘황찬란한 선전물이 되고 만다. 또한 사치스러운 생활방식은 가난한 이웃들이 그나마 나은 삶을 살아갈 수 있도록 돕는 일에 쓰일 수 있는 엄청난 양의 자원을 소진시켜 버린다.

번영 복음을 주장하는 이들뿐 아니라 교회 안에 있는 우리 중에도 웨스턴 드림을 하나님의 꿈인 양 무비판적으로 받아들인 사람들이 많다는 사실을 인식해야 한다. 이것은 개인주의와 자기 이익의 추구를 신성시하는 태도이며, 경제적 관점에서 좋은 삶을 규정함으로써 각 사람이 더 많은 것—경제적 지위 상승, 더 많은 선택, 더 많은 경험—을 얻는 삶이 곧 좋은 삶이라고 생각하게 만드는 태도임을 우리는 놓치고 있다.

포스트모더니즘은 근대성의 근본 전제들에 이의를 제기할 뿐 아니라 우리 세계의 영적 성격을 재고하는 데 있어서 훨씬 개방적이다. 그러나 나는 포스트모더니즘을 받아들인 사람들도 비록 그 이유는 제각기 다르더라도 다른 모든 사람들처럼 소비문화에 빠져 있는 경우가 많다는 것을 알게 되었다. 스티브 테일러(Steve Taylor)는 「교회의 경계를 넘어 다시 교회로」(The Out Of Bounds Church?, 예영커뮤니케이션)에서 전 지구적 쇼핑몰의 삶에 대한 포스트모던적이면서도 경험 중심적인 관점에 대해 이렇게 말한다.

현대 문화를 규정하는 쇼핑몰에서 정체성과 생활방식은 밀접히 연결되어 있다…당신이 바로 이 쇼핑몰 안에서 생활방식을 선택하고 혼합하는 것이다. 동시에 이 선택은 광고에서 말하는 것처럼 개인의 요구에 맞춰져 있지 않다. 여전히 우리가 통제할 수 없는 힘에 의해 미리 선택되어 있다.[15]

수백만 가지 방식으로 이 전 지구적 쇼핑몰의 이야기꾼들은, 우리가 그들의 이야기를 본향으로 삼기만 하면 사랑, 용납, 공동체, 의미, 자존감, 심지어 삶의 의미에 대한 필요까지도 충족시켜 주겠다고 우리를 설득하려고 애쓴다.

### 패션계의 가치를 수용하다

우리와 자녀들에게 영향을 미쳐 자신들의 이야기를 주입시키려는 이 작전의 가장 선봉에 서 있는 것은 패션 산업이다. 예컨대 영화 "악마는 프라다를 입는다"(The Devil Wears Prada)는 패션계의 최상층부를 탁월하게 그려 낸다. 대학을 갓 졸업한 시골 출신의 여인 안드레아는 또래 친구들이 선망하는 일자리를 얻는다. 엄청난 성공을 거둔 엄청나게 까다로운 잡지 "런웨이" 편집장인 미란다 프리스틀리의 비서로 채용된 것이다.

출근 첫날부터 세련된 회사 동료들은 안드레아의 패션이 재앙이라 해도 될 정도로 형편없다고 틈만 나면 이야기한다. 안드레아는 서서히 그 직장에서 일하는 동료들을 따라잡을 뿐 아니라 그들을 능가하기 시작한다. 그녀는 온갖 어려운 업무를 훌륭히 수행하고 하루 종일 퍼부어 대는 미란다의 독설까지 참아 낸다.

영화가 끝날 무렵 안드레아는 그토록 열심히 일한 대가가 무엇이었는지 깨닫는다. 그녀는 육체적·정서적으로 완전히 탈진할 지경이었다. 그 순간 그녀는 스타일과 이미지가 가치를 결정한다고 주장하는 이야기 속에서 살아가는 삶의 유혹에 굴복함으로써 자신도 모르는 사이에 자신의 인간관계와 영혼을 위험에 빠뜨렸음을 깨닫는다. 그녀는 이 낯선 이야기를 받아들임으로써 자신이 그토록 경멸하던 사람이 되고 말았다.

안드레아가 일을 그만두려 한다는 것을 알게 되자 미란다는 믿기지 않는다는 듯 그 이유를 물으며 말한다. "모든 사람이 이 일을 하고 싶어 해. 모두가 우리처럼 되고 싶어 한다고!" 패션과 스타일이 시골 마을과 젊은 사람들을 대상으로 펼치는 마케팅이 성공함에 따라 이런 식의 삶을 살고 싶어 하는 사람들 또한 점점 더 많아지고 있다.

**젊은이들의 상상력 지배하기**

"프론트라인"에서 제작한 다큐멘터리 "쿨(cool) 함을 파는 사람들"은 기업들이 미국 역사상 그 수가 가장 많은—3천2백만 명에 이르는—십대들의 상상력을 '식민화'하기 위해 유례없는 작전을 펼치고 있음을 폭로한다. 이 세대가 소비하는 돈이 4천5백억 달러에 달한다고 한다. 다큐멘터리에 따르면, 기업들은 엄청난 돈을 투자해 이 세대를 연구하고 주의 깊게 분석하고 있다고 한다.

고급 패션계 리더들은 "프로젝트 런웨이" 같은 텔레비전 쇼를 통해 십대들을 장악하려고 한다. 2006년에 방송된 두 번째 시즌의 마지막 회는 시청자 수가 3백2십만 명에 달했다.[16] 그리스도인 젊은이들 중에도 유명 연예인과 연결된 패션계라는 환상의 세계에 심취한 이들이 늘고 있다. 그들은 외모와 스타일, 이미지에 의해 가치가 규정되는 세계를 받아들이는 듯 보인다. "뉴욕 타임스 스타일 매거진"은 다음과 같이 솔직하게 보도한다. "요즘 우리의 정체성이 몹시 위태롭다. 어쩌면 그렇기 때문에 패션이 그 어느 때보다 더 강력하게 우리의 상상력을 사로잡고 유명 연예인의 스타일리스트들이 이 시대의 권위자가 되었는지도 모른다."[17]

전 세계의 젊은이들로 하여금 유명 연예인 이미지와 스타일을 동경하고 숭배하게 만드는 주요 수단 중 하나가 "아메리칸 아이돌"이다. 이 TV 프로그램은 현재 남극을 제외한 모든 대륙 39개국에서 방영되고 있다. 출전자들이 시청자들에게 받은 표를 모두 합산하면 20억 표가 넘는다.[18] 이 프로그램은 앞서 언급했던, 국경을 초월한 전 지구적 청소년 문화의 필수 요소가 되었다.

브라질에서 중국에 이르기까지 젊은이들은 새로운 유명 연예인이 되어 대중문화라는 환영의 세계에 진입하기를 열망한다. "'경연으로 우승자를 가리는 형식'에서 중요한 것은 결국 우리다. 우승자는 우리에게 어떤 대의를 위해 활동하라고 말하지 않는다…결승전에서 팬이었던 사람이 우상이 된다. 우리 시대의 궁극적인 꿈이 눈앞에서, 그리고 마음속에서 실현되는 것이다."[19] 리얼리티 쇼에 출현해 15분간의 명예를 누리거나 창피함을 당하는 것을 과연 좋은 삶이라 말할 수 있을까?

쿨 함을 파는 사람들 사이에서 유행하는 최신 트렌드 중 하나는 '연령 압축'(age compression)이다. 아이들이 섹스와 스타일, 폭력에 노출되는 나이가 지금처럼 어렸던 적은 없었다. 점점 더 어린 사내아이들을 목표로 폭력적인 비디오 게임이 판매되고 있다. 유치원생 여자아이들을 위한 의류도 외모와 패션, 스타일, 성적인 매력에 초점을 맞출 뿐 아니라 젊은 연예인들을 기용해 어떻게 멋을 부리는지를 설명하는 경우가 많다. 그 속에 담긴 메시지는 너무도 명백하다. 갈수록 외모에 집착하는 사회에서, 그리고 남자와의 관계에서 성공하고자 한다면 외모, 몸, 성적 매력이 가장 중요하다는 뜻이다.

그렇다면 이처럼 쿨 함을 파는 사람들, 전 지구적 쇼핑몰의 이야기꾼들은 어떻게 이토록 성공적으로 젊은이들의 취향에 영향을 미칠 수 있게 되었을까? 다큐멘터리 "쿨 함을 파는 사람들"에서는 기업들이 십대의 상상력을 '식민화'하기 위한 전례 없는 노력을 기울였으며, 그들로 하여금 돈을 쓰게 할 방법을 알아내기 위해 청소년 문화를 연구하고 분석하는 이들에게 엄청난 투자를 해 왔음을 보여 준다.

이들 '쿨 함의 사냥꾼들'은 인류학자처럼 청소년 문화를 조사하고 유행을 선도하는 십대들을 활용하여 새로운 상품을 개발하고 청소년들을 유혹할 새로운 마케팅 기법을 고안해 낸다. 미국의 평범한 십대는 하루에 3천 건의 광고에 노출된다. 열여덟 살이 되기 전에 1천만 건의 광고에 노출되는 셈이다. 텔레비전, 인터넷, '입소문' 등이 그들에게 쏟아부어진다. 한편 기업에서 제작한 영상물이 공립학교와 사립학교로 물밀듯이 밀려들고, 아이들 교실에까지 기업 광고가 파고들기도 한다.

쿨 함을 파는 장사꾼들은 점점 더 청소년들에게 영향을 행사하는 동시에 그들을 포위하기 위해 새롭고 은밀한 기법을 개발한다. 그들은 친구, 지인, 입소문 그룹, 밤샘파티, 심지어 교회 중고등부 같은 곳에 최신 유행하는 패션이나 화장품, 첨단 제품의 견본을 뿌린다. 그런 다음 쿨한 아이들에게 돈을 주면서 쿨한 상품을 구입하여 '쿨한 집단의 일원'이 되라고 친구들을 부추기게 한다. 이들 마케팅 담당자들은 자기네 물건을 팔기 위해 반란과 무정부주의 이야기까지도 활용한다.

「쇼핑하기 위해 태어났다」(*Born to Buy*, 해냄)라는 중요한 책에서 줄리엣 쇼어(Juliet Schor)는 "광고업자들은 쿨 함을 사회적 성공 여부를 말해 주는 핵심 요소, 곧 누가 성공한 사람이며 누가 인기 있으며 또래들 사이에서 누가 인정받는지를 결정하는 중요한 요소로 규정해 왔다"고 말한다.[20] 아이들이 성장 과정에서 사회적으로 인정받고자 하는 욕망이 중요하다는 것은 두말할 나위 없는 사실이지만, 광고업자들은 이 이야기를 이용해 사회적으로 인정받는 것이 한 사람의 실존에 있어서 핵심적인 요소라고 주장한다. 그들은 아이들로 하여금 그들의 '쿨한' 브랜드를 구입하도록 만들기 위해 서슴없이 사회적 배제라는 위협을 무기로 사용한다. "'쿨 함'은 우리 시대의 아편이다…우리는 그것에 의지해 소속감과 정체성을 유지하는 데 이르고 말았다."[21]

쿨 함을 파는 장사꾼들이 내놓는 광고를 보면, 그들이 단지 내부자가 될 수 있는 기회를 팔려고 하는 것이 아님을 알 수 있다. 쿨 함을 선전하는 이들 기업의 이야기꾼들은 자신들이 만들어 낸 허구의 이야기 안에 살아감으로써 아이들이 정체성과 자부심, 삶의 목적, 심지어 영성까지 발견할 수 있다는 주장을 펴기도 한다.

"마케팅 담당자들은 부와 부를 얻고자 하는 열망이 새로운 쿨 함이라는 생각을 퍼뜨린다. 마케팅의 세계에서는 쿨 함을 규정할 때 물질적 여유, 부, 출세, 그리고 이것과 어울리는 생활방식 모두를 매우 중요하게 취급한다"고 쇼어는 말한다.[22] 패션 산업은 더 화려하고 사치스러운 취향을 갖도록 아이들을 유혹하는 일에 가장 앞장서고 있다.

이처럼 쿨 함을 부와 물질적 여유를 추구하는 삶으로 규정하려는 태도가 정말로 젊은이들에게 영향력을 행사하고 있을까? 해마다 미국 대학 신입생들의 관점과 가치관을 조사한 자료에 따르면, 실제로 영향력을 행사하고 있음을 알 수 있다. 신입생 네 명 중 세 명은 "'재정적으로 매우 부유해지는' 것이 '매우 중요하거나 필수적'이라고 생각"하고 있었다. "이렇게 답한 학생들의 수가 1970년에 비해 거의 두 배로 늘었다. 그 당시만 해도 '의미 있는 인생철학'을 찾는 것이 중요하다고 답하는 학생들의 수가 훨씬 더 많았다."[23] 만약 쿨 함을 말하는 이야기꾼들이 젊은이들로 하여금 화려한 패션과 연예인 모방, 물질적 여유라는 진짜처럼 보이는 가짜 세상을 받아들이게 하는 일에 성공을 거둔다면, 그들에게 자기네 물건을 파는 일은 식은 죽 먹기가 될 것이다.

## 모든 세대에게 쿨 함(Cool)을 파는 사람들

이 새로운 전 지구적 경제의 홍보자들은 성인들에 대해서는 젊은이들만큼 집중적으로 연구하지 않았다. 그러나 우리가 선호하는 차량에서 우리의 정치적 견해에 이르기까지 모든 것에 관해 그들이 얼마나 많은 정보를 모으고 있는지를 알면 깜짝 놀랄 것이다. 심지어 그들은 '교외 거주자'처럼 비슷한 취향을 가진 소비자들을 집단으로 묶어 관리한다. 그들은 어떻게 하면 우리의 관심을 끌고, 우리의 질투를 불러일으키며, 우리로 하여금 그들의 이야기를 받아들이고 그들의 상품을 사게 만들 수 있는지 정확히 알고 있다.

맥세상의 마케팅 담당자들은 지구상의 모든 성인들로 하여금 높은 지위, 고급 패션, 고급스러운 생활이 곧 좋은 삶이라는 새로운 정의를 받아들이게 만들려고 노력한다. 우리에게 그럴 여유가 있든 없든, 전에는 가장 부유한 사람들만 누릴 수 있었던 사치스러운 생활방식을 이제 우리도 누릴 수 있게 되었다는 이야기를 믿고 살도록 부추긴다. 그들의 노력은 열매를 맺는다.

점점 더 많은 그리스도인들이 그들의 이웃들처럼 호화로운 삶을 살고 있다. 그런 삶이 환경에 어떤 영향을 미치는지, 그런 생활방식을 선택할 때 자신의 시간과 자원을 하나님의 조용한 모략을 위해 사용할 수 있는지 하는 점에 대해 그들은 조금도 신경 쓰지 않는다.

「소비의 새물결 트레이딩 업」(*Trading Up*)을 쓴 마이클 실버스타인(Michael Silverstein)은 "2010년이 되면 이 시장이 4천4백억 달러에서 1조 달러로 성장하고 불황에 전혀 영향을 받지 않을 것이라고 확신한다. 소비자들은 불경기 때에 사치품을 두세 개 갖는 게 더 중요하다고 말한다"라고 예측한다.[24]

맥세상의 마케팅 담당자들은 쿨 함을 파는 장사꾼들이 젊은이들에게 사용한 것과 같은 이야기로 성인들을 유인한다. 우선 우리가 좋은 삶과 더 나은 미래에 관한 그들의 생각을 받아들인다면 우리가 구하는 자부심과 지위, 자긍심을 찾는 데 그들이 도움을 줄 수 있다고 우리를 설득하려 한다. 젊은이들의 경우와 마찬가지로, 이런 이야기에 굴복하는 사람들은 그 대가를 치러야 한다. 새로운 기술에 더 많이 신경을 써야 하는 것은 논외로 하더라도 무엇보다 다른 이들에 대한 관심이 현저하게 줄어드는 극도로 개인주의화된 사회를 만들어 내게 된다.

호주인 작가 클라이브 해밀턴(Clive Hamilton)과 리처드 데니스(Richard Denniss)는 결국 우리 사회가 더 개인주의화될 뿐 아니라 더 불안정해질 것이라고 경고한다. 또한 건강한 관계가 약화되고 행복감 또한 줄어들 것이다. "현재 호주에서는 실제 자아와 이상적 자아 사이의 간극이 점점 더 벌어지고 있다. 우리는 더 나은 이상적 자아, 실제보다 날씬하고 부유하고 세련된 이상적 자아를 동경하라는 권유를 받고 있으며 이러한 이상적 자아는 점점 더 외적인 것이 되어 가고 있다."[25] 또래의 부러움을 불러일으키기 위해서는 모든 제품 포장의 전면에 이 "이상적 자아"를 배치한다. 줄리엣 쇼어는 제품 포장의 전면에 있는 이미지를 닮기 위해 소비를 할 때 발생하게 되는 근본적인 문제점을 지적한다. "문제는 따라잡아야 할 대상이 끊임없이 바뀐다는 것이다. 모방의 과정은 결코 끝나지 않는다."[26]

"빗발치듯 쏟아지는 광고들은 그렇지 않다고 줄기차게 말하겠지만, 물질에 집중하는 만큼 우리는 자유를 잃는다"고 해밀턴과 데니스는 주장한다. "왜 그럴까? 물질의 욕망을 채우는 일에 우리 삶을 더 많이 쏟아부어야만 하기 때문이다. 소유욕에 불타는 사람들은 자신이 소유하고 있는 것들로부터 자신의 정체성과 사회적 지위를 맛보려 하지만, 자부심과 지위를 부여해 주는 상징은 외부의 힘—패션—이 변함에 따라 수시로 달라질 수밖에 없다."[27]

**조작된 미래로 돌아가기**

영화 "트루먼 쇼"(The Truman Show)의 초반부에서 트루먼 버뱅크는 우리에게 매우 익숙한 좋은 삶의 모습을 살아가고 있다. 한가로운 섬 마을에서 아주 편안히 지내는 듯 보인다. 나중에 우리는 한 회사가 문자 그대로 완벽한 리얼리티쇼 프로그램을 대중에게 보여 주기 위해 태어나자마자 그를 입양했다는 사실을 알게 된다. 그들은 프로그램에 나오는 수많은 제품을 광고하기 위해 각본을 짜고 트루먼 인생의 모든 친밀한 순간을 방송으로 내보내는 것이었다.

　서서히 무언가 심각하게 잘못되었다는 것을 깨닫게 되면서 트루먼은 자신의 한가로운 가정을 떠나려고 한다. 그는 자신의 삶이 상상조차 못했던 방식으로 조작되었음을 발견하고, 마침내 모든 것이 미리 계획되어 있는 세상으로부터 탈출한다. 이 영화의 제작자인 크리스토프는 "우리는 우리에게 주어진 세계의 현실을 받아들인다"라고 의미심장한 말을 남긴다.

　나는 많은 사람들이 트루먼처럼 우리의 생각 이상으로 삶의 많은 부분이 조작되고 있음을 잊은 채 살아가고 있다고 생각한다. 어떤 사악한 음모가 진행되고 있다는 말이 아니다. 하지만 서구 그리스도인들의 종교에 대한 참여도가 약화되는 반면 다른 사람들이 짜 놓은 이야기에 우리의 삶과 자원을 점점 더 많이 투자하는 경향 사이에는 분명 직접적인 상관관계가 있다. 영화 "매트릭스"(The Matrix)에서 모피어스는 니오에게 이렇게 경고한다. "현실이 네 머리 위에서 무너져 내리고 있어. 하지만 너는 그것을 알아차리지도 못했지."

**상상력을 되찾으려면**

지난 시절에 광고란 자신의 상품이 경쟁 상품에 비해 더 나은 이유에 관한 정보를 주는 활동이었고, 소비주의란 더 나은 물건을 구입하기 위한 합리적 선택을 의미하는 것이었다. 영국의 사회학자인 콜린 캠벨(Colin Campbell)은 많은 시간을 거치면서 마케팅 담당자들은, 사람들이 초월과 의미를 필요로 한다는 것을 깨닫게 되었으며 단순히 우리에게 상품을 팔려고 하는 노력을 넘어 우리의 상상력을 식민화하는 방향으로 나아갔다고 주장한다. 그들은 자신들이 판매하는 상품에 대해 허구적인 이야기를 만들어 냈으며 그 이야기의 신화 속에서 살아가라고 우리에게 권한다.[28]

예를 들어, 구찌의 최고경영자는 명품은 "상품 그 이상이며…사람들이 꿈꾸던 삶을 살아 볼 기회를 제공해 준다"고 단언했다.[29] 다시 말해서, 만약 우리가 이런 꿈을 본향으로 삼기만 한다면 그토록 갈망하던 삶의 의미와 자부심을 얻을 수 있다는 말이다.

**문화 해독하기.** 몇 해 전 나는 미국 기독교 출판업자 모임에서 이런 질문을 던졌다. "우리의 젊은이들을 교육하는 또 다른 '교육자들'은 누구인가? 그들의 메시지는 무엇이며, 그들의 방법은 무엇이며, 젊은이들의 정체성과 욕망, 가치관, 꿈에 얼마나 영향을 미치고 있는가?"

쿨 함을 파는 상품들이 젊은이들의 삶에서 엄청난 영향력을 행사하고 있으며 갈수록 그 영향력이 확대되고 있음을 감안할 때, 한 주에 한 시간 남짓 되는 주일학교 교육으로 아이들의 신앙이 얼마나 형성될 수 있을지 진지하게 의문을 제기하지 않을 수 없다. 우리가 젊은이들의 신앙 형성에 진지한 관심을 기울이고자 한다면, 그들이 쇼핑몰에서 듣는 메시지를 제대로 해독할 수 있도록 도와주어야 한다. 그러려면 젊은이들의 영적 성장을 위해 더 많은 시간을 할애할 뿐 아니라 그들이 세상에서 작은 변화를 일으키는 하나님의 겨자씨가 될 수 있음을 발견하도록 많은 시간을 기울여야 할 것이다.

전 지구적 쇼핑몰에서 보내오는 메시지를 해독하는 데 도움이 되는 자료를 제공하는 기독단체들이 몇 곳 있다. 수도원 운동에 속한 이들이 선호하는 자료로는 캐나다 매니토바 주에서 만드는 "기즈 매거진"(Geez Magazine)이 있다. 이 잡지에서 우리는 다양한 방식으로 제국 경제의 야심과 가치관에 도전하는 예언자적 시도를 볼 수 있다. 소비주의를 다룬 「더 적어서 더 가벼운 삶」(The Lighter Side of Less)에서는 우리가 끊임없이 더 많이 가지려고 할 때 우리 자신의 삶뿐 아니라 가난한 이웃들의 삶과 피조세계에 엄청난 대가가 따름을 일깨워 준다.30

'단순한 삶을 위한 대안'(www.simpleliving.org)은 쇼핑몰이 퍼트리는 메시지를 해독하는 데 필요한 자료뿐 아니라 대안적인 성탄절 예배를 위한 자료를 비롯해 사회 정의와 피조세계의 돌봄을 주제로 한 대안적 예배 자료도 제공한다. 이머징 교회 지도자들이 이러한 자료를 뜻밖에 잘 모르고 있다는 사실에 나는 놀란다.

내가 그저 소비를 줄여야 한다고 설득하려는 것이 아님을 이제 여러분이 알아주었으면 좋겠다. 나는 예수님을 따르는 이들에게 우리 삶 전반에 영향을 주고 있는 문화의 메시지를 해독해 내자고 제안하는 것이다. 또 한 가지 내가 우려하는 바는, 맥세상의 마케팅 담당자들이 영성에 대한 우리의 관점에도 영향을 미치려고 한다는 점이다.

**현실을 규정하려는 제국의 주장에 도전하기.** 고전이 된 「슈퍼 브랜드의 불편한 진실」(No Logo, 살림Biz)에서 나오미 클라인(Naomi Klein)은 새로운 전 지구적 경제를 선전하는 이들은 쿨 함을 파는 장사꾼일 뿐 아니라 "의미의 중개인"이라고 주장한다. 그는 기업들이 브랜딩 시대로 진입함에 따라 상품을 팔기 위해 자신의 브랜드에 초월적인 의미를 의도적으로 주입했다고 주장한다. 그 시도는 유효했다. 우리는 평범한 것을 넘어서는 새로운 삶의 방식, 새로운 경험, 의미의 체험, 삶의 목적을 제공하는 것이라면 무엇이든—테니스화에서 아이팟까지—더욱 빈번하게 구입하게 되었다.31

빈센트 밀러(Vincent Miller)는 「소비하는 종교」(Consuming Religion)라는 중요한 책에서 기독교 신앙을 가진 이들이 이 문제에 대해 진지하게 고민해야 한다고 주장한다. "마케팅 담당자들은 의미와 소속감을 갈망하는 인간 본성을 이용하여 자신들이 파는 상품을 종교와 경쟁시키고 있다 해도 과언이 아니다."³² 제국 쇼핑몰의 장사꾼들이 신성한 종교의 숲으로 몰려와 우리의 종교적 상징을 차용하고 재해석하여 자신들의 상품을 팔려고 하는 경우가 적지 않다.

군사 제국인 로마로부터 전 지구적 시장이라는 사이버 제국에 이르기까지 모든 제국의 핵심 특징은, 현실과 인간의 본질에 관한 '강력한 신화'를 만들어 내야 한다는 점이다. 고대에든 현대에든, 제국은 언제나 성경 이야기에 필적할 만한 이야기와 운명을 제공함으로써 하나님의 백성에게 영향력을 미치려고 애써 왔다.

우리들의 상상력을 식민화하려는 제국의 노력에 저항하려면 지배적 현실에 도전하는 전복적인 이미지를 만들어 내도록 도와줄 시인과 예언자, 예술가들이 필요하다. 월터 브루그만(Walter Brueggemann)은 이스라엘 백성이 시적 상상력이 지닌 전복적인 힘으로 바빌로니아 제국의 강력한 신화에 도전하면서 전혀 다른 미래에 대한 전망을 소개했다고 강조한다. "이런 시들이 소망을, 공동체가 제국의 손아귀에서 벗어날 수 있도록 해주는 소망을 낳았다."³³

이머징 교회와 선교적 교회 양쪽의 지도자들과 동역하는 앨런 록스버러는 바빌로니아 제국에서 포로로 살았던 경험의 직접적인 결과로 인해 유대인들은 "근본적으로 새로운 관점을 가지고 그들의 주된 이야기와 전통으로" 재진입했다고 말한다. "그들이 하나님의 본질과 그들을 위해 하나님이 계획하신 미래를 분별해 낸 것은 이처럼 모호한 곳에서 살았기 때문이다."³⁴ 전 지구적 제국 안에서 망명자로 살아가는 우리 역시 우리의 옛 이야기 속으로 다시 들어가 미래의 소망에 대한 새로운 전망을 재발견함으로써 본향으로 돌아가는 길을 발견할 수 있다.

브라이언 왈쉬와 실비아 키이즈마트은 이렇게 말한다.

이스라엘은 제국과 상상력이 작동하는 방식을 이해했으며 언제나 그에 대한 대응책을 가지고 있었다. 제국의 그늘 아래서 이스라엘의 예언자들은 귀향과 회복이라는 이미지를 하나로 엮어 내면서 새 일을 행하러 오실 메시아를 노래하는…도발적이며 전복적인 시를 썼다.[35]

다음 대화에서 우리는 하나님의 이야기 속으로 다시 들어가 봄으로써 귀향과 회복이라는 성경적 이미지를 탐구할 것이다. 우리는 과거를 치유하는 동시에 환난의 미래의 소망을 제공하는, 새롭고 놀라운 일을 행하시는 메시아의 도래를 목도할 것이다.

> **함께 생각해 볼 문제**
> - 전 지구적 쇼핑몰의 장사꾼들이 젊은이들과 성인들의 갈망과 가치에 구체적으로 어떤 방식으로 영향을 미치고 있다고 생각하는가?
> - 전 지구적 쇼핑몰이 선전하는 좋은 삶과 더 나은 미래에 대한 구체적인 생각은 어떤 것인가?
> - 전 지구적 쇼핑몰이 보내오는 메시지를 해독하는 데 도움이 되는 창의적인 방법을 한 가지 생각해 보라.

# 세 번째 대화

## 하나님의 미래를 주목하라

4.
# 하나님이 베푸신
# 좋은 삶으로의 귀향

하나님 나라로 돌아간다는 성경의 이미지가 단순히 주일에 하나님을 예배하는 신학일 뿐 아니라
월요일에 잠자리에서 일어나게 하는 새로운 이유, 곧 사람들과 세상을 위한
하나님 사랑의 목적을 반영하는 좋은 삶과 더 나은 미래에 대한
새로운 '문화적' 전망이 될 수 있을까?

---

2001년 9월 11일의 비극 이후 수많은 아일랜드 출신의 이민자들이 미국과 다른 나라에서 고향 땅으로 돌아가고 있다. 불법 이민자였던 이들은 9/11 이후 당국의 단속이 더 엄격해졌음을 피부로 느끼고 있다. 세계 경제가 회복됨에 따라 호황에 들어선 아일랜드의 경제 상황 역시 이민자들의 본국 복귀를 촉진한 요인이기도 하다.

이처럼 대대적인 이주의 영향을 체감할 수 있는 곳은 뜻밖에도 브롱크스에 있는 작은 아일랜드인 마을이다. 이민자들 중 일부는 실제로 자기 집 지하실에 아일랜드식 베이컨을 보관하고 있다. 이곳 가게에서는 아일랜드식 산딸기 잼을 구할 수도 있다. 하지만 2년 전에 비해 마을 술집에서 아일랜드 사람들을 찾아보기가 어려워졌다.[01]

아일랜드로 귀향하는 이들의 이사를 돕고 있는 패디드 왜건(Padded Wagon) 사에 따르면, 귀향하는 이들 중에는 너무 서두른 나머지 기억 상실증에 걸리는 이들도 있다고 한다. 한 부부가 컨테이너에 짐을 다 싣자 패디드 왜건은 선적항의 부두로 컨테이너를 운송했다. 컨테이너를 선적하기 직전, 부부

는 여권을 다른 짐과 함께 컨테이너 속에 넣어 버린 것을 깨달았다. 그들은 급히 하역 부두로 가서 컨테이너에서 짐을 다 뺀 다음 여권을 꺼내고 다시 짐을 넣어야 했다. 그들이 컨테이너를 뒤지면서 내뱉은 욕설이 온 부두에 울려 퍼졌을 것이다.

### 출발

앞서 나는 "삶이란 집으로 돌아가는 여정이다"라는 영화 "패치 아담스"의 대사를 인용했다. 이미 살펴보았듯이 새로운 전 지구적 경제의 이야기꾼들은 우리에게 영향을 미쳐 우리로 하여금 그들의 거짓말에 따라 살아갈 뿐 아니라 그들이 제시하는 삶의 목적을 받아들이게 만들려고 노력한다. 그들은 우리가 선한 삶과 더 나은 미래에 관한 그들의 생각을 받아들이기를 원한다.

이번 대화에서 우리는 하나님 나라—단순히 우리가 일요일에 경의를 표하는 신학이 아니라 월요일에 잠자리에서 일어나도록 동기를 부여하는 이유가 되는—로 돌아간다는 새로운 이미지를 재발견하기 위해 성경으로 돌아갈 것이다. 나는 독자들에게 사람들과 세상을 위한 하나님의 사랑과 뜻을 반영하는, 좋은 삶과 더 나은 미래를 반영하는 새로운 '문화적' 전망으로서 하나님 나라를 재발견하라고 촉구할 것이다.

또한 나는 이 세상의 긴급한 문제와 더 직접적으로 연결되어 있으면서 우리 삶의 방향 및 매일의 결정에 더 지대한 영향력을 행사하는 종말론적 전망을 제시하고자 한다. 나는 우리가 이 전망을 받아들이는 만큼 더 활력 넘치며 전인적인 신앙을 경험할 가능성도 커질 것이라고 주장할 것이다. 또한 우리는 우리의 삶이 이 세상을 조용히 변화시키는 모략에 훨씬 더 많이 사로잡혀 있음을 알게 될 것이다.

나는 이 대화에서 심층적인 신학 작업을 행하기보다는 이야기를 가지고 접근하면서 이 세상 속으로 침투해 들어와 이 세상을 구속하는 그 세상과 관련된

> 중요한 성경적 이미지를 부각시키고 그것이 이 시대에 어떤 의미를 갖는지 설명하고자 한다.

19세기 말 감자 기근 이후로 유럽에서 아일랜드인만큼 많은 이들이 고향을 떠난 민족은 없었다. 그들의 음악은 고향을 그리워하는 가사로 넘쳐난다. 유진 오닐(Eugene O'Neill)의 "고향으로의 긴 항로"(The Long Voyage Home) 같은 희곡에서 에이레(아일랜드의 옛 이름)로의 귀향은 거의 신비스러울 정도의 숭모하는 마음으로 잘 묘사되어 있다. 현재 아일랜드의 기록적인 경제 성장은 유럽연합 안에서도 독보적인데, 그로 인해 많은 이들이 고향으로 돌아와 가족들과 재회하고 있다.

남아프리카인들 역시 놀라울 정도로 많은 사람들이 고향으로 돌아가려 하고 있다. '귀향 혁명'(Homecoming Revolution)이라는 웹사이트는 넬슨 만델라의 지도력과 '진실과 화해 위원회'(Truth and Reconciliation Commission)의 놀라운 성과로부터 시작된 '기적'에 동참하기 위해 남아프리카로 되돌아오는 사람들을 축하하며 환영하고 있다. 이 귀향 혁명에 동참해 고국으로 돌아온 콜린 헌더마크(Colin Hundermark)는 에이즈로 부모를 잃었거나 에이즈에 감염된 아프리카 어린이들에게 특히 많은 관심을 기울이고 있다.

나는 런던에 있으면서 남아프리카 어린이들의 삶에 영향을 미칠 수 없다는 것을 알고 있었다. 대부분의 사람들은 돈을 보내겠지만, 나는 그것으로는 부족하다고 생각했다. 나는 내 눈으로 볼 수 있고, 내 손으로 만질 수 있고, 내 가슴으로 느낄 수 있는 변화를 이루고 싶었다. 남아프리카의 미래는 당신이 바꾸고 싶어 하는 만큼 밝다. 남아프리카의 꿈을 이루고자 한다면 이곳으로 와야 한다.[02]

어떤 이들은 가족과 재회하기 위해 고향으로 돌아가려고 한다. 어떤 이들은 경제적 기회를 잡아 돈을 벌려고 하는 반면 또 다른 이들은 변화를 이루기 위해 고향으로 되돌아간다.

### 종말론을 진지하게 받아들이는 삶

앞의 대화에서 제시했듯이 나는 우리 가운데 많은 이들이 '저기 위에 있는' 비물질적인 세계로 도피하는 데 초점을 맞추는 매우 영성화된 종말론을 배워 왔다고 생각한다. 그 결과 이 세상에 가득한 긴급한 문제들과는 단절된 종말론, 우리 현실의 삶에서 중요한 결정들과는 동떨어진 경건주의에 빠지고 말았다. 이런 부류의 그리스도인들이 하나님 나라의 언어와 이미지에 대해 매우 제한적인 관점을 갖는 것도 놀랄 일이 아니다.

나는 많은 사람들이 몸과 분리된 영혼 상태로—옷은 비행기 좌석에 버려둔 채—본향으로 돌아간다는 대중적인 '종말' 이미지를 대신할 성경적인 대안을 찾고 있음을 알고 있다. 또한 그리스도인들이 정상을 향해 미친 듯이 달려가야만 하는 경주에 일생을 바쳐야 하는 현실에 피곤해한다는 것도 알고 있다. 신앙 밖에 있는 사람들마저도 다른 꿈—자기 자신을 넘어설 것을 촉구하는 꿈—을 추구하고 있다.

이머징 교회, 선교적 교회, 모자이크 운동, 수도원 운동에 참여하는 많은 사람들이 우리에게 더 광대한 하나님 나라의 전망을 제시한다. 에디 깁스와 라이언 볼저는 하나님 나라에 초점을 맞추는 태도가 미국과 영국의 이머징 교회 운동이 보이는 주요 특징이라고 지적한다.

교회가 아니라 하나님 나라에 초점을 맞추어야 한다는 생각은 쉽지 않은 중요한 패러다임 전환이다. 그러나 이머징 교회의 지도자들은 이 메시지를 전파하고 있다. 이머징 교회의 복음은 개인 구원에 국한되지 않는다. 그것은 그리스도의 다스리심이 임하고 충만해지는 데서 기인하는 사회적 변혁이다.[03]

우리 마음속 깊은 곳에는 집으로 돌아가고 싶어 하는 갈망, 다시 말해 우리가 기억할 수 있는 최선, 우리가 꿈꿀 수 있는 최선의 상태를 회복하고자 하는 갈망이 자리 잡고 있다. 프레드릭 뷰크너(Frederick Buechner)는 우리가 집으로 돌아가고 싶어 하는 갈망을 타고났다고 말한다. 우리의 "첫 본향은 마지막 본향의 전조이며, 마지막 본향은 첫 본향에서 가장 소중했던 것들을 신성하게 만들고 실현한다."[04] 하나님이 우리를 위해 계획하신 최선의 것을 발견하고 싶다면, 우리가 마침내 이르게 될 목적지의 강렬한 이미지—하나님 이야기의 핵심에 자리한 "마지막 본향"—에 주의를 집중해야 한다. 또한 우리는 그리스도의 부활을 통해 이 "마지막 본향"이 이미 여기 와 있음을 깨달아야 한다. 하나님은 제국의 권력에 도전하며 각 개인의 삶과 공동체를 변화시키는 겨자씨를 통해 일하고 계신다.

'이미 여기 와 있는 다른 세상'이란 강력한 성경적 전망을 재발견하기 위해 우리는 호주에서 처음 들었던 물음에서 시작하고자 한다. "하나님은 무슨 일을 꾸미고 계신가?" 사람들과 세상을 위한 하나님의 뜻은 무엇인가? "마지막 본향" 이미지 안에 담겨 있는 하나님이 바라시는 좋은 삶이란 어떤 삶인가?

**천국은 우리의 본향이 아니다!**

2005년 5월 19일 시애틀 퍼시픽 대학교(Seattle Pacific University)의 교수진 오찬에서 톰 라이트(Tom Wright)는 이렇게 선언했다. "천국은 우리의 본향이 아니다!" 더럼 주교의 이런 놀라운 주장은 참석한 모든 사람의 관심을 사로잡

왔다. 라이트는 계속해서 자신의 책 「하나님의 아들의 부활」(Resurrection of the Son of God, 크리스챤다이제스트)을 인용하면서 하나님이 계획하신 부활의 미래로의 귀향이라는 성경적 전망을 대안으로 제시했다. 그의 강연 후에 활기찬 토론이 이어졌다.

사도행전을 읽거나 (콘스탄티누스 이전의) 초대 교회사를 살펴보면, 그리스도를 따른다는 것은 마음의 변화일 뿐 아니라 인간의 미래에 대한 새로운 전망을 받아들이는 것이었음을 알 수 있다. 로마 제국 곳곳에 흩어져 있는 "거류민과 나그네"(resident aliens) 공동체였던 그들은 현실과 미래를 규정하겠다는 제국의 주장을 거부했다. 분명 그들은 수동적으로 기다리라는 부르심을 받은 것이 아니라 지금 여기서 하나님의 새로운 질서를 표현하는 일에 적극적으로 동참하라는 부르심을 받았다고 나는 믿었다. 라이트가 설파하듯이, 그들은 몸의 부활과 세상의 변혁에 대한 소망을 품고 살았을 뿐 아니라 그들이 속한 장소와 시간 속에서 하나님 나라를 표현하는 일에 자신의 삶을 바쳤다.[05]

그러나 나라(왕국)라는 말은 21세기의 삶과 잘 연결되지 않는다. "소저너스"에 게재한 글과 자신의 책 「예수님의 숨겨진 메시지」(The Secret Message of Jesus, 생명의말씀사)에서 브라이언 맥클라렌은 몇 가지 대안적 이미지를 제시한다. '하나님의 꿈', '하나님의 혁명', '하나님의 선교', '하나님의 춤.' 다른 글에서 그는 음악가들을 향해 "우리의 황량하고 갈등 충만하며 오염되고 조각난 이 세상이 축제와 평화, 정의와 전일성을 향해 나아가야 한다"는 주제로 이사야 예언자의 정신을 담아내는 노래를 작곡하라고 촉구한다.[06] 그는 "우주는 하나님의 춤을 표현하고 확장하기 위해 창조되었다"고 말한다.[07] 나는 그의 표현이 마음에 든다. 예수님을 따르는 우리는 이미 여기 와 있는 다른 세상으로 인해 춤추고 기뻐하며 긍휼의 마음으로 그 세상을 표현하라는 초대를 받은 사람들이다!

**아래로부터 성경 읽기**

백인 남성 미국인이라는 특권을 누리는 내가 소망이라는 성경의 이미지가 지구 어딘가에서 소외와 고통 속에서 살아가고 있는 연약한 사람들에게 어떤 의미를 갖는지 온전히 이해하기란 지극히 어렵다. 밥 에크블라드(Bob Ekblad)는 연약한 사람들의 관점에서 성경을 읽는 법을 배울 것을 권한다. 「소외된 자들과 함께 성경 읽기」(Reading the Bible with the Damned, 성서유니온)라는 도발적인 책에서 밥은 스캐짓 카운티 교도소에 들어온 라틴계 남자들과 성경을 공부하면서 전혀 새로운 관점으로 성경을 이해하는 법을 배웠다고 말한다.[08] 나 역시 아이티에서 월드 컨선(World Concern)의 공동체 개발 계획을 위해 일하는 동안 그곳 그리스도인들의 도움으로 성경을 새로운 눈으로 읽기 시작했다.

마틴 루터 킹 박사는 하나님의 새로운 질서가 도래했다는 강력한 예언자적 이미지를 사람들에게 전함으로써 소외당한 사람들의 상상력에 불을 지피고 그들에게 영감을 불어 넣어 이 세상에서 꿈을 실현하는 일에 헌신하도록 만들었다. 킹 박사는 이 이미지를 설득력 있게 재천명하고 비폭력의 사랑으로 세상을 바꾸자고 촉구함으로써 미국뿐 아니라 다른 많은 나라에서 놀라운 사회적 변화와 비폭력 운동이 일어나게 했다. 인종과 계급, 문화, 종교로 분열된 세상에서 그의 메시지는 여전히 반향을 일으키고 있다. 나는 1963년 8월 23일 분열된 이 나라에 울려 퍼졌던 그가 행한 역사적 연설을 기억한다. "나에게는 꿈이 있습니다. 그날이 오면 노예였던 사람들의 자손들과 노예 소유주였던 사람들의 자손들이 한 형제가 되어 조지아 주의 붉은 언덕 위에 차려진 한 식탁에 둘러앉을 것입니다."

1968년 4월 3일, 암살되기 전날 밤 킹 박사는 "산꼭대기 연설"이라는 제목의 또 하나의 메시지를 전했다. 이 연설에서 그는 귀향이라는 성경의 주제를 생생하게 전달했으나, 그의 연설이 얼마나 예언자적이었는지 우리는 비극적 사건을 통해 깨닫게 되었다. 가장 인상적인 구절에서 그는 이렇게 말했다. "그분은 내가 산 위에 올라가도록 허락해 주셨습니다. 나는 산 너머를 보았습니다. 그리고 약속의 땅을 보았습니다. 나는 여러분과 함께 그곳에 이르지 못할지도 모릅니다. 하지만 오늘 밤 여러분이 알았으면 하는 것이 있습니다. 우리는 한 백성으로 약속의 땅에 다다를 것이라는 사실입니다."[09] 킹 박사는 이 오래된 이미지의 힘을 되살려 냄으로써 우리 모두에게 벽을 허물고 문을 열라고 촉구했다. 이처럼 우리는 오래된 이미지를 계속해서 새롭게 표현할 필요가 있다. 우리는 주변부에 모여서 하나님이 행하시는 일—우리가 살고 있는 상처입은 세상을 치유하는 일—을 새로운 방식으로 그려 보고자 노력해야 한다.

**침투해 들어오는 하나님의 미래에 관한 세 가지 이미지**

이제 나는 오늘날 세상 속으로 침투해 들어오는 하나님의 새로운 질서가 어떤 모습인지를 보여 주는 세 가지 이미지를 소개하고자 한다. 이 이미지들은 세 사람의 상상력에서 나온 것이다. 브롱크스 출신의 꼬마 앤서니, 전복적인 시인이자 작곡가인 브루스 콕번(Bruce Cockburn), 그리고 하나님의 위대한 귀향을 새롭게 상상해 보려는 나 자신의 노력이다.

**브롱크스에서 상상한 귀향.** 브롱크스의 모트 헤이븐 구역은 미국에서 가장 가난한 동네 중 하나다. 뉴욕에서 가장 가난한 사람 4만8천 명이 이 비좁고 황폐한 지역에서 함께 살고 있다. 주민의 2/3는 히스패닉이고 1/3은 흑인이다. 아이들은 지독한 가난뿐 아니라 마약과 폭력, 후천성면역결핍증과도

싸워야 한다. 그런 상황에서도 아이들은 미래의 희망을 잃지 않으려고 노력한다. 조너선 커졸(Jonathan Kozol)은 가난한 아이들과 함께 시간을 보내며 그들의 두려움과 꿈, 삶 너머의 삶에 대한 소망에 귀를 기울이는 일에 헌신하고 있다.[10] 커졸은 아이들에게 그들이 생각하는 천국의 이미지를 표현해 달라고 말했다. 열세 살의 앤서니가 가장 먼저 대답했다. 제목은 '하나님의 나라'였다.

하나님이 거기 계실 거예요. 우리가 도착하면 기뻐하시겠죠.
   사람들은 손을 맞잡고 올 거예요. 거기는 여기처럼 어둡고 침울하지 않고 밝게 빛날 겁니다. 거기에는 모든 사랑스런 동물들이 있고 사나운 동물은 하나도 없을 거예요.
   텔레비전 따위는 잊어버려요! '비전'을 원한다면, 당신의 눈으로 사랑하는 이들을 보면 돼요. 당신을 볼 때 겉모습부터 보는 사람은 아무도 없을 거예요. 사람들은 당신의 내면을 볼 겁니다. 거리의 모든 사람들이 거기 있을 거예요. 우리 삼촌도 있을 텐데 아프던 데가 모두 나았을 거예요. 삼촌이 마약 사는 모습을 볼 수는 없겠죠. 거기엔 돈이 없으니까요. 몽고 씨도 거기 있을 거예요. 거기서 행복해 하는 모습을 볼 수 있을 거예요….
   천국에는 폭력이 없을 거예요. 총이나 마약, 국세청도 없을 거예요. 세금 낼 필요도 없을 거예요. 어려서 죽은 아이들을 다 알아볼 수 있을 거예요. 예수님은 그들을 친절히 맞으시고 그들과 함께 놀아 주실 거예요. 밤에는 그분이 당신의 집을 찾아오실 겁니다.
   하나님이 당신을 무척 좋아하실 거예요.[11]

앤서니의 설명이 너무도 훌륭하지 않은가? 어두운 기색이라곤 전혀 없다.

본능적으로 그는 사랑하시는 하나님의 뜻을 실제 사람들, 자신이 살고 있는 험악한 거리와 연결시켰다. 앤서니는 실제 세계에 살고 있는 실제 사람들과 실제 동네를 변화시키는 것이 복음의 목적임을 이해하고 있었던 것이다.

**피노체트 치하의 칠레에서 상상한 귀향.** 브루스 콕번은 캐나다 출신의 작곡가이자 음악가이며 가수다. 그의 노래는 우리가 집이라고 부르는 이 세상의 혹독한 현실과 그 너머에 무언가가 있다는 변함없는 신념 사이의 갈등을 담고 있다. 리처드 미들턴(Richard Middleton)과 브라이언 왈쉬는 그의 가사 속에서 "고통을 끌어안는 행위가 곧 소망에 이르는 문"이라는 생각을 읽어 낸다.[12] "부서진 바퀴"(Broken Wheel)라는 노래에서 콕번은 우리가 사는 이 세상이 부서져 있으며 그 부서짐에 우리도 공모자라고 고백한다.

> 부서진 바퀴 테두리에
> 저기 바깥 은하수 가장자리에
> 주님의 선물이 찢긴 채 놓여 있네
> 누구에게 그 선물 맡기셨는가
> 그 선물을 태어날 많은 이들에게 저주가 되게 한 자 누구인가
> 나의 괴로움이라네
> 이것은 내 아버지들
> 그럼 난 어떻게 생각해야 할까
> 저기 바깥 은하수 가장자리에서

브루스 콕번에게는 "고통을 끌어안는 행위가 곧 소망에 이르는 문"이라는 말이 정말로 참인 듯하다. "산티아고의 새벽"(Santiago Dawn)이라는 곡에서 콕번은 칠레 시민들이 피노체트 치하 칠레의 야만성과 정반대의 모습을 가

진 미래와 소망으로 귀향하는 모습을 상상한다.

> 나는 꿈이 있으니 혼자가 아니야
> 어둠은 죽고 사라져
> 모든 사람이 본향을 향해 행진하네
> 달려오는 새벽
> 산티아고의 태양에 입 맞추며
> 본향을 향해 행진하는 저들을 보라
> 시멘트 뚫고 나온 풀처럼 떠오르는 그들을 보라
> 산티아고의 새벽에[13]

미들턴과 왈쉬는 1980년대 라틴아메리카의 억압적인 군부독재로 인한 불의와 고통에 대한 콕번의 분노가 "그로 하여금 다른 미래의 가능성을 모색하고, 하나님의 사랑의 행위에 근거한 더 나은 세상을 꿈꾸게 했다"고 주장한다.[14]

앤서니의 상상과 마찬가지로, 이것은 실제 세상과 단절된 이미지가 아니라 하나님이 "시멘트를 뚫고 나온 풀처럼" 생명의 약속이라는 작은 칼날로 돌처럼 단단한 우리 세상의 공포를 뚫고 들어오시는 이미지다. 하나님의 미래로 돌아가려는 모든 비전은, 영혼의 구속을 받아 하나님 계신 본향에 안전히 이르기를 고대하는 중산층 그리스도인의 소망을 넘어서는 무언가를 포함해야만 한다. 또한 앤서니와 브루스 콕번의 비전처럼 하나님의 사랑으로 가장 가난한 동네의 삶이 바뀌고 우리가 처한 야만적인 상황이 변화하는 이미지도 포함되어야 한다.

**새로운 산과 새로운 도시로의 귀향 상상하기.** 이제 나는 주로 이사야서에서 가져온 오래된 이미지를 가지고 미래의 소망에 대해 상상해 보고자 한다. 나는 이 이미지를 우리가 알고 경험하는 실제 세계와 직접 연결시킬 것이다. 또한 이 이미지를 당신이 가지고 있는 가장 좋은 귀향의 기억과, 이미 여기 있는 다른 세상 속으로 들어갈 그날에 대해 당신이 품고 있는 강렬한 소망과도 연결시켜 보기를 권한다.[15]

나는 이제 막 황폐하고 적막하기 이를 데 없는 거대한 황무지에 도착했다. 소름끼치는 고요에 둘러싸인 채 나는 어디에 와 있는지 알아보려고 주위를 살핀다. 주변은 달의 표면처럼 건조하다. 아무리 멀리 내다보아도 풀 한 포기 보이지 않는다. 타는 듯한 태양이 바위와 흩어져 있는 뼈 위에 열을 내뿜는 이곳. 나는 태양을 등지고 저 멀리 지평선을 향해 걷는다.

뜻밖에 하늘이 갑자기 어두워진다. 천둥소리와 함께 구름이 하늘을 뒤덮는다. 사나운 번개가 내리치고 세찬 비가 쏟아진다. 재빨리 판초를 뒤집어쓴다. 산고를 겪는 여인처럼 발밑에서 땅이 진동하기 시작한다. 갑자기 골짜기에서 어마어마한 산이 솟아올라 앞을 가로막는다. 나를 둘러싼 사막만큼이나 생기 없고 스산한 산. 불안하다. 쏟아 붓던 비가 갑자기 그친다. 사막과 산은 다시 깊은 적막에 휩싸인다. 나는 밤을 보내기 위해 산기슭의 거대한 바윗덩이 밑에 몸을 눕힌다.

한 마리 새의 노래에 잠을 깬다. 믿을 수 없지만, 봄날의 첫 아침 같은 향기가 난다. 나는 깜짝 놀란다. 어제와 달리 꽃이 만발한 들판에 둘러싸여 있다. 어제의 그 바윗덩이 위에 올라가 이제는 생명으로 충만한 황무지를 바라본다. 이해할 수 없다.

지평선으로 눈을 돌리니 작고 어두운 점들, 수백만 개의 작은 점이 보인다. 지평선으로 퍼지는 햇살 때문에 이 점들이 움직이는 것처럼 보인다. 자세히 보니, 이 점들은 마치 사방에서 모여드는 거대한 개미 떼처럼 정말로 내가 있는

쪽으로 다가오고 있다. 그 점들이 가까이 다가왔을 때 나는 그것이 이 산으로 모여드는 사람들, 세계 곳곳에서 찾아온 사람들임을 깨닫는다. 그들은 대부분 매우 가난해 보였으나 목적지 말고는 모든 것을 잊어버리고 있음이 분명하다. 나는 더 잘 보기 위해 산등성이를 오른다.

몇몇 여행자들은 강 앞에 멈춰 물을 마신다. 젊은이와 노인들이 온다. 아이들을 안고 그들이 온다. 수레와 보행기에 의지해 그들이 온다. 손에 손을 잡고 그들이 온다. 수백 가지 언어로 하나님께 감사의 노래를 부르며 그들이 온다. 분명한 기대를 안고 이 산을 향해 서서히 움직인다.

산 위를 바라보니 과일나무가 늘어선 길이 보인다. 아이티에서 온 작은 아이가 크고 잘 익은 오렌지를 따 먹는 것이 보인다. 과즙이 아이의 찢어진 티셔츠를 타고 흘러내린다. 라틴아메리카에서 온 것으로 보이는 십대들은 이제 막 산을 오르기 시작한 흑인 노부부가 바위를 넘어가도록 도와준다. 하키 팀 로고가 그려진 셔츠를 입은 세 아이를 데리고 온 어느 가족은 자전거를 끌고 산길을 따라 올라간다. 그들은 분명 캐나다에서 왔을 것이다.

산길에 들어섰을 때 나는 누군가가 길가에 버리고 간 휠체어를 몇 대 발견한다. 놀랍게도 이란 출신의 키 크고 호리호리한 한 남자가 손수 만든 목발을 버리고 산길을 뛰어오르기 시작한다. 조금 전까지만 해도 그는 왼쪽 다리에 힘이 없어서 힘겹게 산을 오르고 있었다.

다르푸르 출신의 수척한 여인은 태양 빛으로부터 자신의 야윈 아기를 지키기 위해 숄을 아이 위로 덮으려고 한다. 하지만 불과 몇 시간 전 이 작은 아기가 골짜기를 넘어오는 도중에 죽었다는 것을 그는 알고 있다. 그녀는 노랫소리 때문에 혼란스러워 보인다. 산길을 오르기 시작하자 노랫소리보다 더 큰 아이의 울음소리가 들린다. 필리핀에서 온 대가족은 무슨 일이 일어났는지를 깨닫고 엄마와 아기에게 달려와 함께 기뻐한다. 그들은 두 사람을 끌어안고 산을 올라갈 기세다.

많은 사람들과 함께 마침내 나는 산꼭대기에 도착한다. 앞에 거대한 고원이 펼쳐져 있다. 고원을 둘러보다가 나는 거대한 도시의 화려한 스카이라인에 눈이 머는 줄 알았다.

곳곳에 분수가 있다. 특이하게도 분수는 로켓 발사대를 재료로 해서 만든 듯하다. 전면은 허머(Hummer: 미군의 군용차량)와 플라스틱으로 만든 거대한 기업 로고를 재활용한 것이다. 분수에서 내뿜는 물이 장관을 이룬다.

수많은 사람들과 함께 그곳으로 다가가자 빛나는 아치형 입구가 상상할 수 있는 모든 언어로 우리의 귀향을 환영하는 현수막으로 뒤덮여 있는 것이 보인다. 엄마와 아빠, 아들과 딸, 손주들이 수년 만에 다시 만난다. 모두가 마침내 안전하게 집에 도착해 감사한 표정이다. 자연스럽게 사람들과 더불어 노래를 부르자 마치 누군가 내 눈에서 눈가리개를 떼어 낸 것 같다. 나는 주위 사람들을 새로운 시선으로 바라보게 된다.

나는 다시 다섯 살로 돌아가 아이다호에 있는 할아버지 할머니의 농장에 와 있는 것 같은 기분이다. 할머니가 화덕에서 구워 주시던 빵 냄새를 맡고 나를 안아 주시던 손길을 느낄 수 있을 것만 같다….

놀랍게도 온갖 동물이 무리 사이로 뛰어다니는데 아무도 신경 쓰지 않는다. 마치 오랜만에 다시 모인 가족 모임과 서커스와 유엔의 회의를 한데 섞어 놓은 듯한 모양새다.

나는 수십 개의 거대한 비행장을 합쳐 놓은 크기의 어마어마한 광장에서 무리와 더불어 노래하고 춤을 춘다. 분수뿐 아니라 화환으로 장식된 나무들이 그곳을 가득 메우고 있다. 거대한 광장은 마치 결혼 피로연이 열리기 직전의 모습 같다. 사방으로 뻗은 커다란 참나무 식탁 위에는 색색의 리본과 조명이 걸려 있다.

축제가 시작되자 사람들이 몰려든다. 특별 손님이 소개된다. 유명 인사나 정치·기업·종교 지도자는 그 명단에 없다. 특별 손님의 명단은 가난한 사람, 잊힌 사람, 순교자들로 채워져 있다. 허리에 수건을 두른 짙은 피부색의 키 큰 중동 사내가 아주 정중하게 특별 손님들을 한 사람씩 자리로 안내한다.

어디선가에서 갑자기 나의 부모님이 나타난다. 나는 깜짝 놀라 그들을 꼭 끌어안는다. 얼마나 세게 껴안았는지 그들은 거의 소리를 지를 뻔했다. 우리는 눈물을 흘리며 서로를 끌어안은 팔을 한동안 풀지 못한다. 누군가를 만나서 이렇게 행복했던 적이 있던가. 우리는 가까이 있는 식탁에 자리를 잡는다. 맛있는 음식을 좋아했던 우리 식구였다. 놀랍게도 우리가 가장 좋아하는 음식들이 차려져 있다. 우리는 음식을 먹으며 행복했던 기억을 회상한다.

세계 곳곳의 축제 음식이 우리 앞에 차려져 있다. 이내 모두가 자기 고향의 냄새를 알아차린다. 레바논의 피타, 허머스, 올리브, 한국의 김치, 멕시코의 타말레, 코스타리카의 망고, 파파야, 스타프루트, 브라질식 구운 소고기, 돼지고기, 닭고기, 생선 꼬치, 아이티의 쌀과 콩 요리, 영국의 구운 감자, 당근, 양파, 프랑스의 포도주로 데쳐 낸 아스파라거스와 버섯, 이탈리아 샐러드, 스위스의 치즈 퐁듀, 중국의 사천요리, 일본의 스시, 짐바브웨의 사드자와 그레이비, 에티오피아의 갓 볶아 낸 커피가 진수성찬을 이룬다. 코스마다 세계 곳곳의 최상급 포도주를 내온다. 갑자기 나는 노련하게 축제를 준비해 온 사람들 사이에서 아들을 발견한다. 우리는 마치 시간이 멈추기를 바라듯 서로를 꼭 끌어안는다.

하나님의 임재, 그분의 따뜻한 환영을 분명히 느낀다. 세계 각지에서 온 사절들이 하나님께 영광을 돌리고 모든 이들과 나누기 위해 각 나라의 문화유산을 가져온다. 이 놀라운 선물을 받으면서 우리는 자신의 문화적 독자성을 유지하면서도 다른 문화의 선물을 누릴 수 있다는 사실을 깨닫는다. 오랫동안 수많은 세대에 거쳐 전해진, 인간이 만들어 낸 모든 아름다운 것들이 거대한 축제 속에서 하나로 어우러진다.

그때 한 목소리가 무리 위로 울려 퍼진다. "만군의 여호와께서 이 산에서 만민을 위하여 기름진 것과 오래 저장하였던 포도주로 연회를 베푸시리니, 곧 골수가 가득한 기름진 것과 오래 저장하였던 맑은 포도주로 하실 것이며, 또 이 산에서 모든 민족의 얼굴을 가린 가리개와 열방 위에 덮인 덮개를 제하시며 사망을 영원히 멸하실 것이라. 주 여호와께서 모든 얼굴에서 눈물을 씻기시며 자기 백성의 수치를 온 천하에서 제하시리라. 여호와께서 이같이 말씀하셨느니라. 그날에 말하기를 '이는 우리의 하나님이시라. 우리가 그를 기다렸으니 그가 우리를 구원하시리로다. 이는 여호와시라. 우리가 그를 기다렸으니 우리는 그의 구원을 기뻐하며 즐거워하리라' 할 것이며".(사 25:6-9)

또 다른 목소리가 이렇게 말한다. "나는 또 새로 창조된 하늘과 땅을 보았습니다. 처음 하늘은 사라졌고, 처음 땅도 사라졌고, 바다도 사라졌습니다. 나는 새로 창조된 거룩한 예루살렘이, 남편을 위해 단장한 신부처럼 하나님을 위해 단장한 빛나는 모습으로 하늘에서 내려오는 것을 보았습니다. 나는 그 보좌에서 들려오는 천둥소리 같은 음성을 들었습니다. '보아라! 보아라! 이제 하나님께서 사람들이 사는 곳에 오셔서 사람들과 더불어 사신다! 그들은 그분의 백성이며, 그분은 그들의 하나님이시다. 하나님은 그들의 눈에서 눈물을 말끔히 씻어 주실 것이다. 죽음은 영원히 사라졌다. 눈물도 사라지고, 통곡도 사라지고, 고통도 사라졌다. 만물의 처음 질서는 다 사라졌다'".(계 21:1-4, 메시지)

이러한 이미지는 하나님이 우리뿐 아니라 이 지구를 함께 나눠 쓰고 있는 모든 이들과 피조세계 전체를 돌보신다는 사실을 상기시켜 준다. 또한 이러한 이미지는 하나님이 사람의 영적인 부분뿐 아니라 우리의 삶과 피조세계의 모든 부분을 변화시키는 데 관심을 갖고 계신다는 사실을 일깨워 준다. 신앙은 그저 "현실의 삶"에 덧붙여진 경건한 요소에 그치는 것이 아니라 그보다 훨씬 큰 의미를 지녀야 한다. 이는 전 지구적인 쇼핑몰이 우리에게 제시하는 꿈과는 전혀 다른 꿈에 우리의 삶을 바치라는 초대장이다.

「마지막 전투」(The Last Battle, 시공주니어)에서 C. S. 루이스(Lewis)는 부활이라는 하나님의 미래를 귀향의 이미지로 표현한다. 나니아의 멸망 후 아이들이 하나님이 새롭게 만드신 세상으로 귀향하는 장면에서 루이스는 이렇게 쓴다. "이것은 진짜 이야기의 시작일 뿐이다. 이 세상에서의 그들의 모든 삶과 나니아에서의 그들의 모험은 표지와 제목이었을 뿐이다. 이제 그들이 드디어 지구상에서 그 누구도 읽어 보지 못한 위대한 이야기의 제1장을 시작했다. 이 이야기는 영원히 영원히 계속될 것이다. 각 장은 이전 장보다 더 나은 이야기가 될 것이다."[16]

우리는 "진짜 이야기의 시작"에 와 있을 뿐이다. 하지만 지금까지 간략히 살펴본 이미지들에서 다가올 미래를 엿볼 수 있다. 하나님은 어떤 일을 벌이고 계신가? 그분의 목적은, 다문화적 공동체로 회복된 위대한 부활 세상으로 우리를 안전하게 귀향시키는 것이다. 그것은 몸과 분리된 각각의 영혼이 구름 속으로 귀향하는 이미지와는 큰 차이가 있다. 또한 그것이 우리에게 제시하는 좋은 삶과 더 나은 미래는 맥세상의 마케터들이 제시하는 것과 근본적으로 다르다.

고대의 이미지를 새롭게 상상하여 현대의 상황에 맞게 적용하고 구체화하고자 하는 이러한 노력에 대해 당신이 어떻게 생각할지 알 수 없다. 그러나 나는 사람들과 세상을 위한 하나님의 뜻을 보여 주는 더 폭넓고 설득력 있는 이미지를 제시하려고 노력했다. 다음 장에서는 소망 넘치는 이 이미지의 성경적 기초를 살펴볼 것이다.

**함께 생각해 볼 문제**

- 그동안 당신은 하나님의 미래에 대해 어떤 이미지를 가지고 있었는가? 이제 그런 이미지에 대해 어떻게 생각하는가?
- 하나님의 미래, 위대한 부활 공동체가 되어 귀향하게 될 회복된 세상이라는 이미지에 대한 당신의 반응은 무엇인가?
- 당신이 속한 일터나 직장, 교회, 지역사회에서 도움이 필요한 사람들에게 응답하고자 할 때 이러한 이미지들을 창의적으로 표현할 수 있는 방법을 한 가지 생각해 보라.

## 5.
## 이미 여기 와 있는
## 또 다른 세상

우리가 언젠가 돌아가게 될 하나님의 새로운 질서에 관해
성경이 보여 주는 이미지를 오늘날 이 세상을
영적·사회적·경제적·정치적으로 변화시키는 일에도 적용할 수 있을까?

---

유진 피터슨은 『부활』(*Living the Resurrection*, 청림)에서 사복음서가 그리스도의 부활에 관해 저마다 조금씩 다르게 이야기하고 있지만 모든 이야기가 "경이와 놀라움과 경탄의 느낌"을 공유한다는 사실을 상기시킨다.[01] 첫 제자들이 부활한 그리스도를 만났을 때처럼, 부활 공동체로 본향에 돌아갈 때 우리 역시 경이와 놀라움에 사로잡히게 될 것을 나는 확신한다.

많은 신약학자들이 그리스도가 죽은 자 가운데서 다시 살아나신 것처럼 그리스도가 재림하실 때 우리도 하나님이 뜻하신 대로 부활의 몸을 입게 될 것을 성경이 가르친다고 믿는다. 고린도전서 15장에서 바울이 말하듯이, 우리는 변화된 몸, 불멸하는 실제 몸을 입고 부활할 것이다.

죽은 자들이 다시 살아나는 일이 없다면, 그리스도께서 다시 살아나는 일도 없었을 것입니다. 그분은 실제로 죽으셨기 때문입니다. 그리고 그리스도께서 다시 살아나지 않으셨다면, 여러분은 지금도 예전처럼 어둠 속에서 길을 잃고 헤매고 있을 것입니다. 그것은 그리스도와 부활을 신뢰하며 죽은 이들에게 훨

씬 불행한 일이 되었을 것입니다. 그들은 이미 무덤 속에 누워 있으니 말입니다. 우리가 그리스도에게서 얻는 것이 이 땅에서 잠시 사는 동안 누리는 작은 감동이 전부라면, 우리야말로 정말 가엾은 사람들일 것입니다. 그러나 진실은 이렇습니다. 그리스도께서 다시 살아나셔서, 장차 무덤을 떠날 수많은 사람들의 첫 유산이 되신 것입니다.(고전 15:16-20, 메시지)

---

**출발**

이 절에서 나는 그리스도가 재림하실 때 우리가 육신으로 부활하여 새 하늘과 새 땅으로 귀향할 것이라는 믿음에 관한 성경적 토대를 살펴볼 것이다. 또한 하나님의 새로운 질서의 도래가 영적 변혁만 아니라 사회적·경제적·정치적 변혁에 관해 어떤 의미를 갖는지도 설명할 것이다.

---

톰 라이트는 「하나님의 아들의 부활」에서 이렇게 밝힌다. "'부활'이라고 말했을 때 바울은 '육신의 부활'이라는 뜻으로 말한 것이다…창조주 하나님이 예수님을 위해 하신 일은, 그분이 예수님의 모든 백성을 위해 하실 일의 본보기이자 그 일을 위한 수단인 것이다."[02]

라이트는 「Jesus 코드」(*The Challenge of Jesus*, 성서유니온)에서 신자의 부활에 관한 바울의 가르침을 설명한다. 그는 그리스도인으로 사는 사람과 그리스도인으로 죽는 사람은 "몸을 입은" 미래로 귀향할 것을 기대할 수 있다고 "강력히" 주장한다. 바울은 현재의 몸이 "'영혼'에 의해 살아 움직이는 [육신의] 몸이라면, 미래의 몸은 하나님의 영에 의해 살아 움직이는 [변화된 육신의] 몸"이라고 가르친다.[03]

바울에게 "천국"이란…사람들이 죽은 뒤에 가는 곳이 아니라…"하늘에서처럼 땅에서도" 새로워진 세상이 나타날…그날을 대비해 하나님이 세상을 위해 계획해 두신 미래가 안전하게 보존되어 있는 곳이다…예수님은…육신의 부활을 핵심적 특징으로 하는 새로운 창조가 "예비"되어 있으며 자신이 그 일부임을 아셨다."[04]

위르겐 몰트만(Jürgen Moltmann)은 기독교적 소망에 대해 그 어떤 저자보다 설득력 있게 말했다. 부활의 미래를 기대하며 그는 이렇게 말한다.

부활의 소망이 이미 죽은 사람들의 미래를 내다보기에 지금 살아 있는 사람들은 미래에 대한 용기를 얻는다. 죽음과 무상함을 이기는 위대한 소망 때문에 미래와 더 나은 시대를 소망하는 우리는 힘을 얻으며 굴종과 냉소에 빠지지 않게 된다. 불안의 시대를 살아가는 우리는 "도저히 소망을 품을 수 없는 상황에서도" 소망을 품으며 우리 자신을 절망에 내주지 않는다.[05]

과거에 존재했던 최선의 것이 다시 살아날 것이다. 우리는 앞서 우리를 떠난 사랑하는 이들과 함께 위대한 부활의 공동체를 이루어 귀향하게 될 것이다. 우리는 영적으로 변화될 뿐 아니라 장애를 입은 사람들은 고침을 받을 것이며 마침내 우리는 하나님이 행하시는 일을 온전히 깨닫게 될 것이다. 그분이 우리를 아시는 것처럼 우리도 알게 될 것이다.

이사야 65장은 하나님의 계획을 파노라마처럼 펼쳐 보여 준다.

보아라. 내가 새 하늘과 새 땅을 창조할 것이다. 이전의 괴로움과 혼돈과 고통은, 모두 옛적 일이 되어 잊혀질 것이다. 기뻐하며 앞을 보아라. 내가 창조할 것을 내다보아라. 나는 예루살렘을 순전한 기쁨이 되게 창조할 것이요, 나의 백성이 청정한 즐거움이 되게 창조할 것이다. 나는 예루살렘을 보며 기뻐하겠고, 내 백성을 보며 즐거워할 것이다. 그 성읍에서는 더 이상 우는 소리나 울부짖는 소리가 들리지 않으며…나의 거룩한 산에서는, 동물이나 사람이 서로 해치고 죽이는 일이 없을 것이다.(사 65:17-19, 25, 메시지)

우리를 환영하는 그 본향에서 우리의 전 존재가 변화될 뿐 아니라 사회도 변화될 것이라고 성경은 분명히 밝히고 있다. 가난한 사람들에게 정의가 찾아오고, 전쟁 무기가 평화의 도구로 변화되며, 우리 사이를 가르던 벽이 무너지고, "물이 바다를 덮음같이 여호와를 아는 지식이 세상에 충만할 것"이다.

**옛 소망의 이미지를 새롭게 상상하기**

성지 순례를 다녀온 사람이라면—좀처럼 산을 보기 어려운 캔자스를 기준으로 삼더라도—시온 산이 그저 언덕에 불과하다는 것을 안다. 이사야 2장에서 저자는 우리가 새 하늘과 새 땅만 아니라 새로운 산과 새로운 도시로 귀향한다는 사실에 초점을 맞춘다. 시온이 다른 모든 산을 능가하는 봉우리로 변한다는 예언에 주목하라. 또한 누가 이 산으로 귀향하는지, 하나님의 뜻이 실현되는 모습을 어떤 이미지를 사용하여 묘사하는지 살펴보라.

말일에 여호와의 전의 산이 모든 산꼭대기에 굳게 설 것이요 모든 작은 산 위에 뛰어나리니 만방이 그리로 모여들 것이라. 많은 백성이 가며 이르기를 '오라, 우리가 여호와의 산에 오르며 야곱의 하나님의 전에 이르자. 그가 그의 길을 우리에게 가르치실 것이라. 우리가 그 길로 행하리라' 하리니 이는 율법이 시온에서부터 나올 것이요 여호와의 말씀이 예루살렘에서부터 나올 것임이니라. 그가 열방 사이에 판단하시며 많은 백성을 판결하시리니 무리가 그들의 칼을 쳐서 보습을 만들고 그들의 창을 쳐서 낫을 만들 것이며 이 나라와 저 나라가 다시는 칼을 들고 서로 치지 아니하며 다시는 전쟁을 연습하지 아니하리라.(사 2:2-4)

세계 전역에서 하나님의 신실한 백성, 몸에서 분리된 영혼이 아니라 몸을 입은 위대한 부활의 다문화 공동체를 본향으로 안전하게 이끄는 것이 하나님의 계획임을 확인할 수 있다. 월터 브루그만은 이사야서 주석에서 "다가올 시대에…예루살렘은 세계의 모든 나라를 끌어당기는 자석과 같은 곳이 될 것이다"라고 주장한다.[06]

다시 지평선으로 눈을 돌리자. 하나님이 사람들을 새 예루살렘으로 이끄시는 모습을 바라보자.

저기 멀리 보이는 것이 무엇이냐?
지평선을 덮는 구름처럼, 하늘을 뒤덮는 비둘기 떼처럼 오는 저것은,
바로, 먼 섬에서 오는 배들이다.
그 유명한 다시스의 배들이,
먼 곳에서 너의 자녀들을 태우고 온다.
금은보화를 가득 싣고
너의 하나님, '이스라엘의 거룩한 이'의 보호를 받으며 온다.
그의 광채에 둘러싸여 온다.
이방인들이 너의 성벽을 재건하고,
그 왕들이 예배를 인도하는 네 일을 도울 것이다.
내가 노하여 너를 심하게 쳤지만,

이제는 너를 어루만져 주련다.
너의 예루살렘 성문들은 늘 열려 있어,
밤낮으로 개방되리라!
그리로 뭇 민족들이 가져오는 재물을 받을 것이다.
각 나라의 왕들이 직접 가져올 것이다!(사 60:8-11, 메시지)

수많은 다른 문화에서 가져온 선물들을 나눌 때 우리는 한결 풍성해질 것이다. 리처드 마우(Richard Mouw)는 「미래의 천국과 현재의 문화」(*When the Kings Come Marching In*, 두란노)라는 책에서 이 구절을 이렇게 해석한다.

역사의 종말이 이를 때에 끌어모아야 할 것이 있다. 다양한 문화적 유산을 가지고 천상의 도성으로 들어가야 한다…새롭게 된 예루살렘의 시민들은 다양한 선물을 가지고 온 수많은 민족들로부터 유익을 얻을 것이다. "홍인과 황인, 흑인과 백인" 그리고 이런 명칭이 가리키는 모든 것이 하나님과 그분의 모든 성도에게 소중할 것이다.[07]

이사야의 이미지에서 가장 분명한 하나님의 목적 중 하나는 가난하고 힘없는 이들에 대한 압제를 종식시키고 힘 있는 이들을 쓰러뜨리는 것이다. 이 주제에 관해 설득력 있는 글을 쓴 체드 마이어스(Ched Myers)는 희년과 안식년에 관한 구약의 규정에는 빚의 탕감이 포함되어 있으며, 그런 규정을 둔 목적은 소수의 손에 권력과 부가 집중되어 가난한 이들이 맥없이 희생당하는 계급 사회를 만들어 내는 인간 공동체의 성향을 약화시키는 것이었다고 지적한다.

이사야 예언자는 부유한 채권자들이 "가옥에 가옥을 이으며 전토에 전

토를 더하여 빈틈이 없도록"하는 경제적 계층화 과정을 신랄하게 꾸짖었다(사 5:8). 그는 이것을 하나님이 "기뻐하시는 나무"가 되어야 할 소명을 배반한 것으로 보았다. 하나님은 "그들에게 정의를 바라셨더니 도리어 포학"만이 보인 것이다(사 5:7).[08]

이사야 35:7-9은 하나님의 샬롬이 침투해 들어오는 모습을 묘사한다. 창조주 하나님은 상처 입은 사람들만 아니라 하나님의 선한 피조물까지도 온전히 회복하기 원하신다. 이것이 오늘날의 현실, 곧 당신이 아끼는 사람들의 삶과 회복이 절실히 필요한 환경과 어떻게 연결되는지 상상해 보라.

> 광야와 사막이 즐거이 노래하고, 불모였던 땅이 기뻐하며 꽃을 피우리라. 봄꽃이 만발하는 듯하니, 노래와 빛깔의 합주로다…맥 풀린 손에 힘을 불어넣고, 약해진 무릎에 힘을 돋우어라. 두려워하는 자들에게 전하여라. "용기를 가져라! 기운을 내라! 하나님이 오고 계신다. 모든 것을 바로 세우시려고, 모든 잘못된 것을 바로잡으시려고, 여기로 오고 계신다. 그분께서 오고 계신다! 너희를 구원하시려!" 보지 못하던 눈이 열리고, 듣지 못하던 귀가 들을 것이다. 절던 자들이 사슴처럼 뛰고, 목소리 잃었던 자들이 소리 높여 노래할 것이다. 광야에 샘물이 터지고, 사막에 시냇물이 흐를 것이다. 뜨거운 모래밭이 시원한 오아시스로 변하고, 바싹 말랐던 땅에 물이 흘러넘칠 것이다. 비천한 승냥이도 마음껏 물을 마시고, 불모였던 땅에 초목이 무성해질 것이다.(사 35:1-7, 메시지)

누가복음의 팔복은 풍요로운 사회에서 살아가는 나에게 언제나 도전이 되는 말씀이다. 복음의 비유들과 마찬가지로 그리스도는 하나님이 베푸시는 풍성한 잔치를 가난하고 소외된 사람들이 특별 손님으로 초대되는 축제로 묘사하셨다. 예수님은 울며 굶주린 가난한 사람들에게 그들이 웃으며 배부를 것이라고 말씀하시지만, 부유하고 배부른 사람들에게는 삶을 진지하게 돌아보라고 경고하신다. 이사야 25:6-9에서 우리는 하나님이 계획하시는 귀향의 축제를 미리 엿볼 수 있다. 이런 축제에 어떤 음악이 어울릴지, 어떻게 하면 우리 삶 속에서 이런 축제를 벌일 수 있을지 생각해 보라.

여기 이 산 위에서, 만군의 하나님이 온 세상 만민을 위한 향연을 베푸실 것이다. 최상급 음식과 최고급 포도주가 나오는 향연, 일곱 코스의 일품요리와 고급 디저트가 나오는 향연을 베푸실 것이다. 또 여기 이 산 위에서, 하나님은 만민 위에 드리웠던 파멸의 장막, 모든 민족 위에 드리웠던 파멸의 그림자를 걷어 내실 것이다…"보아라! 우리 하나님이시다! 우리가 기다렸던 분, 마침내 오셔서 우리를 구원해 주셨다! 이분이시다. 우리가 기다려 왔던 하나님! 함께 기뻐하자. 그분의 구원을 기뻐하며 노래하자…".(메시지)

예언서 전체에서 세상이 영적·정치적·경제적으로 변화될 것이라는 이미지를 발견할 수 있다. 유대인의 하나님은 공의와 정의, 샬롬의 미래로 우리를 데려가기 원하시는 하나님이시다. 이사야 9:2-7에서 우리는 하나님이 만물을 새롭게 하실 날을 본다. 샬롬의 왕이 오실 때 압제자들의 막대기와 군인들의 신과 피 묻은 겉옷이 어떻게 되는지 보라.

흑암에 행하던 백성이 큰 빛을 보고 사망의 그늘진 땅에 거주하던 자에게 빛이 비치도다. 주께서 이 나라를 창성하게 하시며 그 즐거움을 더하게 하셨으므로 추수하는 즐거움과 탈취물을 나눌 때의 즐거움같이 그들이 주 앞에서 즐거워하오니 이는 그들이 무겁게 멘 멍에와 그들의 어깨의 채찍과 그 압제자의 막대기를 주께서 꺾으시되 미디안의 날과 같이 하셨음이니이다. 어지러이 싸우는 군인들의 신과 피 묻은 겉옷이 불에 섶같이 살라지리니 이는 한 아기가 우리에게 났고 한 아들을 우리에게 주신 바 되었는데 그의 어깨에는 정사를 메었고 그의 이름은 기묘자라, 모사라, 전능하신 하나님이라, 영존하시는 아버지라, 평강[샬롬]의 왕이라 할 것임이라. 그 정사와 평강[샬롬]의 더함이 무궁하며 또 다윗의 왕좌와 그의 나라에 군림하여 그 나라를 굳게 세우고 지금 이후로 영원히 정의와 공의로 그것을 보존하실 것이라. 만군의 여호와의 열심이 이를 이루시리라.(사 9:2-7)

실화를 바탕으로 한 영화 "앤트원 피셔"(Antwone Fisher)는, 태어나기도 전에 아버지를 잃고 태어난 직후에는 어머니로부터 버림받은 한 젊은 남자의 이야기다. 그는 양부모의 학대를 받으면서 자라지만 어려운 환경 속에서도 성실히 살고자 노력한다. 나중에 그는 해군에 가게 되는데, 거기서 싸움에 휘말린 후 해군 심리학자인 대븐포트 박사의 상담을 받는다. 영화에서 우리는 이사야가 묘사하는 귀향과 관련된 또 하나의 은유를 발견한다.

대븐포트 박사는 앤트원에게 가족이 살아 있는지 찾아보고, 만약 가족이 있다면 연락을 취해 보라고 권한다. 앤트원은 어렵사리 생모를 찾는 데 성공하지만 그녀에게는 관계를 회복하려는 의지가 전혀 없다는 것을 알게 된다. 아버지의 가족과도 연락이 닿은 그는 부대로 복귀하기 전에 한 번 들르라는 초대를 받는다. 아버지 집의 문을 열고 들어가자, 그가 전혀 몰랐던 대가족이 인사를 건네며 그를 환영한다. 식탁에는 집에서 만든 음식이 한가득 차려져 있고, 앤트원은 뜻밖의 환영에 그야말로 넋이 나간 것 같다. 장차 우리가 본향으로 돌아가 사랑하는 이들과 함께 하나님이 약속해 주신 모든 것을 대면할 때 우리 또한 이런 환영을 받을 것이라고 기대할 수 있지 않을까? 사람들과 세상을 위한 하나님의 뜻을 반영하는 이러한 귀향의 이미지는 우리의 삶뿐 아니라 사회까지도 변화시키지 않겠는가?

> **함께 생각해 볼 문제**
>
> - 부활과 미래에 관해 그동안 당신은 하나님의 뜻이 무엇이라고 배웠는가?
> - 우리가 몸을 입은 부활 공동체로서 귀향한다는 성경의 가르침에 대해 당신은 어떻게 생각하는가? 이사야서가 보여 주는 이미지에 대한 당신의 반응은 무엇인가?
> - 사람들과 세상을 위한 하나님의 뜻을 반영하는 축제와 사회 변혁을 이루어 냄으로써 이러한 고대의 이미지를 새롭게 표현해 낼 수 있는 방법을 생각해 보라.

# 6.
# 변화된 인류의
# 미래로의 귀향

예수님은 그저 새로운 하나님의 제국을 선포하기 위해 오신 것인가,
아니면 우리가 살고 있는 이 요동치는 세상 속에 하나님 나라를 실현하는 일에 동참하라고
우리를 초대하기 위해 오신 것인가?

---

예수님이 이 땅에 오셨을 때 이스라엘은 또 다른 제국 권력—로마 제국—의 지배를 받고 있었다. 예수님은 갈릴리의 시골길과 예루살렘의 대로를 다니시며 매우 놀라운 메시지를 전하셨다. "기쁜 소식이 있다. 기쁜 소식이 있다…하나님의 제국이 여기 와 있다!" 이 메시지는 로마제국과 유대교 세력 양쪽 모두의 '권세의 환상'에 정면으로 도전했다.

브라이언 맥클라렌에 따르면, 예수님이 선포하신 메시지에서 한 가지는 아주 분명했다. "이 나라는 카이사르의 제국 지배권에 직접적인 도전을 제기한다."01 이 나라는 다른 모든 제국의 오만에 도전하는 아래로부터의 제국이다. 톰 라이트는 예수님의 선포가 이스라엘의 이야기와 꿈에서 필수 요소였음을 지적한다. 그는 "예수님은…이스라엘이…온 세상을 구원할 수단이라고 믿으셨다"고 쓰고 있다. 이것은 마침내 하나님이 "온 세상에 그분의 사랑과 정의, 자비와 진리를 전하고 온 피조세계를 새롭게 하고 치유"하시는 것으로 성취될 것이다.02

예수님의 겨자씨 제국은 구약 성경의 귀향 이미지와 곧바로 연결된다. 그

리스도께서 말씀하신 거대한 나무에 새들이 깃들이는 겨자씨 비유는 수많은 민족들이 본향으로 돌아와 창조주 하나님의 환대와 돌보심을 받게 될 것을 보여 주는 은유다. 이 비유는 각 나라의 새들이 우뚝 솟은 백향목 가지에 깃들여 쉴 것이라는 에스겔의 환상에서 영감을 얻은 것으로 보인다(겔 17:23). 크레이그 블롬버그(Craig Blomberg)는 에스겔의 비유에 나오는 새들은, 본향으로 돌아와 이스라엘의 하나님이 베푸시는 잔치에 참여하는 이방인들을 상징한다고 설명한다.[03]

예수님은 스스로가 이러한 하나님의 샬롬의 미래가 침투해 들어왔다는 복된 소식이 되는 것이 자신의 고유한 소명이라고 믿으셨다. 그분은 고향 마을의 회당에 서서 이사야서의 말씀을 읽으셨다. "주님의 영이 내게 내리셨다. 주님께서 내게 기름을 부으셔서, 가난한 사람에게 기쁜 소식을 전하게 하셨다. 주님께서 나를 보내셔서, 포로 된 사람들에게 해방을 선포하고, 눈먼 사람들에게 눈 뜸을 선포하고, 억눌린 사람들을 풀어 주고, 주님의 은혜의 해를 선포하게 하셨다"(눅 4:18-19, 새번역). 그런 다음 그분은 조용히 두루마리를 시중드는 사람에게 돌려주고 자리에 앉으셔서 이렇게 선언하셨다. "이 성경 말씀이 너희가 듣는 가운데서 오늘 이루어졌다"(눅 4:21, 새번역). 그리스도의 삶과 죽음과 부활을 통해 하나님의 새로운 세상이 이 세상으로 침투해 들어왔다. 이것이야말로 참으로 기쁜 소식이다!

> **출발**
>
> 복음서를 읽어 보면, 이 좋은 소식의 선포가 실제로 의미하는 바를 이해한 사람은 제자들을 포함하더라도 거의 없었음을 알 수 있다. 하지만 이 메시지가 사람들의 관심을 끌었던 것은 분명하다. 그분이 선포하신 이 새로운 제국의 정체는 무엇이며 우리는 어떻게 그 나라에 동참하도록 초대받는가?

### 예수님의 겨자씨 제국

고전이 된 책 「예수의 정치학」(The Politics of Jesus, 한국 IVP)에서 존 하워드 요더(John Howard Yoder)는 예수님이 하나님의 새로운 질서의 시작이실 뿐 아니라 고대 이스라엘에서 희년이 가난하고 소외된 사람들에게 약속했던 모든 것의 실현이셨다고 설득력 있게 논증했다.[04]

> 하나님의 샬롬의 미래가 어떤 모습인지 보고 싶다면, 예수님을 보라. 예수님이 장애인을 고치시고, 눈먼 사람의 눈을 뜨게 하시고, 아이들을 안아 주시고, 배고픈 사람을 먹이시고, 귀신들린 사람을 해방시키시고, 죄인을 용서하시고, 죽은 사람을 다시 살리시는 것을 볼 때마다 우리는 인류의 미래를 향한 하나님의 목적이 무엇인지를 엿본다.[05]

하나님의 새로운 질서는 혼란에 빠진 세상 속으로 예수님을 통해 실제로 침투해 들어왔다. 우리는 이미 여기 와 있는 새로운 세상을 열정적으로 살아 냄으로써 영적 영역에서만이 아니라 삶의 전 영역에서 이 좋은 소식의 일부가 되고 예수님을 따르라는 초대를 받는다.

예수님은 긍휼 어린 하나님의 새로운 질서를 몸으로 보여 주셨을 뿐 아니라 거꾸로 뒤집어진 세상에서 올바른 가치를 구현하셨다. 예수님이 행하신 첫 번째 일 가운데 하나는 바로 새로운 대안문화 공동체를 이루신 것이다. 하나님의 새로운 질서라는 가치를 열망하는 살아 있는 모본을 만드신 것이다. 그분의 첫 제자들은 예수님을 따르는 삶이 그들의 삶을 영적·도덕적·문화적으로 변화시키는 전인적 신앙으로의 부르심이라는 것을 깨달았다.

다시 한 번 분명히 말해 두자. 이 운동에 참여할 때 우리는 자신의 노력으로 이 땅에 하나님의 새로운 질서를 세우려고 하지 않는다. 그리스도의 삶과 죽음과 부활을 통해 하나님은 오늘날 이 세상에서 활발히 일하고 계신다. 만물이 새롭게 될 위대한 귀향의 날을 고대하시며, 우리가 결코 상상하지 못했던 방식으로 우리의 일상을 사용하여 그분의 새로운 질서를 표현하신다.

예수님의 제국이 위풍당당하게 도래하지 않았음을 기억하라. 그 나라는 로마제국 변방의 보잘것없는 한 마을, 외양간 구유에서 태어난 아기와 함께 시작되었다. 예수님은 가르침을 시작하시면서 자신의 새로운 제국이 이 세상에 존재했던 모든 제국과 다를 것임을 분명히 하셨다. 그 나라는 나귀를 타고 왔다. 그 '제국의 의회'는 열 명 남짓의 어부와 국세청 직원 두 명, 창녀와 식객 몇 명으로 이루어졌다. 예수님은 발을 씻기고 이야기를 들려주시고 아이들과 놀아 주시는 것으로 그분의 제국에서는 권력을 어떻게 행사해야 하는지를 보여 주셨다. 예수님의 제국은 꼴찌가 일등이 되고, 진 사람이 이기며, 영향력이 가장 큰 사람이 화장실 청소를 해야 한다는 터무니없는 가치 위에 세워져 있다.

이 제국의 구성원들은 원수를 사랑하고, 친구를 용서하며, 구하는 사람들에게 언제나 갑절로 주고, 절대로 권력이나 지위를 추구하지 말라는 가르침을 받는다. 예수님은 이 제국에 속한 사람들은 돈 걱정을 하지 말며 오직 하나님을 신뢰해야 한다고 주장하셨다. 이 제국을 운영하는 자원은 대야와 수건, 그리고 점심밥 먹고 남은 부스러기였다. 또한 이 제국은 잔치―거의 언제나 부정한 부류의 사람들과 벌이는―가 끊이지 않는 것으로 유명했다.

정말로 이런 방식으로 제국을 운영할 수 있단 말인가? 만약 이처럼 이상한 가치관에 따라 정치, 경제, 심지어 종교 기관을 운영한다면 무슨 일이 일어나겠는가. 그러한 기관은 분명 미래가 밝지 않을 것이다. 기관의 지도자는 그가 가진 가치관으로 인해 암살을 당할지도 모른다. 이처럼 불가능해 보이는 제국이 결국에는 악을 이길 것이며, 우리의 삶을 희생시키고 하나님의 세상을 비인간화하는 그 악을 무너뜨릴 것이라는 사실을 반드시 기억해야 한다.

**악에 대한 진지한 성찰**

르완다의 공포나 다르푸르의 기아, 아이티의 사악한 정권을 떠올려 본다면, 혹은 어떤 종류이든 중독으로 사랑하는 사람을 잃어 본 적이 있다면, 우리가 혈과 육을 상대로 싸우는 것이 아니라 우리를 파괴하려고 하는 악이라는 야만적인 영적 세력과 맞서 싸우고 있다는 사실을 깨달을 수 있을 것이다. 예수님은 자신의 삶과 사역을 통해 어둠의 세력과 정면으로 맞서셨고 사탄과 모든 악을 무너뜨리는 하나님의 새로운 질서의 능력을 보여 주셨다.

오순절 교인들, 특히 다수 세계에서 살아가는 오순절 교인들은 지적인 면을 더 중시하는 서구적 신앙을 가진 우리보다 악을 훨씬 더 심각하게 인식하는 듯 보인다. 그들은 항상 악마의 힘에 맞서 싸우며, 축귀와 초자연적 치유를 구하고, 종종 하나님의 능력으로 기도 응답을 받는다.

악이 그저 개인적이지 않다는 월터 윙크(Walter Wink)의 주장은 옳다. 악은 구조적이기도 하다. 바빌로니아와 로마에서부터 오늘날 우리가 사는 세상에 막대한 영향력을 행사하는 전 지구적 경제 제국에 이르기까지 모든 인간의 제국에는 통치자들과 권세들이 깊이 뿌리를 내리고 있었다.[06] 이런 악의 권세는 모든 인간 조직 안에, 안타깝게도 교회 안에까지 침투해 있다. 악의 정체를 폭로하고 사람들로 하여금 우리 삶과 우리가 속한 기관과 우리의 세계에 미치는 악의 영향력을 제한하도록 돕는 것 또한 우리가 감당해야 할 몫이다.

내 친구 빌은 열 살 된 딸과 함께 짖을 줄 모르는 강아지를 데리고 산책을 하고 있었다. 그때 갑자기 이웃의 핏불테리어가 달려들어 딸아이의 강아지를 물기 시작했다. 빌은 물리지 않도록 강아지를 들어 자동차 지붕 위에 올려놓았다. 하지만 핏불테리어는 자동차 후드를 타고 지붕으로 뛰어올라 강아지의 뒷다리를 난폭하게 물어뜯었다. 빌은 핏불테리어가 강아지의 목을 물려고 크게 입을 벌리는 것을 보았다.

빌은 재빨리 핏불테리어의 입에 오른손을 넣어 혀를 잡은 다음 놓지 않았다. 핏불테리어는 빌의 손을 물었으나 그는 움켜잡은 손을 풀지 않았다. "나는 그놈이 딸아이의 강아지를 죽이도록 내버려 둘 수 없었어요!" 그렇게 얼마간 몸부림을 치는 사이에 핏불테리어의 주인이 밖으로 뛰어나와 서둘러 개를 데리고 들어갔다. 빌은 집으로 돌아와 다친 손을 치료했다.

이와 마찬가지로 예수 그리스도는 우리를 위해 악의 목구멍 속으로 들어가셔서 악을 제압하셨을 뿐 아니라 영원히 소탕하셨다. 그분이 당하신 잔인한 죽음과 능력 있는 부활을 통해 예수 그리스도는 우리의 삶을 괴롭히고 하나님의 세상을 고통스럽게 하는 악한 영적 세력을 영원히 무찌르셨다. "사자의 우는 소리와 젊은 사자의 소리가 그치고 어린 사자의 이가 부러지며"(욥 4:10).

마가복음에 보면 귀신들은 예수님에게 자신들을 멸망시키러 오셨느냐고 물었다. 「신약의 윤리적 비전」(*The Moral Vision of the New Testament*, 한국 IVP)에서 리처드 헤이즈(Richard Hays)는 이렇게 말한다. "대답은 '그렇다'이다. 예수님이 오심과 더불어 하나님은 인류를 억압하는 악의 세력에 맞서 결전을 시작하셨다. 하지만 하나님은 십자가에서 그 절정에 이르는, 그 누구도 예상하지 못한 신비한 방식으로 이 전쟁을 치르셨다."[07] 예수님은 우리를 구속하고 우리 죄를 용서할 뿐 아니라 악을 영원히 무력화하기 위해 죽으셨다. 성경은 그리스도 안에 있는 사람은 더 이상 이 원수의 능력에 지배받지 않는다고 상기시킨다. 바울은 이렇게 말한다. "주 예수 그리스도께서 하나님 곧 우리 아버지의 뜻을 따라 이 악한 세대에서 우리를 건지시려고 우리 죄를 대속하기 위하여 자기 몸을 주셨으니"(갈 1:3-4).

그러나 하나님의 회복된 세상으로 귀향하기까지 우리는 계속해서 사탄과 어둠의 세력에 고통받는 세상 속에서 살아가야 한다. 그러므로 우리는 각자 자기 삶과 사랑하는 이들의 삶 속에서 악의 세력과 맞서 싸워야 한다. 그와 함께 우리는 하나님의 승리가 완성되는 그날까지 우리가 속한 기관과 우리가 살고 있는 전 지구적 제국 안에서 통치자들과 권세들이 행하는 일을 폭로하기 위해 노력해야 한다.

우리가 병, 고통, 압제, 폭력, 죽음이 없는 회복된 세상으로 귀향할 때 하나님이 우리를 환영하시는 이유는 악한 세력이 영원히 정복되었기 때문이다. 나는 아이작 와츠(Isaac Watts)의 찬송가 "기쁘다 구주 오셨네"(Joy to the World)가 그런 소망을 담고 있다고 생각한다.

온 세상 죄를 사하려 주 예수 오셨네
죄와 슬픔 몰아내고 다 구원하시네
다 구원하시네 다 구원 구원하시네

누가의 말처럼 우리는 이 원수의 일이 파괴될 뿐 아니라 그리스도 안에서 만물이 회복되기를 고대한다(행 3:21). 나는 「필립스 성경」의 로마서 8:19 말씀을 좋아한다. "온 피조물이 하나님의 아들들이 나타나기를 발꿈치를 들고서 애타게 기다리고 있습니다."

**심판에 대한 진지한 성찰**

발칸 반도의 끔찍한 폭력과 인종 청소를 경험했던 미로슬라브 볼프는 이 악이 하나님의 의해 폭로되고 심판을 받지 않는 한 하나님의 회복이 일어날 수 없다고 매우 설득력 있게 논증한다. "세상에 관한 진리를 선포하고 정의를 행하기 전까지는 어떤 구속도 있을 수 없다. 죄가 존재하는데 마치 존재하지 않는 것처럼 취급하는 것은, 세상이 구속받지 않았는데 마치 구속받은 것처럼 사는 것과 다름없다." 또한 그는 하나님이 악을 행한 이들을 심판하지 않으신다면 하나님의 새로운 질서가 나타날 수 없다고 덧붙인다. "하나님이 심판하실 것이다. 그 심판은 사람들이 받아 마땅한 것을 하나님이 그들에게 주시는 것이 아니라 그 누구도 받을 자격이 없는 것을 주시건만 그들이 받기를 거부하기 때문이다. 악을 행하는 이들이 하나님의 공포를 경험한다면, 그것은 그들이 악을 행했기 때문이 아니라 두 팔 벌려 그들을 맞으시는 십자가의 메시아를 그들이 끝까지 거부했기 때문이다."[08]

십자가에 달리신 그리스도의 희생적 죽음을 통해 우주의 창조주는 우리를 구속하고 악의 권세를 영원히 파괴하기 위해 일하셨을 뿐 아니라 우리의 인간성 안으로 온전히 들어오셔서 몸소 우리의 아픔과 고통, 죽음을 경험하셨다. 특히 그분은 우리가 사는 세상에서 가장 고통받는 이들과 자신을 동일시하신다. 푸에르토리코 출신의 학자 올란도 코스타스는 이렇게 말했다. "예수님은 십자가에서 약하고 가난한 이들의 편에 서심으로써 정의를 행하셨을 뿐 아니라…고통받는 이들의 편에 서심으로써 계속해서 정의를 행하시며 그들의 고통과 자신을 동일시하시며 모든 불의와 억압의 행위를 심판하신다."[09]

그러므로 예수님 안에 계시된 하나님을 따르기로 결단할 때 우리는 다른 이들을 위해 사는 사람이 되어야 한다. 우리는 '그분의 고통의 사귐' 속으로 들어가야 한다. 그리스도를 따르라는 부르심은 우리의 편협한 자기 이익 너머를 바라보고 예수님의 복음의 '타자성'에 자신을 내줌으로써 그분과 함께 지금 당장 다른 이들의 삶 속에서 하나님의 샬롬의 귀향을 현실로 만드는 일에 동참하라는 부르심이다. 르네 파디야(René Padilla)는 예수님이 "우리를 위하여 목숨을 버리셨으니…우리도 형제들을 위하여 목숨을 버리는 것이 마땅하다"는 성경 말씀을 진지하게 받아들이라고 촉구한다. 파디야는 신실한 제자도를 실천하고자 할 때 우리는 우리의 개인적 야심을 제쳐 놓고 다른 이들의 행복에 초점을 맞추는 하나님의 모략에 동참해야만 한다고 주장한다. 그는 "십자가 안에 표현된 하나님의 사랑은 교회를 통해 세상 속에서 가시화되어야 한다"고 말한다.[10]

### 활동가이신 하나님에 대한 성찰

현대의 전 지구적 제국이 선전하는 가장 큰 거짓말은 세상에 하나님이 계시지 않다는 것이다. 하나님은 예배 때나 성경공부 시간에는 잠시 나타나시지만 우리가 살아가는 세상을 실제로 변화시킬 능력은 거의 없다고 생각하는 한, 제국은 우리가 하나님을 예배하는 데 관여하지 않는다. 그 메시지는 분명하다. 전 지구적 자유시장 세력, 정치권력과 경제권력, 자연의 임의적인 변화가 세상을 지배한다는 것이다. 그 이상은 없다.

이런 메시지에도 불구하고 나는 겨자씨 제국의 하나님이 이 세상 안에서 활발히 일하고 계신다고 믿는 그리스도인들이 점점 더 많아지고 있음을 본다. 우리는 그리스도의 죽음과 부활을 통해 (이 이야기의 저자이신) 우리 하나님이 마지막 장을 쓰실 것이며, 인격적·영적으로만 아니라 문화적·경제적·정치적으로도 만물을 새롭게 하실 것이라는 담대하고 도발적인 소망을 품는다. 그분은 우리가 살고 있는 전 지구적 사회의 모든 차원을 변화시키실 것이다."¹¹ 1991년 무렵 「담대한 소망」(Wild Hope)이란 책에서 나는 예수님과 예언자들의 하나님은 살아 계시며 우리가 사는 세상에 적극적으로 개입하신다고 주장했다. 나는 사람들이 베를린 장벽에 올라가 추었던 춤은 하나님의 춤이라고 썼다. 넬슨 만델라가 석방되었을 때 소웨토 거리에서 사람들이 불렀던 노래는 하나님의 노래였다. 그리고 예루살렘의 평화를 위해 중동의 많은 사람들이 올린 기도는 하나님의 기도였다. 북아일랜드의 평화를 위한 운동, 빈곤 퇴치를 위한 운동, 지구 온난화에 맞서는 싸움은 모두 오늘날 이 세상에 하나님이 영향력을 미치고 있음을 보여 주는 증거다. 우리는 아래로부터 시작되는 모략을 통해 그분이 행하시는 일에 동참하기 위해 경계를 늦추지 말고 하나님의 지문을 예의주시해야 한다.

**하나님이 보시기에 좋은 삶에 대한 성찰**

분명 하나님 보시기에 좋은 삶이란, 각 사람이 한없이 소비할 수 있도록 해 주거나 영혼의 구원을 하염없이 기다릴 수 있게 해주는 능력 같은 것과는 관계 없다. 그런 것을 구해서는 결코 만족에 이를 수 없다. 존 헤이즈는 예수님의 가르침은 그 중심에 역전이라는 주제를 일관되게 담고 있다고 지적한다. "예를 들어, 우리는 '누구든지 자기 목숨을 구원하고자 하면 잃을 것이요, 누구든지 나와 복음을 위하여 자기 목숨을 잃으면 구원하리라'(막 8:35)라는 말씀 속에서 그와 같은 주제를 발견한다."

다시 말해서 예수님은 우리가 자기 생명을 지키고자 할 때가 아니라 오히려 하나님과 다른 이들을 섬기다가 생명을 잃을 때 생명을 얻는다고 가르치신다. 그러므로 하나님이 우리의 평범하고 보잘것없는 겨자씨를 사용하셔서 세계 곳곳에서 예수님을 따르는 사람들과 함께 이미 여기 와 있는 새로운 세상을 자비롭고 창의적으로 표현하기 원하신다는 사실을 깨달을 때, 비로소 우리는 하나님이 말씀하시는 좋은 삶을 발견할 수 있다.

케이스 웨스턴 리저브 대학교(Case Western Reserve University)에서는 광범위한 분야의 과학자들이 54개 대학에서 진행한 50개 이상의 연구를 후원해 왔다. 그 모든 연구의 결론은 "다른 사람에게 선을 베푸는 행위로 사랑과 돌봄을 표현할 때 사람들은 더 건강하고 더 행복하고 더 오래 살 수 있다"는 것이다.[12] 다시 말해서 행복하고 만족스러운 삶은 그 자체를 추구하는 것으로는 얻을 수 없다는 것이다. 우리는 자신을 잊고 다른 사람을 돌보라는 예수님의 역설적인 가르침 안에서만 하나님이 우리를 위해 마련해 주시는 좋은 삶을 발견할 수 있다.

만약 우리가 이미 여기 와 있는 세상 속에서 더 온전히 살겠다고 결단하고자 한다면, 우리가 직면한, 특히 우리의 가장 가난한 이웃들이 직면한 어려움에 조금 더 진지하게 주의를 기울이는 법을 반드시 배워야 한다. 또한 다가오는 도전을 어느 정도 예상해 두어야 하는데, 그래야 비로소 화해와 정의와 샬롬의 하나님의 미래를 엿보게 해주는 새로운 긍휼의 반응을 상상하고 만들어 낼 시간적 여유를 가질 수 있기 때문이다.

### 함께 생각해 볼 문제

- 하나님 나라를 먼저 구하라는 예수님의 초대가 그분과 함께 새로운 형태의 대안문화 공동체를 만드는 일에 동참하라는 초대가 될 수 있는 이유는 무엇인가?
- 예수님을 따라서 하나님과 다른 이들을 섬기기 위해 목숨을 내놓고자 할 때 어떤 결과가 나타나겠는가?
- 하나님이 말씀하는 좋은 삶이 베푸는 삶임을 깨달았다면, 이제 하나님이 당신의 겨자씨를 사용하시도록 내드릴 수 있는 창의적인 방법을 하나 생각해 보라.

# 네 번째 대화

## 혼란의 시대를 주목하라

# 7.
# 미래에 대한 성찰

만약 우리가 다가오는 미래의 도전을 예상하고
창의적으로 대응한다면
우리의 삶과 회중, 공동체는 어떻게 변화될까?

---

"여러분은 후원자들의 평균 연령을 알고 있습니까?" 최근 나는 해비타트 이사진에게 이렇게 물었다. 나는 이 단체의 회장으로부터 향후 10년 동안 해비타트가 직면할 것으로 예상되는 도전에 대해 간략히 이야기해 달라고 부탁받은 터였다. 나는 전 세계의 가난한 사람들이 직면한 새로운 경제적이 려움과 미국의 도심지 지가가 상승하고 있다는 이야기를 나눴다. 또한 그들이 모르고 있던, 그들의 후원자들이 직면한 어려움에 대해서도 이야기했다. "후원자들의 평균 연령은 65세입니다!"

이 유능한 이사들은 향후 자금 조달과 관련해 이것이 어떤 의미를 갖는지를 깨닫자마자 열띤 토론에 들어갔다. 이 토론에서 이사들과 간사들은 매년 봄방학이면 해비타트를 통해 집짓기 봉사에 참여하는 수천 명의 대학생들에게 다가갈 방법을 비롯해 젊은 후원자들을 더 많이 확보하기 위한 창의적인 방법을 모색했다.

1981년에 출간된 「겨자씨 모략」에서 나는 정치적 우파와 종교적 우파의 영향력이 극적으로 확대됨에 따라 미국이 "급격한 보수화"를 경험하게 되리라고 예측했다. 또한 1990년대에 진입하면 미국에서 부자와 가난한 자 간의 격차가 훨씬 더 커질 것이라고 주장했다. 두 예상 모두 적중했다(또한 90년대 말에 이르면 휘발유 값이 갤런 당 2달러 이상으로 치솟을 것도 예상했다. 이 점은 내가 예상한 시간이 조금 더 빨랐다).[01]

## 우리가 사는 지역의 미래에 대한 성찰

시장 상황이 어떻게 변할지 예측하지도 않은 채 기업의 전략을 세우려는 사업가는 없을 것이다. 하지만 전략과 계획을 세우기에 앞서 자신들이 사명을 수행해야 할 상황이 어떻게 변할지 먼저 조사해 보는 기독단체는 매우 드물다.

### 출발

이 대화에서 나는 이머징 교회, 선교적 교회, 다문화 교회, 수도원 운동에 참여하는 사람들만이 아니라 전통적인 교회에 속한 사람들도 교회를 이끌어 가고자 한다면 미래를 예측해야 한다는 것과, 우리와 가장 가난한 이웃들의 삶에 영향을 미치고 우리 모두에게 새로운 대응 방식을 요구하는 다가오는 변화의 물결에 주의를 기울여야 할 필요가 있음을 강력히 주장할 것이다.

그런 다음 변하는 세상과 변하는 교회의 모습을 간략히 살펴봄으로써 현 시점에서 우리가 직면한 새로운 도전과 기회에 주의를 기울일 필요를 촉구할 것이다. 우리의 삶, 회중, 하나님이 만드신 세상에 타격을 가하게 될 새로운 흐름들을 미리 예측해 두어야 그것이 눈앞에 이르기 전에 거기에 대응할 창의적인 방법을 마련할 수 있을 것이며 그와 동시에 하나님의 부활의 미래라는 목표를 향해 전진할 수 있을 것이다.

마지막 대화에서 나는 새로운 모략에 가담한 사람들만이 아니라 전통적 교회에 속한 사람들이 하나님 나라에 기여할 수 있는 다양하고 창의적인 방법을 소개할 것이다.

대부분의 기독교회와 교단, 선교단체들이 장기적 계획이나 전략을 수립한다. 아이러니한 점은, 이들이 마치 시간왜곡 현상에 갇힌 것처럼—미래가 단순히 과거의 연장일 것이라고 생각하는 듯—계획을 수립한다는 것이다. 전통적인 교회, 실험적인 교회 할 것 없이 목회자들은 새로운 전 지구적 사회에서 교인들이 직면한 도전을 인식하지 못한 경우가 많다. 그러므로 이런 도전을 다루는 데 필요한 도움을 목회자들이 거의 제공하지 못하는 것도 전혀 놀라운 일이 아니다. 마찬가지로 기독교 대학에서 학생들을 섬기거나 대학생 선교단체에서 사역하는 이들도 학생들이 졸업하면 곧 직면할 새로운 도전이나 그에 대한 창의적인 대안을 그들에게 미리 알려 주는 경우는 드물다. 그 결과 학생들은 급격히 변하는 세상에서 살면서도 하나님을 섬길 준비를 제대로 갖추지 못하고 있다.

모자이크 운동과 수도원 운동에 속한 이들은 대개 가난한 이들에게 영향을 주는 문제들에 민감하지만, 새로운 사회 정책이나 소외된 이들을 위한 자금 마련 방법이 어떻게 바뀔지 예측하고자 미래를 내다보는 경우는 드물다. 이와 마찬가지로 많은 이머징 교회 지도자들도 자신들이 다가가려고 하는 지역 사람들의 문화적 분포를 평가하는 데는 능숙하지만 앞으로 어떤 문제가 그들에게 영향을 미칠지에 대해서는 인식하지 못하는 경우가 많다.

최근 나는 시애틀에서 정기 모임을 갖고 있는 이머징 교회와 선교적 교회 진영의 교회 개척 단체인 핫 하우스(Hot House)와 회의를 가졌다. 제임스 놋킨(James B. Notkin)은 미국장로교회를 통해 초콜릿 카페를 세우고 있다. 그와 동료들은 개척 지역인 사우스레이크 유니언(South Lake Union)에 대한 현재와 미래의 인구 구성을 면밀히 조사했다. 사우스레이크 유니언은 첨단기술의 중심지로 급속히 변모하고 있는 산업 지대다. 이 지역에는 식당과 가게, 그리고 이주해 오는 젊은 인력을 위한 아파트가 급증하고 있다. 이들의 평균 연령은 31세이며 평균 연봉은 8만 달러다. 자녀가 장성해 집을 떠난 55세에서 65세 사이의 노부부들도 점점 더 이 지역으로 이주하고 있다.

이런 흐름을 반영하듯 제임스의 회중 가운데는 자녀와 함께 사는 중년이 거의 없다. 그들은 이 두 인구 집단에 다가가기 위한 창의적인 방법을 찾는 데 초점을 맞추고 있으나, 연구 결과는 앞으로 10년 후에는 현재의 인구 구성이 극적으로 뒤바뀔 수 있다는 사실에 이미 주의를 기울이고 있다. 현재 침실이 하나 딸린 아파트 가격은 30만 달러다. 그러나 이 지역의 주택 가격이 크게 오르고 있음을 감안할 때, 주택 가격이 두 배로 치솟아 젊은 첨단기술 인력이 주택 구매를 할 수 없는 상황이 올 수도 있다. 그때에는 부유한 은퇴자 집단으로 초점을 옮겨야 할 것이다.

지역 교회에서 사역할 기회가 있을 때면 나는 그들에게 다음과 같은 질문을 해보라고 권한다. (1) 앞으로 10년 후에 이 지역이 어떻게 바뀔까? (2) 10년 후 회중의 연령 분포는 어떻게 변해 있을까? (3) 회중은 장차 무엇을 필요로 할 것인가? 이런 질문에 답하려면, 단순히 주택 가격의 변동 추이만 보아서는 안 되며 장차 어떤 사람들이 유입되고 그들의 필요가 무엇일지도 고려해야 한다. 예를 들어, 교외에 위치한 한 교회는 향후 10년간 한 부모 가정이 급격히 증가할 것으로 예상했다. 이에 따라 교회 지도자들은 한 부모 가정이 전면적으로 모습을 드러내기 전에 이 새로운 집단을 위한 금융, 자녀 양육, 자립 지원에 초점을 맞춘 새로운 교육 목회를 창안해 냈다.

오리건 주 셔우드의 한 개척 교회 지도자들은 현재 그 지역에 유치원생이 엄청나게 많기 때문에 10년 후에는 십대가 넘쳐날 것으로 판단했다. 우리와 함께 미래 계획에 관한 워크숍을 진행하며 그들은 새로운 십대 연령층이 도래할 때까지 기다릴 필요가 없음을 불현듯 깨달았다. 그들은 십대들이 그들의 부모들이 성장했던 세상과는 전혀 다른 세상에서 살면서 하나님을 섬길 수 있게 해주는 혁신적인 청소년 사역을 준비하기 시작했다.

## 전 지구적 미래에 대한 성찰

30년이 넘는 기간 동안 나는 영국의 티어펀드(Tearfund U.K.), 메노나이트 중앙위원회(Mennonite Central Committee) 같은 다양한 교단뿐 아니라 선교단체의 지도자들, 그리고 어바나 학생 선교대회 같은 선교단체에서 대학생들과 함께 미래 전략에 관한 세미나를 실시해 왔다. 나는 세계 선교에 참여하는 이들이 우리의 가장 가난한 이웃과 하나님의 선한 피조세계가 직면한 새로운 위험과 가능성을 반드시 인식해야 한다고 믿는다. 그래야만 시간적 여유를 갖고 새로운 대응 방법을 마련할 수 있기 때문이다.

지난해에는 월드 컨선 선교회로 하여금 전 지구적 조류독감의 가능성에 대비할 수 있도록 돕는 이틀간의 시나리오 예상 세미나를 인도했다. 어렵지만 중요한 훈련이었다. 월드 컨선에서는 세계 곳곳에 있는 간사들을 불러들였으며, 나는 그들과 더불어 두 가지 시나리오를 검토했다. 하나는 1959년에 있었던 전염병에 기초한 시나리오였고, 다른 하나는 훨씬 더 파괴적이었던 1918년 독감에 기초한 시나리오였다. 둘째 날 행사가 끝날 무렵 직원들은 태국과 케냐에서 전염병이 발생했을 경우에 대비한 33단계 대응 전략을 성공적으로 수립했다. 이러한 가능성을 검토하지 않았던 다른 기관들과 달리, 월드 컨선은 현재 그들이 섬기는 22개 모든 나라에서 전염병이 발생했을 경우—물론 그런 일이 결코 없기를 기도하지만—의 대응 전략을 수립해 놓았다.

세계 선교의 지도자들이 미래를 내다보면서 선교기관을 이끌고자 한다면 두 가지 중요한 질문을 던져야만 한다. (1) 앞으로 10년 동안 사역 현장은 어떻게 바뀌고 사람들의 필요는 어떻게 바뀔 것인가? (2) 당신이 섬기는 선교단체의 경제적 지지 기반에는 어떤 변화가 있겠는가?

예를 들어, 지구 온난화는 열대 지방의 농부들이 심을 수 있는 작물의 종류를 결정적으로 바꾸어 놓을 수 있다. 그러므로 월드비전 유럽 지부와 티어펀드 뉴질랜드 지부는 이러한 변화를 연구하여 농부들이 기온 상승에 대비할 수 있도록, 농작물과 농사 기법을 바꿀 수 있도록 도와야 한다. 또한 점점 더 늘어나는 기후 관련 재앙에 사람들이 대비할 수 있도록 도와야 한다.

이들 지도자들은 베이비 붐 세대의 은퇴가 서구 사역기관의 재정적 기반에 어떤 영향을 미칠지에 대해서도 평가해 보아야 한다. 월드 릴리프(World Relief) 사역자들과 함께한 모의 시나리오 수립 과정에서 한 사람이 제안하기를, 고령화하는 베이비 붐 세대를 위한 유언장 및 유산증여 계획을 대대적으로 실시함으로써 선교단체들은 베이비 붐 세대의 은퇴 이후 닥칠 어려운 시기를 헤쳐 나갈 완충장치를 마련해야 한다고 했다.

물론 격변하는 시대에 우리에게 닥쳐오는 모든 변화를 예측할 수는 없다. 그러나 우리의 삶, 회중, 공동체, 하나님이 만드신 세상에 닥쳐오는 새로운 도전들 중 일부라도 예상할 수 있다면, 시간적 여유를 갖고 새로운 대응 방법을 적극적으로 마련할 수 있을 것이다.

다음 장에서 나는 우리에게 다가오는 전 지구적 미래를 살펴보면서 내일의 세계 풍경이 어떻게 극적으로 변할 수 있는지 간략히 설명할 것이다. 이러한 변화 중 어떤 것은 거의 불가항력적인 것으로 보일 수도 있다. 그러나 불확실함이 지배하는 듯한 이 시대에도 하나님이 통제권을 쥐고 계심을 기억해야 한다. 예수님의 제자들에게 이 모든 도전은 사실 사람들과 세상을 위한 하나님의 뜻을 드러내는 창의적인 대응책을 만들어 낼 수 있는 기회이기도 하다. 태블릿 컴퓨터나 메모장을 곁에 두고 읽으면서 당신의 삶, 회중,

다른 이들과 함께 하는 사역 속에서 이러한 도전에 창의적으로 대응할 수 있는 방법을 적어 보기 바란다.

> **함께 생각해 볼 문제**
>
> - 당신의 교회나 공동체가 직면하게 될 도전을 예측할 수 있는 실제적인 방법에는 어떤 것이 있는가?
> - 향후 5년에서 10년 사이에 당신의 삶, 가정, 회중, 공동체에 영향을 미칠 것으로 예상되는 새로운 도전은 무엇인가?
> - 당신이 예상하는 새로운 도전에 창의적으로 대응할 방법을 생각해 보라.

8.
# 바보들의 배를 타고
# 함께 여행하기

경제적 차원의 전 지구화가 9/11 이후의 세계에서
주요한 변화의 동인이라면, 이는 우리의 삶과 교회, 가장 가난한 이웃들과
하나님의 세상에 어떤 도전을 제기하는가?

---

"이 세상이라는 배는 영원을 향해 항해하고 있다." 캐서린 앤 포터(Katherine Anne Porter)는 1962년 출간 후 베스트셀러가 된 소설 「바보들의 배」(*The Ship of Fools*)에서 이 15세기의 비유를 소설의 기초로 사용하고 있다.[01] 소설을 각색하여 1965년에 개봉된 동명의 영화에서는 변화하는 우리의 현실을 생생한 영상으로 그려 낸다. 온 인류가 북적이는 한 척의 배를 타고 불확실한 미래를 향해 항해하는 것이다.

소설에서는 제2차 세계대전 직전인 1933년에 멕시코를 떠난 배가 독일을 향해 여행을 떠난다. 특등실을 쓰는 엘리트들은 마치 세상에 걱정거리라고는 하나도 없다는 듯 매일 저녁 선장과 함께 호화로운 만찬을 즐긴다. 배의 운행을 맡고 있는 일반 객실의 사람들은 오늘날 중산층의 많은 사람들이 그렇듯이 거의 눈에 띄지 않는다. 갑판 아래의 가축 싣는 칸에는 쿠바의 농장에서 일하다가 일자리를 잃어버린 6백 명의 가난한 노동자들이 지내고 있다. 세계 시장에서 더 비싼 가격에 설탕을 팔고 싶었던 농장주들은 자신의 결정으로 인해 다른 이들이 희생을 치르든 말든 아랑곳하지 않은 채 작

물을 판매하는 대신 밭을 불살라 버리기로 결정했다.

나는 '배' 은유를 사용해 우리의 삶이 얼마나 서로 깊이 연결되어 있는지, 우리가 여행하는 지구라는 이 위태로운 배와 우리 삶이 얼마나 긴밀히 연결되어 있는지 강조할 것이다. 또한 다음 10년에서 15년 사이에 닥쳐올 새로운 도전이 다양한 계급에 어떤 영향을 미칠지 알아보고, 사나운 바다를 항해하는 동안 우리가 어떤 창의적인 방법으로 하나님의 모략에 가담한 다른 이들과 함께 이런 도전에 대응할 수 있는지 살펴볼 것이다.

**출발**

우리는 위태로운 지구가 직면한 몇 가지 위험을 살펴봄으로써 이 항해를 시작할 것이다. 그런 다음 우리는 이 배의 세 층에 사는 사람들을 방문할 것이다. 먼저 우리는 특등실에서 여행하는 부자들을 방문할 것이다. 그런 다음 일반 객실에서 여행하는 사람들을 방문하고 중산층에 속한 이들이 직면한 몇 가지 새로운 도전과 기회를 살펴볼 것이다. 그 후에 우리는 화물칸에서 지내는 수많은 사람들—전 세계의 가난한 사람들과 그들의 가족들—이 직면한 몇 가지 문제와 가능성에 대해 알아볼 것이다. 마지막으로는 교회가 직면한 도전을 검토하고, 전통적인 교회와 실험적인 교회들이 이런 새로운 도전에 대응하기 위해 어떤 창의적인 변화가 요구되는지에 대해 이야기할 것이다.

**위태로운 배 직면하기**

1970년 첫 지구의 날에 나는 두 번째 회심을 경험했다. 하와이대학의 제임스 데이터(James Dator) 박사는 내가 근무하던 마우이에 소재한 대학을 방문해 강연을 했다. 그는 새로운 환경 문제뿐 아니라 유전자 조작으로 형질이 바뀐 생물을 비롯해 거의 모든 문제에 대해 이야기했다. 그의 도발적인 문제

제기에서 나는 소명을 발견했다. 사람들이 급격히 변하는 미래를 이해하도록 도와 주는 일이었다. 그때 나는 첫 번째 환경 운동의 일환으로 지구에서 조금 더 가볍게 살기를 실천하기 시작했다.

1981년에 「겨자씨 모략」을 출간하면서 나는 유한한 행성에 기초한 경제 성장의 지속가능성과 그 한계에 대해 심각한 우려를 제기했다. "우리 행성은 어느 정도까지 성장을 견디고 어떤 성장을 견뎌 낼 수 있을까? 세계의 자원이 줄어드는 현 상황은 이 행성을 나눠 쓰는 동반자로서 그 수가 급증하고 있는 가난한 사람들에게 어떤 영향을 미칠까?"[02] 지속가능성에 관한 이런 물음은 21세기에 이르면서 훨씬 더 긴급해졌다. 세계 경제가 급성장하면서 동시에 유한한 지구 자원이 고갈되는 속도와 이 작은 행성이 오염되는 속도 또한 극적으로 빨라졌기 때문이다. 또한 나는 에너지를 아끼고 대체 에너지 사용을 모색하라고 촉구한 바 있다. 1981년에는 이런 주장이 오늘날만큼 설득력 있게 다가오지 않았었다.

경제의 세계화는 우리의 고향인 지구를 오염시키는 속도를 가속화하는 주된 요인이다. 우리는 개구리와 벌의 개체 수가 심각할 정도로 줄고 있다는 소식을 점점 더 자주 접하게 된다. 과학자들조차도 그 원인이나 장기적인 결과를 분명히 알지 못하는 듯하다. 어류의 개체 수 역시 심각하게 줄고 있으며 종의 수와 서식지도 줄어들고 있다. 호주를 비롯한 세계 여러 곳에서 심각한 물 부족을 겪게 될 것이다. 세계 곳곳에서 주요한 생태계 붕괴 현상을 일으킬 임계점이 무엇인지 아무도 알지 못한다. 빌 매키븐(Bill McKibben)은 「심층 경제」(*Deep Economy*)라는 의미심장한 저서에서 이렇게 말한다.

2005년 봄, 유엔의 주도하에 과학자 1천3백 명이 참여한 '새천년 생태계 평가'라는 보고서가 발표되었다. 이들은 "인간의 행동은 지구의 자연 자원을 고갈

시켜 환경에 큰 부담을 주고 있다. 미래 세대를 지속시킬 수 있는 지구 생태계의 능력을 더 이상 당연히 여겨서는 안 된다"고 했다…마치 의사가 헛기침을 하면서 환자에게 자리에 앉으라고 말하는 것처럼 지구는 지금 우리에게 경고하고 있다.[03]

2006년 10월 9일, 글로벌 풋프린트 네트워크(Global Footprint Network)는 세계에 생태적 과부하가 걸리기 시작했다고 보고했다. 생태 발자국(ecological footprints)은 우리가 지구 자원을 얼마나 소비했으며 얼마나 오염시켰는지에 의해 평가된다. 이 평가에 따르면 우리는 지구의 생태 자원을 다 써 버렸다. 우리는 미래로부터 지구의 수용 능력을 빌려 올 수 있지만, 그런 상황이 장기간 지속될 수 없다는 것은 명백하다. 최근에는 특히 암, 심장병 같은 질병이 우리가 공기와 물, 음식에서 섭취하는 독성 물질과 관계가 있다는 연구 결과가 점점 더 많이 나오고 있다. 이 바보들의 배에 승선해 있는 우리는 더 풍요로운 삶을 살고자 우리 자신의 건강과 직결된 엄청난 대가를 치르고 있다. 비극적이게도 우리의 낭비하는 생활방식 때문에 가장 큰 대가를 치러야 할 이들은 다름 아닌 우리의 자녀와 후손들이 될 것이다.

2007년 여름에 열린 살아 있는 지구 콘서트(Live Earth Concert)는 사상 가장 큰 규모의 콘서트였던 것으로 알려져 있다. 앨 고어(Al Gore)의 영화 "불편한 진실"(An Inconvenient Truth)은 많은 사람들에게 지구 온난화의 심각한 위협을 깨닫게 해주었으며, 지구 온난화에 맞서는 일이 경제 성장의 기회가 될 수 있음을 발견했기 때문이기도 하지만 기업들조차도 이 일에 참여하기 시작했다.

1991년에 나는 지구 온난화가 "삼림 화재의 위험성을 높이고, 심각한 가뭄을 야기하고…해수면 상승을 초래할 수 있다"고 경고했다. 나는 "잠재적 영향력이 이토록 중대하다면, 이론이 증명 혹은 확증될 때까지 그 위협을 진지하게 받아들이는 것이 합리적이지 않는가?"라고 되물었다.04 이제 더 이상 손 놓고 기다리는 것은 중대한 실수라는 인식이 폭넓게 자리 잡았다. 지구 온난화의 심화는 대재앙을 초래할 수 있다. 영국 정부의 의뢰를 받아 작성된 최근 보고서는 "조속한 변화가 이루어지지 않는다면 이 세대 동안에도 가뭄과 홍수, 기아, 말라리아 감염률 급증, 수많은 동물 종의 멸종을 비롯해 기후 변화로 인한 파국을 맞을 수도 있을 것"이라고 예상했다.05

애리조나대학의 연구자들은 지구 온난화를 막지 못하면 21세기 동안 해수면이 1미터에서 6미터까지 상승할 수 있다고 경고했다. 해수면이 1미터 상승한다면 함부르크, 런던, 마이애미, 뉴욕, 뉴올리언스 같은 도시들은 심각한 상황에 처하게 될 것이다. 또한 방글라데시, 이집트, 베트남, 중국의 연안 항구들 역시 위협을 받게 될 것이다.06

근본적으로 이것은 생태계의 문제에 그치는 것이 아니라 정의의 문제이기도 하다. 세계 최대의 온실 가스 배출국인 미국은 인구수로는 전 세계 인구의 4퍼센트에 불과하지만 온실 가스 배출량으로는 약 25퍼센트를 차지한다. 미국인들은 유럽인들보다 거의 두 배에 달하는 자원을 사용한다.07 북미에서 삶을 영위하기 위해 평균적으로 9.6헥타르, 즉 23.7에이커의 토지를 사용하지만, 아프리카에서는 그 면적인 1.4헥타르에 불과하다.08 만약 지구상의 모든 사람이 미국식 생활방식을 따른다면, 우리는 지구와 같은 행성이 다섯 개 더 필요할 것이다.

사실 SUV를 타는 세계에서 가장 부유한 사람들의 비용을 세계에서 가장 가난한 사람들이 치르고 있다. 이들이 지구 온난화로 인해 가장 심각한 영향을 받는 지역에 살고 있기 때문이다. 유엔 기후회의 의장인 라젠드라 파차우리(Rajendra K. Pachauri)는 "이것이 누구의 책임이며 누가 고통당하고

있는지 살펴본다면, 현재의 상황이 정말로 대단히 불평등하다는 것을 알 수 있다"고 주장했다.[09]

향후 10년 동안 중국의 석탄 및 석유 소비가 급증함에 따라 지구 온난화의 위험 역시 높아질 것으로 예상된다. 휘튼대학의 경제학자인 놈 유어트(Norm Ewert) 박사는 2010년이나 2020년에 이르면 원유 생산량이 정점에 이를 것이라고 내게 말해 주었다. 그때가 오면 산업 국가들은 석유 이후 시대에 적응해야 하고 급등하는 원유 가격으로 인해 적응에 큰 어려움을 겪게 될 것이다.

맥기븐은 중국에서 석유만 아니라 다른 상품의 소비도 급증할 것이라고 주장한다. 중산층의 수가 늘어남에 따라 육류와 술 소비가 크게 늘고 있다. 술과 마찬가지로 소고기, 돼지고기, 닭고기 또한 곡물 생산에 크게 의존한다. 맥기븐은 1980년대 중반에 세계의 곡물 생산량이 사실상 정체기에 들어섰음을 지적한다. 일인당 곡물 생산량이 한 세대 전에 비해 현저하게 줄어들었다. 미국과 다른 나라들은 에탄올 생산량을 크게 늘리고 있으며 이로 인해 옥수수 가격이 치솟고 있다. 2005년과 2007년 사이에 곡물 도매가는 32퍼센트나 상승했는데, 이는 에탄올 생산이 증가한 탓이기도 하다. 전문가들은 가난한 사람들은 곡식을 사기 위해 훨씬 더 많은 돈을 지불하게 될 것이며 구호단체들이 미래의 재난에 대비해 비축하는 곡물의 양 또한 줄일 수밖에 없을 것이라고 예상한다.[10] 중국의 곡물 수요가 급증함에 따라 전 세계의 식량 가격이 높아질 가능성도 제기된다.[11] 이 또한 가장 가난한 이웃들에게 파괴적인 결과를 초래할 수 있다.

그리스도의 제자들인 우리는 하나님의 피조세계를 돌보는 일에 대한 철저한 헌신을 반영하는 생활 방식을 따르는 동시에 그러한 정책에 영향력을 끼쳐야 한다. 우리는 전 세계의 에너지 및 환경 정책에 영향을 끼치기 위해 창의적인 방법을 모색하는 이들의 노력에 동참해야 한다. 그러나 나는 우리가 지역의 환경 정책을 수립하는 일을 도움으로써 생각보다 큰 영향력을 미칠 수 있다고 생각한다.

**환경 친화적 사회를 만들기**

「겨자씨 모략」에 썼듯이, 가장 덜 비싼 에너지는 언제나 우리가 사는 곳에서 아낀 에너지다. 동네, 교회, 가정에서 우리가 공기 중으로 배출하는 탄소의 양과 우리가 사용하는 에너지의 양을 줄일 수 있는 방법이 많이 있다. 미국의 연방정부가 행동에 굼뜬 반면, 미국의(특히 캘리포니아 주의) 일부 도시와 주 정부의 소수의 사람들은 탄소 배출에 대한 기준을 연방 정부가 정한 기준보다 훨씬 더 엄격히 규제하는 데 성공했다. 그 결과 캘리포니아 같은 주는 탄소 배출량 감축에 관한 한 세계적으로 선구자적 역할을 할 가능성을 갖게 되었다.

이러한 전략에는 태양, 해류, 풍력 에너지와 같은 대체 에너지에 대한 인식을 높이고 대체 에너지를 더 많이 사용하려는 노력도 포함되어야 한다. 또한 탄소 배출량을 줄일 뿐 아니라 실제로 대기에서 탄소를 제거하는 신기술을 개발하는 일도 지원해야 한다.[12]

점점 더 많은 사람들이 가정과 회사에서 친환경 에너지 기술이 적용된 제품을 구매함으로써 탄소 배출량을 줄일 수 있는 방법을 모색하고 있다. 예를 들어, 영국의 가정에서는 지붕 위에 설치하는 풍력 발전기와 같은 재생 가능한 에너지원을 구입하고 있다. 영국 정부는 일반 가정이 풍력 발전기나 태양열 온수기를 구입할 경우 비용의 30퍼센트를, 태양열 집열판의 경우에는 50퍼센트를 보조해 준다.[13] 미국의 일부 정치 지도자들은 지구 온난화 비용을 우려하지만, 환경 문제를 해결하기 위한 노력이 경제적으로 엄청난 기회가 될 수 있다고 생각하는 지도자들도 있다. 예를 들어, 영국에서는 친환경 기술 관련 제품을 제조하는 산업이 향후 10년간 550억 달러의 가치를 지닐 것으로 추정한다.[14]

빌 매키븐과 웬델 베리(Wendell Berry)처럼 환경 보호를 주장하는 이들은 우리에게 '이웃 됨의 경제'를 재발견하라고 촉구한다. 과도한 개인주의—전 지구적 경제의 핵심 덕목 중 하나인—는 이웃 됨과 공동체, 상호 돌봄의 가치를 약화시키는 주요 요인이었다. 북미에서는 대형 할인점과 대기업형 농업이 부상함에 따라 지역 공동체가 심각하게 약화되었다. 그럼에도 불구하고 "지역 중심주의는…미래를 위한 실질적 경제의 가능성을 제공한다."[15]

첫 번째 지구의 날을 기념했던 1970년에 340곳에 불과했던 미국의 농산물 직거래 장터는 2004년에 그 수가 3,700곳으로 늘었다. 지역사회의 지원을 받는 최초의 농업 프로젝트는 1985년 매사추세츠 주에서 시작되어 현재 1,500개 이상의 프로그램이 운영되고 있다.[16] 도시에서도 정원을 가꾸는 기쁨을 발견하는 사람들이 점점 더 늘고 있다. 시애틀 도심에 자리 잡은 겨자씨의 집에서도 우리가 먹는 채소의 60퍼센트 가량을 재배함으로써 이런 노력에 동참하고 있다. 정원에서 막 따온 토마토처럼 맛있는 것은 없다.

놀라울 정도로 많은 사람들이 자신이 사는 곳에서 160킬로미터 이내에서 재배한 농산물을 사 먹음으로써 지역 농업을 지원하고 있다. 이런 움직임이 널리 퍼진다면, 국제적으로 먹거리를 운송하는 데 사용되는 원료와 그 과정에서 배출되는 이산화탄소 배출량을 크게 줄일 수 있으며, 생태계를 튼튼하게 할 뿐 아니라 공동체와 상호 돌봄의 문화를 강화할 수 있을 것이다.

부를 창출하는 동시에 선을 행하는 '혼합 기업'(corporate hybrids)을 세우려는 새로운 운동이 일어나고 있다. 예를 들어, 파머스 다이너(Farmers Diner)라는 작은 식당 체인은 식재료의 65퍼센트를 반경 120킬로미터 안에서 확보하려고 노력해 왔다. 트랜스폼스(Trans-Forms)라는 회사는 2005년에 분리 가능한 인테리어 제품을 생산하기 시작했다. 이 회사는 인건비가 더 들지만 일자리를 창출하기 위해 중국이 아니라 미국에서 제품을 제조하기로 결정했다. 또한 장애인을 위한 직업 훈련 프로그램을 제공하여 훈련을 이수한 이들이 회사에 취직할 수 있도록 하고 있다. 이처럼 혼합 기업의 목적은 회사의 이익 일부를 사회적 프로젝트를 지원하는 기반을 갖추는 데 사용할 수 있게 하는 것이다.[17]

**친환경 교회 만들기**

수도원 운동과 이머징 교회 진영은 하나님이 만드신 선한 피조세계를 돌보는 일에 매우 적극적으로 참여하는 편이다. 그러나 전통적인 교회의 그리스도인들도 이 일에 동참하기 시작했다. 미시건 주에 있는 백 개가 넘는 회중의 연합체인 미시건 종교협의회 능력과빛(Michigan Interfaith Power & Light)은 교회 건물의 에너지 효율 평가, 에너지 절약형 제품과 기술, 교인들을 대상으로 한 에너지 교육 등을 제공한다. 이 연합체의 회원 교회인 성 엘리자베스 가톨릭 교회는 두 개의 집열판과 작은 풍차 터빈을 설치함으로써 에너지 사용량과 이산화탄소 배출량을 크게 줄였다. 모리스 신부는 이렇게 말한다. "우리는 모두 하나님이 만드신 피조세계의 일부다. 나와 같은 사람이 피조물을 돌보자고 소리 높여 말하지 않는다면, 누가 말하겠는가?"

안타깝게도 미국의 종교적 우파 진영에는 아직도 지구 온난화의 실체를 부인하는 사람들이 많다. 하지만 미국복음주의협회(National Association of Evangelicals) 소속 리처드 시직(Rich Cizik)의 수고로 이제는 상황이 달라졌다. "지난 2월 복음주의 기독교 지도자 86명이 지구 온난화를 해결하기 위한 노력을 지지하기로 했다. 이로써 이 문제에 대한 복음주의권의 침묵이 깨졌으

나 복음주의권 내의 심각한 분열상이 드러나기도 했다."¹⁸

새로운 수도원 운동의 지도자인 셰인 클레어본은 교회로부터 강연 요청을 받을 때 "탄소 감축 요청"을 한다. 그가 강연 목적지까지 비행기로 왕복 이동을 하는 동안 배출되는 탄소 배출량을 상쇄할 만큼, 초청하는 교회의 사람들이 그만큼 자동차를 사용하지 않도록 해 달라고 부탁한다. 셰인은 그 사람의 이름을 호명하며 감사의 말을 전하는 것으로 강연을 시작한다고 한다.

에덴회복운동(Restoring Eden)은 12개 기독교 대학에 지부를 둔 대학생 연합단체다. 회장인 피터 아일린은 지구 온난화를 막는 법안 통과를 지지하고 하나님의 피조세계를 돌보는 창의적인 방법을 모색하기 위해 이 단체를 설립했다. 크리스 엘리사라는 벨리즈, 뉴질랜드, 사모아에 있는 연구소들과 협력하여 '피조세계 돌봄에 관한 학습 프로그램'이라는 양질의 환경 교육 과정을 운영하고 있다. 영국에는 특히 두 단체가 피조세계의 돌봄에 관해 목소리를 높이고 있다. 하나님이 만드신 세상을 돌보는 일에 헌신한 국제 환경 보호단체인 영국 아 로샤(A Rocha U.K.)와 환경 문제에 관심 갖는 사람들을 위한 초교파 기독단체인 기독교생태연합(Christian Ecology Link)이 바로 그 단체들이다. 미국의 경우 "피조세계 돌봄"(Creation Care)이라는 잡지 또한 주요한 자원이다.

우리는 지금 아주 심각한 환경 문제에 직면해 있다. 만일 우리가 개인으로서 더 가볍게 살기 위해 진지한 노력을 기울인다면, 엄청난 변화를 가져올 수 있을 것이다. 그러나 거기서 머물지 말고 국제기구, 정부, 기업, 교회, 지역의 사회단체가 환경의 중요성을 인식하는 방식으로 운영되도록 이들에 대한 영향력을 행사할 필요가 있다. 만일 우리가 2020년까지 필요한 변화를 이끌어 낼 수 있다면, 나는 우리의 집인 이 지구에 희망이 있다고 생각한다. 변화는 부자들과 우리가 더 많이 갖고 싶어 하는 욕심을 줄이는 것에서부터 시작되어야 할 것이다.

> **함께 생각해 볼 문제**
>
> - 위태로운 상태의 지구가 직면하고 있는 도전 중에서 특히 당신이 염려하는 문제는 무엇인가?
> - 피조세계를 돌보는 일에 그리스도인들이 참여해야만 하는 성경적인 근거는 무엇인가?
> - 정부의 환경 정책에 영향을 미칠 수 있는 창의적인 방법, 당신의 생태 발자국을 줄이기 위해 취할 수 있는 생활방식을 각각 한 가지씩 생각해 보라.

# 9.
# 전 세계 부자들이
# 직면한 도전

부유한 사람들은 새로운 전 지구적 경제로부터 어떤 유익을 얻고 있는가?
우리가 탄 배 아래층의 비좁은 갑판에서 지내는 사람들에게
그들은 어떤 책임을 져야 하는가?

"삶에는 모든 것을 다 갖는 것보다 더 중요한 무언가가 있어야만 한다." 모리스 센닥(Maurice Sendak)은 이렇게 말했다. 하지만 특등실에서 여행하는 수많은 부자들은 그 말이 사실일 것이라고는 상상조차 하지 못한다.

**특등실에서 여행하는 사람들**

이 새로운 전 지구적 경제는 부자들에게 어떤 영향을 미치고 있는가? 간단한 답은, 이 새로운 경제를 통해 전 세계의 부자들의 부가 폭발적으로 증가했다는 것이다. 실제로 지난 10년에서 15년 사이에 인간 역사의 그 어느 시기보다 많은 백만장자와 억만장자들이 생겨났다. 2007년 "포브스"(Forbes)는 해마다 발표하는 세계의 부자들에 관한 기사에서 전 세계에 946명의 억만장자가 있다고 보도하면서 793명이었던 전해에 비해 그 수가 크게 늘었다고 기뻐했다. 946명의 억만장자들이 가지고 있는 총재산은 전해에 비해 35퍼센트가 늘어 3조4천억 달러에 이른다.[01]

런던의 "선데이 타임스"(The Sunday Times)는 "초신성처럼 폭발하는 부"라

는 제목의 기사에서 "영국의 부자들에게는 지금처럼 좋은 시절이 없었다…상위 천 명의 부를 합하면 590억 파운드에 이른다…이는 2006년보다 거의 20퍼센트가 증가한 수치로서 1989년 이 목록을 처음 발표한 이래로 최고의 연간 상승률이라고 볼 수 있다."[02] 메릴 린치(Merrill Lynch)가 내놓은 세계의 부에 관한 제10차 연간 보고서(Tenth Annual World Wealth Report)에 따르면, 1996년에 450만 명이던 전 세계 백만장자의 수는 2005년에 870만 명으로 크게 뛰었다. 이처럼 급성장하고 있는 백만장자 계층이 쥐고 있는 부는 1996년 16조6천억 달러였으나 2005년에는 33조3천억 달러로 증가했다.[03] 반면 "60억이 넘는 세계 인구의 하위 55퍼센트의 소득 수준은 감소하거나 정체 상태다."[04]

> **출발**
>
> 바보들의 배를 타고 여행하는 동안 우리는 '모든 것'을 가진 듯 보이는 상층 특등실 사람들을 방문할 것이다. 우리는 두 가지 질문을 던질 것이다. (1) 9/11 이후 부자들은 이 새로운 전 지구적 경제로부터 어떤 유익을 얻고 있는가? (2) 부자들은 가난한 사람들이 이 새로운 전 지구적 경제에 참여하는 데 필요한 기술과 자원을 확보하도록 어떻게 도울 수 있는가?

분명히 이 새로운 전 지구적 경제는 전 세계의 부자들에게 대단히 유리하게 작용하는 듯 보인다. 하지만 부자의 미래라고 해서 도전이 없는 것은 아니다. 미국 최상위층의 부가 폭발적으로 증가한 요인 중 하나는 최고경영자의 급여가 터무니없이 상승한 것이다. 2005년 350대 기업 최고경영자의 평균 연봉은 680만 달러였다. "'월스트리트저널'(Wall Street Journal)에 따르면 이는 미국 노동자 평균 임금의 179배에 달하는 액수다."[05] 이런 현상 때문에 슈퍼리치(super-rich)와 부자 사이에 새로운 계급 전쟁이 시작되었다.

## 슈퍼리치, 부자들을 압도하다

영국에서 부자들은 높은 급여를 받는 전문직 계층이다. 이들의 평균 연봉은 50만 파운드(1백만 달러)다. 이들은 비싼 집에서 살면서 휴가 때면 해외여행을 떠나고 자녀들을 비싼 사립학교에 보낸다. 영국과 다른 나라의 신흥 슈퍼리치들은 전혀 다른 차원의 삶을 산다. 이들은 아무런 고민 없이 파티에 수백만 파운드를 쓰며, 헬리콥터로 자녀를 사립학교에 등하교시키고, 전용 제트기를 타고 이국적인 곳에서 휴가를 보낸다.[06] 놀라울 정도로 많은 슈퍼리치들이 작은 개인용 제트기를 팔아 보잉 787 드림라이너를 사서는 하늘을 나는 호화 유람선으로 개조하고 있다.

이와 똑같은 현상이 미국에서도 일어나고 있다. 영국과 마찬가지로 미국에서도 부자들은 연수입으로 백만 달러를 벌지만, 슈퍼리치들은 매해 적어도 450만 달러에서 2천만 달러를 번다. 두 집단 사이의 우호적인 관계는 깨져 버렸으며, 부자들은 자신들보다 부유한 사람들에 대한 질투심 때문에 괴로워한다.[07] 수많은 슈퍼리치들은 이른바 '거부 스타일'을 과시하는 것으로 부자들의 질투심을 부추긴다.

거부 스타일의 문제점은 그것이 과시적 소비기보다는 경박한 소비―때로는 주주의 돈을 흥청망청 써 버리는 소비―라는 데 있다. 그것은 소유나 고급 취향의 즐거움을 주지 못하며 구찌 신발을 신은 다른 거부들을 전율하게 만들었다는 만족감만을 줄 뿐이다.[08]

이 새로운 거부 집단은 생일잔치와 결혼식에 평균 15만 달러에서 3백만 달러를 쓴다. "거부 스타일은…다른 거부들에게 위압감을 심어 주기 위한 스타일로서…이를테면 공작이 깃털을 과시하는 것과 같다. '이것은 과시 행위다'(라고 리처드 코니프는 말한다)…'당신은 초대를 받아서 간 파티에서 깊은 인상을 받고 이렇게 생각한다. "맙소사! 돈은 이렇게 쓰는 거야." 하지만 결국에는 위협당한 기분이 들게 된다.'"09 이런 식의 과시는 분명 부자인 많은 사람들의 관심을 사로잡을 것이다. 하지만 그들은 위협받는 기분도 들 것이다.

### 슈퍼리치들의 새로운 초국가적 공동체

우리는 전 지구화의 또 다른 부산물을 목격하고 있다. 그것은 바로 슈퍼리치들의 새로운 초국가적 공동체다. 이 새로운 공동체에 속한 사람들은 자기 나라의 문화보다는 공동체 내의 다른 구성원들과 공통점이 더 많다. 이들은 같은 호화 리조트에서 자주 시간을 보낸다. 같은 고급 국제 병원에서 진료를 받는 경우가 많다. 이런 병원들에는 세월의 약탈과 자연의 '실수'를 교정하기에 바쁜 성형외과 의사들이 높은 급여를 받으며 일하고 있다.

72억 파운드의 재산을 보유한 로만 아브라모비치는 이 새로운 초국가적 공동체의 일원이다. 그의 아내 이리나와 세 자녀는 웨스트 서섹스에 있는 45에이커의 저택과 나이츠브리지의 맨션, 모스크바 외곽의 호화 별장, 니스와 생트로페, 오스트리아, 러시아의 리조트를 비롯해 다수의 초대형 주택을 소유하고 있다. 그뿐 아니라 이들은 가격이 7천2백만 파운드에 이르며 50명의 전임 승무원이 상주하는 펠로루스를 비롯해 세 척의 호화 유람선도 갖고 있다. 여러 곳의 거주지를 오가기 위해 한 대의 전용 제트기와 두 대의 헬리콥터도 보유하고 있다. 물론 로만은 영국의 첼시 축구 구단의 구단주이기도 하다.[10]

이 새로운 슈퍼리치 계급에는 인터넷 사업으로 떼돈을 번 유럽인들, 미국 힙합계의 유명인사들, 중국과 호주 출신의 거물들이 포함된다. 1999년에 큰 성공을 거둔 래퍼 디디(Diddy)는 새로운 벤틀리 차를 구입하는 데 37만5천 달러를 썼다. 그 후로 벤틀리나 30만 달러짜리 마이바흐 같은 초호화 자동차가 래퍼들 사이에서 큰 인기를 끌었다. 이들의 취향은 점점 더 에스컬레이드, 버버리, 구찌, 프라다, 루이뷔통 같은 이른바 '게토 명품' 스타일로 변하고 있다. "많은 명품 회사들이 약간 불안함을 느끼고 있다…힙합 가수들이 명품을 찾는 것은 뜻밖의 횡재일 수도 있지만, 이들 회사의 간부들은 가끔씩 드러나는 랩의 세련되지 못한 모습 때문에 자기네 브랜드가 장기적으로는 피해를 입지 않을까 우려하고 있다."[11]

1990년대에 들어서 세계 경제가 호황을 맞으면서 중국 역시 부의 폭발을 경험했다. 현재 중국에서는 만 명 이상의 기업인들이 천만 달러 이상의 자산을 보유하고 있다. 이들 역시 거부의 생활방식을 과시하면서 마이바흐나 롤스로이스만 아니라 값이 90만 달러에 이르는 초호와 부가티 승용차를 구입한다. 장유첸이라는 베이징의 부동산 개발업자는 베이징 외곽에 (1층 면적만 15만7천 제곱피트에 달하는) 17세기 프랑스 스타일의 3층짜리 성을 세웠다. 또한 그는 자신의 저택 안에 베르사유 정원을 본뜬, 그리스 신화의 조각상으로 마무리한 정원을 만들었다. 저택 주위에는 해자를 팠다. 그는 다른 부유한 중국인들에게도 2.5킬로미터에 이르는 택지에 부동산을 구입해 초대형 맨션을 지으라고 권하고 있다. 이처럼 이들이 새로운 부를 과시할 때마다 피해를 입는 사람들은 경작하던 땅을 잃게 되는 가난한 농부들이다.

이 이야기는 지금 중국 전역에서 일어나고 있는 일의 은유라고 할 수 있다. 매우 부유한 사람들과 농촌의 가난한 사람들 사이의 경제적 격차가 급격히 벌어지고 있다. 평등하던 중국 사회는 경제 발전이라는 미명 아래 위계적인 봉건 사회로 급속히 회귀하고 있다. 이런 우려스러운 경향은 중국의 미래를 불안하게 위협할 수도 있다.[12]

### 고급스러운 생활을 위해 치러야 할 값비싼 대가

슈퍼리치에게 삶이 그저 하나의 길고 호화로운 파티가 아님을 기억해야 한다. 슈퍼리치에게도 삶은 불안한 것일 수 있다. "포브스"는 닷컴의 거품이 꺼지면서 수천 명의 신흥 부자들이 큰 타격을 입었으며 많은 신흥 부자들이 다른 종류의 삶의 압박에 극도로 시달리고 있다고 보도한 바 있다. 30세의 어느 닷컴 기업 간부는 네 달 만에 전 재산인 2천만 달러를 잃고 자살하고 말았다. 비벌리힐스에 사는 자산운용 전문가는 보유 자산 절반과 고객 대부분을 잃고 공황장애를 겪기 시작했을 뿐 아니라 남캘리포니아의 고속도로에서 운전조차 할 수 없는 상황에 이르고 말았다.[13]

심리학자이며 샌프란시스코의 돈·가치·선택연구소(Money, Meaning and Choices Institute)의 공동 설립자인 스티븐 골드바트(Stephen Goldbart)는 "돈을 많이 벌고 성공하는 것과 자긍심을 지금처럼 심하게 혼동하던 때는 없었다"고 주장했다. 부자들은 실패할 때 재산만 잃는 것이 아니라 "자신의 정체성과 자아상까지 잃는다."[14] 현재의 새로운 제국적 세계 경제는 슈퍼리치나 부자만 아니라 중산층에 속한 많은 사람들까지도 시장에서 성공하여 더 많은 것을 차지할 때 비로소 정체성과 자긍심, 심지어 삶의 목적까지 찾을 수 있다고 믿도록 만들었다.

### 9/11 이후 세계에서의 사치스러운 삶

매우 부유한 사람들과 그들에게 서비스를 제공하는 사람들은 2001년 9월 11일에 발생한 끔찍한 테러 공격으로 인해 우리와 마찬가지로, 하지만 다른 방식으로 심각한 타격을 받았다. 테러 공격 직후 뉴욕 시에서 열릴 예정이던 패션쇼는 모두 취소되었으며, 명품 산업 전체가 공포의 와중에 어떻게 과시와 사치, 질투를 선전하고 판매할 수 있을지 고민하면서 바삐 움직이기 시작했다.

이 영악한 장사꾼들이 다시 판을 벌이고 장사를 시작하기까지는 오랜 시간이 걸리지 않았다. 테러 공격 이후 첫 패션쇼 중 하나를 개최한 바 있는 구찌의 디자이너 톰 포드는 "그 어느 때보다 세상에 아름다움이 더 필요한 상황이다…나는 우리 모두에게 아름다움이 절실히 필요하다고 생각한다. 이것이 현 상황을 헤쳐 나갈 수 있는 유일한 방법인지도 모른다"면서 자신을 합리화했다.[15] 그저 놀라울 뿐이다! 포드는 테러 공격이라는 끔찍한 현실을 헤쳐 나가기 위한 방법이 명품 소비에 탐닉하는 것이라고 주장한 것이다.

「럭셔리 신드롬」(*Living It Up*, 미래의창)에서 제임스 트위첼(James Twitchell)은 명품에 탐닉하는 것은 우리 삶에 아름다움을 가져다줄 뿐 아니라 수많은 사회적 장벽을 초월하는 끈끈한 사회적 유대를 만들어 준다고 주장한다. 트위첼은 종교가 테러를 정당화하는 데 동원되고 민족성이 대량 학살을 정당화하는 데 동원되는 세계에서 "미국인들이 같은 하나님을 가질 수 없다면, 구찌를 공유하면 되지 않겠는가?"라고 주장한다.[16] 정말 왜 안 되겠는가? 나나 당신이나 슈퍼리치와 더불어 끈끈한 사회적 유대를 만드는 일에 동참하기 위해 얼마 안 되는 적금을 털어 어처구니없이 비싼 쓰레기를 기꺼이 구입하지 않겠는가?

부자들은 최근 테러 공격의 결과로 찾아온 이런 식의 불확실성을 절대적으로 혐오한다. 사실 많은 슈퍼리치들이 세계에서 테러 공격을 당할 가능성이 훨씬 적은 곳에 고급 저택을 구입해 왔다. 호주의 한 건축가는 나에게 한 미국인 슈퍼리치를 위해 태즈메이니아(호주 남쪽의 섬—옮긴이)의 외딴 숲에 매우 비싼 집을 설계한 적이 있다고 말해 주었다. 이 집은 그 슈퍼리치의 여섯 번째 집이었는데, 그는 1년에 고작 두 주간 이 집을 사용할 생각이라고 한다. 테러 위협이 없는 한 말이다.

중국의 일부 거물 기업가와 미국의 일부 연예인들은 세상에서 가장 값비싼 자동차를 구입하지만, 서구의 슈퍼리치는 대부분 그러지 않는다. 오토리서치(Center for Auto Research) 회장 데이비드 콜(David Cole)은 "부를 자랑하는 것은 위험한 행위"라고 주장한다. 슈퍼리치들은 호화 자동차를 덜 화려한 브랜드로 바꾸고 강력한 방탄 장비를 갖춘 차량으로 개조하고 있다.[17]

영화 "바보들의 배"에서 특등실의 부자들은 매일 밤 선장과 만찬을 즐기며, 갑판 아래 비좁은 짐칸에서 지내는 수많은 가난한 농장 노동자들을 잊어버린 채 자기밖에 모르는 삶에 탐닉한다.

두 번째 물음에 대한 대답을 찾아보자. 가난한 사람들이 이 새로운 전 지구적 경제에 참여할 수 있도록 하기 위해 부자들은 그들의 자원을 어떻게 사용해야 하는가? 지금부터 2015년까지 1년에 190억 달러의 돈이면 세계의 기아와 영양실조를 종식시킬 수 있다. 그에 더해 동기간에 연간 130억 달러의 돈이면 지구상의 모든 아이들에게 교육을 제공할 수 있다. 그에 더해 연간 150억 달러의 돈이면 우리와 함께 이 배를 타고 여행하는 모든 사람에게 깨끗한 물과 기본적인 위생 시설을 제공할 수 있다.[18] 오늘날 매우 부유한 사람들 가운데 자신의 부와 안락함, 안전에만 관심을 기울이는 대신 전 세계의 가난한 사람들 중 일부에게 새로운 가능성을 제공하기 위해 노력하는 이들이 있으니 감사할 따름이다.

**부자의 미래에 대한 새로운 상상**

점점 더 많은 부자들이 본격적인 자선가가 되고 있다. 부유한 미국인들에게 더 많은 돈을 자선에 기부하라고 권하는 새로운십일조(New Tithing Group)라는 단체는 국세청에 비용을 지불하고 미국에서 가장 부유한 4백 명의 사람들이 어떤 방식으로 기부하는지에 관한 자세한 정보를 얻어 냈다. 이들은 부자들로 하여금 더 후하게 기부하도록 만들기 위해 자신들이 입수한 정보와 그에 대한 분석 자료를 인터넷에 올렸다.[19] 만일 미국에서 가장 많은 돈을 버는 사람들이 중산층이나 가난한 노동자와 같은 수준으로 기부한다면, 자선을 위해 기부되는 돈은 연간 250억 달러나 늘어날 것이다. 만일 부자들이 보수적으로 자선에 기부하는 이들의 수준만큼 기부한다면, 그 기부액은 연간 천억 달러에 이를 것이다.

미국에서 가장 부유한 4백 명이 기부한 액수는 1997년 9천3백만 달러에서 2000년에는 1억7천4백만 달러로 80퍼센트나 증가했다. 마이크로소프트사의 공동 창업자인 빌 게이츠는 빌 & 멀린다 게이츠 재단(Bill & Melinda Gates Foundation)을 통해 전 세계에서 가장 지혜로운 자선 활동을 펼치고 있다. 예를 들어, 이 재단은 기초 예방접종을 받지 못하는 전 세계 2천7백만 아동에게 예방접종을 실시하기 위해 노력하고 있다. '거대한 도전'(Grand Challenges Initiative)이라는 프로그램을 통해 게이츠 재단은 과학 연구를 활용하여 아동들을 위한 백신 개발을 향상시키고, 말라리아의 확산을 막을 방법을 찾고, 20억 명에 달하는 우리 이웃들이 영양실조에 맞설 수 있도록 영양가 높은 주요 작물의 개발을 위해 노력하고 있다. 슈퍼리치인 워런 버핏과 다른 이들 역시 이런 중요한 노력에 아낌없이 투자하고 있다.

수많은 나라에서 수많은 그리스도인들이 돈을 버는 데 성공했다. 내가 제기하고 싶은 질문은 이것이다. 하나님이 우리에게 맡겨 주신 돈에서 얼마만큼을 우리 자신의 필요와 욕구를 채우기 위해 사용해야 하는가? 부자이든 큰 부자가 아니든 우리 가운데 많은 이들은 가장자리에 서 있는 이들의 자립을 돕기 위해 기부하는 금액을 크게 늘린다 해도 별다른 고통을 느끼지 않을 것이다.

하비스트 타임(Harvest Time)은 부유한 그리스도인들이 하나님 나라의 확장을 위해 돈을 사용하는 방법을 분별하도록 서로 도울 수 있는 공동체를 만들었다. 예를 들어, 오리건 주 포틀랜드에 있는 하비스트 타임의 소모임에 참여하는 낸시와 하워드 서스턴 부부는 말기 환자를 돌보고 가난한 이들을 대접하기 위해 아파트를 구입하기로 했다. 하워드와 낸시는 소모임을 대표해 그 아파트를 관리하는 일을 맡고 있다.[20]

영국의 한 부유한 가정은 조용한 모략에 참여할 수 있는 창의적인 방법을 생각해 냈다. 킴 탠은 자신의 소명이 "부를 나누기 위해 부를 만들어 내는 것"이라고 주장한다. 그는 16년 전에 영국으로 이주한 말레이시아 출신 사업가의 아들이다. 그는 영국에 도착한 직후 그리스도를 믿게 되었는데, 곧이어 대학 교육을 받았고 이를 통해 하나님이 지구상의 모든 생명을 돌보시고 계심을 확신하게 되었다.

영국의 서리 주에 살고 있는 탠 부부는 수입의 50퍼센트와 그에 더해 연말에 남는 돈 전부를 기부하는 원칙을 세웠다. 킴 부부는 영국의 기독교 지도자인 로저 포스터(Roger Forster)와 앨런 크라이더(Alan Kreider)와 협력해 새로운 형태의 기독교 벤처기업인 트랜스포메이셔널 비지니스 네트워크(Transformational Business Network)를 설립했다. 이 회사는 기업가들이 실업률이 높은 가난한 나라에서 소규모 사업체를 시작하도록 돕는 일을 펼치고 있다.

탠 부부는 남아프리카의 한 농촌에서도 새로운 사업을 시작했는데, 말라리아가 없는 지역에 야외 놀이공원을 세우는 일이다. 그는 공원에 울타리를 치기 위해 65명의 노동자들을 훈련시키고 있으며, 이 과정을 통해 그들 스스로 울타리 치기 사업을 시작할 수 있도록 돕고 있다. 이 사람들은 자신들이 하는 일에 합당한 급여를 받았을 뿐 아니라 건설 기술 및 글을 읽고 쓰는 훈련도 받았다.

킴은 "해방자이신 하나님은 새로운 시작을 위한 기회를 제공하시며, 너그러운 위임자이신 하나님은 사람들이 스스로 책임지고 일하기를 원하신다. 희년이 되면, 부를 창출하는 데 필요한 수단이 사람들에게 재분배된다. 이것은 자선이 아니라 청지기 정신이다"라고 주장한다.[21] 다음 장에서 우리는 새로운 전 지구적 미래로 함께 항해해 가는 도정에서 일반실에 있는 우리가 직면한 청지기로서의 기회와 도전을 살펴볼 것이다.

> **함께 생각해 볼 문제**
> - 가장 부유한 이웃들이 전 세계의 수입 중 더 많은 몫을 받게 될 때 어떤 결과가 있을 것이라고 예상하는가?
> - 성경은 서구의 부유한 사람들이 가난한 사람들에 대해 어떤 책임을 가지고 있다고 가르치는가?
> - 당신이나 당신의 부유한 친구들이 가난한 이들의 자립을 돕기 위해 가진 자원의 일부를 창의적으로 사용할 수 있는 방법을 한 가지 생각해 보라.

## 10.
## 취약한 중산층이
## 직면한 도전

이 새로운 전 지구적 경제는 중산층에게 어떤 영향을 미치고 있는가?
우리는 어떻게 다른 이들을 섬기는 새로운 방법을 만들어 냄으로써
하나님의 모략에 가담할 수 있는가?

앨런 허쉬와 포지가 주최한 '위험한 이야기 집회'(Dangerous Stories Conference)에 참석하기 위해 멜버른에 도착했을 때, 나는 내가 만난 사람들의 연령대와 창의성에 깊은 인상을 받았다. 다양한 진영에 속한 이머징 교회, 선교적 교회, 전통적 교회 지도자들이 우리가 지금까지 보지 못했던 방식으로 함께 일하고 있었다. 또한 새로운 세대의 교회 개척자들이 직면한 문제에 대한 솔직한 토론이 있었다.

패널토의 시간에 한 성공회 사제가 일어나 일주일 전 미국에서 열린 한 이머징 교회 집회에서 만난 20세의 교회 개척자 두 사람에 대한 걱정을 나눴다. 젊은 그 지도자들은 "개인 재정 상태가 물에 빠진 돌멩이 같았다." 한 사람은 교회 개척을 하는 첫 해 동안 생존을 위해서만 3만4천 달러의 신용카드 빚을 졌다. 다른 한 사람 역시 1만7천 달러의 카드빚을 지고 있었다. 두 사람은 파산 직전이었으며 어찌할 바를 몰랐다. "우리는 어떻게 새로운 모습의 교회를 만들려고 노력하는 젊은 교회 개척자들이 살아남는 데 필요한 자원을 찾도록 도울 수 있을까?" 이 사제는 패널들에게 물었다.

"그리스도인들은 그리스도의 사역을 위해 언제나 희생해야 했다. 언제나 그랬다." 나와 함께 패널에 있던 중년의 한 교단 임원이 답했다. 그의 말에 반대하면서 나는 언제나 그랬던 것은 아니라고 말했다. 많은 양심적인 지도자들이 중산층 젊은이들이 그들의 부모 세대보다 훨씬 더 어려운 시기에 전 지구적 경제와 맞닥뜨리고 있음을 깨닫지 못하고 있는 듯하다. 오늘날 젊은 지도자들은 중대한 경제적 변화 때문에 이전 세대보다 훨씬 더 어려운 재정적 도전에 직면하고 있다.

> **출발**
>
> 앞 장에서 나는 새로운 경제가 상류층에게 어떤 영향을 미치는지 물었다. 우리는 이 새로운 경제가 (경제적 관점에서) 부자들, 특히 새로 등장한 슈퍼리치들에게 대단히 유리하게 작용하고 있음을 발견했다. 이제 이런 질문을 던질 차례다. 이 새로운 전 지구적 경제가 중산층, 특히 이제 막 경제 활동을 시작한 이들에게 어떤 영향을 미치고 있는가? 앞으로 살펴보겠지만, 중산층에 속한 많은 사람들이 경제 호황의 혜택을 받고 있기는 하나 모두가 그런 것은 아니다. 또한 우리가 던질 질문은 이것이다. 중산층에 속한 우리는 우리 앞에 닥친 도전에 어떻게 효과적으로 대응할 것이며 그와 동시에 다른 이들의 삶에 펼쳐지는 하나님의 긍휼의 모략에 어떻게 더 깊이 가담할 것인가?

**거세지는 시간의 압박**

새로운 전 지구적 경제는 일반실에 묵고 있는 우리에게 어떤 영향을 미치고 있는가? 분명 중산층에 속한 많은 사람들이 10년이나 15년 전보다 더 많은 돈을 벌고 있다. 그러나 자신의 일자리가 해외로 빠져나가거나 은퇴 자금이 갑자기 사라져 버리는 것을 경험한 사람들도 있다. 값싼 중국산 소비재가 홍수처럼 밀려들고 있으며, 치솟는 주거비 때문에 어려움을 겪는 이들도 있다. 35세 이하의 수많은 사람들 중에서 소수는 신흥 부유층에 진입했으나 훨씬 더 많은 사람들은 그저 살아남기 위해 버둥거리고 있다.

나는 영국, 호주, 뉴질랜드, 북미의 교회에서 일할 때면 "여러분 가운데 얼마나 많은 사람들이 5년 전보다 더 열심히 더 많이 일하고 있습니까?"라고 묻는다. 예외 없이 70퍼센트 이상이 손을 든다. 이처럼 점점 더 시간이 부족하다고 느끼게 되는 주요 원인 중 하나는, 이 새로운 전 지구적 경제가 효율성을 추구하고 거기에 집착하기 때문이다. 그 결과 노동자들을 향해 어디서든 더 열심히, 더 오래 일하라는 압박이 거세지고 있다. 영국과 호주, 특히 미국의 많은 사람들은 심지어 10년 전에 비해 더 오랜 시간을 일해야 한다. 또한 미국인들은 대부분의 서구 국가 국민들에 비해 휴가 날짜도 훨씬 적다.

성장걸림돌연구소(Obstacles to Growth Survey)에서는 5년에 걸쳐 139개국 2만 명의 그리스도인들이 얼마나 바쁜지를 분석했다. 조사에 따르면, 분주함의 지수는 그리스도인들에게서 대단히 높게 나왔으며, 특히 미국과 영국, 그리고 목회자들 사이에서 높게 나왔다. 찰스턴 대학 경영대학원의 마이클 지거렐리(Michael Zigarelli) 박사는 이 문제를 "문화적 획일성에 의해 조장된 '악순환'"으로 설명했다. 그는 그리스도인들이 극도로 바쁘게 지낼 때 그 삶에서 하나님은 주변화된다고 덧붙였다. "그리스도인들은 어떻게 살아야 하는가를 말해 주는 세속적인 전제에 훨씬 더 영향을 받게 되며, 그 결과 분주함과 성급함, 과로의 문화에 순응하게 된다. 그러고 나면 이 악순환은 처음부터 다시 시작된다."[01]

전 지구적 경제가 새롭게 만들어 낸 것 중 하나는 하루 24시간, 주 7일간 일하는 관행이다. 교회와 지역사회에서 점점 더 많은 사람들이 하루 24시간 주 7일 비상대기를 하고 있으며, 사실상 일터를 떠나지 못하고 있다. 이것은 새로운 현상이다. 더 열심히 더 오래 일하라는 이 같은 압박은 더 심해질 것으로 보인다. 이에 더해 새로운 융합 기술이 비약적으로 발전하면서 평면 TV, 컴퓨터, 아이팟을 결합한 놀라울 정도로 다양한 오락거리가 만들어졌다. 게다가 웹 2.0이라는 인터넷 기반 생산자 기술의 도래로 인해 엄청나게 많은 사람들이 DVD, 팟캐스트 등 매체를 생산하고 소비하는 데 점점 더 많은 시간을 쓰고 있다.

요컨대, 일터에서 더 많은 시간을 보내고 매체를 생산하고 소비하는 데 더 많은 시간을 보내라는 압박이 점점 더 거세지는 상황에서 가족과 친구, 교회, 기도와 성경 읽기 같은 다른 활동에 쓸 수 있는 시간이 적어지고 있다. 다른 이들을 섬기는 데 할애할 시간이 적어졌음은 말할 나위가 없다.

그러므로 이머징 교회와 선교적 교회, 모자이크 운동, 수도원 운동의 지도자들뿐 아니라 전통적 교회에 속한 이들 역시 자신들이 섬기고 있는 사람들이 도움을 필요로 하고 있다는 사실을 깨달아야 한다! 우리는 예수님을 따르는 사람들이 가장 중요한 일에 시간을 사용할 수 있도록, 그들의 시간과 자원을 더 효과적으로 관리하도록 도울 수 있는 실제적인 자료를 찾거나 만들어야 한다. 또한 하나님과, 우리와 함께 공동체를 이룬 사람들과 더 많은 시간을 보낼 수 있는 덜 분주한 생활방식을 만들어 제시해야 한다.

새로운 전 지구적 경제의 가장 이상한 측면은 중산층에 속한 사람들 가운데 어떤 사람들은 지나친 부를 추구하려는 유혹에 넘어가는 반면 어떤 사람들은 극심한 빈곤에 빠질 위험에 처해 있다는 사실이다. 이 두 극단적인 상황과 씨름하는 중산층 가정의 전혀 다른 두 가지 이야기를 나누고자 한다. 두 이야기 중 어느 쪽에 공감이 되는지 생각해 보라.

### 지나친 부를 추구하는 삶

캐런 애디는 매일 아침 자신의 소박한 교외 주택에서 잠을 깬다. 꿈에 그녀는 수백만 달러의 사업체를 보유하고, 리비에라(지중해 연안 일대의 휴양지—옮긴이)에서 휴가를 보내고, 파리에서 쇼핑을 하고, 대저택을 구입하다가 눈을 뜬다. 캐런은 부자와 슈퍼리치의 생활방식을 마음속 깊이 부러워하는 중산층의 수많은 사람들 중 하나다. 그는 부와 특권의 로제타 비문을 해독할 수만 있다면 자신과 남편, 십대의 두 자녀가 슈퍼리치처럼 호화로운 삶을 살 수 있으리라고 확신한다. 캐런은 이미 수천 달러를 내고 매디슨 스퀘어 가든에서 열리는 동기부여 강좌에 참석했다. 강좌에서 앤서니 로빈스(Anthony Robbins)는 참석자들로 하여금 뜨겁게 달궈진 석탄 위를 걷게 하고, '내면의 거인을 깨우기' 위해 티나 터너의 노래 "당신이 최고"(Simply the Best)를 따라 부르면서 손을 위아래로 흔들게 한다.

이처럼 캐런은 더 많은 것을 추구하는 데 자신의 모든 것을 바쳤다. "리더십이란 다른 이들의 생각과 행동에 중대한 영향력을 미칠 수 있는 능력이다…나는 그저 훌륭한 것에는 만족을 느끼지 못한다. 나는 남보다 뛰어나고 싶다." 컴퓨터 기술자인 그녀의 남편은 펜실베이니아 주의 한 농장에서 자랐으며 미래에 대해 캐런과는 다른 비전을 가지고 있다. 그는 은퇴 후 작은 농장으로 돌아가고 싶어 한다. 캐런은 "리비에라에 있으면서 동물을 돌볼 수는 없다"고 했다. 그러자 남편은 "나는 리비에라에 가지 않겠다"고 대답했다.[02]

말하자면, 캐런은 네 갈고리 닻과 권양기(줄을 잡아끌거나 감아올리는 기구—옮긴이)를 가지고 일반실의 둥근 창문을 빠져나가려고 애쓰는 셈이다. 그는 가족들을 특등실로 끌어올리기로—가족들이 원하든 원하지 않든—굳게 결심한 사람이다.

「사치 열병」(Luxury Fever)에서 로버트 프랭크(Robert Frank)는 사치품 소비가 전체 소비 증가율보다 네 배나 빠르게 증가하고 있다고 말한다.[03] 캐런처럼 호화로운 생활방식을 동경하는 중산층 사람들이 점점 더 늘고 있다. 우리 대부분은 캐런처럼 목표를 정하고 그것을 달성하기 위해 노력하지 않는다. 얼마 전까지만 해도 전혀 손에 넣을 수 없었던 명품을 마음껏 탐닉하고 싶어 할 뿐이다.

명품에 대한 이러한 새로운 욕망은 결코 우연히 생겨난 것이 아니다. 지난 몇 년간 전 지구적 경제의 장사꾼들은 '사치품의 민주화'라는 새로운 광고 전략을 고안해 냈다. 그럴듯하지 않은가? 비록 우리 대부분은 부유하고 유명한 사람들의 생활방식을 온전히 경험할 수 없겠지만 광고업자들은 우리 모두가 그것을 맛볼 자격이 있다고 믿게 만들려고 한다.

중산층 여성들에 던지는 메시지는 이런 식이다. "지금 당장 가서 갭에서 백 달러어치 옷을 구입하라. 당신은 약간의 사치를 누릴 자격이 있다…마음껏 누리라…가서 외출할 때 필요한 5천 달러짜리 구찌 가방을 사라…당신은 자격이 있다."

BMW와 구찌에서 호화 리조트와 스파에 이르기까지 사치품을 생산하는 회사들은, 비록 일반실에서 특등실로 옮길 만한 여유가 없더라도 호화로운 삶에 대한 욕구를 가지라고 우리를 부추기고 있다. 그리고 그들의 전략이 먹히고 있다! 최근 캠프에서 만난 한 젊은 여성은 캘리포니아 교외에서 "사치가 일반화되었다"고 말해 주었다. 캘리포니아 주지사 아놀드 슈왈제네거는 엄청난 부자처럼 살고 싶어 하는 이들을 향해 돈이 결코 행복을 가져다주지 못함을 상기시킨다. "나는 지금 5천만 달러를 가지고 있지만, 4천8백만 달러를 가지고 있던 때보다 더 행복한 것은 아니다."[04]

미국, 캐나다, 호주뿐 아니라 영국과 뉴질랜드의 중산층 그리스도인들 중에는 규격화된 호화주택(McMansion)과 호화 승용차에서 값비싼 크루즈 관광과 스파 여행에 이르는 모든 것에 탐닉하는 사람들이 점점 더 늘어나고 있다. 면적 465제곱미터에서 929제곱미터에 이르는 대저택을 구입하는 것이 경제적으로 그리고 환경적으로도 값비싼 것임을 많은 이들이 깨닫지 못하는 것 같다. 실리콘밸리에서 로키 산맥에 이르기까지 여러 지역에서 초대형 주거지에 대해 에너지 제한을 가하고 있다. 캘리포니아 주 로스 알토스의 경우, 대저택의 평균 규모는 790제곱미터의 시청보다 더 크다.[05]

또한 많은 사람들이 우리의 제한된 자원에서 더 많은 비중을 사치품에 소비하라는 유혹을 받고 있다. 이는 생활비에 써야 할 돈이 줄었을 뿐 아니라 하나님의 새로운 질서를 구하는 일에 투자할 돈도 적어진다는 뜻이기도 하다.

이제 특등실로 올라가는 데 전혀 관심이 없는 또 다른 가족을 소개하고자 한다. 이들은 그저 일반실의 삶을 유지하기만을 바랄 뿐이다.

**극심한 가난에 직면한 삶**

아놀드와 셰런 도시트는 세 자녀 재커리, 다코타, 제시카와 인디애나 주 캠비에서 살고 있다. 그들은 하루하루 먹고살기 위해 최선을 다하고 있다. 그러나 그마저도 여의치 않다. 이제 여덟 살인 잭은 두 차례나 폐렴으로 고생했고 아기 때부터 내내 건강이 좋지 않았다. 부모는 잭의 면역 체계에 심각한 문제가 있으며 매월 면역 글로블린 주사를 맞아야 한다는 사실을 뒤늦게 알았다. 의료보험에서 병원비의 90퍼센트가 보장되지만, 자가 부담액을 지불하는 것만으로도 기본적인 생활이 어려운 지경이다. 잭이 태어난 후로 그들은 해마다 1만2천 달러에서 2만 달러의 병원비를 지불해 왔다.

상업용 냉난방 시설 업체에서 일하는 아놀드는 주간 노동 시간을 80-90시간까지 늘려 연봉으로 6만8천 달러를 번다. 오랜 시간 일해야 하기 때문에 아이들과 거의 함께 시간을 보내지 못한다. 그럼에도 이들 가족은 잭의 치료비를 제대로 내지 못하고 있다. 셰런 역시 보모 일을 하지만 그것으로 많은 돈을 벌지는 못한다. 그들은 신용카드에 의지해 어떻게든 살아 보려 했으며, 그 와중에 빚은 거의 3만 달러로 늘었다. 주로 사용하는 카드가 연체되기 시작하자 카드 회사는 이자율을 2.9퍼센트에서 14퍼센트로 크게 올렸고, 그로 인해 그들은 더 큰 어려움에 처했다.

친구들은 그들에게 교회에 도움을 청하라고 충고했지만, 도시트 가족은 도움을 구하는 것이 편치 않았다. 카드빚을 갚기 위해 집을 담보로 대출을 받았으나 그것으로도 문제가 해결되지 않았다. 매월 갚아야 할 주택 할부금이 더 높아졌으며 자동차 할부금 역시 갚을 수 없게 되었다. 정말이지 내키지 않았지만 아놀드와 셰런은 생활을 유지하기 위해 파산신청을 하기로 결정했다.

아놀드는 아버지에게 파산신청을 했다는 말을 하기가 정말 어려웠다. "나는 돈을 잘 벌고 열심히 일해 왔습니다. 파산신청을 했을 때 나는 실패했다는 느낌이 들었습니다." 아놀드의 아버지는 가계가 어려울 때 두세 가지 일을 해야 했었지만, 언제나 가족을 부양할 수 있었다. 아놀드는 아버지보다 돈을 더 많이 벌고 있지만 아버지만큼 가족을 잘 부양하지 못하고 있는 듯하다. 파산신청으로 당분간은 채무에서 벗어날 수 있겠지만, 도시트 가족은 집을 잃었으며 잭의 의료비는 계속 쌓여만 간다. 이들이 다시 생존 자체를 걱정하지 않으리라는 보장은 없다.[06]

도시트 가족처럼 열심히 일하고 규칙을 따르고 자녀를 돌보는 중산층 가정들은 점점 더 헤어 나올 수 없는 상황에 빠지고 있는데 캐런 가족과 같은 다른 중산층 가정들은 최상위층으로 올라갈 수 있게 되었으니, 도대체 어찌된 일인가? 일반실에서 여행하고 있는 우리는 점점 더 심해지는 사치의 유혹과, 역시 점점 더 심화되는 재정적 참사의 위험에 어떻게 대처할 수 있을까? 우리는 모든 세대가 직면한 '거대한 위험 변화'와 새로운 세대가 직면한 '거대한 시대 변화'를 좀더 분명히 인식할 필요가 있다.

**거대한 위험 변화**

나는 1950년대에 성장기를 보냈다. 분명 지금 우리는 그 당시에는 상상조차 하지 못했던 소비재를 누리고 있다. 많은 사람들이 오늘날의 새로운 경제가 놀라운 행복과 기쁨을 가져다줄 것이라고 말하며, 우리들 대부분은 컴퓨터에서 DVD플레이어, 인공위성 신호를 수신하는 컴퓨터를 내장한 자동차, 아이폰 등 많은 물건을 가지고 있다. 그러나 연구에 따르면, 우리는 1950년대보다 행복하지 않다.

    2005년에 「월스트리트 저널」은 새로운 소비재를 제공하는 새로운 경제 성장의 시대를 환영하면서 "기적은 계속된다"고 선언했다. 그러나 대부분의 미국인들은 그런 기적이 존재한다고 믿지 않는다.[07] 워싱턴의 싱크탱크인 경제정책연구소(Economic Policy Institute)는 1979년과 2000년 사이에 미국의 소득수준 상위 20퍼센트에 속하는 사람들은 수입이 70퍼센트 증가한 반면, 상위 1퍼센트에 속하는 사람들은 놀랍게도 184퍼센트 증가했고, 중산층은 소득이 아주 조금 늘었을 뿐이며, 소득수준 하위 20퍼센트의 수입은 물가 상승률에도 못 미치는 6.4퍼센트 증가에 그쳤다.[08] 예일 대학의 경제학자 로버트 쉴러(Robert Shiller)는 이 새로운 "카지노 경제"가 경제적으로 승자독식 효과를 낳고, 이로 인해 전체 인구 중 극소수에 해당하는 사람들이 대부분의 돈을 벌어들이고 대다수의 사람들은 전혀 돈을 벌지 못하는 결과를 낳는다고 우려한다.[09]

    대부분의 미국인들은 여전히 미래 경제에 대해 낙관적이지만, 신분 상승을 가능하게 하는 장치가 이제는 제대로 작동하지 않는다는 것을 깨닫지는 못하고 있는 듯하다. 사실 제이콥 해커(Jacob Hacker)는 "미국보다 스웨덴과 같은 유럽 국가들이 계층 이동성이 더 높으며, 미국만큼 계층 이동성이 낮은 곳은 남아프리카와 영국뿐"이라고 말한다.[10] 다시 말해, 불평등이 심화되고 있다는 말이다.

해커는 또 다른 우려를 제기한다. "미국 가정의 소득 불안정성이 소득 불평등보다 훨씬 더 빠른 속도로 상승하고 있다. 미국 가정의 소득이 급락할 가능성이 커졌다." 그는 1990년대 말 호황이 절정에 이르렀을 때의 소득 불안정성은 1970년 초에 비해 다섯 배 더 높았다고 설명한다. 2002년에는 1970년대 초에 비해 세 배 더 높았다.[11] 제이콥 해커는 소득 불안정성이 점점 높아지는 이유를 다음과 같이 설명한다. 첫째, 새로운 전 지구적 경제에서 영국, 호주, 뉴질랜드의 노동자들은 60년대, 70년대, 80년대보다 더 오랜 기간 동안 실직 상태에 처할 가능성 높아졌다. 노동자들이 다시 일자리를 찾았을 때에라도 이전 직장보다 훨씬 낮은 임금을 받는 경우가 많다. 회사들이 은퇴연금을 제공하지 않기 때문에 연금 혜택을 잃은 사람들도 많다.

그뿐 아니라 미국에서는 기업과 정부 모두가 의료비와 노후 대책 비용을 점점 더 개인과 가족에게 전가하고 있다. 다시 말해, 기업과 정부가 제공하던 사회 안전망이 서서히 찢어지고 있다. 이는 곧 중산층에 속한 사람들과 그 자녀들은 자기 스스로 경제적 안정망을 구축해야 함을 뜻한다.

전 세계의 정치적·경제적 보수주의자들은 그들이 '소유권 사회'(ownership society)라고 부르는 것을 만들기 위해 의회를 압박하고 있다. 사람들이 자신의 집과 땅, 그 밖의 투자 대상을 소유할 때 사회에서 더 책임 있는 역할을 하는 경향이 있다는 그들의 주장은 옳다. 그러나 로버트 쉴러는 그들이 주장하는 소유권 사회가 개인적 소유권을 장려하는 데 그치지 않고 개인적 위험도를 크게 높이고 있다고 지적한다.[12] 나는 '소유권 사회'라는 말이 사람들로 하여금 '스스로의 힘으로' 살아가도록 만들겠다는 암호문에 불과하다고 생각한다.

해커는 이런 정책을 옹호하는 이들이 노동자들과 그들의 가족에게 위험을 전가하려 한다고 설명한다. 실제로 그들은 의료, 실직수당, 은퇴연금 같은 사안에서 정부나 기업으로 하여금 위험을 분담하게 하기보다는 우리가 우리 삶의 경제적 비용의 무게를 온전히 짊어지는 것이 더 낫다고 믿는다.

이론의 여지 없이, 이제 우리는 어려운 때를 대비해 더 많은 돈을 저축해야만 한다. 예를 들어 401K(미국의 퇴직금 적립 제도—옮긴이) 프로그램 등을 통해 개인적으로 은퇴자금을 마련해 두는 것이 좋다. 그러나 지금까지 중산층이 받아 왔던 의료혜택, 은퇴연금, 그 밖의 보호 장치가 사라졌을 때 우리들 대부분은 혼자 힘으로 그 부담을 감당할 만큼 많은 돈을 벌지 못한다.

솔직히 말해, 1970년대와 1980년대와 1990년대에 중산층 가정을 유지해 준 유일한 방법은 아내들이 직장으로 돌아가는 것이었다. 엘리자베스 워런(Elizabeth Warren)은 「맞벌이의 함정」(The Two-Income Trap)이라는 중요한 책에서 오늘날에는 맞벌이 가정조차도 어려운 사람들과 나누기는커녕 수지를 맞추며 사는 데 어려움을 겪고 있음을 보여 준다.

오늘날 평균적인 맞벌이 가정은 한 세대 전의 1인 소득자 가정에 비해 훨씬 많은 돈을 번다. 그러나 주택 할부금, 자동차 할부금, 세금, 건강보험료, 보육료 등을 지불하고 나면 오늘날 맞벌이 가정이 실제로 사용할 수 있는 수입은 한 세대 전 1인 소득자 가정의 수입보다 적다. 그리고 만일의 경우를 대비해 저축할 수 있는 돈 역시 줄었다.[13]

"이코노미스트"(The Economist)에 따르면, 미국인만 아니라 캐나다인과 영국인의 경우에도 1990년대 초 7퍼센트였던 가계당 저축률이 1퍼센트 이하로 떨어졌다. 호주와 뉴질랜드의 저축률은 언제나 마이너스다. 즉 호주 사람들과 뉴질랜드 사람들은 버는 것보다 더 많은 돈을 빌려 쓰는 셈이다.[14] 최근에는 미국인들도 마이너스 저축률 클럽에 가입해 마음껏 빌려 쓰기 시작했다.[15]

도시트 가족처럼 점점 더 많은 사람들이 중산층의 지위를 잃고, 경제적 불확실성 자체가 한 가지 삶의 방식인 짐칸으로 미끄러질 심각한 위험에 처해 있다. 실제로 경제적 폭풍을 몰고 올 구름이 점점 짙어지는 상황에서 서구 국가의 많은 중산층 가정들은 한 달만 급여를 받지 못해도 경제적 재앙으로 떨어지고 말 것이다.

## 급증하는 일반실 승객의 빚

역설적이게도 전 지구적 경제의 성장을 지속시키는 주요 요인 중 하나는 미국 소비자들의 자신감이다. 우리는 이런 질문을 해야 한다. 미국인들은 전 지구적 경제 호황을 지속시키기 위해 버는 것보다 더 많이 소비하는 상태를 언제까지 지속할 수 있을까?

서구 국가에서 많은 사람들의 개인 채무가 폭증하고 있다. 미국에서 우리가 수입보다 더 많이 소비할 수 있는 이유 중 하나는 신용카드 사용액의 급증 때문이다. "빌린 돈으로 값비싼 장난감을 사들인"[16] 미국인들은 현재 7천 5백억 달러의 신용카드 빚을 지고 있다. 이는 20년 전에 비해 6배에 달하는 액수다. 2007년 3월에 영국인의 개인 채무는 1조3천1백8십억 파운드까지 증가했다. 1993년에 4천억 파운드였던 것에 비하면 극적인 증가다.

1989년에서 2001년 사이에 가난한 가정이 진 신용카드 빚은 149퍼센트 증가했다. 신용카드사들은 신용 이력을 감안할 때 신용카드 사용 시 상황이 악화될 것이 분명해 보이는 사람들에게도 상품을 팔려고 했다. 그런 다음 고객들에게 평균 13퍼센트의 연이자율과 평균 29달러의 연체료를 부과했다.[17]

늘어나는 빚 때문에 나타나는 현상 중 가장 우려스러운 것은 사람들이 자신의 집을 담보로 돈을 빌리고 있는 점이다. 경제학자 스티븐 로치(Stephen Roach)는 "우리는 미국의 주택을 거대한 현금지급기로 만들어 버렸다. 언제든 돈이 필요하면—여행을 하거나 중국산 DVD플레이어를 사기 위해—친절한 대부업자를 찾아가 집을 담보로 돈을 빌린다."[18] 놀랍게도 빚이 급증하는 동안 미국에서 가장 빠르게 성장하는 산업 중 하나는 170억 달러 규모의 창고업이다. 사실상 필요가 없으며 살 만한 여유도 없는 상품을 보관하기 위해 우리에게는 더 많은 공간이 필요해 보인다.

소비자 채무가 급증하니 당연히 파산 신청률도 급증하고 있다. 영국에서는 2006년과 2007년 사이에 파산 신청률이 60퍼센트 증가했다.[19] 1983년과 2003년 사이에 미국의 파산 신청률은 500퍼센트 증가했다.[20] 엘리자베스 워런은 만약 이런 추세가 지속된다면 2003년 1백만 건이던 미국 가정의 파산 신청 건수가 2010년에 이르면 5백만 건으로 증가할 것이며, 역사상 가장 많은 사람들이 재정 위기라는 차가운 물에 빠지고 말 것이라고 예측한다.[21]

파산 신청을 해야만 할 때 사람들은 집까지 잃는 경우가 많다. 해커는 미국의 주택 차압률이 70년대 초에 비해 500퍼센트 증가했다고 보고한다.[22] 새로운 변동금리 주택담보대출에 대해 채무를 불이행하는 경우가 많아짐에 따라 주택 차압률이 천정부지로 치솟고 있다.

미국에서는 신용카드사와 대출 기관의 이익을 보호하기 위해 만들어진 새로운 법률이 통과되어 사람들이 파산 신청을 하기가 더 어려워졌다. 하지만 그렇다고 대출 기관들이 당신에게 관심이 없다는 뜻은 아님을 부디 명심하라. 칼럼니스트 앤 랜더즈(Ann Landers)는 "만약 아무도 당신에게 신경 쓰지 않는다는 생각이 든다면, 차량 할부금을 두 차례 정도 연체해 보라"고 말했다.[23]

이런 새로운 경제적 도전 속에서 전통적 교회와 새로운 형태의 교회 지도자들은 사람들로 하여금 하나님이 맡겨 주신 자원을 효과적으로 관리하는 청지기가 되도록 돕는 실제적인 자원을 제공해야 한다.

### 급등하는 일반실 승객의 의료비

나는 세계 곳곳을 다니면서 영국, 호주, 뉴질랜드, 캐나다의 의료체계가 심각한 경제적 어려움에 직면했다는 이야기를 듣는다. 이들 나라에서는 개인 의료보험으로 단일 보험자 체계(single-payer care system: 모든 사람이 동일한 의료보험의 적용을 받는 방식—옮긴이)를 보충하고 있다. 만약 그들이 급등하는 의료비를 미국인들처럼 전적으로 사보험에 의존해야 한다면 의료비가 얼마나 상승할지 알고 있는 사람은 거의 없다. 우리 집은 한 달에 천 달러 가까운 비용을 내고 있으며 이 비용은 매년 5-7퍼센트 정도씩 상승하고 있다.

미국의 의료체계는 파국으로 치닫고 있다. 오늘날 이토록 많은 미국 가정이 그 어느 때보다 재정적으로 어려움을 겪고 있는 이유는 바로 의료비 때문이다. 워런의 연구에 따르면, 빚의 46-56퍼센트 정도는 도시트 가족의 경우처럼 가계 소득으로 의료비를 지불하지 못한 결과로 생겨난 것이다.[24] 자녀가 있는 가정이 파산 신청을 하는 경우 열 가정 중 여덟 가정 이상이 의료비, 실직, 가족 해체를 주원인으로 꼽았다.[25] 마이클 무어의 다큐멘터리 영화 "식코"(Sicko)는 다소 원색적이기는 하지만, 우리가 직면하고 있는 심각한 도전을 잘 기록하고 있다.

베이비붐 세대의 많은 사람들이 2010년부터 은퇴하기 시작하면 노인 의료에 대한 수요가 극적으로 증가할 가능성이 있으며, 이는 의료체계 전체에 부담을 가중시킬 것이다. 그러나 특히 미국은 가장 위협적인 도전에 직면해 있다. 왜냐하면 자유경쟁 시장에 입각한 의료체계 때문에 의료비가 치솟고 있고 그로 인해 점점 더 많은 사람들이 의료비를 지불할 수 없는 상황에 처하고 있기 때문이다.

도시트 가족은 비용의 90퍼센트를 보장해 주는 의료보험을 가지고 있었으며, 미국에서 이 정도의 보장 범위는 매우 좋은 편에 속한다. 하지만 이 가족에게는 그것으로 충분하지 않았음을 기억하라. 기업에서 꾸준히 비용을 노동자에게 전가해 왔기 때문에 지난 25년 동안 아예 의료보험이 없는 미국인의 수가 계속해서 증가해 왔다. 오늘날 4천5백만 명 이상의 미국인들이 의료보험 없이 살고 있다. 2년간 아예 의료보험이 없이 지낸 적이 있는 미국인이 8천만 명 이상이었다.[26]

가족당 평균 소득이 42,409달러인 이 나라에서 평균적인 미국인은 그 돈의 21퍼센트를 의료보험에 지불한다. 미국인들은 자신들이 사보험에 내는 1인당 비용이 다른 선진국 이웃들이 세금을 통해 내는 돈의 두 배라는 사실을 깨닫고 깜짝 놀라는 경우가 많다. 실제로 2005년에 미국의 의료비는 1조 6천억 달러까지 상승해 미국 경제의 15퍼센트를 차지했다.[27] 보험료는 매 년에 10-12퍼센트씩 오르고 있으며 이는 물가 상승률의 약 3배에 달하는 수치다. 7년 후에는 개인과 기업체가 지불해야 할 보험료가 두 배로 늘어난다는 뜻이다.[28]

분명 우리 대부분은 이 같은 보험료 상승을 감당할 수가 없으며, 내가 이야기해 본 의료정책 입안자들은 미국의 의료체계가 곧 탈선할 것으로 예측한다. 민주당과 공화당에서 내놓은 의료체계 개혁안에도 불구하고 가까운 시일 안에 실천 가능한 대안이 구체화될 것이라고 생각하는 사람은 거의 없다.

많은 사람들이 미국이 영연방 국가들처럼 세금으로 운영되는 단일 보험자 체계를 채택하기 바란다. 모든 사람을 보험에 가입시키려는 매사추세츠 주의 제도는 올바른 방향으로 내딛은 한 걸음일 것이다. 그러나 만약 미국에서 의료비가 계속해서 치솟는다면, 적절한 보험을 유지하는 데 드는 비용이 중산층이 지불할 수 있는 수준보다 더 높아질 수도 있다.

전 지구화로 인해 일부 미국인들에게는 놀라울 정도로 의료비를 절감할 수 있는 방안이 생겼다. 몇몇 의료보험사들은 의료비가 훨씬 저렴한 인도에 가서 수술을 받을 수 있도록 해준다. 멕시코와 인접한 캘리포니아 주 남부의 한 의료보험사는 멕시코의 정식 자격을 갖춘 의사, 치과 의사, 의료 시설 등과 접촉해 수천 명의 미국인에게 한 달에 불과 1백 달러의 비용으로 의료 혜택을 제공하는 '액세스 바하'(Access Baja)라는 프로그램을 만들었다.

안타깝게도 우리 대부분은 이런 새로운 전 지구적 가능성을 누리지 못한다. 몇 세대 전에 메노나이트 교도들이 미국으로 이주해 왔을 때 그들은 의료를 포함하는 상호 돌봄의 네트워크를 이루었다. 이제 예수님을 따르는 사람들은 그리스도인들뿐 아니라 우리가 속한 지역사회의 취약 계층까지도 의료 혜택을 누릴 수 있는 상호 돌봄의 모형을 만들어야 할 것이다.[29]

**거대한 세대 변화**

이머징 교회, 모자이크 교회, 선교적 교회, 수도원 운동에 속한 이들을 비롯해 40세 이하의 사람들은 이런 질문을 던져야 한다. 이 새로운 전 지구적 경제는 이제 막 사회생활을 시작한 이들에게 어떤 영향을 미치는가? 우리가 만난 두 명의 이머징 교회 개척자들을 기억하는가? 그들은 한 세대를 대변하는 것이다. 내가 '거대한 세대 변화'라 명명한 이 변화의 직접적인 결과로, 오늘날 사회생활을 막 시작한 이들은 그들의 부모나 조부모가 그랬던 것보다 수입의 더 많은 부분을 생활비로 지출해야만 한다. 중국산 소비재의 값은 더 싸졌지만, 젊은이들은 이전 세대보다 소득의 더 많은 부분을 학자금 상환, 주거비, 의료비로 지불해야 한다.

나는 1958년에 오리건 주 포틀랜드에 있는 캐스케이드 대학을 졸업했다. 등록금, 기숙사비, 식비, 책값 등에 든 비용은 1년에 7백 달러였다. 나는 여름에 시급 4달러(당시 급료 수준에서는 잘 받은 셈이었다)를 받고 수위로 일했고, 1년에 필요한 비용을 모두 지불하는 데 전혀 문제가 없었다. 오늘날에는 학생들이 알고 있듯이, 여름 아르바이트는 사립학교 등록금을 충당하는 데 거의 도움이 안 된다.

무슨 일이 일어난 것일까? 1958년에 연간 7백 달러였던 사립대학의 교육비는 현재는 3만 달러로 40배 증가했다. 그러나 같은 기간 동안 여름 아르바이트로 받는 급료는 시간당 4달러에서 8달러나 12달러로 고작 두세 배밖에 오르지 않았다. 따라서 나의 세대에는 학생들이 거의 빚을 지지 않았다. 우리는 어렵지 않게 학비를 마련할 수 있었다.

「빚진 세대」(Generation Debt)의 저자 25세의 아냐 카메네츠(Anya Kamenetz)는, 이 세대가 학비로 인해 역사상 그 어느 세대보다 더 많은 빚을 지고 있으며 "작은 주택 대출금에 맞먹는 빚을 등에 짊어진 채" 졸업하고 있다고 말한다. 상황은 더욱 복잡하다. 많은 학생들이 터무니없이 높은 이자율로 대출을 받고 있기 때문이다. 미국의 졸업생 중 2/3은 17,600~23,000달러의 학자금 대출을 안고 졸업한다.[30] 나는 4~5만 달러의 빚을 지고 있는 학부생들과 수십만 달러의 빚을 지고 있는 대학원생들을 만나기도 했다. 흑인 학생은 여섯 중 한 명만이, 히스패닉 학생은 열두 명 중 한 명만이 대학 학위를 취득하지만, 졸업생 중 절반 이상은 도저히 감당할 수 없는 빚을 지게 된다.

카메네츠는 35세 이하의 사람들은 평균 4천 달러의 신용카드 빚을 지고 있다고 말한다.[31] 최근에 나온 시티은행 소니 비자카드 광고는 대학생들에게 '재미있는 화폐'인 신용카드를 사용하라고 권했다. 사용 실적이 높으면 소형 전자제품을 사은품으로 제공했다. 돈을 더 많이 쓸수록 더 재미있을 것이고 더 많은 '장난감'을 받게 될 것이라며 말이다.[32] 우리는 이렇게 물어야 한다. 이미 빚을 잔뜩 지고 있는 세대를 대상으로 이런 광고를 내보내는 것이야말로 정말 무책임한 일 아닌가?

그뿐 아니라 새로운 전 지구적 경제 체제에서는 구직의 기회 역시 부모 세대가 노동 시장에 진입할 때와는 크게 달라졌다. 오늘날 많은 졸업생들이 장래성이 없는 저임금 서비스 직종에 급여외수당조차 받지 못한 채 계약직으로 고용된다. 물론 평균적인 학자금 대출만으로도 학생들은, 특히 자신의 삶을 통해 세상을 변화시키고 싶어 하는 이들은 삶의 방향을 선택하는 데 큰 제약을 받는다.

이 세대에게는 주거비 역시 급상승하고 있다. 침묵의 세대(silent generation: 대공황기와 제2차 세계대전을 거쳤던 1925년과 1942년 사이에 태어난 세대를 지칭하는 말—옮긴이)에 속한 우리 대부분은 가족 중 한 사람의 수입으로 중산층의 꿈을 이룰 수 있었으며, 수입의 20퍼센트 이상을 집세나 주택 할부금으로 내는 경우가 거의 없었다. 나는 캐스케이드 대학 교직원으로 일하던 1963년에 오리건 주 포틀랜드에서 처음으로 집을 장만했다. 1920년대에 지어진 널따란 현관이 딸린 2층집을 나이 많은 부부가 전면 개조한 집이었다. 그 집에는 침실이 네 개, 화장실이 두 개 반(욕조가 있는 화장실 둘, 없는 화장실 하나라는 뜻—옮긴이), 지하실이 있었다. 이 부부는 배선과 배관을 다시 하고, 현대식 부엌과 욕조를 설치하고, 안팎을 새로 칠했다. 1963년에 이렇게 아름답게 개조한 집을 사는 데 든 총비용은 14,500달러였다. 내가 대학에서 받은 급료는 연봉 4천 달러로 생활 보호 대상자에 해당하는 수준이었지만, 가족 중 한 사람의 수입만으로도 한 달에 1백 달러의 주택 할부금을 지불하는 데 아무 문제가 없었다. 오늘날에는 그와 같은 집이 70만 달러 넘는 가격에 팔릴 것이며, 부부가 맞벌이를 하고 두 사람의 수입이 괜찮다 하더라도 융자를 받기 어려울 것이다.

1963년부터 2006년 사이에 물가 상승률을 감안한 주거비는 45배 이상 상승했다. 그러나 초임은 연봉 4천 달러에서 3만 달러로 약 7-8배 올랐을 뿐이다. 이런 시대적 변화의 결과, 시카고와 로스앤젤레스, 시애틀, 토론토, 런던, 시드니, 오클랜드에서 우리 사역에 동역하고 있는 40세 이하의 사람들 대다수는 부부 두 사람의 수입 중 50퍼센트 이상을 집세나 주택 할부금으로 내고 있다.

새로운 세대의 문제는 한마디로 요약하자면 이렇다. 높은 학자금 채무와 높은 주거 비용이라는 이중적인 저주로 인해 이 세상을 변화시키기 원하는 이들이 삶의 방향을 선택하는 데 큰 제약을 받고 있다. 다시 말해서, 시대적 변화 때문에 새로운 세대는 사회생활을 시작하기가 더 어려워졌으며, 자신의 돈을 하나님의 겨자씨 모략을 위한 일에 자유롭게 투자하기가 훨씬 더 어려워졌다. 그들에 비해 나이가 많은 우리는, 이 네 흐름에 속한 이들과 최근 졸업한 이들이 그다지 많지 않은 수입을 가지고 큰돈을 쓰지 않으면서도 기본적인 의식주를 해결할 수 있는 혁신적인 방법을 모색할 수 있도록 도와야 한다.

**중산층의 미래에 대한 새로운 상상**

이 새로운 경제 체제 안에서 중산층에 속한 많은 사람들이 더 많은 돈을 벌고 있지만 이것이 좋은 소식인 것만은 아니다. 사실 우리는 시간과 자원의 압박이 더 심해지기만 하는 미래를 향해 돌진하고 있는 것처럼 보인다. 우리가 가진 안전망도 계속해서 약해질 것으로 보인다.

제2차 세계대전 이전 우리의 조부모들은 오늘날 도심의 가난한 사람들이 여전히 그렇듯이 대가족을 이루거나 여러 가구가 한 집에서 함께 살았다. 그러나 지금 우리는 핵가족의 생활방식을 규범처럼 여기고 있다. 21세기에 이르러 우리는 두 가지 상반된 경향에 직면해 있다. 한편으로 전 지구적 소비문화와 사이버세계의 영향력으로 인해 우리는 훨씬 더 개인주의적인 태도를 취하고 있다. 다른 한편으로 개인주의적인 생활방식으로 인해 우리는 점점 더 비싼 대가를 치르게 되었고 이제 더 이상 그 대가를 치를 수 없는 사람들이 많아지고 있다. 그 결과, 경제적인 이유 때문에 나누고 협력하는 생활방식을 고려할 수밖에 없는 사람들이 점점 더 많아질 것이다.

솔직히 말해 나는, 이제 중산층 그리스도인들이 개인주의적인 생활방식에 빠졌던 지난 모습을 반성하고 공동체와 협동조합에 기초한 삶의 모형을 모색해야 할 때라고 생각한다. 이런 모형을 통해 우리는 우리 신앙의 가치를 더 참되게 구현하고, 경제적 안정을 더 확보할 수 있으며, 비용을 절약함으로써 하나님의 새로운 질서를 위한 일에 투자할 더 많은 시간과 돈을 확보할 수 있다. 사실 나는 새로운 흐름의 교회와 전통적인 회중 모두가 교인들로 하여금 공동체와 상호 돌봄이라는 선물을 재발견할 수 있도록 적극적으로 도와야 한다고 주장한다. 나는 교인들이 덜 비싸고 더 신실한 생활방식을 실천하기 위해 협동조합을 만들 수 있도록 지도자들이 적극적으로 그들을 도와야 한다고 주장한다.[33]

"모든 것이 변해야 한다"는 브라이언 맥클라렌의 말은 옳다.[34] 우리 시대의 이런 흐름과 불확실성을 감안할 때, 가정들이 실직을 겪거나 경제 위기로 타격을 받게 될 것을 대비해 교회가 그저 적은 돈을 모아 두는 것으로는 더 이상 충분하지 않을 것이다. 우리는 교회를 우리가 지원해야 하는 기관으로 보는 대신에 서로를, 특히 도움이 필요한 사람들을 돌보는 다양한 협동조합을 만들어 내는 대가족으로 이해해야 한다.

협동조합은 오래전부터 있어 왔으며 현재 미국에서만 1억2천만 명에 이르는 사람들을 섬기고 있다. 대형 할인점과 기업형 농업의 시대에 협동조합은 점점 더 인기를 끌고 있다. 그 이유는 협동조합은 지역사회에 특별한 충성을 보이기 때문이다. 협동조합은 일자리와 경제적 기회를 창출하며, 우리의 생태 발자국을 줄일 수 있게 해주며, 집단적 안전망을 만들 수 있게 해준다. 협동조합은 회원에 의해 운영되며 영리보다는 봉사를 목적으로 삼는다.[35]

북미에서 3만 명의 후터파 교인들이 협동조합 형식의 큰 공동체를 이루어 살고 있다. 협동조합의 생활방식을 통해 그들은 생활비를 크게 줄였다. 예를 들어, 그들은 뉴욕 주 우드크레스트의 후터파 공동체 안에 약 5만 달러의 비용으로 4인 가족을 위한 집을 지울 수 있었다. 모든 식품과 의류, 가전제품은 공동체가 조합을 통해 구입하기 때문에 4인 가족을 부양하는 데 매달 1천 달러밖에 들지 않는다. 협동조합을 통해 공동체 안의 모든 사람에게 의료와 노후 생활비를 보장하고, 지역의 가난한 사람과 노숙자들을 넉넉히 도울 수 있다.

우리 대부분은 후터파 공동체에 참여할 수 없는 상황이지만 그들로부터 교훈을 얻을 수는 있다. 우리가 속한 교회를 중심으로 주택, 식품, 에너지를 위한 새로운 협동조합, 심지어 경제적 협동조합을 시작할 수 있다. 오클라호마시티의 주현가톨릭교회 음악감독인 로버트 윌드롭은 지역에서 재배한 유기농 농산물을 전문적으로 취급하는 대규모 식품협동조합(www.plentymag.com)을 세웠다. 영국 케임브리지의 그리스도인들은 유기농과 공정무역 먹거리를 제공하는 일용할양식협동조합(Daily Bread Co-op, www.dailybread.co.uk)을 설립했다.

우리를 더 신실하게 살게 해주는 비공식적 협동조합은 누구나 만들 수 있다. 모자이크 네트워크의 회원인 샌프란시스코의 소저너스 공동체는 수년간 차량 협동조합을 통해 회원들 개인의 비용을 크게 줄일 수 있었다. 공동체의 회원 35명은 매달 일정액을 내고 일곱 대의 차량을 사용할 수 있다. 자주 사용하지 않는 경우는 50달러를, 매일 사용하는 경우는 150달러를 회비로 낸다. 이 월회비로 차량 구입비, 보험료, 유지비를 충당한다.

콜로라도 주 볼더에 살고 있는 그리스도인 부부 브렌트와 멀린다는 주거비를 줄이는 동시에 대학생을 섬기는 그들의 사역을 돕는 공동체를 만드는 창의적인 방법을 생각해 냈다. 브렌트와 멀린다는 월세로 교외에 있는 침실 두 개가 딸린 아파트에 살면서 통근하는 대신 교회와 콜로라도 대학이 있는 볼더 시내에 침실 여섯 개짜리 큰 집을 세를 냈다. 그들은 이 집을 학생 세 명, 볼더에서 일하는 젊은이 한 명과 공유한다. 이 공동체에서 그들은 함께 식사를 하고 손님을 대접하고 가사를 분담한다. 일은 분담함으로써 얻은 자유 시간에 거룩한 독서(lectio divina) 같은 영적 훈련을 하고 시장과 세상에서 일어나는 사건 등 사회 문제에 참여할 수 있게 되었다. 현재 이들은 대학생들과 더불어 아동 성매매에 희생되는 아이들의 권익을 옹호하는 아동을위한사법정의국제본부(Justice for Children International)의 노력에 동참하고 있다.

전통적인 교회와 새로운 흐름에 속한 교회 모두 교회관을 갱신함으로써 경제 위기뿐 아니라 시간과 돈에 대한 압박이 더 거세지는 상황에 교인들이 더 창의적으로 대처할 수 있도록 도와야 한다. 혁신적이며 새로운 형태의 공동체, 새로운 협동조합을 더 적극적으로 만들어 가는 만큼, 우리는 더 신실하게 살 수 있으며 일반실에서 여행하는 우리의 이웃을 향한 하나님의 자비로우신 응답에 더 깊이 동참할 수 있을 것이다.

> **함께 생각해 볼 문제**
> - 당신과 당신의 교회와 공동체에 속한 사람들이 직면한 경제적·시간적 압박에는 어떤 것이 있는가?
> - 상호 돌봄에 관한 성경의 원리는 어떻게 교회로 하여금 어려움에 처한 이들을 더 효과적으로 도울 수 있게 해주는가?
> - 당신의 교회와 공동체에 속한 사람들이 상호 돌봄을 조금 더 실천하는 동시에 공동체 안의 연약한 이들을 도울 수 있도록 해주는 새로운 형태의 협동조합을 한 가지 생각해 보라.

## 11.
## 서구의 가난한 사람들이
## 직면한 도전

우리의 가난한 이웃은 어떤 도전에 직면하게 될까?
우리는 어떻게 그들이 이 새로운 전 지구적 경제 체제에서 살아남고
성공하도록 도울 수 있을까?

2005년에 크리스틴과 나는 호주에서 일군의 명민한 젊은 그리스도인들과 함께 텔레비전으로 '라이브 8'(Live 8) 콘서트를 보았는데 노랫소리에 귀가 먹먹했다. 제3세계의 채무 탕감을 촉구하는 이 콘서트는 대규모의 행사로 유럽 전역에서 열리고 있었다. 우리는 호주와 영국에서 만난 수많은 젊은이들이 빈곤 퇴치를 위해 노력하는 모습을 보면서 큰 감명을 받았다.

영화 "바보들의 배"의 한 장면을 보면, 소를 싣는 짐칸에서 생활하던 한 이주노동자가 더 아래쪽 갑판으로 떨어져 결국 바다에서 실종되고 만다. 특등실에 머물던 나이 많고 부유한 부부는 자신들의 작은 애완견에 정신이 팔려 이 소식을 듣고도 소름끼칠 정도로 무관심한 태도로 반응한다. 오늘날 세상에는 이런 식의 무관심이 만연해 있다. 매일 우리는 이런 모습을 접한다. 다르푸르의 난민수용소에서 날마다 죽을 고비를 넘기며 살아가는 어머니와 아이들, 에이즈로 어머니를 잃은 채 남아프리카 빈민촌에 모여 사는 많은 아이들, 서구 도시의 수많은 상가 입구나 고가다리 아래서 잠을 자는 노숙자들. 시간이 지나면서 우리는 이런 모습에 무감각해진 듯하다. 하지만

그럴 때 우리는 "내 형제 중에 지극히 작은 자 하나에게 한 것이 곧 내게 한 것"이라 하신 그리스도의 음성을 다시 듣는다.

솔직히 나는 1977년 아이티의 포르토프랭스를 처음 방문했을 때 받은 충격에서 아직도 완전히 회복되지 못했다. 그때까지 나는 그렇게 비통할 정도로 가난한 도시를 본 적이 없었다. 나는 아이티의 지역 발전 계획을 감독했으며 7년 동안 해마다 몇 달간은 아이티에서 지냈다. 나는 아이티의 친구들과 동료들로부터 신앙의 삶에 관해 지금까지 교회에서 배운 것보다 훨씬 더 많은 것을 배웠다. 그들은 맛있는 아이티 음식 만드는 법을 가르쳐 주기도 했다.

넬슨 만델라는 우리가 역사의 전환점에 이르렀다고 믿는다. "거대한 가난과 지독한 불평등은 과학과 기술, 산업의 놀라운 발전과 부의 축적을 자랑하는 우리 시대에 끔찍한 사회악이다. 노예제와 인종 차별 정책 역시 이런 사회악에 포함시켜야 한다."[01] 점점 더 많은 사람들이 만델라처럼 이러한 사회악을 더 이상 용인해서는 안 된다고 목소리를 높이고 있다. 겨자씨협회에서 우리와 동역하고 있는 젊은 미국인 이언 케언스는 "아프리카의 극심한 가난에 맞서 무슨 일을 했는가를 가지고 다음 세대는 우리 세대를 평가할 것"이라고 했다. 전 세계의 가난한 사람들이 처한 극심한 가난을 자세히 살펴보기에 앞서, 서구 국가에 살고 있는 가난한 사람들의 미래를 먼저 살펴보자.

---

**출발**

빈곤을 종식하기 위해 노력하는 그리스도인들이 점점 더 늘고 있다. 그러나 나는 모자이크 운동과 수도원 운동에 참여하는 이들이 특히 이를 위해 헌신적으로 노력하고 있다고 생각한다. 이 장에서는 다음과 같은 물음을 던질 것이다. 새로운 전 지구적 경제는 우리 지역 및 세계 곳곳의 가난한 사람들에게 어떤 영향을 미치는가? 그리고 우리 모두가 하나님의 자비로우신 반응에 더 적극적으로

> 동참함으로써 변두리에 있는 이들에게 힘을 줄 수 있는 구체적이고 창의적인 방법은 무엇인가?

### 서구의 가난한 사람들과 함께하는 여행

2001년 끔찍한 테러 공격을 당했을 때와 마찬가지로, 허리케인 카트리나로 인한 대참사가 일어나자 세계 전역에서 사람들이 피해를 입은 사람들을 위해 기도하고 그들의 아픔을 함께 나누려고 했다. 돌이켜 보면, 이 위기 때문에 세계의 많은 사람들이 미국의 가난한 사람들과 중산층 사이의 심각한 격차에 대해 문제를 제기하기 시작했다.

거의 백만 명의 미국인들이 카트리나를 피해 대피하려고 했다. 중산층 주민들 대부분은 승용차나 SUV, 캠핑카를 타고 엄청난 홍수를 피할 수 있었다. 그러나 많은 가난한 사람들은 그럴 수 없었다. 미시시피 주 걸프포트에서는 수천 명이 허리케인을 피해 대피하지 못했다. 스파이크 리 감독이 만들고 CNN이 방송한 다큐멘터리 "제방이 터졌을 때"(When the Levees Broke)는 "기상으로 인한 대참사, 사람들의 잘못, 사회경제적 불평등, 관료주의적 기능 장애가 어떻게 최악의 태풍을 만들어 냈는지"를 보여 준다.[02] 이 책을 쓰는 현시점에 멕시코 만 연안의 여러 주들(Gulf States: 플로리다, 앨라배마, 미시시피, 루이지애나, 텍사스—옮긴이)은 또 다른 허리케인이 찾아오는 시기를 맞아 대비하고 있다. 그러나 많은 지역이 지난번 파괴적인 태풍이 지나갔을 때에 비해 대비 상황이 더 나아진 것이 없다고 한다.

29세의 싱글맘인 샤니에이크는 세 아이, 여덟 살 조지와 여섯 살 데스티니, 세 살 서캐리아를 데리고 카트리나를 피해 안전한 곳으로 대피하려 했던 경험을 들려준다. 아이들의 아빠는 이라크에서 육군에 복무하고 있다. 태풍이 오기 몇 주 전 샤니에이크는 일자리를 찾느라 애쓰고 있었다. 허리케인이 덮치기 며칠 전 그녀는 동네 주유소에 점원으로 취직했다. 그녀는 급료가 얼마 되지 않는 일자리이지만 그 일을 통해 자신의 삶이 나아지기를 바랐다.

샤니에이크는 자신이 세든 아파트 건물이 안전하지 않다는 것을 깨달았다. 정신없이 피할 곳을 찾던 중 마침내 그녀와 어린아이들이 격렬한 바람을 피할 수 있도록 자기네 집을 내주겠다는 사람들을 찾았다. 한밤중에 강풍으로 큰 피칸 나무가 쓰러져 지붕을 덮쳤고 그 때문에 샤니에이크와 아이들은 목숨을 잃을 뻔했다. 바람이 잦아들어 작은 아파트로 돌아왔을 때, 이 가족은 1985년식 구형 쉐보레를 비롯해 얼마 안 되는 재산을 모두 잃었음을 알게 되었다.

샤니에이크는 아이들을 데리고 이재민 수천 명이 머물고 있는 미시시피 주 잭슨의 박람회장에 간신히 도착할 수 있었다. 그들은 무더운 날씨 속에서 몇 시간을 기다리면서, 집과 함께 모든 것을 잃은 사람들의 필요를 채워야 할 재난구호 활동이 얼마나 더디게 이루어지는지를 눈으로 직접 보았다. "그녀는 무릎 사이에 손을 넣고 몸을 숙이고 주변 세상이 무너져 내릴 듯한 상황에서 공포에 떨며 아이들을 껴안아야 했던 기억이 결코 지워지지 않을 것이라고 말한다."[03] 허리케인으로 삶이 영원히 바뀐 사람들이 너무나 많지만, 그중에서도 최악을 경험한 이들은 바로 가난한 사람들이었다.

**엄청난 격차**

퓨 리서치 센터(Pew Research Center)에 따르면 "흑인 열 명 중 일곱 명(71퍼센트)은 이번 재해가 인종적 불평등이 여전히 미국의 중요 문제임을 보여 준다고 말한다. 백인의 과반수(56퍼센트)는 인종 문제는 이번 재난의 중요한 교훈은 아니라고 말한다. 가장 놀라운 사실은, 많은 흑인들이 만약 허리케인의 희생자 대다수가 백인이었다면 이번 위기에 대한 정부의 대응이 더 빨랐을 것이라고 생각한다는 점이다. 흑인의 2/3가 그렇게 생각하고 있다. 그러나 백인이 희생자였다 하더라도 정부의 대응에는 차이가 없었을 것이라고 생각하는 백인의 비율(77퍼센트)은 그보다 더 높았다."[04]

카트리나에 대한 정부의 대응을 이처럼 전혀 다르게 평가하는 데는 여러 가지 이유가 있다. 중산층에 속한 많은 사람들은 이 새로운 경제로 인해 샤니 에이크처럼 짐칸에서 살고 있는 사람들이 얼마나 큰 타격을 받고 있는지 알지 못한다. 보수적인 정치 평론가인 데이비드 브룩스(David Brooks)는 카트리나 사태를 돌아보면서, 이 사회가 가난한 이들과 흑인들이 뒤처져 있도록 내버려 두고 있다는 사실에 깊이 슬퍼했다. "사회구조의 제1원칙—위기의 때에 가장 연약한 사람들을 보호하라—이 짓밟혔다. 가난한 이들을 뉴올리언스에 내버려 두는 것은 전쟁터에서 부상당한 사람들을 내버려 두는 것과 마찬가지의 행동이었다. 정부 기관에 대한 신뢰가 땅에 떨어지는 것은 지극히 당연한 결과다."[05] 버려진 흑인과 가난한 사람들의 모습은 영화 "호텔 르완다"(Hotel Rwanda)를 떠올리게 한다. 이 영화에서 백인과 특권층에게는 대피할 교통수단이 제공되지만, 가난한 사람들과 흑인은 버려진 채 자신을 지켜야 했다.

중산층에 속한 많은 사람들과 달리, 이들 대부분은 보험도 없으며 삶을 다시 시작할 자원도 전혀 없다. 일반실에 머무는 많은 사람들은 그들의 안전망이 닳아 해질까 걱정하는 반면, 가난한 이웃들은 그들의 안전망이 갈기갈기 찢어지는 것을 보고 있다.

카트리나의 직접적인 결과 중 하나는 수십만 명의 미국인이 자기 나라 안에서 집을 잃고 난민이 된 것이다. 샤니에이크와 그의 자녀들 같은 이들은 미국 전역으로 흩어졌다. 그러나 이런 종류의 자연 재해가 아니더라도, 수많은 나라에서 집 없는 사람들이 크게 증가하고 있다.

## 노숙이라는 전염병에 맞서

미국에는 350만 명에서 500만 명에 이르는 노숙자가 있다. 그중 39퍼센트가 아동들이다. 도시연구소(Urban Institute)에 따르면, 지난 10년간 미국의 노숙자 보호시설의 수용 능력은 세 배 증가했다.[06] 보호시설에 머무는 이들은 기대고 있던 안전망을 거의 다 잃은 사람들이다.

믿거나 말거나 노숙자 보호시설에 오는 사람들 중에는 중산층에 속한 사람들 중에서 노숙자가 되는 사람들의 비중이 점점 늘고 있으며, 그 원인 중 하나가 주거비용의 상승이라고 한다. 미국에서 새롭게 노숙자가 되고 있는 또 하나의 인구 집단은 이라크에서 돌아온 참전용사들이다. 헤럴드 노엘과 그의 아내와 세 자녀는 거리에서 혹은 그들이 찾아낸 적절한 곳에서 잠을 자고 있다. "전선에 갔다가 집으로 돌아와 보니 아무것도 없는 이 상황이 정말이지 끔찍하다…나만 그렇다고 생각했지만, 알고 보니 나와 똑같은 처지에 있는 군인들이 너무나 많았다."[07] 변동금리 주택담보대출로 구매한 주택이 차압당하는 경우가 급증함에 따라 노숙자 숫자 역시 급격히 늘고 있는 것이다.

**점점 더 거세지는 위기에 직면한 가난한 노동자들.** 미국은 견실한 경제성장을 하고 있으나 그럼에도 가난과 노숙자 문제는 더 심각해지고 있다. 부분적으로 이 문제는 최저 생계비에도 못 미치는 임금을 받는 서비스직이 압도적으로 늘어났다는 사실에 기인한다. 이는 주거비용에도 미치지 못하는 임금을 받는 사람들이 점점 더 늘고 있다는 뜻이다.

언론인 바버라 에런라이크(Barbara Ehrenreich)는 중산층의 안락한 생활을 버리고 신분을 숨긴 채 가난한 노동자들 틈에 들어가 살기로 했다. 그녀는 서비스 직종에서 받는 임금으로도 검소하게 살면 그 수입을 가지고도 살아갈 수 있음을 스스로 증명해 보이겠다고 생각했다. 그녀는 「노동의 배신」(Nickel and Dimed, 부키)이라는 책을 써서 이 경험을 통해 발견한 사실을 사람들에게 알렸다. 처음에 바버라는 플로리다 키스 제도에 있는 하스사이드라는 식당에 종업원으로 취직해 급료로 시간당 2.43달러와 팁을 받았다. 그녀는 월세 5백 달러에 부엌 딸린 원룸을 얻었다.

많은 가난한 노동자들이 자신의 임금으로 구할 수 있는 집은 통근 시간이 3-5시간 걸리는 집뿐이며, 이로 인해 가정생활은 심각한 타격을 받고 교통비의 부담은 높아진다.

바버라는 같이 일하는 동료들이 마음에 들었고 고된 노동에도 개의치 않았다. 그러나 2주 후에 그녀는 도저히 수입과 지출의 균형을 맞출 수 없다는 것을 깨달았다. 팁을 포함해야 당시 국가가 정한 최저 임금인 시간당 5.15달러를 간신히 벌 수 있었다. 가장 기초적인 식품 외에는 사실상 돈을 전혀 쓰지 않았지만, 그녀는 월세를 낼 수 있을 만큼의 돈조차 벌 수 없다는 것을 불현듯 깨달았다. 그녀는 자신의 직장 동료들처럼 집을 잃고 오래된 고물차에서 잠을 청하는 신세가 되기를 원치 않았기에 일자리를 하나 더 찾기로 결심했다.

놀라울 정도로 많은 수의 가난한 노동자들이 생계를 유지하기 위해 사실상 깨어 있는 모든 시간 동안 두 가지 이상의 일을 해야만 한다. 바버라는 두 번째 일자리로 싸구려 식당인 제리스에 취직했다. 아침 8시부터 오후 2시까지 쉬는 시간도 없이 일해야 하고 식사도 제공받지 않는 조건이었다. 그런 다음 2시 10분까지 하스사이드로 서둘러 출근해 저녁 10시까지 일했다. 전에 다쳤던 등에 난 상처가 악화되어 경련을 일으켰다. 하지만 바버라는 다른 많은 이들과 마찬가지로 앓아누워 있을 수 없었기에 각종 진통제로 버티며 계속 일해야 했다.

감사하게도 바버라는 두 군데서 일하면서 집세를 낼 만큼 돈을 벌 수 있었다. 하지만 제리스에 갑자기 문제가 생겨 그곳을 그만두고 다시 한 곳에서

만 일해야 했다. 그녀는 자신이 실패자처럼 느껴졌다. 이제 노숙자처럼 차에서 잠을 자며 생활할지, 아니면 일자리를 하나 더 구해야 할지 결정해야만 했다.[08]

## 뒤처지고 있는 서구의 가난한 사람들

현재 미국의 경제 현실은 다음과 같다. 상위 20퍼센트가 미국 내 총수입의 50퍼센트 이상을 벌고 있으며 그들이 차지하는 비중은 점점 더 커지고 있다. 미국의 빈곤률은 4년 연속 증가해 12.7퍼센트에 이르고 있다. 이는 현재 3천 7백만 명이 빈곤 상태에서 살고 있다는 뜻이다. 4인 가족으로 구성된 평균적인 빈곤 가정은 연수입 1만9천 달러로 생계를 유지하기 위해 애쓰고 있다. 평균 수입은 흑인이 가장 낮다. 지역적으로는 남부의 평균 수입이 가장 낮다.[09]

영국에서는 최근 빈곤률이 낮아지고 있지만, 여전히 가난한 사람들의 수는 대부분의 다른 유럽 국가들에 비해 훨씬 많다. 1996년과 1997년 사이에는 1천4백만 명이 빈곤 상태에 있었지만, 2004년과 2005년 사이에는 그 수가 1천1백4십만 명으로 줄었다. 빈곤 상태에서 살고 있는 사람들 중에서 340만 명은 아동들이다. 빈곤 상태에 있는 사람들 중에서 다른 문화권 출신인 사람들의 수는 백인의 수에 비해 2배 더 많다. 이런 통계치는 미국의 사정과 비슷하다.[10]

호주의 경우 구세군에 따르면 2005년에 250만 명, 곧 인구의 12퍼센트가 빈곤 상태에서 살고 있다. 이는 2002년 이후 40만 명이 더 늘어난 수치다. 호주의 경우에도 가난과 실업으로 어려움을 겪는 사람들 중에는 백인보다 다른 문화 출신의 사람들이 훨씬 더 많았다. 실제로 원주민과 토러스 해협 제도(Torres Strait Islands: 호주의 요크 갑과 뉴기니 섬 사이에 있는 도서군―옮긴이)에 사는 사람들의 실업률은 백인보다 3.8배 더 높았다.[11]

다행인 것은 최저 임금 인상을 수년간 미루어 오던 미국의회가 2009년에 시간당 임금을 5.15달러에서 7.25달러로 인상하는 안을 통과시켰다는 것이다. 이는 가난한 노동자들에게 약간 도움이 되었다.[12] 영국 정부는 2007년에 최저 임금을 5.35파운드로 인상하였는데, 이는 미화로는 10.70달러에 해당하는 금액이다. 문제는 생필품 가격의 상승으로 인해 이런 인상조차 다른 지역에서 필요한 생활임금의 수준에는 못 미친다는 점이다.[13]

최고의 자리에 오르기 위해 치열히 경쟁하는 전 지구적 경제 체제에서 앞으로 많은 서구 국가들이 가난한 사람들의 안전망뿐 아니라 중산층의 안전망까지도 서서히 약화시키면서 국가 경제의 성장에 부담이 되는 짐을 줄이려 할 것이다. 카트리나 이후 미국 의회에서는 저소득층에 대한 식료품 지원금과 의료보장제도를 비롯해 가난한 사람들을 위한 최소한의 안전망에 필요한 예산을 삭감했다.[14] 이런 식의 입법 활동을 주도한 의원들은 가장 부유한 미국인들에게 혜택이 돌아가는 7백억 달러 규모의 세금 감면은 유지하기 위해 노력하고 있다. 일부에서는 이를 "역수의 경제"(감세 등을 통해 대기업과 부유층의 부를 늘려 중소기업과 저소득층에게도 그 혜택이 돌아가게 한다는 낙수 효과의 반대 개념으로, 감세 정책이 오히려 가난한 사람들의 몫을 줄여 부유층에게 재분배하는 결과를 낳는 현상을 일컫는 말―옮긴이)라고 부른다. 나는 두 법안 모두 목적은 하나라고 생각한다. 그것은 바로 가난한 사람들에게 어떤 피해가 돌아가더라도 정부의 역할을 축소하겠다는 것이다.

향후 고임금을 받는 제조업 일자리뿐 아니라 전문직 일자리까지도 계속해서 해외로 이전될 가능성이 높다. 그에 따라 국내의 가난한 사람들은 최저 생계비에도 미치지 못하는 임금을 받는 서비스 직종에서 일자리를 찾아야 할 것이다.

미국에서 공교육 체계는 가난한 사람과 부자 사이의 격차를 더 심화시키는 데 일조하고 있다. 「국가의 수치」(The Shame of the Nation)에서 조너선 코졸은 지난 12년 동안 미국의 공립학교들이 어떻게 인종차별을 다시 제도화했는지를 기록한다.[15] 세금을 통해 공교육을 위한 자원을 마련하는 다른 서구 국가들과 달리, 미국의 공립학교들은 지역의 기부금에 의존한다. 따라서 부유한 지역의 학교는 가난한 지역의 학교보다 학생 1인당 두 배의 비용을 지출하는 경우가 적지 않다. 이는 곧 재정적으로 빈약한 도심의 공립학교에 다니는 학생들은 최신 기술 장비를 갖추고 재정적으로 넉넉한 교외 지역의 학교에 다니는 학생들에 비해 점점 더 대학에 진학할 수 있는 가능성이 낮아진다는 뜻이다. 그 결과 이 학생들 중 일부는 자신의 부모들처럼 생계비도 대지 못하는 서비스 직종에서 벗어날 수 없을 것이다. 하나님이 우리의 겨자씨를 사용하셔서 소외된 사람들을 위한 그분의 긍휼을 표현하신다는 사실을 깨닫지 못한다면, 모든 나라에서 점점 더 많은 수의 가난한 사람들이 새로운 전 지구적 경제로 인해 뒤처지고 말 것이다.

**서구의 가난한 사람들의 미래에 대한 새로운 상상**

많은 나라들에서 가난한 사람들을 돕는 최선의 방법이 무엇인지에 관해 좌파와 우파가 계속해서 논쟁을 벌여 왔다. 좌파에서는 정부의 지원을 늘리기 위해 의회에 압력을 가한다. 하지만 처음에는 긍휼의 마음으로 시작된 다양한 사회복지 프로그램이 결국 만성적인 의존성을 초래하는 경우가 많다.

우파에서는 '보모 국가'를 비판하면서 감세를 위해 사회복지 프로그램에 대한 예산을 삭감하도록 의회에 압력을 가한다. 이 진영에 속한 많은 사람들은 가난한 사람들을 돕는 최선의 방법은 정부의 지원을 축소해 그들이 자조(自助)할 수 있게 만드는 것이라고 생각한다. 그들은 거대한 정부가 아니라 자유로운 기업이 해답이라고 주장한다. 그러나 자유로운 기업의 창의성과 정부의 자원 양쪽 모두를 활용해야 함을 우리 모두가 점점 더 분명히 깨닫고 있다. 또한 우리는 국내의 빈곤을 종식시키는 일에 교회가 더 많은 시간과 자원을 들여야 한다는 것을 깨달아야 한다. 관건은, 우리 교회들이 이런 도전에 맞서 기꺼이 일어설 것인가이다.

2004년 미국 대선에서는 이른바 '가치에 관한 이슈'가 결정적인 변수로 작용했다. 안타깝게도 가난한 사람들에 대한 긍휼이라는 성경적 가치는 그 이슈에 포함되지 않았다. 최근에 나는 「하나님의 정치」(*God's Politics*, 청림출판)를 쓴 짐 월리스와 저녁식사를 함께했다. 그는 종교적 보수주의자와 종교적 진보주의자들이 마침내 가난한 이들을 돕기 위해 새로운 방식으로 함께 일하게 되었다고 말했다. 모자이크 교회, 수도원 운동, 선교적 교회, 이머징 교회를 통해 하나님의 모략에 가담한 젊은이들과 동역할 기회가 더 많아질수록 나는 그들이 그동안 미국 문화의 특징이었던 정치적 양극화를 용인하지 않겠다는 태도를 보이고 있음을 더욱 분명히 알게 된다. 그들은 가족과 연약한 사람들에게 관심을 기울이지만, 사회 정의와 피조세계를 돌보는 일에도 관심을 기울인다.

눈여겨보아야 할 사실은, 최근 미국복음주의협회(NAE)에서 더 폭넓은 관점에서 사회적 책임을 이해할 것을 촉구하는 '건강한 국가를 위하여'(For the Health of the Nation)라는 보고서를 발표했다는 점이다. 사회적 책임에는 가난한 사람들을 돌보고 환경을 보존해야 할 책임도 포함된다. NAE는 인권과 고문 문제에 관해 보다 엄격한 기준을 마련할 것을 촉구하는 성명서에 지지를 표하는 뜻밖의 활동을 보이기도 했다. 릭 워렌(Rick Warren)은 미국의 복음주의자들로 하여금 폭넓은 관점에서 사회적 책임을 이해하도록 이끄는 일에 주도적인 역할을 해 왔다. 다시 말해서, 이제 미국의 복음주의자들은 사회적 책임에 대해 훨씬 덜 정치적으로 편향된, 영국과 호주, 뉴질랜드의

복음주의연맹이 가진 관점과 더 비슷한 관점을 표명하고 있다.[16]

시대가 변하고 있음을 보여 주는 가장 고무적인 신호 중 하나는 2007년에 기독교교회연합(Christian Churches Together)이라는 새로운 연합체가 만들어진 것이다. 미국개혁교단 사무총장 웨슬리 그랜버그 마이클슨(Wesley Granberg-Michaelson)은 복음주의, 오순절, 주류 개신교회, 가톨릭, 정교회, 흑인, 라티노, 아시아 교회들만 아니라 월드 비전, 세상을위한빵(Bread for the World), 사회적행동에나선복음주의자들(Evangelicals for Social Action), 소저너스/갱신의 소명(Sojourners/Call to Renewal) 같은 단체들을 아우르는 새로운 교회연합 기관을 설립하는 데 산파 역할을 했다. CCT는 "오늘날 기독교 신앙을 표현하는 다양한 교회와 단체들 사이에 친교와 일치, 증언을 확장하고 확대해야 할 절실한 필요를 느끼는 사람들이 만든 포럼"으로 "동시대의 문화를 향해 생명과 사회 정의를 말하고자 할 때 중요하고도 신뢰할 만한 목소리"를 제공한다.[17]

이 독특한 연합체를 하나의 목소리로 묶어 주는 시급한 문제들 중에 "미국 내의 빈곤이라는 '스캔들'"이 있다. 이 연합체는 "양당 후보에게 빈곤을 미국의 가장 중요한 정치적 의제로 삼을 것"을 촉구했다.[18] 우리는 국제 정치의 지도자들만 아니라 재계와 교회 지도자들에게도 빈곤을 종식시키기 위해 훨씬 더 많은 노력을 기울이라고 압력을 가할 필요가 있다.

만일 우리가 이 목표를 진지하게 받아들인다면 사회적 변화를 위해 가난한 지역 사람들과 함께 일하고 있는 방식을 비판적으로 재검토할 필요가 있다. 솔직히 정부와 교회에서 주도하는 일부 프로그램은 자립을 돕기보다는 의존적인 태도를 부추기는 경향이 있다. 사회 복지사들이 서비스를 제공하고 교회가 음식을 제공하는, "필요를 채우는" 프로그램은 항상 있어야 할 것이다. 그러나 앞으로는 사회 복지 프로그램을 위한 공적·교회적 자원이 줄어들 것이므로 이 자원을 어떻게 사용할지에 관해 우선순위를 재정립할 필요가 있다. 줄어드는 자원을 가지고 개인과 가정이 자립할 수 있도록 지원하고 공동체 변화를 촉진하는 프로그램에 투자해야 할 것이다.

**개인의 자립을 돕는 사역**

가난한 사람들로 하여금 이 새로운 경제 체제 안에서 노동하고 생계비를 벌 수 있도록 돕는 일에 관해 진지하게 접근하고자 한다면, 교육 기회를 늘리는 것이 필수다. 첫째, 우리는 도시의 공립학교의 수준을 향상시키기 위해 훨씬 더 많은 노력을 기울여야 한다. 또한 런던의 XLP 선교회(XLP Ministries) 같은 학교들에게서 많은 것을 배워야 한다. 이 학교는 밝은 색으로 칠한 이층버스를 운행하고 있는데, 학생들이 그 버스를 타고 런던의 일곱 구역에 있는 가난한 동네에서 통학할 수 있게 해준다. 이 학교는 개인 지도, 컴퓨터 자료뿐만 아니라 각 구역에 위치한 공부방과 아이들을 위한 동아리까지 제공한다. 뉴저지 주 호보큰에 있는 겨자씨학교는 1979년부터 도심의 아이들에게 수준 높은 교육을 제공해 왔다. 우리는 공립학교가 해야 할 중요한 일을 지원하는 동시에 도심 청소년들의 학습 능력을 길러 주는 이러한 기독교 사립학교를 더 많이 세워야 할 것이다.

아이들만 아니라 부모를 위해서도 교육의 질을 향상시킬 필요가 있다. 부모들이 생계비를 벌 수 있도록 직업 훈련을 제공해야 한다. 예를 들어, 시카고의 프로젝트 매치(Project Match) 프로그램은 직업 훈련을 받은 여성들이 간호사와 교사, 사회복지사가 될 수 있도록 끝까지 돕고 있다. 이 프로그램에 참여한 사람들은 임금이 크게 늘 뿐 아니라 보다 나은 의료보험 혜택을 누리고 근무 시간도 유동적으로 조절할 수 있게 된다. 또한 좀 더 안전한 동네에서 자녀를 키울 수 있다.[19] 여러 해 전 캘리포니아 주 산호세에서 사회복지사로 일하면서 나는 몇몇 여성들이 교육비를 마련할 수 있도록 도운 적이 있다. 그들 중 한 여성은 학교 상담사로 일하게 되어 더 이상 공적 지원을 받지 않고도 생활할 수 있게 되었다.

한 싱글맘과 그녀의 삶을 변화시킨 한 교회 이야기를 나누고 싶다. 펜실베이니아 주 랭캐스터에 사는 드니즈의 삶은 6개월 만에 끝없이 추락하는 듯했다. 그녀는 직업과 아파트, 자동차, 남자 친구(그녀가 임신 3개월이었을 때 떠나 버린)를 잃었고 가족들도 그녀를 외면했다. 그녀는 하나님께 부르짖었고 한 여인을 만났는데, 그가 그녀를 소망의다리(Bridge of Hope)라는 단체에 연결해 주었다. 이 단체를 이끌던 이디스 요더(Edith Yoder)는 즉시 드니즈가 훈련된 친구들의 공동체 안에서 돌봄을 받을 수 있는 혁신적인 프로그램에 참여할 수 있도록 해주었다. 랭캐스터 연합교회에 다니던 이들 열두 사람은 하나님이 자신들의 겨자씨로 무슨 일을 하시려고 하는지 발견했다. 그들은 그녀의 멘토가 되어 삶의 전 영역에서 그녀를 도왔다. 그들이 한 첫 번째 일은 드니즈가 거리에서 나올 수 있도록 한 것이다. 드니즈가 출산한 후에는 그녀에게 컴퓨터를 배울 수 있는 곳을 찾아 주었다. 이제 드니즈는 어엿한 일자리가 있을 뿐 아니라 새 아파트와 자동차까지 갖고 있으며 딸을 보육시설에 맡길 수 있게 되었다. 그녀는 하나님과 위기 때에 자신을 도와준 멘터들의 공동체에 깊이 감사하고 있다. 싱글맘들이 인간다운 삶을 살 수 있도록 모든 교회들이 나서서 돕는다면 무슨 일이 일어날지 상상해 보라.

**지역사회의 자립을 돕는 사역**

우리는 개인들과 그들의 가족이 인간다운 삶을 실현할 수 있도록 도와야 할 뿐 아니라 그들이 협동조합을 만들어 자신이 속한 지역사회의 생활 수준을 향상시킬 수 있도록 도와야 한다. 유스그로우(YouthGROW)는 매사추세츠 주 우스터에서 활동하는 그와 같은 창의적 공동체다. 설립 첫 해에 14명의 십대와 간사들은 버려진 2천 제곱미터의 땅에서 3,450킬로그램의 유기농 농산물을 수확했다. 이 공동체는 신선한 농산물을 지역의 가게와 식당에 판매하고, 소외된 사람들을 섬기는 겨자씨 급식소와 센트로 라스 아메리카스(Centro Las Americas), 폭탄대신식량(Food Not Bombs) 등의 단체에 농산물을 공급한다.[20]

가난한 사람들을 위한 안전망이 중산층을 위한 안전망보다 더 빨리 찢어질 가능성이 높기 때문에, 지역 단위의 경제 조합을 만드는 일은 매우 중요하다. 이런 조합들은 일자리와 경제적 수입을 제공하는 동시에 사람들의 삶의 질을 향상시킨다. 소외된 지역사회의 자립을 돕는 경제, 농업, 에너지 조합을 시작하도록 돕는 일에 더 많은 교회들이 참여할 수 있지 않을까? 도심의 교회들이 전통적인 교회나 새로운 흐름의 교회들과 손을 잡고 도심의 빈곤을 종식시키기 위해 다양한 경제적 조합을 만드는 데 앞장설 수 있지 않을까?

교회는 카트리나 사태에 가장 먼저 대응한 집단 중 하나였다. 교회는 루이지애나 주와 인접 주에서 이재민을 돌보고 그들의 정착을 돕기 위해 노력한 덕분에 긍정적인 평가를 받은 몇몇 집단 중 하나였다. 카트리나가 초래한 예상치 못한, 그리고 제대로 주목받지 못한 결과 중 하나는 미국의 수많은 교회들이 재난 대비팀을 꾸리고 있다는 점이다. 지구 온난화와 그 밖의 위협들로 큰 타격을 입을 가능성이 점점 더 높아진 불확실한 미래로 진입하는 이 시점에, 교회가 나서서 지역사회와 연약한 이웃들의 자립을 돕는 재난 대비팀을 만드는 것은 너무도 마땅한 일이 아니겠는가? 교회세계봉사회(Church World Service)는 교회들이 위기에 처한 지역사회를 지원하도록 돕는 훈련 자료를 제공하고 있다.[21]

시애틀에 거주하는 마이크 기어츠은 인터넷에 있는 엄청난 양의 자료를 활용하여 지역사회가 재난에 대비할 수 있도록 해주는 시미오(Simio)라는 소프트웨어를 개발했다. 이 소프트웨어는 세계의 모든 지역 정보를 수집해 현재와 향후 5년 동안의 기후 관련 재해를 모형화하고 이 정보를 간단히 활용할 수 있는 형식으로 바꿔 준다. 또한 이 소프트웨어를 통해 앞으로 5년간 로스앤젤레스에 지진이 발생할 경우 지역 병원이 수용할 수 있는 능력에서부터 재난으로 집을 잃은 사람들을 돕기 위해 교회가 협력할 수 있는 지역 재난 구호 단체에 이르기까지 모든 정보를 확보할 수 있다.

점점 더 불확실해지는 미래로 진입하는 이 시점에서 우리는 우리의 이웃들이 자신의 삶과 공동체에 대한 꿈을 이룰 수 있도록 돕기 위해 그들과 함께할 새로운 방법을 모색해야 한다. 한 걸음 더 나아가, 전 세계의 사람들이 자립할 수 있도록 해주는 하나님의 조용한 모략에 우리가 어떻게 동참할 수 있을지 생각해 보아야 한다.

> **함께 생각해 볼 문제**
>
> - 당신이 사는 지역 및 나라에 나타나는 빈곤의 추세를 보면서 당신이 가장 우려하는 바는 무엇인가?
> - 소외된 사람들을 위한 하나님의 목적을 보여 주는 성경적 이미지는 무엇인가?
> - 당신의 나라에서 도심 공동체 한 곳이 자립할 수 있도록 돕는 창의적인 방법은 무엇이 있을지 찾아보라.

12.
# 전 세계 가난한 사람들이
# 직면한 도전

전 세계의 가난한 사람들이 직면한 도전에는 어떤 것들이 있는가?
그들로 하여금 이런 도전에 대응할 수 있도록 돕는
창의적인 방법에는 어떤 것들이 있는가?

경제학자 제프리 삭스(Jeffrey Sachs)는 "2001년 9월 11일 미국은 테러와의 전쟁을 개시했지만 전 지구적 불안정성의 심층적인 원인에 대해서는 무시해 왔다"고 주장한다. 그는 미국이 군사비로 4천5백억 달러를 지출하는 반면, "불안과 폭력, 심지어 전 지구적 테러 행위의 온상"이 된 세계의 가난한 사람들의 필요를 채우는 일에는 150억 달러밖에 쓰지 않고 있음을 지적한다.[01]

### 아이티를 덮친 허리케인 진의 공포

내가 여러 해 전 일했던 곳에서 멀지 않은 아이티의 한 마을인 고나이브에서, 장 피에르 뤼크와 릴리앙, 그리고 그들의 다섯 아이들은 나무와 돌, 진흙으로 만든 방 두 개짜리 오두막에서 평화롭게 잠들어 있었다. 그때 갑자기 거대한 물이 파도처럼 그들의 집 복도로 밀려들어 왔다. 깜짝 놀란 장 피에르와 릴리앙은 어둠 속에서 아이들을 데리고 집이 완전히 물에 잠기기 직전 밖으로 빠져나왔다. 그들은 물이 어디에서 온 것인지 전혀 알지 못했다. 허리케인 진이 만들어 낸 홍수였다. 허리케인 진은 허리케인 카트리나가 미국의 멕시코 만 연안을 덮치기 거의 정확히 1년 전에 아이티를 강타했다.

그들은 이웃집의 2층으로 천천히 헤엄쳐 가 지붕 위로 대피한 다음 머릿수를 세었다. 부부는 다섯 자녀 중 네 명밖에 없음을 깨달았다. 릴리앙이 네 아이를 이웃집 지붕으로 피신시키는 동안, 장 피에르는 자기 집으로 헤엄쳐 되돌아갔다. 그는 잠수해서 물에 완전히 잠긴 집 안을 살펴보았다. 두 침실 모두 확인했지만, 아홉 살 마리 뤼시는 어디에도 보이지 않았다.

> **출발**
>
> 전 세계의 가난한 사람들이 당한 역경은 그들의 삶을 더욱 위태롭게 만들고 있는 게 분명하나 또한 그것이 이 바보들의 배를 함께 타고 여행하는 우리 모두의 미래를 점점 더 불확실함 속으로 밀어 넣고 있다. 이 새로운 전 지구적 경제가 가난한 우리의 이웃에게 어떤 영향을 미치고 있는지 살펴보자. 또한 이러한 현실에 대응하기 위해 이미 여기 와 있는 긍휼의 세계를 어떻게 창의적으로 표현할 수 있을지 살펴볼 것이다.

마리 뤼시를 찾지 못한 장은 깊이 슬퍼하며 지친 몸으로 가족에게 돌아왔다. 그들은 지붕 위에서 함께 웅크린 채 그날 밤을 보냈다. 다음 날 아침 잠에서 깼을 때, 그들은 고나이브 지역 전체가 물에 잠겼음을 알았다. 수십 구의 시체와 죽은 소와 염소와 개들이 떠내려갔다. 정오 무렵 그들은 백 미터 정도 떨어진 곳에서 실종된 딸로 보이는 시신을 찾았지만, 확인할 길은 없었다.

허리케인 진은 아이티와 카리브 해 연안 국가들을 황폐화시켰지만, 우리는 신문에서 관련 소식을 거의 읽지 못했으며 텔레비전이나 인터넷을 통해서도 관련 보도를 거의 접하지 못했다. 1,514명 이상이 죽고 900명이 실종되었다. 이 폭풍우로 인해 25만 명이 뤼크 가족처럼 집을 잃었다.[02]

카트리나에 대한 미국 정부의 대응이 심각할 정도로 더디고 미흡했으나,

아이티처럼 가난한 나라들은 아예 대응할 정부 기관조차 없다. 뤼크 가족은 집을 잃은 다른 25만 명의 사람들과 마찬가지로 전적으로 혼자 힘으로 어려움을 헤쳐 나가야 했다.03 지구 곳곳에서 많은 가족들이 뤼크 가족처럼 날마다 그저 살아남기 위해, 자녀를 먹여 살리기 위해 분투하고 있다. 이 가족은 자녀 한 명, 집, 가족이 키우던 염소, 옷가지, 가재도구를 잃었다.

서구 국가에서는 안전망이 찢어지고 있지만 더 가난한 나라에서 살아가는 우리의 이웃들 대부분은 애초에 안전망이라는 것 자체가 없다. 지구 온난화의 결과로 이런 기후 재난이 앞으로 더 빈번히 발생할 것으로 보이나 뤼크 가족과 같은 처지에 있는 가족들은 의지할 곳이 전혀 없다.

**전 지구적인 빈곤의 공포**

1981년에 내가 「겨자씨 모략」을 쓴 이후 빈곤 상황은 여러 면에서 개선되었다. 80년대와 90년대 초 세계 곳곳에서 소외된 사람들의 경제적 조건이 향상되는 지역들이 많아졌다. 지난 50년에 걸쳐 평균 수명이 46세에서 64세로 늘어났으며, 유아 사망률은 18퍼센트에서 8퍼센트로 낮아졌다.04

몇 가지 분야에서 개선이 이루어지기는 했지만 가장 가난한 우리 이웃들의 미래는 여전히 희망적이지 않으며, 그 이유 중 하나는 새로운 전 지구적 경제가 많은 사람들을 뒤처진 채로 내버려 두기 때문이다. 그 결과 여러 가지 면에서 그들의 상황은 악화되고 있다. 「인간의 얼굴을 한 세계화」에서 조지프 스티글리츠는 이렇게 말한다.

지난 20년 동안 중국을 제외한 개발도상국의 빈곤률은 높아졌다. 세계의 65억 인구 중 약 40퍼센트가 빈곤 상태에서 살고 있다. (이는 1981년의 36퍼센트보다 높아진 수치다.) 1/6(8억7천7백만 명)은 극단적인 빈곤 상태에서 살고 있다. (이 역시

1981년의 3퍼센트보다 높아졌다.) 최악의 위기를 겪고 있는 아프리카의 경우, 극단적인 빈곤 상태에서 사는 사람들의 비율이 1981년에 41.6퍼센트였으나 2001년에 46.9퍼센트로 높아졌다. 인구 증가를 감안할 때, 이것은 극단적인 빈곤 상태에서 사는 사람들의 수가 1억6천4백만 명에서 3억1천6백만 명으로 거의 두 배 증가했다는 뜻이다.[05]

1981년 이후 전 세계에서 이토록 많은 수의 가난한 사람들, 특히 아프리카에 사는 사람들에게 상황이 악화된 원인 중 하나는 80년대 중엽 에이즈가 급속히 확산되었기 때문이다. 2006년 유엔 에이즈 보고서(UNAIDS 2006 Report)에 따르면, 2005년 말을 기준으로 세계적으로 3천8백6십만 명의 사람들이 에이즈를 앓고 있다. 전 세계의 가난한 사람들, 특히 아프리카에 있는 가난한 사람들은 다른 지역에 비해 에이즈 감염률이나 그로 인한 치사율이 훨씬 높다. 이로 인해 많은 사람들이 비극적으로 목숨을 잃었을 뿐 아니라 짐바브웨 같은 많은 아프리카 나라들의 경제가 황폐해졌다.

어떤 사람들은 이 병이 아시아에서 훨씬 더 심각해질 수 있다고 예측한다. 동아시아에서는 에이즈 보균율이 2002년과 2004년 사이에 거의 50퍼센트 증가했으며, 현재 보균자 수가 110만 명인 것으로 추정된다. 인도는 감염자 수가 510만 명으로 세계에서 두 번째로 많다. 에이즈의 확산으로 인해 인도와 중국이 아프리카 국가들보다 훨씬 더 큰 인명 피해나 경제적 피해를 입을 수 있다는 우려가 확산되고 있다.[06] 에이즈보다 훨씬 더 많은 생명을 앗아 가고 전 지구적 경제에 훨씬 더 파괴적인 영향을 미칠 수 있는 다른 전염병들도 대기하고 있다.

세계에서 가장 연약한 사람들은 과부, 노인, 장애인, 아동들이다. 세계 인구의 1/3가량이 15세 이하의 아동이며, 이들 대부분은 현재 과도하게 인구가 밀집된 도시에서 살고 있다. 사실 해마다 7천6백만 명의 신생아들이 지구촌에 태어나며, 대부분은 비교적 가난한 지역에서 태어난다. 현재 65억인 세계 인구는 2050년에 이르면 91억으로 증가할 것으로 추산된다.[07] 이는 향후 20년 동안 이처럼 인구수가 크게 증가할 세대를 위해 교육 자료, 일자리, 주택 공급을 크게 늘려야 한다는 뜻이다. 그러나 먼저 우리는 어린이와 약자들이 살아남을 수 있도록 도와야 한다.

날마다 2만5천 명의 아이들이 기아와 영양실조로 죽어 간다. 5세 이하의 아동 9천1백만 명이 심각한 영양실조에 걸려 있다. 2억6천5백만 명은 예방접종을 한 차례도 받지 못했다. 3억7천6백만 명은 깨끗한 물을 충분히 구할 수 없는 상황이다. 1천4백만 명 이상의 아이들은 에이즈로 부모 중 한쪽 아니면 양쪽을 모두 잃었다.

베델 대학교(Bethel University)에서 공부하고 있는 하이디는 우간다를 방문해 한 의사와 함께 영양실조에 걸린 신생아들을 회진할 기회가 있었다. 그녀는 아이들을 구하려는 노력에도 불구하고 그들의 건강이 악화되는 것을 눈으로 직접 보았다. 그녀는 "목소리 없는 이들을 위해 그들의 목소리가 되라"는 부르심을 분명히 깨닫고 베델로 돌아왔다. 그녀는 북미와 다른 24개국 105개 기관의 연합체인 기독교대학협의회(Council for Christian Colleges and Universities)가 후원하는, 전 지구화된 사회에서 하나님을 섬길 수 있도록 학생들을 준비시키는 여러 프로그램 중 하나에 참여했다.

아동들은 인신매매를 통해 성노예로 팔리거나, 군대에 징집되거나, 내가 아이티에서 함께 일했던 많은 아이들처럼, 감금 노예처럼 강제 노동에 동원될 심각한 위험에 처해 있다.[08] 다음 세대가 지속가능한 삶의 방식을 성취할 수 있도록 돕기 위해서는 교육이 필수적이다. 다른 어떤 전략보다 소녀들을 교육하는 것이 한 마을 전체의 삶을 향상시키는 데 큰 도움이 된다.

교육에 대한 가장 창의적인 접근 방식 중 하나는 세계 전역의 가난한 가정의 아동들에게 1백 달러짜리 컴퓨터를 나눠 주겠다는 매사추세츠 공과대학의 계획이다.[09] 이를 통해 배움의 기회를 얻지 못했던 아이들이 순식간에 전 지구적 교실에 연결되어 수준 높은 학습자료에 접근할 수 있을 것이다. 물론 그들이 전 지구적 쇼핑몰의 영향력에 더 직접적으로 노출될 위험도 있다.

**전 지구적 권력과 전 지구적 빈곤층**

이 새로운 경제는 전 세계의 가난한 사람들에게 어떤 영향을 미치고 있는가? 그다지 긍정적인 영향은 아니다. 실은 이미 풍부한 자산을 가지고 있는 전 세계의 부유한 사람들에게 훨씬 더 유리하게 작용하고 있다. 가난한 사람들은 사실상 아무것도 가지고 있지 않다. 실제로 매년 유엔에서 발표하는 유엔인간계발보고서에 따르면, 부자와 가난한 사람들 사이의 불평등이 심화되고 있다. 이 보고서에 따르면, 현재 가장 부유한 516명의 억만장자가 벌어들이는 총수입은 가장 가난한 4억1천6백만 명이 버는 수입보다 더 많다.[10] 이는 심각한 불평등이며 그 정도는 우려스러운 속도로 심각해지고 있다.

조지프 스티글리츠는, 새로운 전 지구적 경제가 전 세계의 가난한 사람들에게 부자에게만큼 유리하게 작동하지 않는 이유를 제시한다. 첫째, 전 지구적 경제 성장의 혜택이 아프리카, 라틴아메리카, 아시아의 일부 지역까지 아직 미치지 못했기 때문에 엄청난 수의 사람들이 만성적 실직과 씨름하고 있다. 새로운 경제의 휘발성은 많은 가난한 노동자들의 임금이 줄고, 더 나쁜 경우에는 그들의 일자리가 그보다 더 낮은 임금에도 기꺼이 일하고자 하는 사람들에게 넘어가는 결과를 낳았다.

또한 경제적 전 지구화는 국내적·국제적으로 대규모 이주를 야기하고 있다. 지구는 이제 인구의 50퍼센트 이상이 도시에서 사는 도시 행성으로 접어들었다. 2020년에 이르면 이 수치는 60퍼센트까지 높아질 것이다. 솔직히 말해, 상대적으로 가난한 도시들은 불어나는 인구에 대처할 하부구조—경제, 교육, 보건 자원—를 가지고 있지 않다. 시애틀의 바키 목회대학원대학교(Bakke Graduate University of Ministry)는 점점 더 심각해지는 21세기 도심 문제를 해결하는 일에 참여하도록 그리스도인들을 준비시키는 대표적인 교육 기관 중 하나다.

가난한 나라 출신으로 전 지구적 경제에 참여할 수 있다는 희망을 품고 부유한 나라로 이주하는 사람들이 점점 더 많아지고 있다. 이로 인해 가족이 심각하게 파괴되고 버려진 공동체는 더 가난해지는 문제가 발생한다. 샌디에이고의 솔라나비치 장로교회는 이런 추세에 대응하기 위해 로마스 키메디아라는 멕시코의 한 마을과 협력해 사람들이 자기 마을 안에서 가족을 부양하는 데 필요한 수입을 얻을 수 있도록 경제적 기회를 크게 확대하고자 노력해 왔다. 교회와 선교단체는 다수 세계의 도시 인구 증가로 인한 문제에 대응하기 위해 과감하게 초점을 옮길 필요가 있다.

스티글리츠는 더 나아가 새로운 전 지구적 경제의 규칙들이 특히 무역 정책이라는 차원에서 더 가난한 나라를 희생시켜 부유하고 힘 있는 나라와 기업에 유익을 주도록 조작되고 있다고 비판한다. 그는 "미국과 유럽은 자유 무역을 옹호하는 논리를 완벽히 개발하는 동시에 개발도상국으로부터의 수입에서 자국을 보호하는 무역 협정을 체결하기 위해 노력하고 있다"고 주장한다.[11]

그는 특히 상대적으로 가난한 나라에서 인플레이션이 발생하지 않도록 하기 위해 "구조조정", 곧 수천 명의 가난한 사람들의 일자리를 뺏는 정책을 강요하는 국제통화기금(International Monetary Fund)과 세계은행(World Bank)에 대해 특히 비판적이다. 구조조정을 받은 후 물가가 서너 배 상승해 생필품조차 구입하기 어렵게 되는 한편, 가난한 가정들의 최소한의 생존을 보장해 주던 서비스마저 없어져 버리는 경우가 많다. "유엔아동기금(UNICEF)에서는 1980년 이후 구조조정의 직접적인 결과로 해마다 5세 이하의 아동 6백만 명이 사망한 것으로 추정한다."¹² 국제통화기금은 뒤늦게 정책을 수정해 빈곤 억제를 최우선 과제로 삼기에 이르렀다.

조셉 스티글리츠는 가난한 사람들을 희생시켜 자신의 부를 늘리는 거대 기업들도 비판한다. 예를 들어, 주요 제약회사들은 자신들의 잠재적인 수익을 보호하기 위해 미국 정부를 설득해 비싸지 않은 일반(generic: 특허가 만료된 제품을 공개된 기술과 원료 등을 이용해 만든 같은 약효와 품질의 의약품─옮긴이) 에이즈 치료제를 아프리카 시장에 판매하지 못하게 하는 데 성공했다. 이 정책은 부자들의 이익을 보호하는 한편 가난하고 약한 사람들에게는 매우 큰 대가를 치르게 만들었다.¹³

「겨자씨 모략」에서 나는 연방대법원이 생명체(life forms)에 관한 특허를 4대 5로 합법화하기로 했던 1980년의 역사적 결정에 대해 지적한 바 있다.¹⁴ 이 판결의 여파 중 하나는 이른바 생물해적행위(biopiracy)가 나타났다는 것이다. 이제 기업들은 세계를 돌면서 유전자 생명체를 채취해 그것을 취한 지역 사람들에게 아무런 보상도 하지 않은 채 그에 대한 특허를 취득한다. 그들은 전통적인 식물 약재에서부터 부족으로부터 얻은 생물학 물질에 이르기까지 모든 것에 대한 특허를 이미 확보했다. 1992년에 열린 리우회의(Rio Conference)에서는 유전자 자료를 채취한 지역에 사는 사람들에게 공정한 보상을 제공해야 한다는 것을 공식적으로 확인했지만, 미국 정부는 이 국제 합의를 비준하지 않았다.¹⁵

## 빈곤 종식을 위한 싸움에 참여하라

전 지구적 경제 체제 속에서 심화되는 불평등을 해결하기 위해 무언가를 해야만 한다는 인식이 서구 지도자들 사이에서 점점 확장되고 있다. 최초의 반응 중 하나는 새천년 초 영국에서 시작된 '희년 2000'(Jubilee 2000) 캠페인으로, 제3세계의 채무를 탕감해 주기 위해 강대국과 금융기관들을 설득하고자 노력했다.

2005년 7월 세계에서 가장 부유한 나라들은 세계의 가장 가난한 여덟 개 나라들이 세계은행이나 국제통화기금 같은 국제금융기구로부터 빌린 4백억 달러의 채무를 탕감하기로 합의했다. 많이 늦기는 했으나 이 덕분에 모잠비크, 가나, 니카라과, 볼리비아 같은 나라들이 해마다 10억 달러 이상의 돈을 교육과 보건 분야에 사용할 수 있게 되었다. 현재 아프리카 국가들은 보건 분야에 지출하는 돈의 네 배에 달하는 액수를 채무 상환에 쓰고 있다. 이 국가들은 원금도 갚지 못한 채 계속 높아져만 가는 이자를 갚아야 하는 덫에 걸린 상황이다. 예를 들어, 나이지리아는 50억 달러를 빌려 160억 달러를 갚았지만 여전히 320억 달러의 빚이 남아 있다.[16]

새천년 초에 '가난을 종식하라'(Make Poverty History)는 새로운 캠페인이 시작되었다. 이 캠페인의 핵심 사업은 2015년까지 전 세계의 빈곤률을 절반으로 낮추는 것을 포함하는 유엔새천년개발목표(United Nations Millennium Development Goals)다. 2002년 유엔의 191개 회원국이 만장일치로 이 목표에 합의했고, 2025년까지 극단적 빈곤을 종식하기로 합의했다.[17] 이 중요한 계획에서 핵심 역할을 하고 있는 경제학자 제프리 삭스는 이렇게 주장한다.

새천년개발목표는 극단적 빈곤에는 다양한 차원이 있음을 분명히 인식하고 있다. 즉 저소득뿐만 아니라 질병에 대한 취약성, 교육의 배제, 만성 기아, 영양실조, 깨끗한 물이나 위생 같은 필수 자원의 결여, 생명과 살림을 위협하는 삼림 벌채나 토지 유실 같은 환경 파괴의 문제도 다루어야 함을 인지하고 있다.[18]

이것은 가난한 나라에서 고용의 기회를 확대할 뿐 아니라 교육의 기회를 늘리고, 예방접종을 실시하고, 공중 보건을 개선하는 것까지 아우르는 통합적인 노력인 것이다.

사상충증(river blindness) 퇴치를 위한 노력은, 이러한 통합적인 활동을 통해 아프리카 대륙의 가장 가난한 지역에 어떤 변화를 일으킬 수 있는지를 잘 보여 준다. 이 질병을 퇴치하기 위한 노력은 1974년에 시작되었다. 현재는 30개국이 이 운동을 벌이고 있다. 이 운동을 통해 이미 서아프리카에서 60만 명의 시력을 되찾아 주었고 2천5백만 헥타르의 비옥한 농토를 개발했다.[19] 빌 게이츠는 지구 전역의 열대 지역에 살고 있는 사람들에게 훨씬 더 큰 영향력을 미칠 말라리아 백신을 개발하는 중요한 캠페인을 이끌고 있다.

유엔의 이 캠페인은 부유한 나라에서 기부한 돈으로 기금을 조성할 계획이다. 대부분의 선진국들이 국민총소득의 0.07퍼센트를 기부하겠다고 약정했다.[20] 미국을 비롯해 사실상 모든 서구 국가들이 이런 방법을 지지한다고 밝혔으나, 얼마나 많은 나라들이 실제로 약정한 돈을 내놓을지는 미지수다. 실제로 미국은 제2차 세계대전 이후 유럽의 재건을 돕기 위해 역사적인 마샬 플랜(Marshall Plan)에 국내총생산의 2퍼센트를 투자한 바 있다. 그러나 대부분의 미국인들은 오늘날 미국 정부가 해외 원조에 투자하는 액수가 0.02퍼센트 이하라는 사실을 발견하고 놀랄 것이다. 영국의 수상 고든 브라운은 전 세계의 가난한 사람들을 걱정하면서 서구 국가들을 향해 새천년개발목표와 관련한 약속을 이행할 것을 촉구하고 있다.

케이프타운의 대주교인 은존곤쿨루 은둔가니는 2015년까지 빈곤율을 절반으로 줄이기 위해 정부가 이 중요한 사업을 지원하도록 우리 그리스도인들이 압력을 가해야 한다고 주장한다. 2004년 그는 유엔에서 '미가의 도전'(Micah Challenge) 캠페인을 시작했다. 이 캠페인을 시작한 미가네트워크(Micah Network)에는 111개국 3백만의 교회가 소속된 세계복음주의연맹(World Evangelical Alliance)을 비롯해 270개의 기독단체가 참여하고 있다. 대주교는 이렇게 선언했다.

그리스도인들이 함께 행동할 때 그들은 전 세계의 동반자들로 하여금 자신들이 한 약속을 이행하도록 돕는 데 매우 중요한 역할을 할 수 있다. 국적, 인종, 빈부의 차이를 넘어서 서로 함께 일할 때…우리는 엄청난 영향력이 있는 목소리를 낼 수 있다. 우리는 큰 소리로 분명히 말해야 한다…빈곤은 악이다. 그 모든 의미나 결과로 인해 빈곤은 우리 안에 있는 하나님의 형상을 훼손하고, 가난한 사람들에게서 풍성한 삶의 기회를 빼앗아 그들 안에 있는 하나님의 형상을 훼손한다. 그리고 필요한 것 이상으로 충분히 가지고 있지만 탐욕, 자기만족, 심지어 무지 때문에 하나님이 요구하시는 정의와 사랑과 자비를 끌어안지 못할 때, 빈곤은 우리 안에 있는 그분의 형상을 훼손한다.[21]

**전 세계 가난한 사람들의 미래에 대한 새로운 상상**

지금까지 살펴본 것처럼, 전 세계의 가난한 사람들이 새로운 전 지구적 경제에 참여할 수 있도록 충분한 교육과 자원을 확보하게 만드는 조치를 취하지 않는다면 그들 중 다수는 이 새로운 경제 체제 안에서 심각하게 뒤처지고 말 것이다. 먼저 우리는 가난을 끝내기 위한 운동을 펼치고 있는 젊은 지도자들의 노력에 동참해야 하며, 정부로 하여금 약정한 대로 새천년목표를 지원하도록 촉구해야 한다. 그와 더불어 교회와 개인적 실천을 통해 국가, 기업, 비정부기구에 영향력을 행사하여 빈곤이라는 '악'을 끝내도록 더 많은 노력을 기울이게 만들어야 한다.

우리는 가난한 사람들 편에 서서 이야기하는 이들과 함께 목소리를 높여야 한다. 스피크(SPEAK)는 젊은 그리스도인들이 공적 영역에서 큰 목소리를 내는 영국의 압력 단체다. 최근에 이들은 국가적 회개를 촉구하는 에스겔의 메시지에 근거해 국회 앞에서 집회를 열고 제3세계의 채무 탕감과 가난한 사람들 편에 불공정한 무역법 조항을 개정할 것을 촉구했다. '세상을위한빵' 같은 기관은 미국의 가난한 사람들을 위해 활동하는 중요한 압력 단체다.

또한 다양한 기독교 단체들이 신앙의 관점에서 가난한 사람들에 대한 돌봄을 실천하고 사회 정의, 화해, 평화를 비롯한 광범위한 사회 문제를 해결하기 위해 노력하고 있다.[22] 영국의 20대 싱크탱크 중 하나로 평가받는 에클레시아는 진보적인 기독교적 관점에서 활동하고 있다. 미국에 본부를 둔 에클레시아 프로젝트(Ekklesia Project)는 진보적인 신앙에 기초한 자료를 제공하는 동시에 광범위한 사회 문제에 관한 인식을 고취시키기 위해 집회를 개최한다.

개인의 자립 역량 높이기. 연구에 따르면 여성에 대한 교육은 그들의 삶을 크게 향상시킬 뿐 아니라 그들이 속한 공동체의 삶의 질을 향상시키는 최선의 방법이기도 하다. 아들 클린트가 열여섯 살 무렵일 때 나는 당시 내가 맡고 있던 아이티의 플레상스 계곡 지역사회 개발 프로젝트에 아들을 데려갔다. 우리는 그 지역 주민들 1만 명이 지독한 가난에서 벗어날 수 있도록 도와 달라는 지역 교회들의 요청을 받고 그곳을 찾았다. 우리 팀은 그곳 지도자들과 더불어 지역의 수입과 생활수준을 향상시키기 위해 커피 생산량을 크게 확대할 방안을 모색했다. 또한 사람들이 가족을 위해 야채를 길러 시장에 내다 팔 수 있도록 여러 곳에 우물을 파기도 했다. 마지막으로 우리는 그들 스스로 유지해 나갈 수 있는 혁신적인 동시에 기본적인 의료체계를 설계하도록 도움을 주었다.

그 여행에서 클린트와 나는 마리라는 이름의 열 살짜리 소녀를 만났다. 그 소녀를 통해 나는 전에는 알지 못했던 아이티 문화의 한 측면을 깨닫게 되었다. 아이티의 수많은 가난한 가정들은 자녀가 많아 전부 부양할 수 없을 경우 아이들 중 한두 명을 일정 기간 동안 노예처럼 일하도록 팔아넘겨야 하는 경우가 종종 있다. 그렇게 팔려 간 아이들 대부분은 다시는 가족을 만나지 못한다. 마리는 그러한 수천 명의 '노예 아동' 중 하나였다. 그녀는 일주일에 7일을 아침 여섯 시부터 밤 열 시까지 일한다. 가족과 함께 지내는 아이들과 달리 마리는 학교나 교회에도 가지 못하고 생일이나 성탄절도 지키지 못한다. 이 '노예 아동'들은 열여덟 살에 해방이 되어도 교육이나 직업 훈련을 받지 못하는 경우가 많다. 따라서 빈곤의 악순환이 처음부터 다시 시작된다. 이 아이들 중 다수는 자신이 부양할 수 있는 것보다 더 많은 자녀를 낳을 것이다.

클린트와 나는 프로젝트 담당자인 샤반 쥔느와 함께 마리뿐 아니라 지역의 모든 노예 아동을 위한 소박한 교육 프로그램을 만들었다. 샤반은 아이들을 고용한 가정에, 아동이 주 5일 저녁 두 시간씩 학교에 가서 기본적인 읽기와 쓰기 및 수학을 배우고 재봉 같은 직업 훈련을 받을 수 있게 해주기를, 그렇게 함으로써 그들이 어른이 되어 자신의 가족을 부양하는 법을 배울 수 있도록 해달라고 설득했다. 시애틀로 돌아왔을 때, 우리는 이런 식의 빈곤의 악순환을 끊을 수 있는 프로그램을 지원하기 위해 아동 한 명당 한 달에 6달러를 기부해 줄 것을 어렵지 않게 사람들에게 설득할 수 있었다.

파키스탄의 탈루트라는 여인은 가진 자원이 전혀 없으며 이렇다 할 소망도 없는 결혼 생활에서 벗어나지 못한 채 학대를 받으며 살고 있었다. 탈루트는 파키스탄의 메노나이트 경제개발협회(Mennonite Economic Development Associates)에서 일하는 한 여인을 만날 때까지 자신의 미래를 매우 두려워하고 있었다. 그녀는 탈루트에게 사업과 마케팅 기법을 가르쳐 주었고 소규모 사업을 시작할 수 있도록 MEDA에서 대출을 받게 해주었다. 탈루트는 타고난 재능과 기술을 활용해 집 안에서 갇혀 지내는 170명의 여성들을 조직해 자수 놓는 일을 시작했고, 그들이 만든 물건을 시장에 내다 팔았다. 탈루트는 자신감 넘치는 여성 사업가가 되었으며, 기본적인 생활에 필요한 수입을 얻고 있다. 그는 "그 사람이 한 걸음씩 나를 인도했고 성공할 수 있는 세상을 보여 주었다"고 말한다. 분명 이 작은 사업체는 탈루트만 아니라 함께 일하는 170명의 여성들에게 희망을 주었다.

공동체의 자립 역량 높이기. 가난한 나라에서 사는 사람들 중 일부는 고립된 가족으로 살아남으려 하기보다는 협동조합을 통해 협력하는 것이 경제적으로 보다 유리하다는 것을 깨달았다. 시애틀에 본부를 둔 아그로스(Agros)는 협동조합 방식으로 협력하는 것이 얼마나 큰 힘이 되는지를 제대로 깨달은 독특한 사역단체다. 최근 아그로스는 니카라과의 산 마르코스에서 최저 생활수준 이하로 살아가는 30개의 가정이 농업협동조합을 통해 토지를 확보하고 집을 지을 수 있도록 도왔다. 또한 아그로스는 이 가정들이 가난에서 벗어날 뿐 아니라 자녀들을 학교에 보낼 수 있도록 낙농 및 양봉 협동조합을 시작하는 일을 돕고 있다.

나는 아시아와 아프리카, 라틴아메리카를 여행하면서 농촌과 지역사회에서 하나님의 조용한 모략이 진행되고 있다는 증거를 너무도 많이 보고 있다. 데이비드 코튼(David Korten)이 그의 책 「대전환」(The Great Turning)에서 제기하는 문제점 중 하나는, 전 지구화로 인해 경제적·정치적 힘이 극소수 엘리트의 손에 집중되고 있다는 것이다. 코튼은 "진정한 변화란 중심부로부터 권력을 빼앗고 의사 결정을 지역 공동체의 차원으로 환원시키는 것"이라고 주장한다.[23] 만일 우리가 산 마르코스에 있는 가정들처럼 사람들에게 더 큰 목소리를 되돌려 줄 수 있다면, 그들은 다가온 경제적 도전에 맞서 그들 스스로 지역적 차원의 해법을 만들어 낼 수 있을 것이다.

빌 매키븐은 전 지구적 농산물 기업에 문제를 제기한다. 이들 대기업들이 거대 규모의 '현대적' 농법을 도입해 지역 단위의 농업 경제를 대체하고 있다는 것이다. 예를 들어, 인도에서는 6억 명의 농부들이 농촌 경제에서 설 자리를 잃고 이미 인구가 과밀한 도시로 내몰리고 있다.[24]

중국 농촌에서는 농부들이 협동조합을 통해 농촌 경제의 일원으로 참여하고 자신의 영향력을 확대하는 창의적인 방법을 찾아가고 있다. 중국의 한 자선가는 훈련 프로그램과 함께 토끼를 거저 나눠 줌으로써 가난한 농부들의 자립을 돕는 지원 방식을 개발했다. 그들은 토끼에게 비싼 곡물 대신 농장의 풍성한 풀을 먹임으로써 생산비를 최소화했다. 이들 농부들은 토끼를 사육해 최저 생계비를 벌 뿐 아니라 농장을 유지하는 데 도움이 되는 수입원을 얻고 있다. 현재까지 30만 명의 농부들이 훈련을 받고 토끼를 제공받았다.[25]

우리는 기업들을 향해 자원을 투자해 이런 식의 협동조합 운동에 기금을 조성하는 일을 돕도록 권장해야 한다. 호주 월드 비전은 기업들이 "서로에게 유익하며 측정 가능하고 결과에 초점을 맞춘" 지역사회 개발활동을 후원하는 일에 직접적으로 참여할 수 있는 기회를 제공하고 있다. 예를 들어, 컴퓨터쉐어(Computershare)는 농부들과 더불어 거대한 재삼림화 협동조합 사업을 시작했는데 차드 지역의 경제 상황을 개선하기 위한 프로젝트에 23만6천 호주달러를 투자했다.

개발도상국 정부들 역시 가난을 종식하는 일에 훨씬 더 적극적인 역할을 담당할 필요가 있다. 이들 정부는 채무와 부패를 줄이고 경제 성장을 확대함으로써 자국 내 가난한 시민들의 자립 역량을 키우는 일에 더 많은 자원을 투자해야 한다. 예를 들어, 브라질은 새로운 형식의 '사회적 이전(移轉) 소득'을 창출하는 보우사 파밀리아(Bolsa Familia)라는 혁신적인 프로그램을 도입했다. 이 제도는 최저 생계비조차 벌지 못해 자녀들을 제대로 먹이지 못하고 있는 상파울루 같은 대도시의 가난한 가정을 돕기 위해 만들어졌다. 정부는 한 달에 120레알(52달러)을 각 가정에 지급해 자녀들을 먹이고 학교에 보낼 수 있게 한다. 그러나 매달 지급되는 이 돈에는 조건이 따라붙는다. 각 가정은 자녀들이 예방접종을 받고 정기적으로 건강 검진을 받도록 해야 한다.[26] 정부의 이 프로그램은 그저 돈을 나눠 주는 제도가 아니라 미래에 대한 투자다. 이 주제를 다룬 보고서에서 필리파 토마스(Philippa Thomas)는 "사회적 이전 소득은 현재의 만성 빈곤을 해결하기 위해 실시하고 있는 다른 어떤 제도보다 비용 대비 효과가 크다고 볼 수 있다"고 주장한다.[27] 수많은 서구 국가에서 가난한 사람들에 대한 안전망이 약해지고 있는 이 시점에, 비교적 가난한 몇몇 나라에서는 혁신적인 안정망을 만드는 것이 중요함을 인식하고 있다.

### 빈곤 종식에 기여하는 삶

빈곤을 종식하는 유일한 방법은, 하나님께 넉넉한 자원을 받은 우리 그리스도인들이 자신의 삶과 우선순위를 비판적으로 평가하는 것이다. 오늘날 2억 명의 그리스도인들이 극심한 가난 속에서 살고 있는 것으로 추정된다. 국경을 초월한 그리스도의 몸이건만 어떤 사람은 호화롭게 살고 어떤 그리스도인은 자녀를 제대로 먹이지도 못한다면, 이는 뭔가 대단히 잘못된 일이 아닐까? 우리가 서로 연결되어 있고, 상호의존적인 지구촌에서 살고 있으며, '사적인' 생활방식의 선택 같은 것은 존재하지 않는다는 사실을 이제 깨달아야 하지 않을까?

빈무덤(Empty Tomb)이라는 사역단체를 이끌고 있는 존과 실비아 론스밸은 3백억에서 5백억 달러의 돈이면 전 세계의 가난한 사람들의 가장 기초적인 필요를 채울 수 있다고 주장한다. 그들은 만약 미국의 모든 그리스도인이 수입의 10퍼센트를 기부한다면 그 액수가 650억 달러에 이를 것으로 추정한다. 그 정도의 금액이면 교회와 기관, 사역단체를 운영하는 통상적인 비용을 충당하고 남는 돈만으로도 전 세계의 가난한 사람들을 빈곤에서 벗어나게 하는 데 필요한 비용을 댈 수 있다.[28]

당면한 문제에 비추어 볼 때 우리는 스스로 다음과 같은 질문을 던져야 한다. 우리는 빈곤을 종식할 뿐 아니라 하나님의 새로운 질서를 통해 우리의 삶과 공동체를 변화시키는 것을 목표로 하는 하나님의 긍휼의 혁명에 어떻게 더 적극적으로 동참할 수 있을까? 이 물음에 답하기 위해 먼저 우리는 또 다른 질문에 답해야 한다. 21세기에 교회가 직면한 도전은 무엇이며, 그러한 도전은 점점 더 커져 가는 이 세계의 필요에 부응하려는 우리의 능력에 제약을 가할 것인가?

### 함께 생각해 볼 문제

- 만일 현재의 추세가 바뀌지 않는다면 우리의 가장 가난한 이웃들에게 어떤 결과가 초래될 것이라고 보는가?
- 전 세계의 가난한 사람들과 더불어 다가오는 도전에 맞서는 일에 있어서 우리 감당해야 할 성경적 책임은 무엇인가?
- 전 세계의 가난한 사람들이 직면한 도전에 맞서는 하나님의 긍휼의 혁명에 당신이나 당신이 속한 회중이 조금 더 온전히 참여할 수 있는 한 가지 새로운 방법을 생각해 보라.

13.
# 위기에 처한 교회가
# 직면한 도전

미래에도 교회가 존재할까? 우리의 삶, 공동체,
하나님의 세상에 닥쳐오는 이러한 새로운 도전에 적절히 대응하기 위해
우리는 어떻게 교회를 새롭게 상상하고 혁신할 수 있을까?

---

호주 영화 "댄싱 히어로"(Strictly Ballroom)에서 뛰어난 젊은 댄서인 스캇은 자신만의 스텝으로 춤을 추겠다고 고집을 부려 전국 댄스 경연대회의 주최측과 심각한 갈등을 겪는다. 스캇은 대회 책임자들에게 "나는 이제 다른 사람의 스텝으로 춤추는 게 지겹다"고 말한다. 심한 언쟁을 벌이는 장면에서 스캇은 "우리가 추고 있는 춤은 쓰레기다!"라고 소리친다. 물론 이 영화의 결말에서 스캇은 자신의 스텝으로 춤을 추고 관객들은 찬사를 보내는 반면 주최측은 크게 당혹스러워한다.

**자신들의 스텝으로 춤을 추는 새로운 세대**

N세대 중에서는 "다른 사람의 스텝으로 춤을 추는 것"이 지겹다고 서슴없이 말하는 이들이 점점 더 많아지고 있다. 소비지향적인 문화 속에서 살아가는 그들은 여기저기 찾아다니며 영적 상품을 조금씩 구입하고 자신의 스텝을 만들고 그에 맞춰 춤을 출 때 훨씬 더 행복을 느낀다. 그들은 온라인 위카(Wicca: 마법을 숭배하는 신흥종교—옮긴이) 채팅방에서 심령술 축제에 이르기

까지 모든 것을 탐색한다. 「다빈치 코드」(The Da Vinci Code, 문학수첩)나 「천상의 예언」(The Celestine Prophecy, 나무심는사람) 같은 책은 독자들에게 전통적인 기성 종교를 넘어서 자신만의 종교 표현을 만들어 내라고 부추긴다. 기독교 지도자들은 각성할 필요가 있다. 전통적인 종교에 대한 관심은 약화되는 반면 영성에 대한 관심은 놀라울 정도의 부흥을 맞고 있다.

호주의 평론가 필립 존슨(Philip Johnson)은 이렇게 주장한다.

간단히 말해서, 많은 사람들이 제도적이고 조직화된 종교를 대단히 불신하고 있다…N세대는 선택과 생활방식, 정보의 홍수 속에서 자라고 있다. 마우스 클릭 한 번이면 종교적 개념에 관한 정보를 얻을 수 있기 때문에, 종교적으로 권위 있는 사람들의 말은 이제 '먹히기' 어려워졌다. 앞으로는 대중문화를 통해 전파되는 경향이나 유행이 더 큰 영향을 발휘할 것으로 보인다.[01]

이런 추세를 반영하듯, 교회에서 자란 젊은이들을 포함해서 점점 더 많은 젊은이들이 쇼핑하듯 이곳저곳을 기웃거리고 있다. 이머징 운동에 참여하는 이들은 이런 변화가 실은 점점 더 커져 가는 영성에 대한 갈증을 반영한다는 점을 인식하고 있다. 따라서 이머징 교회의 지도자들이 영성에 갈증을 느끼는 실험적인 태도를 지닌 젊은이들에게 다가가기 위해 가장 큰 노력을 기울이고 있는 것은 놀라운 일이 아니다. 그들은 이런 젊은이들을 예수에 관한 대화로 초대하기 위해 종종 대중문화에서 자료를 가져와 혁신적으로 활용한다.

그러나 많은 이머징 교회의 지도자들이 전통적인 교회로부터 대체로 지지를 받고 있다고 느끼지는 못한다고 털어놓는다. 그 이유 중 하나는 일부 전통적인 교회의 지도자들이 이 같은 이중적 추세를 잊고 있기 때문이라고 나는 확신한다. 그들은 자기네 교회와 공동체 안에 있는 젊은이들에게 계속해서 옛 스텝에 따라 춤을 추도록 설득할 수 있다고 확신한다. 사실 영국, 호주, 뉴질랜드, 캐나다, 미국의 전통적 교회들은 큰 출혈을 경험하고 있다. 우리는 40세 이하의 사람들을 유례없는 속도로 잃고 있으며, 그 원인 중 하나는 영성과 종교의 성격이 변하고 있음을 깨닫지 못하기 때문이다.

**서구 교회에 미래가 있는가**

영국과 호주, 뉴질랜드, 캐나다, 미국의 거의 모든 유서 깊은 개신교 교파가 심각한 쇠락을 경험하고 있다. 서구 국가에서 성장하는 교회는 대부분 이민자, 소수 인종, 다문화 회중이다. 일부 복음주의교회와 은사주의교회, 오순절교회가 여전히 어느 정도 성장을 하고 있기는 하지만, 전반적인 쇠퇴를 상쇄할 정도는 아니다.

영국의 기독교연구소(Christian Research)를 이끌고 있는 피터 브라이얼리(Peter Brierley)는 영국에서 정기적으로 교회에 출석하는 사람들의 비율이 1998년에는 7.5퍼센트였으나 2007년에는 6.3퍼센트로 떨어졌으며 앞으로도 계속해서 떨어질 것으로 예상된다고 말한다. 영국 감리교회는 최근 다시 성공회와 제휴 관계를 맺었는데, 나는 교인 수의 감소가 그 이유 중 하나라고 생각한다. 피터는 많은 지도자들이 이머징 교회의 새로운 형식을 중요하게 생각하기는 하지만 아직 그 수가 통계적으로 의미 있는 수준은 아니라고 말한다. 그는 영국 내에서 이머징 교회에 소속된 교인 수는 약 1만7천 명 정도에 불과한 것으로 추정한다.

호주와 뉴질랜드의 교회들 역시 예배 참석자 수가 꾸준히 감소하고 있다. 호주의 경우 매주 예배에 참석하는 비율은 8퍼센트로 줄었다.[02] 호주와 뉴질랜드의 이머징 교회와 선교적 교회 역시 통계적으로 의미 있는 영향력을 미치지는 못하고 있다. '종교와 공적 생활에 관한 퓨 포럼'은 캐나다의 주일예배 참석자 비율이 18퍼센트이며 미국은 35퍼센트라고 분석한다.[03] 그러나 미국교회연구계획(American Church Research Project)은 미국의 예배 참석자 비율이 다른 영어권 국가들과 비슷하다고 보고한다. 즉 미국의 예배 참석자 비율은 1990년에 20.4퍼센트였으나 2005년에는 17.5퍼센트로 줄었다는 것이다. 대부분의 조사기관은 사람들에게 얼마나 자주 교회에 나가는지를 물었지만, 미국기독교연구계획은 얼마나 많은 사람들이 실제로 예배에 참석하는지를 조사했다.[04]

서구에서 교회가 서서히 약화되는 가운데 우리가 주의를 기울여야 할 또 다른 흐름이 있다. "크리스천 센추리"에 기고한 글에서 사회학자 마크 차베스(Mark Chaves)는 미국의 그리스도인들이 대형교회—교인수가 2천 명 이상인 교회—로 점차 집중하고 있는 현상을 강조했다. 이런 현상은 복음주의 교파만 아니라 주류 교파에서도 동일하게 일어나고 있으며, 이로 인해 상대적으로 작은 교회들은 고령화와 교인 수 감소로 어려움을 겪고 있다.[05] 나는 2006년 스페인에서 유럽의 대형교회 개척자들과 동역할 기회가 있었다. 그때 나는 유럽에서도 대형교회가 성장하고 있음을 알고 무척 놀랐다. 점점 더 많은 사람들이 더 많은 볼거리를 제공하는 큰 교회로 몰리고 있는 듯하다. 서구의 교회들이 수적으로 더 성장할 필요가 있기는 하지만 과연 대형교회가 그 답인지는 의심스럽다. 나는 이런 식의 수적 성장이 질적 성장을 희생한 대가로 얻어진 것은 아닌지 걱정스럽다. 내가 걱정하는 까닭은, 이런 흐름에 속한 수많은 교회들이 수적 성장을 확보하기 위해 지배적인 소비문화의 가치에 대단히 순응적인 태도를 취하고 있으며 교인들로 하여금 진지하고 전인적인 신앙을 추구하도록 이끌지 않는 경향이 있기 때문이다.

전반적으로 미국 교회는 대형교회만 아니라 이민 교회를 통해서도 조금이나마 여전히 성장하고 있다. 그러나 인구 증가율을 감안할 때 미국 교회는 사실상 쇠퇴하고 있다. 우리가 주목하는 새로운 흐름들이 아직까지 북미에서 수적으로 강력한 영향력을 행사하지는 못하고 있지만, 그 모든 노력을 고려할 때 상황이 바뀔 것이라고 희망적인 예측을 해볼 수 있다. 쇠락의 원인 중 하나는 전통적인 종교에 대한 관심이 약화되고 있기 때문이다. 그러나 이는 또한 기성 교회들이 앞서 언급한 것처럼 영성에 대한 관심이 점점 더 커지는 상황에 대처할 방법을 찾지 못했다는 문제점을 반영하는 것이기도 한다. 이런 변화와 그 밖의 다른 변화가 앞으로 교회의 재정, 특히 선교를 위한 재정에 어떤 영향을 미칠지 살펴보도록 하자.

**다가오는 선교 재정의 위기**

몇몇 분야에서는 기록적인 헌금 수입이 들어오고 있기는 하지만, 나는 앞으로 서구 교회가 국내외 선교에 투자할 수 있는 돈과 시간이 현저하게 줄어들 것이라고 확신한다. 현재 영국과 북미, 호주와 뉴질랜드에서 교회의 헌금 수입은 전 지구적 경제 체제가 시작된 초창기보다 늘어났지만, 그것만으로는 상황을 정확히 진단했다고 말할 수 없다. '빈무덤'에서는 미국 교회에 관해 훨씬 더 냉정한 진단을 내놓는다. 1인당 헌금액은 이미 40년 전 수준으로 떨어졌다. 1968년에는 교인들의 수입의 3.11퍼센트를 교회에 헌금했다. 2003년에 그 비율은 17퍼센트 줄어든 2.59퍼센트로 떨어진다. 또한 빈무덤에서는 주요 교단에서 자선 기부액이 크게 줄어들었다고 보고한다.[06]

다가오는 위기의 핵심은 서구 교회의 고령화다. 현재 많은 주류 교회에서 '십대'에 해당하는 연령층은 50대다. 사실 많은 교단들이 주변 문화보다 더 빠른 속도로 노령화되고 있다. 예를 들어, 미국복음주의루터교회는 75세 이상 된 교인의 비율이 미국 전체 인구에서 75세 이상이 차지하는 비율보다 두 배 더 높다고 밝혔다. 사람들이 은퇴 시기에 이르면 대개 헌금은 크게 줄어든다. 일례로 이러한 추세로 인해 미국침례교회는 펜실베이니아 주 밸리 포지에 있는 교단 본부를 매각하는 방안을 고려하고 있다.

수많은 베이비부머 세대가 은퇴하는 2010년에서 2030년 사이에는 서구 국가에서 의료비와 연금 지출이 극적으로 증가할 것이며, 젊은이들이 노인들을 부양하기 위해 더 많은 세금을 내야 함에 따라 세대 간의 갈등이 일어날 수도 있다. 이로 인해 서구 교회의 헌금 수입도 크게 줄어들 것이다. 하지만 베이비부머 세대의 은퇴는 선교를 위한 절호의 기회이기도 하다. 만약 우리가 이 세대로 하여금 휴양지에서 노년을 즐기기에 앞서 그들 삶의 후반부를 선교에 헌신하도록 설득할 수 있다면, 이 어려운 전환기에 수많은 새로운 자원봉사자를 확보하는 셈이 될 테니 말이다.

영국, 호주, 뉴질랜드, 캐나다, 미국의 전통적인 교회들이 유례없는 속도로 40대 이하의 교인들을 잃고 있다. 그뿐 아니라 40대 이하의 사람들이 전 지구적 경제 체제 아래서 힘든 시기를 겪고 있음을 기억해야 한다. 그들은 높아진 교육비와 주거비로 이중 고통을 당하고 있다. 그 결과 40대 이하의 사람들 중에서 여전히 전통적인 교회에 남아 있거나 새로운 흐름의 교회에 참여하는 이들의 경우에도 그들의 수입 중에서 하나님 나라의 일을 위해 투자할 수 있는 돈이 훨씬 더 줄어들 것이다. 특히 그들이 자신의 부모들의 생활방식을 따라 사는 것을 우선순위로 삼는다면 말이다. 이들이 이전 세대에 비해 헌금을 훨씬 덜 한다는 점은 이미 분명해졌다.

이러한 흐름들을 염두에 둘 때, 나는 안타깝지만 앞으로 10년에서 15년 사이에 서구 교회의 헌금 수입이 크게 감소할 것이라 예측한다. 헌금 수입의 감소는 국내외 선교를 위한 후원금의 감소로 이어지리라 예상된다. 분명 더 많은 자원이 필요한 이 시점에 말이다.

## 서구 교회의 미래에 대한 새로운 상상

이런 예상이 절대 불변의 사실은 아니라는 점을 명심하라. 충분히 기도하면서 성령께서 주시는 상상력을 발휘한다면, 이런 추세를 역전시킬 수도 있을 것이다. 그러나 현 상황에서 우리는 선교적 교회, 모자이크 교회, 이머징 교회를 개척하고 수도원 공동체를 만드는 모략에 가담한 새로운 세대를 지원하고 그들의 노력에 동참해야 함을 분명하게 깨달아야 한다. 왜냐하면 이들은 자신의 스텝에 따라 춤추는 사람들에게 다가가기 위해 노력하는 이들이기 때문이다. 예를 들어, 지난해 영국 성공회의 새로운 이머징 교회인 무트 교회는 한 영성 박람회에서 위카와 뉴에이지 영성을 소개하는 부스 옆에 부스를 설치해 자신들의 오래된 신앙을 전했다.

나는 이들 지도자들이 수적으로 쇠퇴하고 있는 흐름을 역전시킬 수 있도록 도움을 줄 뿐 아니라 훨씬 더 중요하게는 우리가 주장하는 성경적 신앙을 더 온전히 반영하고 하나님의 선교 목적을 우리 삶과 교회의 중심으로 삼는 새로운 형태의 제자도와 교회, 선교를 상상할 수 있도록 우리를 도와주기를 바라고 기도한다.

우리의 삶과 교회가 처한 험난한 시대는 우리의 공동체를 새롭게 상상하고 다시 만들어 갈 기회의 시간이기도 하다. 이 시대는 전통적인 교회들과 소수 인종의 교회들이 다문화 교회, 이머징 교회와 손을 잡고 하나님 나라를 확장하기 위한 새로운 방법을 상상해 볼 수 있는 기회를 제공한다.

서구 교회는 머잖아 심각한 자원 부족에 직면할 것으로 보이기에, 큰 규모의 기독교 기관들은 상부 조직이 무거운 조직 모형을 더 이상 유지할 수 없다는 것을 곧 깨닫게 될 것이다. 우리는 이머징 교회 지도자들이 이미 실천하고 있는 것처럼 상대적으로 비용이 적게 드는 네트워크 형태의 조직을 만들 필요가 있다. 또한 자신의 사역을 지원하기 위해 다른 직업을 갖는 자비량 목회자와 기독교 활동가들이 더 많이 나타날 것이다. 폭등하는 지가와 건축비, 축소되는 재정 등으로 인해 새로운 교회 건물을 짓는 일은 줄어드는 반면 가정이나 일터, 또는 여가를 위해 사람들이 모인 곳에 더 많은 교회가 세워질 것이다.

건물을 짓기로 결정한 사람들은 경제적으로 유지 비용이 적게 드는 새로운 모형의 건물을 지을 것이다. 예를 들어, 워싱턴 주의 타코마에 있는 한 교회는 산업단지 내에 2층 건물을 지었다. 1층은 첨단기술 업체에 임대하고 거기서 얻는 임대 수익 덕분에 교회는 전기 요금만 부담하면서 2층을 사용할 수 있다.

지금까지 이야기한 가난한 사람들, 중산층, 교회의 미래를 생각할 때 '늘 하던 대로' 믿는 신앙이 더 이상 불가능하다는 점을 이제는 깨달아야 한다. 모든 교회로 하여금 제자도, 교회, 선교의 의미에 관해 기준을 높이게 만드는 일이 매우 중요해졌다. 우리 모두는 하나님의 새로운 질서를 더 온전히 반영해야 하며, 점점 더 많은 도움을 필요로 하는 세상에서 하나님의 긍휼이라는 조용한 모략을 이루는 일에 우리의 삶과 자원을 사용해야 한다.

### 성장하는 다수 세계의 교회

서구 교회는 쇠락하는 반면 아프리카, 라틴아메리카, 아시아의 일부 지역에서는 교회가 놀랍도록 성장하고 있다. 이미 세계 그리스도인의 절반 이상이 다수 세계에 살고 있다. 고전이 된 「신의 미래」(*The Next Christendom*, 도마의 길)에서 필립 젠킨스(Philip Jenkins)는 2025년에 이르면 세계의 그리스도인 인구가 26억 명에 이를 것이며, 그들 중 6억3천3백만 명은 아프리카에, 6억4천만 명은 라틴아메리카에, 4억6천만 명은 아시아에 살고 있을 것이라고 예상했다.[07] 다시 말해, 교회의 중심축이 이동한 것이다. 전 세계 그리스도인의 절반 이상은 이미 다수 세계에 살고 있다. 세계 성공회 공동체의 현 상황이 보여주듯이, 이들 교회는 훨씬 더 은사 중심적이고 보수적인 경향이 있다.

22명의 메노나이트 대학생들이 파리에서 아프리카인들과 3개월을 함께 지낸 후 서아프리카의 베냉으로 가서 아프리카 그리스도인 가정과 함께 교회를 다녔다. 이 여정에 참여했던 제러미 웹스터는 "미국에 있는 고향 교회에서는 회중 전체가 일어나 열을 짓고 예배당을 누비며 찬양하고 노래하며 춤을 춘 적이 한 번도 없었다"고 보고했다.[08]

뭔가 새로운 일이 일어나고 있다. 이들 교회가 거꾸로 유럽과 북미에서 선교를 하고 있다. 나는 브라질 교회가 스페인에, 우간다 교회가 영국에, 케냐 교회가 미국에 교회를 개척한 것을 보았다. 실제로 유럽 최대 교회는 우크라이나 키에프에 있는 교인 수가 2만5천 명에 이르는 하나님나라의대사 교회(Embassy of the Kingdom of God)이다. 선데이 아델라자라는 나이지리아인 목사가 개척한 이 교회는 정부 지도자들을 포함하여 가난한 사람들과 약물 중독자들을 섬기고 있으며, 수많은 서구 국가들에 5백 개 이상의 교회를 개척했다.

**다수 교회의 미래에 대한 새로운 상상**

서구 교회는 새천년에 교회를 이끌기 위해 아프리카, 아시아, 라틴아메리카의 형제자매들과 함께 일해야 한다. 서구 교회에 속한 우리는 다른 나라에 갈 때에 그들의 지도력 아래서 배우는 사람, 섬기는 사람으로 가야 한다. 또한 자금줄을 통제하겠다고 고집을 부리지 말고 오히려 그들의 선교 활동을 넉넉히 지원해야 한다. 만일 우리가 하나님의 말씀에 온전히 귀 기울이고자 한다면, 하나님이 아프리카와 아시아, 라틴아메리카의 지도자들을 통해 21세기의 세계 교회에 무엇을 말씀하고 계신지 읽어 내야 한다.

해외선교연구소(Overseas Ministry Studies Center)는 아프리카 대륙의 교회 및 대학들과 협력해 그리스도인 지도자들의 이야기와 전기를 수집하는 사업을 진행하고 있다. 「아프리카 그리스도인 사전」(Dictionary of African Christian Biography)을 편찬하는 목적은 세계 교회에 영감과 교훈을 주고 아프리카의 독특한 기독교 신앙의 기억을 보존하기 위함이다. 새로운 다수 세계에서 살면서 새로운 다수 교회와 관계를 맺고자 할 때 반드시 읽어야 할 책은 선교학자 라민 사네(Lamin Sanneh)의 「기독교는 누구의 종교인가」(Whose Religion Is Christianity?)이다. 또한 우리는 서구 국가에 세워지는 이민 교회들과 협력하고 그들이 표현하는 새로운 신앙의 모습에서 배울 수 있다.

우리는 아프리카, 아시아, 라틴아메리카의 형제자매들과 협력해 더 활기차며 성령 충만한 신앙을 재발견하고 우리의 삶과 공동체, 하나님의 세상을 변화시키는 하나님 나라의 사역에 더 깊이 헌신할 필요가 있다.

다음 장에서는 사람들과 세상을 위한 하나님의 사랑을 반영하는 방식으로 새로운 도전에 대응하기 위해 우리가 어떻게 전 세계의 예수를 따르는 이들과 더불어 이미 여기 와 있는 세상을 혁신적이고 새로운 형태의 전인적 신앙, 공동체, 선교로 상상해 볼 수 있는지 살펴볼 것이다.

**함께 생각해 볼 문제**

- 서구 교회의 교인 수, 특히 40세 이하의 교인 수가 지속적으로 감소하는 경향은 장차 어떤 결과를 초래할까?
- 이런 경향은 우리에게 어떤 성경적 질문을 제기하며 그러한 물음에 우리는 어떻게 대응해야 하는가?
- 당신의 교회가 이민 교회나 새로운 흐름에 속한 교회와 협력해 새로운 세대에 다가갈 수 있는 혁신적이고 새로운 방법을 한 가지 생각해 보라.

# 다섯번째 대화

## 하나님 나라의 상상력을 주목하라

14.
# 이미 여기 와 있는 하나님 나라에 대한
# 새로운 상상

당신은 새로운 모략을 꾸미는 사람들과 더불어 새로운 도전에 대응하고
이미 여기 와 있는 또 다른 세상을 창의적으로 표현하는 전인적 신앙, 공동체, 선교의 방식을
상상하고 만들어 내는 일에 동참할 준비가 되어 있는가?

---

예기치 않은 2만 달러가 생긴다면 당신은 그 돈으로 무엇을 하겠는가? 모피 코트 하나, 아니면 루이뷔통 두 개를 살 수도 있다. 친한 친구 5명과 함께 17미터짜리 요트를 타고 3일간 유카탄 반도 해변으로 여행을 다녀올 수도 있다. 가와사키 제트스키 두 대를 사서 수상스키를 즐길 수도 있다.

2만 달러면 파나소닉 플라즈마 텔레비전에 보스 서라운드 스피커를 갖춘 고급 홈시어터 시스템을 장만할 수도 있다. 나는 플로리다에 있는 어느 회사의 웹사이트에서 배송료를 포함해 8.5미터짜리 정원용 야자수 15그루를 판매하고 있는 것을 보았다. 이웃들이 어떤 반응을 보일지 상상해 보라. 이베이에서는 조금만 더 보태면 새 차나 다름없는 1966년식 머스탱 컨버터블을 구입할 수 있다.

2만 달러면 스팸 6백 상자, 즉 14,400캔을 살 수 있다. 앞으로 10년 동안 당신 가족이 스팸 넣은 버거를 먹을 수 있는 양이다. 스팸 제조사에서 당신의 집 문 앞까지 배송료 없이 배달해 주겠다고 해도 전혀 놀랄 일이 아니다.

**상상력의 고삐를 풀자**

정말로 생각지도 못한 2만 달러가 생긴다면 당신은 그 돈으로 무엇을 하겠는가? 대출한 학자금이나 신용카드 빚을 갚겠는가? 멀리 여행을 떠나 긴 휴가를 즐기거나, 미니 마이너 자동차를 구입하겠는가? 가족을 돕거나 교회를 수리하거나 부엌을 개조하는 데 그 돈의 일부를 쓸 수도 있을 것이다.

필라델피아 도심에 자리 잡은 심플웨이 공동체는 실제로 뜻밖의 돈 2만 달러를 받았다. 이 수도원 공동체에 속한 셰인 클레어본과 여러 사람들은 이 지역에서 하나님의 샬롬이 되기 위해 검소하게 살아가고 있다. 즐겁게 웃고 꿈을 나누는 가운데 아이디어 회의를 한 후 이들은 하나님의 희년과 새 예루살렘의 도래를 기쁘게 선포하는 일에 이 돈을 사용하기로 결정했다.

먼저 그들은 희년의 정신을 구현한다고 생각되는 1백 개의 단체에 1백 달러씩을 보냈다. 1백 달러와 함께 그들은 전 지구적 경제의 심장부인 월가에서 이 세상으로 침투해 들어오는 하나님의 새로운 질서를 선포하는 일에 동참해 달라는 초대장을 보냈다.

어느 추운 겨울 아침 8시 15분, 심플웨이 소속 젊은이들과 그들의 친구 1백 명이 뉴욕증권거래소 앞 광장에 모였다. 8시 20분, 심플웨이의 친구 중 한 사람인 마거릿 수녀가 희년을 선포하는 양뿔나팔을 불었다. 순간 광장에 있던 모든 사람의 시선이 집중되었다. 그때 셰인 클레어본은 자신이 낼 수 있는 가장 큰 목소리로 앞서 이 책의 첫머리에 인용한 구절을 외쳤다.

우리 공동체에는 월스트리트에서 일하는 사람도 있고, 월스트리트에서 노숙하는 사람도 있습니다. 우리는 싸우는 공동체입니다. 우리 중에는 외로움에서 벗어나려고 애쓰는 부자도 있고, 추위에서 벗어나려고 애쓰는 사람도 있습니다. 약물에 중독된 사람도 있고, 돈에 중독된 사람도 있습니다. 우리는 서로를, 그리고 하나님을 필요로 하는 깨어진 사람들입니다. 우리가 세상을 얼마나 엉망진창으로 만들었는지, 그로 인해 우리 또한 얼마나 깊은 상처를 입었는지 우리는 깨닫습니다. 이제 우리는 오래된 사회의 껍질 안에서 새로운 사회를 만들려고 합니다. 다른 세상은 가능합니다. 다른 세상이 필요합니다. 그리고 다른 세상이 이미 여기 와 있습니다.[01]

셰인이 이렇게 즉석에서 희년 선언문을 발표할 때, 발코니에서는 그의 친구들이 거리로 흩뿌린 수천 달러의 지폐와 동전들이 길바닥을 환하게 수놓았다. 셰인은 이렇게 말했다. "기쁨은 전염됩니다. 어떤 사람은 베이글을 사서 나눠 주기 시작했습니다. 사람들은 자신의 겨울옷을 나눠 주기 시작했습니다…한 남자는 누군가를 끌어안으며 '이제 약국에서 약을 받을 수 있게 되었어요'라고 말했습니다."[02]

'대체 이 무슨 말도 안 되는 낭비란 말인가!' 독자들의 혼잣말이 들리는 듯하다. 하지만 비록 짧은 순간이었지만, 이 사건이 얼마나 창의적인 방식으로 엄청나게 많은 사람들의 관심을 사로잡았는지를 한 번 생각해 보라. 이를 통해 새로운 전 지구적 시장이 상징하는 현실관에 대해 잠시나마 도전할 수 있었다. 그뿐 아니라 그곳에 있는 사람들에게 또 다른 현실을 살짝 엿볼 수 있게 해주었다. "또 다른 세상이 이미 여기 와 있다."

**출발**

이 마지막 대화에서 나는 당신을 세계 곳곳에서 이미 여기 와 있는 세상을 더 온전히 살아 내기 위한 새로운 방법을 만들어 가는 사람들의 창의적인 노력에 동참하도록 초대하고 싶다. 이것은 하나님의 성령이 우리의 상상력을 불러일으키셔서 새로운 형태의 전인적 신앙, 전인적 공동체, 전인적 선교를 만드시도록 그분

> 께 우리를 맡겨 드리고, 이 혼란스러운 세상이 안고 있는 현재와 미래의 도전에 맞서는 일에 동참하라는 초대장이다. 만약 이 초대장을 받아들인다면, 당신은 미래를 만들어 가는 사람들의 일에 동참함으로써 하나님이 예비하신 좋은 삶을 더 온전히 발견할 수 있을 것이다.

### 다시 미래로: 새로운 도전을 진지하게 받아들이라

우선 우리가 매우 불확실한 새로운 동네, 새로운 단일 경제 질서가 다스리는 세계에 살고 있음을 인식해야 한다. 그 세계의 혜택에 대해 알고 있는 사람은 많지만, 이 새로운 제국 경제의 이야기꾼들이 어디서나 사람들의 동경과 가치에 영향을 미치기 위해 사용하는 방식을 알고 있는 사람은 별로 없다. 이미 살펴본 것처럼, 이 새로운 경제는 부자들, 특히 새롭게 등장한 슈퍼 리치들에게 대단히 유리하게 작동한다. 중산층 중에서도 수입이 증가한 사람들이 많다. 그러나 그 밖의 많은 사람들, 특히 청년들은 단순히 살아남기 위해 힘겹게 애쓰고 있다. 그리고 전 세계의 가난한 이웃들, 심지어 서구 국가의 많은 사람들도 뒤처진 채 남겨져 있다.

나는 신앙인들 중에서 이 새로운 도전에 맞서고자 일어서는 사람이 많지 않으면 어쩌나 걱정한다. 사실 앞서 살펴본 것처럼, 우리 삶과 교회의 기준을 높이지 않는다면 이러한 도전에 맞설 수 있는 우리의 능력은 심각하게 약화되고 말 것이다.

### 다시 과거로: 미래의 소망을 진지하게 받아들이라

이처럼 위협적인 도전에도 불구하고 하나님은 오늘날 이 세상에서 "시멘트를 뚫고 나온 풀"과 월가에 쏟아진 동전처럼 예수님을 따르는 평범한 사람들의 삶을 통해서 강력하게 일하고 계신다. 모략에 가담한 이 사람들은 예수님뿐 아니라 사람들과 세상을 사랑하시는 하나님의 목적에 헌신한 사람들이다. 셰인 클레어본은 말한다. 이 겨자씨 혁명은 "세상의 제국들에 대한 전면 공격이 아닙니다. 그것은 한 번에…하나의…생명을 퍼뜨리는 은밀한 전염입니다."[03]

헨리 나우웬(Henri Nouwen)은 로마에서 보낸 지난 다섯 달을 돌아보면서 로마의 장관과 분위기가 그의 관심을 사로잡았던 것은 아니었다고 했다.

> 나는 초등학교를 중퇴한 아이들, 노인들과 함께 시간을 '낭비'하는 산에지디오 공동체의 학생들 몇 명을 만났다…나는 밤중에 거리에서 술 취한 사람들을 데려와 그들에게 침대와 음식을 내주는 젊은 남녀들을 만났다…나는 자신의 삶을 다른 이들에게 아낌없이 내주는 거룩한 남녀들을 만났다. 그리고 나는 현란한 재주로 우리의 시선을 잡아 두려는 사자 조련사와 공중 곡예사가 가득한 로마의 거대한 서커스 장에서 참되고 진실한 이야기를 하는 사람들은 어릿광대일 수밖에 없음을 차츰 깨닫기 시작했다.[04]

물론 나우웬의 말이 옳다. 이야기의 마지막 장을 쓰도록 예정된 사람들은 '높이 매달린 줄을 타고 곡예를 하는' 지구촌의 부자와 권력자들이 아니다. 어릿광대들은 노숙자들과 함께 춤을 춘다. '진짜 이야기'를 들려줄 사람들은 '평범한 급진주의자들'과 당신과 나의 공동체 안에 있는 겨자씨들이다. 우리에게 필요한 것은 심플웨이가 월가에서 벌인 즉석 선포식에 드러난 새로운 차원의 상상력과 혁신, 창의력이다. 이것은 지원자 모두를 환영하는 시인과 화가, 어릿광대와 장난꾸러기들이 벌이는 운동인 것이다!

## 창의력과 용기를 가지고 새롭게 상상하라

이 마지막 대화에서 나는 당신의 삶을 그분께 맡겨 드리라고 초청하는 바다. 그리하면 하나님이 당신의 상상력을 불타오르게 하시고, 당신의 삶과 가정, 신앙 공동체를 위한 새로운 가능성을 만들어 주실 것이다. 공책이나 스케치북, 태블릿 컴퓨터를 꺼내 당신의 창의적인 생각을 적고 그것을 가족이나 친구들과 나누어 보라. 그 다음 새로운 모략을 꾸미는 이들과 더불어 하나님이 당신 안에 불러일으키신 새로운 가능성에 생명과 활기를 불어넣어 보라. 하나님이 이미 여기 와 있는 그 세상을 나타내시는 일에 당신의 겨자씨를 사용하시는 것을 눈으로 보게 된다면, 당신은 깜짝 놀라고 말 것이다.

토론토 대학 캠퍼스를 걷다 보면, "아침도 먹기 전에 포도주를? 술꾼과 먹보한테서 무엇을 기대하는가?"라는 문구의 포스터를 볼 수 있다. 대학생들, 주류 교회와 이머징 교회 교인들, 가톨릭노동자(Catholic Worker) 소속 사람들이 매주 화요일 아침마다 7시 30분에 위클리프칼리지 채플에 모여 모임을 갖고 있다. 교목인 브라이언 왈쉬가 모임 인도를 맡는다. 처음 한 시간 동안은 성만찬과 성경 묵상을 하는데, 이때 학생 밴드가 다양한 음악—리치 멀린스, 떼제, 블라인드 윌리 존슨, U2—을 연주한다. 그런 다음 가톨릭노동자에서 제공하는 집에서 만든 빵, 잼, 머핀, 과일, 유기농 공정무역 커피로 아침 식사를 하며 교제한다. 이 시간에 그들은 다가오는 한 주 동안 어떻게 이 공동체가 삶으로 성경을 실천할지에 관해 자유롭게 의견을 나눈다. 이런 식으로 이 모임은 집단적 상상력을 생생히 유지하고 있다.

전 지구화가 준 선물 하나는, 지구 전역에서 만들어진 음악과 영화, 미술을 더 풍성히 접할 수 있게 해주었고 그로 인해 우리 삶이 더 풍부해졌다는 점이다. 또한 전 지구화 덕분에 다양한 문화에서 유래한 음식을 맛봄으로써 우리 삶이 더 윤택해졌다. 우리는 상상력, 혁신, 창의력이라는 거대한 물결에 휩싸인 세상에서 살고 있다. 그러나 점점 더 새로운 제국 경제의 질서가 많은 예술가들과 디자이너들의 주된 고용주가 되고 있다. 그 결과, 전 지구적 시장이라는 이야기 속으로 우리를 끌어들이기 위한 상징과 신화를 만들어 내는 데 예술과 디자인이 사용되는 경우가 점점 더 늘고 있다.

「제국과 천국」(Colossians Remixed, 한국 IVP)에서 브라이언 왈쉬와 실비아 키즈마트는 "맥세상의 전 지구화가 만들어 낸 이 획일화된 문화에서는 모든 것이 연합하여 당신을 대적하고 당신의 상상력을 사로잡아 대안적 삶의 방식을 꿈꿀 용기마저 빼앗아 버릴 것"이라고 경고한다. 두 사람은 우리에게 하나님의 "전복적 상상력"을 발견한—"끔찍하게 상처입은 이 세상에 하나님의 샬롬이 도래하는" 미래를 바라보는 하나님의 비전을 창의적으로 표현한—다른 많은 사람들의 노력에 동참하라고 도전한다.[05]

### 신실한 즉흥성이라는 모험

이 "전복적 상상력"의 근원은 하나님의 창의적인 낭비에 있다. 하나님은 무에서 모든 것을 창조하셨다. 하나님의 창의성과 상상력은 너무도 놀랍다. "기린과 오이, (화성학의) 배음렬, 생식, 중력, 돌고래, 딸기를 생각해 내신 하나님. 그분은 이것들 중 어느 것도 아니시며, 이것들 중 어느 것도 다른 무언가를 베껴 만들지 않으셨다."[06] 첫 창조는 참으로 놀랍다. 새 창조는 숨이 막힐 정도일 것이다. 하지만 그때까지 기다릴 필요는 없다!

놀랍게도 하나님은 지금 여기서 하나님의 새 창조를 창의적으로 표현하는, 그분의 공동 창조자로 우리를 초대하신다. 예수님의 삶과 죽음과 부활을 통해 하나님의 새로운 창조가 이 세상으로 침투해 들어왔다. 창조주께서는 우리에게 만물이 새롭게 될 그리스도의 재림의 날을 기대하면서 지금 여기서 그분의 새 창조를 표현하기 위해 우리의 겨자씨가 그분께 어떻게 사용될지 상상해 보라고 우리를 초대하신다.

　최근에 나는 '비닐 카페'라는 캐나다의 한 라디오 방송에서 중년의 노숙자인 알렉스의 사연을 들었다. 그는 매니토바의 작은 마을에 살고 있다. 좀 혼란스러웠으나 그는 두 주 동안 이웃들에게서 받은 돈을 모아 텔레비전용 통합 리모컨을 샀다. 이웃들은 그가 그처럼 이상한 물건을 산 것은 그의 별난 성격 때문이라고 생각했지만, 그가 어떻게 자신의 창의력을 발휘한 것인지를 곧 깨닫게 되었다. 이제 오후가 되면 알렉스는 어김없이 마을의 유일한 텔레비전 가게 앞에 오래된 야외용 의자를 놓고 앉는다. 그러고는 새로 산 리모컨을 이용해 진열장에 전시된 텔레비전의 채널을 바꾸기도 하고 저녁 뉴스가 나올 때면 소리를 키우기도 한다. 분명 우리는 모두 상상력을 선물로 받았으니 이를 잘 사용할 필요가 있다.

　창의력 워크숍을 이끌 때마다 느끼는 것이지만, 참가자들은 자신들의 삶과 가족, 교회에서 실천할 수 있는 혁신적인 가능성들을 상상하면서 자신들의 창의성에 놀라곤 한다. 다문화적 이머징 교회인 모자이크 교회의 지도자 어윈 맥매너스(Erwin McManus)는 "미래는 창의성에 달려 있다…창의성은 영성의 자연스러운 결과다.' 영성과 창의성은 몇몇 엘리트의 독점물이 아니라 모든 사람이 태어나면서부터 부여받은 권리다"라고 말한다.[07]

　톰 라이트는 예수님을 따르는 이들이 "신실한 즉흥성"이라는 창의적인 임무 수행을 위해 부름받았다고 말한다. 하나님은 우리 모두에게—우리 중에 있는 화가와 시인들만이 아니라—상상력을 선물로 주셨다. 우리는 당신이 새로운 모략의 흐름을 이끄는 수많은 지도자들처럼 좋은 소식이 필요한 세상 속에서 신실한 즉흥성을 발휘해 좋은 소식을 전하는 일에 한층 더 창의적으로 참여할 방법을 찾아보기를 바란다. 이머징 교회의 많은 젊은 지도자들은 신실한 즉흥성 사역을 대단히 진지하게 받아들인다. 영국의 조니 베이커(Johnny Baker)와 덕 게이(Doug Gay)는 이머징 교회의 예배 혁신은 "그 이야기와 저자에 얼마나 신실한가에 따라 평가받게 될 '신실한 즉흥성'"이라고 설명한다.[08]

베이커와 게이의 말이 옳다. 기성 교회, 특히 대형교회에서 혁신은 그 이야기나 저자와 분명히 연결되지 않은 채 그저 프로그램만을 위한 것일 때가 많다. 나는 우리가 저자와 이야기에 신실할 뿐 아니라 이 세상으로 침투해 들어오는 하나님의 새로운 세상에도 충실해야 한다고 생각한다. 신실한 즉흥성이란 우리 삶과 공동체, 하나님의 세상에서 그분과 더불어 공동 창조자가 되는 창의적인 책무를 수행하는 것을 말한다.

허버트 앤더슨(Herbert Anderson)과 에드워드 폴리(Edward Foley)는 "하나님의 은혜로 인해…인간은 공동체를 통해서, 하나님의 이야기에 비추어 자신의 이야기를 함께 써 가도록 부름받았다"고 주장한다.[09] 우리를 공동 창조자로 부르시는 하나님은 우리가 최선의 상태일 때조차도 하나님의 최선에 결코 미치지 못하는 깨어진 존재임을 온전히 깨달으라고 하신다. 스캇 베이더세이는 이머징 교회를 논하면서 우리의 힘겨운 노력과 심지어 실패와 관련해 유익한 격려의 말을 해준다.

즉흥적 교회 사역에 임한다는 것은, 그리스도의 삶과 죽음과 부활을 통해 결과가 이미 보장되었음을 믿기에 결과를 통제하려는 태도를 포기하는 것을 말한다. 교회가 믿음 안에서 위험을 무릅쓰고 창의력을 발휘할 수 있는 까닭은 하나님의 섭리 안에서는 우리의 깨어진 이야기와 실패마저도 결국 이 드라마의 마지막 장에 기여하게 될 것임을 믿기 때문이다.[10]

### 신실한 즉흥성을 위한 지침

많은 교회에서 흔히 볼 수 있는 실용적인 프로그램을 넘어서고자 할 때 필요한 창의성에 관한 몇 가지 지침을 제시해 보겠다.

1. 우리는 저자와 이야기를 염두에 두어야 하지만 이 이야기가 어떻게 끝날지도 기억해야 한다. 우리는 하나님의 새로운 질서의 모습과 가치를 모두 표현하는 삶과 공동체와 선교의 새로운 가능성을 만들어 내야 한다. 스탠리 그렌츠(Stanley Grenz)와 존 프랭크(John Franke)는 예수님을 따르는 이들이 더 나은 미래에 대한 하나님의 종말론적 전망을 진지하게 받아들이는 것이 얼마나 중요한지를 일깨워 준다. "하나님의 형상을 지닌 존재로서 우리는, 지금 여기서 피조세계를 향한 하나님의 종말론적 의지를 반영하는 세상을 건설하는 하나님의 일에 동참하라는 명령을 받았다."[11]

2. 또한 우리는 오늘의 필요뿐 아니라 내일의 도전에도 대처할 수 있는 새로운 표현을 만들어 내야 한다. 세상과 교회가 직면한 새로운 도전과 기회를 적게나마 예상해 두어야 비로소 새로운 반응을 상상하고 만들어 낼 시간적 여유를 얻게 됨을 명심하자.

당신의 상상력을 풀어줄 준비가 되었는가? 전인적 신앙에 접근하기 위해 한층 진지한 가능성을 새롭게 상상해 보자.

### 전인적 신앙에 대한 새로운 상상

에프럼 스미스는 「힙합 교회」에서 "참된 사람을 찾으려는 필요는 당신이 어떤 사람이었든 어떤 삶을 살았든, 우리 모두가 공유하는 외침"이라고 한다.[12] 에프럼과 우리가 지금까지 살펴본 네 가지 갱신의 흐름에 속한 많은 사람들은 삶의 전 영역에 영향을 주는 참된 믿음을 간절히 찾고 싶어 한다.

최근 나는 내적변화라는 수도원 운동의 창립자인 존 헤이즈를 만나 저녁 식사를 함께했다. 그는 수도회에 속한 사람들이, 카라카스에 살든 샌프란시스코에 살든, 가난한 이들과 같은 경제 수준에서 성육신적 삶을 살고 있다고 설명했다. 그들의 삶은 나의 중산층 생활에 도전할 뿐 아니라 참된 제자도란 무엇인가를 묻는, 새로운 프란치스코적 관점 같았다. 이들 수도원 공동체의 삶을 볼 때, 그리고 보다 참된 삶을 요청하는 다른 젊은 그리스도인들의 목소리를 들을 때, 나는 우리가 제자도를 잘못 이해하고 있는 것은 아닌지 자문하게 된다.

정말 어려운 질문은 이것이다. 우리는 신앙이 우리가 살아가는 매일의 삶의 방식에 영향력을 거의 미치지 못하는 이원론적 제자도에 만족해 온 것은 아닐까?

스튜어트 머레이(Stuart Murray)는 「탈기독교 시대」(Post-Christendom)라는 저서에서 서구의 많은 교회들이 근대 이전 기독교 공동체의 특징이었던, 사회 속에서의 대안문화적·예언자적 역할을 방기했음을 비판한다. 그는 기독교 국가(Christendom) 모형에서 유래한 기성 교회는 현대 문화에 순응하는, 군종목사와 같은 집단으로 전락하고 말았다고 주장한다.[13] 지배 문화는 우리가 깨닫는 것보다 훨씬 큰 영향력을 행사하며 우리 삶의 초점과 성격을 규정하고 있다.

이머징 교회의 젊은 지도자들은 성과 속을 나누는 이분법적 태도를 용납하지 않는다. 하지만 그 둘을 통합하려고 할 때, 너무도 많은 경우 지배 문화가 여전히 우위를 차지하는 것처럼 보인다. 최선을 다하지만 결국 우리는 이원론적 형태의 제자도로 회귀하게 되고, 그러고도 그 사실을 눈치채지 못하는 듯하다.

우리 중 많은 이들이 이원론적 제자도로 되돌아가는 까닭은 우리가 서로 다른 두 가지 이야기, 곧 옛 신앙으로부터 유래한 이야기와 현대 문화로부터 유래한 이야기 속에 살려고 하기 때문이라고 나는 생각한다. 한편으로 우리는 전 지구적 쇼핑몰로 표현되는 현대문화가 좋은 삶에 대한 우리의 생각을 규정하도록 내버려 둔다. 더 좋은 직장과 편안한 생활을 얻으려는 노력이 우리 삶의 초점과 성격을 규정하는 경우가 많다.

다른 한편으로 우리는 몸과 분리되어 구름을 타고 본향으로 돌아가기를 고대하는 신앙 속에서 자라 왔다. 한 주를 시작할 때, 경쟁하는 이 두 가지 전망―확실한 보장을 받는 것과 영혼의 구원을 기다리는 것―중 어떤 것이 우리 삶을 움직이는가? 다수의 사람들에게는 경제적 성공이 더 중요하다. 따라서 그들은 이원론적 제자도를 받아들일 뿐 아니라 옛 신앙의 영감보다는 전 지구적 쇼핑몰의 충동에 더 영향을 받는 생활방식을 택한다. 자신의 이익을 추구하는 삶에 끌릴수록 하나님 나라의 일에 투자할 시간과 돈은 줄어든다.

존 알렉산더가 "디 어더 사이드"(The Other Side)의 편집장 시절에 쓴 글이 나는 마음에 든다. "그리스도인들은 예수께서 하신 말이 진심일 리 없다는 것을 설명하기 위해 많은 시간과 노력을 기울인다. 이해할 만하다. 예수님은 극단주의자이지만, 우리는 모두 중도주의자이니 말이다. 설상가상으로 그분은 삶의 전 영역에서―좁은 의미의 '영적' 영역만 아니라…모든 면에서―극단주의자였다."[14] 예수님은 정말로 삶의 전 영역에서 극단주의자였으며, 그분을 따르기로 작정한 우리 역시 삶의 전 영역에서 '극단주의자'가 되어야 한다.

### '몸을 입은' 신앙에 대한 새로운 상상

이머징 교회, 선교적 교회, 수도원 운동의 지도자들은 수많은 책을 통해 우리에게 '성육신적 신앙'을 촉구해 왔다. 이 말에는 우리의 신앙이 영적 영역을 채우는 데서 그치는 것이 아니라 삶 전체를 결정지어야 한다는 뜻이 담겨 있다. 문제는 '몸을 입은', '성육신적', 전인적 신앙을 구체적으로 보여 주는 사례가 많지 않다는 것이다.

론 사이더는 고전이 된 책 「가난한 시대를 사는 부유한 그리스도인」(*Rich Christians in an Age of Hunger*, 한국 IVP)에서 영국과 북미, 호주, 뉴질랜드의 수많은 그리스도인들을 향해 "다른 사람들이 살아남을 수 있도록 더 검소한 삶을 살라"고 도전했다. 그의 책을 읽은 독자들은 주변부 사람들이 자립할 수 있도록 돕는 일에 자신의 돈과 시간을 더 많이 투자했다. 그러나 우리가 풍요와 과잉선택의 전 지구적 경제 속으로 질주해 들어가는 사이, 이 메시지는 동력을 잃고 말았다.

최근 「어플루엔자」(*Affluenza*, 알마) 같은 책이나 새로운미국의꿈(New American Dream) 같은 단체는 진보적인 사람들을 향해 '다운시프터'(downshifter)가 되자고—가난한 사람뿐 아니라 환경을 생각해 검소하게 살자고—촉구했다. 그러나 이런 운동은 대체로 교회 밖에서 일어나고 있는 듯 보인다.

생활방식을 검소하게 하는 것만큼이나 중요한 것은 핵심 문제를 놓치지 않는 것이다. 나는 우리에게 필요한 것이 더 검소한 형태의 아메리칸 드림이나 웨스턴 드림이 아니라고 확신한다. 우리는 꿈을 재창조해야 한다! 우리는 단지 조금 더 검소한 삶이 아니라 소비주의의 첨병 쇼핑몰이 제공하는 삶보다 훨씬 더 흥미진진한 삶, 더 좋고 더 나은 삶으로 하나님이 우리를 부르신다는 점을 깨달아야 한다. 만약 우리가 이 세상 속으로 침투해 들어오는 새로운 세상의 모습을 구현하며 살아간다면, 우리의 삶은 어떤 모습이 될까?

### '제3의 문화'로서의 그리스도인에 대한 새로운 상상

미시건 주 그랜빌에 있는 마스힐 교회의 랍 벨(Rob Bell) 목사는, 초대 교회가 "하나님과 동역하여, 카이사르의 면전에서 새로운 문화를 만들고 있었음"을 상기시킨다. 그는 "그들에게 부활은 추상적인 영적 관념이 아니라 구체적인 사회적·경제적 현실이었다"고 말한다.[15] 1세기의 초대 교인들은 황제의 현실관을 더 이상 받아들이지 않았다. 그들은 위험하고 성육신적인 다른 현실— 이 세상 속으로 침투해 들어오는 새로운 부활 세상—의 모형이 되었다.

교회사가 웨인 믹스(Wayne Meeks)는 그리스도의 제자가 된다는 것의 의미에 관해 1세기 교회가 오늘날 우리와는 전혀 다른 견해를 가지고 있었다고 주장한다. "그리스도인이 되는 것은 자신이 태어난 고향 땅을 떠나 새로운 고향에 정착해 그곳 문화에 동화되어 가는 이민자의 경험과도 같았다."[16] 다시 말해, 제자가 된다는 것은 단순히 마음만의 변화가 아니었다. 제자 됨에는 도덕적 행위를 바꿈으로써 문화적 가치를 변혁하는 것까지 포함되었다. 초대 교회에서 그리스도인이 된다는 것은 미국인이 베트남 문화에 동화되는 것만큼이나 급진적인 일이었다.

예수를 따르는 이들의 첫 공동체는 "다른 문화 한가운데 있는 문화의 섬이었으며 젊은이들에게 가정의 가치를 가르치고 전하는 곳, 나그네와 거류민들이 서로 사랑하며 독특한 언어와 생활방식을 만들어 가는 곳"이었다.[17]

우리가 살펴본 네 흐름에 속한 사람들, 특히 수도원 운동에 속한 사람들은 "대안문화적 사회"가 되는 것이 무엇을 의미하는지 알아 가는 중이다. 『컬처 메이킹』(Culture Making, 한국 IVP)의 저자인 앤디 크라우치(Andy Crouch)는 그리스도인들을 향해 문화 창조자가 되라고 촉구한다. "우리는 모든 문화의 변혁을 추구하지만, 우리가 문화를 변혁할 수 있는 방법은 실제로 문화를 만들어 내는 것이다."[18]

그러나 우리의 문화가 바뀌기를 바라기에 앞서 우리 자신이 더 깊은 데서부터 변화되어야 한다. 브루스 브래드쇼(Bruce Bradshaw)는 「교차문화적 변혁」(Change Across Cultures)이라는 중요한 저서에서 "우리의 삶을 지배하고 있는 이야기들을 변화시킬 때 우리의 사고를 새롭게 할 수 있다. 그때에야 비로소 그 이야기들은 우리가 다른 이야기를 따라 살아가도록 힘을 부여해 줄 것이다"고 주장한다.[19] 브래드쇼는 성경이 우리에게 더 깊은 회심—죄를 용서받고 하나님을 삶의 중심에 모셔 들이는 것을 넘어선—을 촉구한다고 주장한다. 회심은 하나님의 성령께서 "우리 삶을 지배하고 있는 이야기들을 변화시키시도록" 하고, 그렇게 함으로써 "전혀 다른 이야기를 따라 살아갈" 능력을 얻는 대단히 급진적인 행동을 포함한다. 나는 우리의 깨어진 모습에도 불구하고 우리 모두가 이 혼란스러운 세상을 조용히 변화시키는 그 이야기에 동참할 수 있다고 진심으로 믿는다.

우리 문화의 지배적인 이야기를 변화시켜 주시도록 우리가 하나님께 삶을 내맡기지 않는 중요한 이유는, 일차적으로 하나님이 우리 개인의 영적·도덕적 변화에 관심을 갖고 계신다는 우리의 생각 때문이다. 그 결과 서구의 수많은 그리스도인들이 전 지구적 쇼핑몰이 부추기는 욕망과 가치를 마치 우리를 위한 하나님의 계획인 양 무비판적으로 수용한다. 그러나 그런 가치를 받아들일 때 우리는 절대로 진정한 문화 변혁에 기여할 수 없다.

페루의 인류학자인 티토 파레데스(Tito Paredes)는 한 선교학회에서 이 주제에 관해 매우 유용한 통찰이 담긴 발언을 했다. "하나님은 모든 문화를 인정하시는 동시에 심판하신다." 전인적인 신앙으로 나아가는 여정은, 우리가 어떤 이야기와 문화적 가치에 우리 삶을 바치고 있는지를 분별하고, 그런 가치들 중에서 하나님의 새로운 질서에 부합하는 가치는 무엇이며 상충하는 가치는 무엇인지를 진솔하게 반성하는 데서 시작된다.

나는 캘리포니아 주 산호세에서 가난한 히스패닉 가정을 돕는 사회복지사로 일하면서 내가 가지고 있는 가치가 얼마나 개인주의적인지를 깨달았다. 그 가정들을 통해 나는 사도행전에 묘사된 첫 기독교 공동체처럼 대가족 안에서 공동체로 살면서 서로를 돌보는 삶을 소중히 여기는 생활방식을 배웠다. 내가 마우이에 살면서 알게 된 하와이의 가정들은 자신의 삶과 자원을 모든 사람들과 나눴다. 그들의 환대는 내가 미국 본토의 중산층 교회에서 보아온 것과는 전혀 달랐다. 예루살렘 교회의 놀라운 환대를 생각나게 하는 환대였다.

우리 문화의 가치에 맞서는 더 급진적인 전인적 신앙을 촉구하는 바울의 말에 귀를 기울여 보자.

> 그러므로 형제들아, 내가 하나님의 모든 자비하심으로 너희를 권하노니 너희 몸을 하나님이 기뻐하시는 거룩한 산 제물로 드리라. 이는 너희가 드릴 영적 예배니라. 너희는 이 세대를 본받지 말고 오직 마음을 새롭게 함으로 변화를 받아 하나님의 선하시고 기뻐하시고 온전하신 뜻이 무엇인지 분별하도록 하라.(롬 12:1-2)

그렇다면 문화 변혁을 위한 성경공부 방법을 생각해 보자.

### 문화 변혁을 위한 위험한 성경공부

예수님을 따르는 사람으로서 우리는 전 지구적 쇼핑몰이나 계층, 수입 같은 것이 좋은 삶과 더 나은 미래를 규정하도록 내버려 둘 까닭이 전혀 없다. "그 앞에 있는 기쁨을 위하여 십자가를 참으사 부끄러움을 개의치 아니하시던" 예수님이 기대하신 더 나은 미래의 모습들을 기억하라(히 12:2). "그 앞에 있는 기쁨"이란 무엇일까? 그것은 하나님 나라가 임하고 하나님의 뜻이 하늘에서와 같이 땅에서도 이루어지는 것을 보는 것이었다. 그분이 다시 오실 귀향의 날, 상처입은 사람들에게 치유가, 가난한 사람들에게 공의가, 온 나라에 샬롬이 찾아올—이 모든 것이 가능한 이유는 그분이 십자가를 견디고 새로운 인류의 첫 열매로 부활하셨기 때문이다—날을 바라보셨다는 뜻이다.

그렇다면 우리 앞에 있는 기쁨은 무엇인가? 전 지구적 쇼핑몰이 무엇이 중요하고 가치 있는지를 규정하도록 내버려 두는 대신 다시 임할 하나님 나라를 소망하며 예수님처럼 우리 삶을 내드리는 것이다. 나는 독자에게 세대별로 청년, 장년, 노년 모임을 만들어 문화 변혁을 위한 성경공부를 해 볼 것을 제안한다. '하나님이 베푸시는 좋은 삶은 무엇이며, 그 삶을 우리 삶의 중심으로 삼을 수 있는 방법은 무엇인가?'라는 물음을 다루고 있는 누가의 두 책, 누가복음과 사도행전을 공부할 방법을 살펴보자.

누가복음과 사도행전을 펼치고 예수님과 최초의 대안문화 공동체에 속했던 이들의 삶과 가르침에 나타난 하나님의 좋은 삶을 찾는 '문화적' 성경공부를 시작해 보라. 지배 문화의 이미지가 아니라 이 성경의 이미지가 우리 삶의 방향과 가치를 결정해야 한다는 도발적인 주장을 독자들에게 던지고자 한다.

하나님이 베푸시는 좋은 삶을 구하는 청년들. 첫 번째는 대학생과 이제 막 성인이 된 젊은이들을 위한 성경공부다. 당신이 좋아하는 연예인, 멋있어 보이는 또래, 우아한 결혼식, 고급 자동차, 명품, 휴양지, 멋진 집의 사진을 직접 찍거나 잡지에서 모으는 것으로 공부를 시작하라. 가져온 사진을 서로 보여 주면서 질문을 던져 보라. "이 이미지들은 좋은 삶에 대해 무엇을 말하는가? 왜 우리는 이런 이미지에 이토록 끌리는가?" 그리고 "이 이미지들은 당신의 신앙적 가치와 긴장 관계에 있지 않은가?"

그런 다음 모임 사람들에게 몇 주에 걸쳐 누가복음과 사도행전을 공부하자고 제안하면서 다음과 같은 물음을 던지라. (1) 예수님과 제자들의 삶과 가르침에 반영된 좋은 삶의 이미지는 무엇인가? (2) 만약 우리가 더 나은 미래에 관해 이 이미지를 우선적으로 추구한다면 우리 삶은 어떻게 달라지겠는가?

그 다음으로 수도원 공동체처럼 좋은 삶에 관한 대안적 이미지를 창의적으로 표현하고자 노력하고 있는 당신 또래의 사람들, 가난한 사람들과 동역하고 있는 사람들, 계획공동체(intentional communities: 일정한 신념을 공유하는 사람들이 함께 모여 대안적인 생활방식을 추구하는 공동체—옮긴이)로 살아가는 사람들, 생태 발자국을 줄이기 위해 노력하는 사람들을 실제로 찾아가 보라. 그들을 방문한 후 이런 공동체들이 암시하는 좋은 삶은 어떤 것인지, 그 삶에 대해 당신은 어떻게 생각하는지 토론해 보라.

그 후에 당신 그룹에 속한 모든 사람에게 하나님의 좋은 삶을 먼저 구할 때 그들의 삶이 어떤 모습이 될지 이미지나 그림이나 시로 표현해 보라고 제안해 보라. 그러한 이미지를 실제 삶으로 실천한다면 당신 삶의 방향과 선택이 어떻게 달라질지 토론해 보라.

이제 누가복음과 사도행전 공부에서 알게 된 당신 삶의 소명과 하나님의 좋은 삶에 대해 당신의 이미지와 시를 활용해 당신 인생의 사명 진술서 초안을 작성해 보라. 성경과 이미지를 활용해 (1) 세상을 바꾸는 일에 당신의 겨자씨가 하나님께 어떻게 사용될 수 있는지, (2) 영적 훈련을 어떻게 해 나갈 것인지, (3) 앞으로 어떤 직업을 택할 것인지, (4) 독신이나 결혼 생활과 관련해 무엇이 중요한지, (5) 어디에서 살고 어떤 종류의 집을 얻을지, (6) 시간과 돈을 어떻게 사용할지, (7) 어떻게 하나님의 좋은 삶을 반영하는 삶을 살고 관계를 만들어 갈지 등에 관해 인생의 결정을 내릴 때 적용해야 할 기준을 세워 보라.

마지막으로, 사명 진술서에 적은 바를 실천할 수 있도록 서로 돕는 정기적인 모임 계획을 세우라. 어떻게 해야 조금 더 뜻을 가지고 하나님의 좋은 삶을 먼저 구하며 살아갈 수 있을지 상상하고, 이미 여기 와 있는 그 세상을 살아가는 방법을 배우며 한 걸음씩 전진할 때마다 서로 축하하고 격려하라.

겨자씨협회(www.msainfo.org)는 대학생들이 졸업 후 성인으로 살아가려 할 때 우선순위를 바르게 설정할 수 있도록 도와 주는 사명 진술서와 연간 계획서 작성을 돕는 「목적을 따르는 삶」(Living on Purpose)이라는 성경공부 교재를 개발했다. 이 교재는 학생 선교단체 간사나 캠퍼스 사역을 하는 이들이 주말 학생 수련회에서 활용할 수 있도록 만들어졌다. 더 많은 정보가 필요하면 겨자씨협회에 연락하라.

하나님이 베푸시는 좋은 삶을 구하는 장년들. 이 과정은 인생과 직업, 교회 생활에서 상당히 안정되어 있는 독신자나 부부를 대상으로 한 성경공부다. 나는 당신이 살고 있는 동네를 거닐면서 두 가지 목록을 작성하는 것으로 이 공부를 시작하기를 권한다. 하나는 당신의 주거지 주변의 집과 자동차, 교회, 가게, 물건들이 암시하는 좋은 삶의 이미지를 기록하는 것이다. 또 하나는 당신이 만나는 부모들에게 그들의 자녀가 성인이 되었을 때 기대하는 바가 무엇인지 묻고 그 대답을 기록하는 것이다. 그런 다음 작은 모임에서 당신이 작성한 목록을 가지고 솔직한 이야기를 나누라. 이때 그 이미지나 바람이 당신의 신앙적 가치와 어떤 점에서 긴장 관계에 있는지에 초점을 맞추라.

그런 다음 당신의 그룹이 선교사로 사역하다가 돌아온 가정, 수도원 공동체, 지속 가능한 생활방식을 추구하는 가정처럼 하나님의 새로운 질서를 반영하기 위해 의식적으로 생활 방식과 자녀양육 방식을 바꾼 '장년기의 사람들'을 방문해 보기를 권한다. 이들이 추구하는 좋은 삶에 대해, 그리고 그것이 당신의 공동체와 어떻게 비슷하거나 다른지를 토론해 보라.

몇 주에 걸쳐 누가복음과 사도행전을 공부하면서 예수님과 제자들의 삶과 말에 반영되어 있는 좋은 삶의 이미지를 찾아보라. 그 이미지와 당신이 동네에서 발견한 이미지 혹은 당신이 방문한 곳의 이미지와 어떤 점에서 비슷하거나 다른지 이야기해 보라. 그런 다음 모두에게 기도하는 마음으로 자신의 가정을 향한 하나님의 부르심을 분별해 볼 것을 요청하라. 하나님 나라의 부르심을 당신의 삶, 당신 가족의 핵심 특징으로 삼을 수 있는 구체적인 방법을 그림이나 글로 표현해 보라. 부모들은 자녀의 미래에 대한 자신의 기대를 어떻게 바꿀 수 있을지 이야기해 보라. 하나님의 선한 삶을 추구하기 위해 당신의 말과 이미지를 어떻게 해야 할지 토의해 보라. 하나님의 선한 삶을 더 온전히 살아 내기 위한 첫 단계가 무엇인지 살펴보라. 자녀들과 함께 하나님 나라의 파티를 계획하는 일부터 시작할 수도 있을 것이다.

이제 하나님의 좋은 삶에 관한 글과 이미지를 활용해, 각자가 자신의 소명, 영적 생활, 가족 및 친구들과의 관계, 직업, 주거, 쇼핑, 환대, 자녀양육, 시간 및 돈 사용, 삶을 누리는 방식 등과 관련된 인생의 중요한 결정을 내릴 때 지침이 될 만한 기준을 작성하도록 서로 도우라.

각자 삶의 초점을 다시 맞추고 새롭게 세운 기준에 따라 삶의 중요한 결정을 내리기에 앞서 실천해야 할 작은 일은 무엇인지 편지를 쓰라. 당신의 편지를 그룹에 속한 모든 사람과 나누고 서로의 기도와 도움을 구하라. 마지막으로, 정기적인 모임 시간을 정하라. 작은 성공을 거둘 때마다 축하하고 실패를 만날 때면 극복할 수 있도록 서로 도우라.

하나님이 베푸시는 좋은 삶을 구하는 노년들. 이 그룹은 삶의 후반부를 어떻게 살아가야 할지 결정하고자 하는 사람들이다. 첫 모임에서는 참가자들에게 호화 양로원이나 은퇴자를 위한 여행에 관한 소책자나 광고 전단을 가져오게 하라. 호화 양로원이나 은퇴 여행을 택한 사람들이 있다면 그 여행에 대해 이야기하도록 하고 그런 선택이 그들의 삶과 관계에 어떤 영향을 미쳤는지 설명하라. 또한 그런 전단이나 이야기가 좋은 삶에 관해 암시하는 메시지가 무엇인지 찾아보고 그에 관해 토의하라. 그런 선택을 할 때 드는 비용이 얼마이며, 거기에 드는 시간과 돈을 우리의 공동체와 세계의 필요를 충족시키는 일에 사용할 수 있는 방법은 무엇인지 이야기해 보라.

그런 다음 참가자들에게 다른 사람들을 섬기는 일에 삶의 후반부를 투자하고 있는 사람들의 이야기와 사진, 언론 보도를 모으게 하고, 그런 선택이 그들이 섬기는 사람들의 삶뿐 아니라 그들 자신의 삶에 어떤 변화를 일으켰는지 살펴보게 하라. 그러한 삶의 모형이 담고 있는 더 나은 미래의 이미지가 무엇이며, 그 이미지가 앞서 토의했던 이야기나 전단이 담고 있는 이미지와 어떤 점에서 비슷하거나 다른지 토의하라.

이제 누가복음과 사도행전 성경공부를 통해 예수님과 제자들의 가르침과 삶에 담겨 있는 좋은 삶의 이미지를 찾아보라. 이 이미지가 앞서 살펴본 이미지들과 어떤 점에서 비슷하거나 다른지 살펴보라. 삶의 후반부 계획을 세울 때 하나님이 그들에게 어떻게 그분의 목적을 최우선 순위로 삼도록 부르시는지 기도하는 마음으로 분별해 보라. 각자 분별한 것을 기록하여 모임 사람들과 나누라.

그런 다음 자신이 남기고 싶은 유산에 대해 진술서를 작성하라. 성경공부에서 배운 것과 하나님의 부르심, 유산 진술서를 활용해 앞으로 각자의 삶에서 어떤 결정을 내릴 때 도움이 될 만한 지침을 작성해 보라. 이때 하나님이 그분의 좋은 삶을 더 온전히 표현하기 위해 삶의 후반부에 당신의 농익은 은사와 시간, 자원을 어떻게 사용하실 수 있게 할 것인지에 초점을 맞추라. 당신 생애 최고의 해를 위한 꿈과 가능성을 추구하는 동안 정기적으로 만나 서로 도울 수 있는 방법을 마련하라. 진척이 있을 때마다 함께 축하하고, 좌절할 때마다 서로 격려하라. 1년에 한 차례 가까이 있는 친구와 가족을 불러 모아서 '우리 앞에 있는 기쁨'을 축하하는 파티를 열라.

**축제가 넘치는 신앙에 대한 새로운 상상**

랍 벨은「당당하게 믿어라」(Velvet Elvis, 두란노)에서 "더 좋은 파티를 베풀 때까지 교회는 세상을 향해 아무 말도 할 수 없다"고 말했다.[20] 나는 모든 세대의 사람들이 삶을 조금 더 축제처럼 만듦으로서 문화 변혁의 여정을 시작하기를 권한다.

나는 이머징 교회 지도자들의 신실한 즉흥성에 깊은 인상을 받지만, 거의 모든 창의성이 '예배'라는 제한된 영역 안에서만 발휘되는 듯 보인다. 나는 예배라는 상자의 벽과 문을 무너뜨리고 하루 24시간 주 7일 동안 우리 삶 전체를 축제로 만들어 가족, 친구들과 더불어 다양한 방식으로 하나님 나라의 잔치를 벌이자고 제안하는 바다.

유대인들은 과거 하나님이 그들을 위해 하신 일을 기억하는 축제를 벌였다. 예수님을 따르는 우리는 유대인의 기억과 축제에 참여할 뿐 아니라 희년에 이루어질 위대한 귀향을 고대하는 축제를 기획할 수 있다.「왜 축제를 벌이지 않는가!」(Why Not Celebrate!)라는 책에서 새러 웽거 쉥크(Sara Wenger Shenk)는 "신나게 축제에 참여하면서 우리는 미래를 예행연습하는 것이다"라고 말한다. "마치 장차 올 위대한 성취를 마음속에 그리고 미리 누릴 수 있다고 믿으면서 '종말론 놀이'를 하는 것과 같다."[21]

해마다 나는 친구들과 함께 '제2의 대강절, 귀향'이라는 파티를 열어 위대한 귀향을 '예행연습' 한다. 한번은 세계 곳곳의 음식을 준비하고, 우리보다 먼저 떠난 모든 사람들과 함께 다문화의 미래로 귀향하는 기쁨을 누려 보기도 했다.

올해 우리는 이 대강절 잔치를 "이미 여기 와 있는 세상 속에서 벌이는 축제"라고 명명했다. 마크와 애나 메일은 이머징 교회를 개척하기 위해 애쓰는 두 부부를 비롯해 열여덟 명을 시애틀에 있는 튜더 양식의 역사적인 저택으로 초대했다.

따뜻한 과일차와 간식을 나누면서 우리는 덴마크의 아주 검소한 개신교 지역에 살고 있는 두 자매를 위해 요리사가 된 한 프랑스 출신 망명자 이야기를 다룬 영화 "바베트의 만찬"을 보았다. 바베트는 뜻하지도 않게 1만 프랑의 복권에 당첨된다. 그녀는 그동안 자신을 집에 머무르게 해준 두 자매에게 감사의 마음을 표하기 위해 호화로운 프랑스식 잔치를 마련하는 데 그 돈을 다 쓰기로 결심했다. 우리는 바베트가 한때 파리에서 일류 요리사였다는 사실을 알게 된다. 자매는 그런 사치스러운 성찬을 한번도 본 적이 없었고, 그런 성찬을 즐기는 것은 악한 일일지도 모른다고 생각했다. 하지만 영화가 끝날 무렵, 이 검소한 신자들은 서서히 이 은혜로운 잔치를 즐기기 시작한다. 그뿐 아니라 잔치는 깨진 관계를 회복해 주는 촉매가 된다.

우리는 영화 속에서 그리스도의 강림이나 하나님의 새로운 질서와 관련된 이미지를 찾아보라고 했다. 팀과 케리 디어본은 "터무니없을 정도로 풍성한 하나님의 사랑과 은혜"에 깊은 감동을 받았다. 또 누군가는 사람들이 경계를 풀고 특이하고 새로운 음식을 먹을 때 그들의 관계를 회복시키시는 하나님의 사랑에 자신도 마음을 열게 되는 것 같다고 말했다. 이 영화는 장차 우리가 다 함께 하나님이 베푸시는 귀향 잔치에 참여하고, 사람과 세상을 공히 사랑하시는 하나님의 목적이 온전히 실현되는 것을 경험할 그날의 이미지를 잘 포착하고 있다. 저녁 식사 전에 크리스틴은 이사야 25:6-9에 있는 귀향 잔치에 관한 구절을 가져와 하나님이 베푸시는 잔치를 주제로 한 짧은 예전을 인도했다.

> 만군의 여호와께서 이 산에서
> 만민을 위하여 기름진 것과
> 오래 저장하였던 포도주로 연회를 베푸시리니
> 곧 골수가 가득한 기름진 것과 오래 저장하였던 맑은 포도주로 하실 것이며
>
> 또 이 산에서 모든 민족의
> 얼굴을 가린 가리개와
> 열방 위에 덮인 덮개를 제하시며
>
> 사망을 영원히 멸하실 것이라.
> 주 여호와께서 모든 얼굴에서 눈물을 씻기시며
> 자기 백성의 수치를 온 천하에서 제하시리라.
> 여호와께서 이같이 말씀하셨느니라.
>
> 그날에 말하기를
> "이는 우리의 하나님이시라.
> 우리가 그를 기다렸으니 그가 우리를 구원하시리로다.
> 이는 여호와시라 우리가 그를 기다렸으니
> 우리는 그의 구원을 기뻐하며 즐거워하리라" 할 것이며.

이머징 교회와 함께 예배할 때 좋은 점은 그들이 지적인 참여만이 아니라 체험적인 참여도 강조한다는 것이다. 그래서 우리 부부는 잘 차려진 음식을 나누며 계속해서 대화를 나누자고 친구들에게 말했다. 그날 금요일 대부분의 시간 동안 우리 부부는 겨자씨협회 사역자 몇 사람의 도움을 받아 프랑스식 4품 요리를 준비했다. 내가 힘겹게 음식 준비를 하는 동안 친구들은 인내심을 갖고 기다려 주었고, 다행히 아무도 병원에 갈 일은 일어나지 않았다.

우리는 양상추, 사탕무, 파, 염소치즈를 섞은 샐러드로 식사를 시작해 야생버섯 수프를 먹고, 마지막으로 꿩 요리를 먹었다. 그리고 프랑스산 포도주와 초콜릿, 수입 치즈, 과일, 공정무역 커피를 즐겼다. 우정과 대화, 잔치와 묵상을 통해 우리 모두가 우리 가운데 이미 와 있는 그 세상의 한 조각을 경험했다.

친구들 중에는 이미 여기 와 있는 그 세상을 기뻐하고 축제하듯이 살아가는 법을 배우고 있는 사람들이 많다. 대강절 동안 데이브와 낸시 부부는 아직 취학 전인 자녀들에게 구약성경의 핵심이 되는 이야기를 들려주었다. 아이들은 각각의 이야기를 그림으로 그렸고, 거실과 주방 벽은 서서히 그림들로 뒤덮이게 되었다. 성탄절 전야에 그들은 예수님을 위한 생일파티를 열었다. 성탄절 아침에 두 아이는 심각한 건강 문제로 투병하고 있는 교회의 한 가족을 위한 성탄절 준비를 도왔다.

제프와 패티는 결혼식을 준비하면서 흔히들 하는 것처럼 결혼식 희망선물 목록을 보내지 않았다. 그 대신 우리에게 결혼식날 아침에 햄과 감자, 옥수수 캔, 빵, 샐러드 재료 등을 교회로 가지고 와 달라고 부탁했다. 하객으로 백 명 정도만 참석하리라 예상했지만, 예식 당일 이른 아침에 친구들은 제프와 패티가 3백 명 가까운 사람들을 위해 잔치를 준비하는 것을 도왔다.

결혼식에서 신랑과 신부가 서약을 마치자 모두가 계단을 내려가 본당 아래 있는 친교실에서 열린 피로연에 참석했다. 하객들은 식탁 의자 중 1/3밖에 채우지 못했다. 그때 패티와 제프는 거리를 향해 난 문을 열었고, 2백 명의 사람들이 서서히 자리를 채웠다. 사람들은 자신들을 기다리고 있던 잔치에 무척이나 놀란 모습이었다.

패티는 마이크를 잡고 말했다. "제프와 나는 방금 결혼했어요. 우리는 친구들 모두가 우리 부부와 함께 잔치에 참여하기를 원했죠. 지난 1년 동안 여러분과 알고 지냈기 때문에, 오늘 저녁은 금요일 밤마다 여러분과 나누던 수프와 빵을 결혼식 피로연으로 대신하기로 했어요. 오랜 친구와 새로운 친구 여러분, 모두 환영합니다!"

하나님의 혼인 잔치 분위기 같은 게 느껴지지 않는가?[22] 문화에 지배당하는 대신 본래 우리의 것이었던 축제의 삶을 되찾는 것이 어떨까? 우리가 속한 문화와 공동체가 제공하는 풍성한 축제를 더 이상 누리지 말자는 게 아니다. 이미 여기 와 있는 그 세상을 '미리 맛보는' 풍성한 잔치를 만들자는 말이다.

전인적 신앙을 향한 여정을 시작할 때 우리는 하나님의 새로운 미래라는 잔치에 참여하는 법을 배워야 할 뿐 아니라 사람들과 세상을 공히 사랑하시는 하나님의 목적을 삶 속에서 실천하는 법도 배워야 한다. 그저 우리의 직업과 계급, 문화가 삶의 방향을 규정하도록 내버려 두는 대신, 우리의 삶과 하나님의 목적을 의도적으로 연결하기로 결단해야 한다.

## 목적을 따르는 삶에 대한 새로운 상상

2006년 어바나 학생 선교대회에서 세미나를 인도하면서 나는 대학생들에게 예수님을 따르는 이들의 삶에서 가장 우선되는 결정은 어디에서 일하고 어디에서 살 것인가 하는 문제가 아니라고 말했다. 심지어 누구와 결혼하는가도 아니다. 삶에서 가장 중요한 결정은, 하나님의 사랑의 모략에 그분께서 우리 삶을 어떻게 사용하기 원하시는지를 아는 것이다. 그런 다음 우리는 이 첫 번째 결정에 입각해 다른 중요한 결정—어디서 일할지, 어디서 살지, 누구와 결혼할지—을 내린다.

성경은 목회자나 선교사만 하나님의 사랑의 모략에 동참하도록 부름받은 것이 아님을 분명히 가르친다고 나는 확신한다. 이것을 믿을 때 하나님의 공동체가 감당해야 할 가장 중요한 책임 중 하나는, 우리가 소명을 분별하고 그것을 글로 적은 다음 예수님처럼 삶의 전 영역에서 하나님의 소명을 실천해 나가도록 실제로 돕는 일이다.

나는 그리스도인들이 자신의 삶을 향한 하나님의 부르심을 더 분명히 듣는 일을 돕기 위해 「하나님 목적 나의 목적」(*Living on Purpose*, 그루터기하우스)라는 책을 썼다.[23] 그 책에서 나는 우리가 대학을 다니든 직장이나 집에서 일하든 관계없이 자신의 삶을 향한 하나님의 최선의 계획을 진실로 알고 싶어 한다고 주장했다. 하나님의 선하신 계획은 자신을 위해 더 많은 것을 얻고자 끊임없이 노력하는 데 있지 않고 다른 사람들의 삶에 변화를 일구어 내고자 하는 데서 찾을 수 있다는 깨달음, 이것이 하나님의 부르심의 핵심에 자리한다. 이 부르심의 한복판에서 하나님은 우리가 전 지구적 쇼핑몰이 제시하는 그 어떤 것보다 덜 분주하고 더 축제 같은 삶을 살기를 원하신다.

북미의 신자들 중 가정과 교회 밖에서 다른 사람들을 섬기는 사역에 시간을 보내는 신자들이 10퍼센트도 되지 않는다는 사실을 우리는 우려한다. 이 정도 수준의 참여로는 오늘날 세상이 직면하고 있고 앞으로 직면하게 될 도전에 제대로 대응할 수 없을 것이다. 예수님이 고향에서 공생애를 시작하실 때 이사야 61장의 말씀을 읽으셨음을 기억하라.

하나님의 영이 내게 임하시니 그나 나를 택하여, 가난한 사람에게 복된 소식의 메시지를 전하게 하셨다. 나를 보내셔서, 갇힌 사람에게 놓임을, 눈먼 사람에게 다시 보게 됨을 선포하게 하고, 눌리고 지친 사람을 자유케 하여, "지금은 하나님이 일하시는 해!"라고 선포하게 하셨다.(메시지)

예수님을 따르는 삶 또한 이런 것을 뜻한다. 첫 제자들은 삶을 하나님께 드렸을 뿐 아니라 하나님의 선교 목적에 삶을 바쳤다. 실제로 대부분의 제자들은 직업을 버리고 새로운 부르심에 온 삶을 바쳤다. 모든 사람이 전임 사역에 나서야 한다는 말이 아니다. 각자가 있는 자리에서 하나님의 목적을 이루려는 뜻을 품고 일하도록 부름받았음을 깨달아야 한다는 말이다.

그러므로 전인적 신앙을 향한 이 여정은 각자의 삶과 가정을 향한 하나님의 부르심을 분별하도록 서로 돕는 데서부터 시작된다. 그런 다음 분별한 부르심을 글로 적고, 그 부르심을 중심으로 실제로 삶 전체를 조직하는 창의적인 모험을 시작하고, 하나님이 그분의 나라를 위해 우리의 작은 겨자씨를 사용하실 수 있는 혁신적인 방법을 찾아간다. 「하나님 목적 나의 목적」에서 나는 배우자나 친구와 함께 피정을 떠나 그들의 삶을 향한 하나님의 부르심에 귀 기울이기 위한 "적극적인 듣기 과정"에 참여하라고 권면했다. 이 과정을 통해 우리는 성경, 기도, 다른 사람들의 필요, 은사, 심지어 우리 안의 깨어진 부분을 통해 하나님의 부르심에 귀를 기울이게 된다.

그런 다음 참가자들에게 사명 진술서를 활용해 스트레스를 덜 받으면서도 더 축제 같은 생활 방식을 만들어 가는 방안을 보여 준다. 참가자들은 자신의 공동체와 세상 속에서 하나님의 새로운 질서를 만들어 가는 일에 더 많은 시간과 자원을 투자할 방법을 찾아낸다. 어떻게 하나님이 다른 사람들의 삶을 변화시키는 일에 자신들의 겨자씨를 사용하시는지를 깨달을 때마다 그들은 놀라며 기뻐한다. 이 과정에서 그들은 구하는 것이 아니라 주는 것에 하나님의 좋은 삶이 있음을 예외 없이 발견한다.

### 한 번에 한 생명을

자기 삶을 향한 하나님의 부르심을 발견한 사람들은 부르심의 삶을 살아가면서 만족을 누린다. 어떤 이들은 일하는 시간을 통해, 어떤 이들은 여가 시간을 통해 그 부르심을 추구하고, 어떤 이들은 그 일에 더 넉넉히 시간을 쓰기 위해 따로 20-30시간을 떼어 놓기도 한다. 몇몇은 부르심을 따르기 위해 인생을 새롭게 시작하기도 한다.

 이언은 시드니 대학교에서 전자공학을 공부하는 학생이었다. 그는 IT 분야에 들어가 부촌에 집을 사고 원하는 것을 마음껏 누리며 살 계획이었다. 이언은 하나님이 세계의 가난한 지역에서 그 지역에 적합한 에너지 자원을 설계하는 일에 자신의 공학기술을 사용하실 수 있음을 알게 되었다. 그는 실제로 그 기술을 연구했고, 우간다 농촌의 보건소에 에너지를 제공하는 수력 및 태양열 에너지 체계를 설계할 기회를 찾았다. 이 가능성을 두고 기도할수록 그는 하나님이 그의 삶을 독특한 방식으로 사용하실 수 있음을 분명히 깨닫게 되었다. 그것은 그의 삶을 향한 분명한 소명이었다.

 조너선과 어마는 영국 스프링 하비스트에서 내가 「하나님 목적 나의 목적」에 관해 하는 강연을 들었다. 두 사람은 따로 시간을 내어 그들의 삶을 향한 하나님의 부르심을 분별하고, 그것을 글로 적고, 가장 중요하게는 그것을 실천에 옮기기로 결심했다. 그들의 사명 진술서는 매우 간단했다. "우리가 속한 공동체에서 그리스도의 환대의 손길이 되는 것." 매주 이 가족은 한 사람씩 돌아가며 이웃의 한 사람을 초대한다. 몇 주가 지나자 그들의 지역사회와 그들의 가정이 바뀌었다. 그들은 하나님이 어려운 시간을 보내는 이웃들에게 다가갈 기회를 주신 것에 감사하다고 했다. 특히 자녀들도 하나님의 환대를 다른 이들과 나누는 일에 하나님이 그들의 삶을 사용하실 수 있다는 것을 깨달았다고 기뻐했다.

주디와 윌슨은 두 자녀를 데리고 1년 중 열 달을 캘리포니아 주 산호세에서 지낸다. 휴가철이 오면 그들은 푸에르토리코에서 태국까지 세계 각지로 단기 선교여행을 떠난다. 지난 몇 해 동안 주디와 윌슨은 십대인 두 자녀와 함께 동남아시아의 여러 마을에서 영어를 가르쳤다. 열세 살인 조너선은 이렇게 적었다.

우리는 태국의 총가로 돌아갔다. 날씨는 무덥고 냉방장치는 없었다. 이런 어려움에도 불구하고 아이들은 열심히 배우려고 했다. 우리는 아이들에게 단어와 구절을 가르치고 아이들과 놀이를 하고 노래를 불렀다. 하나님은 나에게 가진 것에 만족하고 내가 교육받는 것을 당연하게 여기지 말아야 함을 가르쳐 주셨다.

영국 치체스터의 이머징 교회인 웨어하우스(Warehouse)에서 스물다섯 명의 젊은이들이 위험에 처한 그 지역의 아이들과 함께 일하라는 부르심에 헌신하기로 약속했다. 이 젊은이들은 일주일에 20시간 봉사를 하기 위해 30시간 이상 일하지 않기로 서약했다. 이런 결정을 내린 후 그들은 생활비를 줄여서 자신들이 돌보는 아이들과 더 많은 시간을 보내고 있다.

데니스 배크(Dennis Bakke)는 「일의 즐거움」(Joy at Work)에서 사업가인 자신의 경력에서 부르심이 어떤 역할을 했는지를 설명한다. 몇 해 전 그는 상업 분야에서 혁신적인 방식으로 신앙을 표현하라는 부르심을 강하게 느꼈다. 그는 회사의 전 직원에게 의사 결정권을 분산해 모든 직원의 역량을 강화한 AES라는 에너지 회사를 세웠다. 척 콜슨(Chuck Colson)은 신앙에서 영감을 얻은 데니스의 혁신에 대해 이렇게 평했다. "모든 사람이 하나님이 주신 잠재력을 극대화하고 지역사회를 섬기는 직장을 만들겠다는 생각은 지극히 성경적인 원리다."²⁴ 데니스와 아내 에일린은 AES를 떠나 차터스쿨(charter school: 대안학교 성격의 자립형 공립학교—옮긴이)을 통해 다음 세대 교육의 질을 향상시키는 '상상의 학교'(Imagine Schools)라는 새로운 사업을 시작했다. 또한 배크 부부는 겨자씨재단을 통해 세계 전역의 수많은 신생 사역단체에 넉넉히 자금을 지원하기도 했다.

만약 당신의 소그룹이 적극적인 듣기 과정을 통해 당신과 당신의 친구들로 하여금 당신의 삶을 향한 하나님의 부르심을 더 온전히 발견하도록 도움을 준다면 어떤 일이 일어날까? 만약 당신이 사명 진술서를 작성하고 더 의도적인 방식으로 하나님의 조용한 모략에 참여하기 위해 당신의 삶을 새롭게 만들어 나간다면 어떤 일이 벌어질까? 나는 당신이 당신의 삶과 교회와 다른 사람의 삶에 일어날 변화를 바라보며 놀라고 말 것이라고 확신한다.

**한 번에 하나의 기도**

개리슨 케일러는 자신이 진행하는 라디오 프로그램 '프레리 홈 컴패니언'(A Prairie Home Companion)을 통해 사이버 공간으로 인해 괴로워하는 청취자 수 스캇과 인터뷰했다. 수는 자신의 위기에 대해 말했다. "어쩔 수가 없어요. 어제도 열두 시간 내리 인터넷에 접속했어요. 음식을 먹을 시간도 없었어요… 저항할 힘이 없어요. 어떤 초월적인 힘의 도움이 필요해요." 개리슨은 스크린의 성 자비에르 수도원으로 피정을 떠나라고 처방했다. 배경 음악으로 "로그오프 하라. 키보드에서 물러나라…마음의 창을 새로 열라"라는 수도사들의 노래가 들린다.²⁵

정말이지 사이버 중독자들에게 나쁘지 않은 충고다. 시간을 정해 놓고 온라인 접속을 끊거나 모니터를 끄거나 아이팟을 듣지 않는 것만으로도 우리는 많은 유익을 얻을 수 있다. 「사이버 공간에서 분주히 살아가는 이들을 위한 축복」(Blessings for the Fast-Paced and Cyberspaced)이라는 책은 바쁘게 살아가는 사람들에게 온라인에 접속하기 전, 자녀를 학교에 태워다 줄 때, 교통 신호에 걸렸을 때처럼 하루 중에 짬이 날 때마다 기도할 것을 권한다.[26]

사이버 중독자들뿐만 아니라 예수님을 따르는 이들 중에서도 규칙적으로 기도할 시간을 마련하기 어려워하는 사람들이 많다. 실제로 우리가 실시한 조사에 따르면, 부흥하는 교회의 많은 지도자들이 일주일 중 기도하는 유일한 시간은 놀랍게도 목회자로서 공개적으로 기도하는 주일 아침예배 시간이 전부라고 고백했다. 바쁘게 살아가는 이머징 교회의 지도자 한 사람은 띄엄띄엄 사정이 허락할 때 기도한다고 고백하기도 했다.

띄엄띄엄 기도해서는 전인적인 제자가 될 수 없고, 점점 더 심각해지는 이 세상의 도전에 제대로 대응할 수도 없다. 나의 첫 영성 지도자였던 리처드 포스터(Richard Foster)는 내게 "기도에 시간을 더 많이 쓴다고 해서 우리가 더 영적인 사람이 되는 것은 아니지만, 그렇게 할 때 우리는 하나님이 우리에게 말씀하실 수 있는 자리에 있게 된다"고 말했다.

진지한 음악가, 화가, 운동선수가 진지하고 규칙적인 훈련 없이 최상의 재능을 발휘하리라고 기대할 수는 없다. 우리는 "그리스도의 형상을 닮기 위해" 수도사들처럼 규칙적으로 시간을 내어 영적 훈련이 삶의 리듬처럼 깨어 있는 순간에 골고루 스며들게 해야 한다. 물론 이 리듬의 중심에는 신앙 공동체와 더불어 살아 계신 하나님께 드리는 정규 예배가 있다.

나는 예전을 중시하는 전통에서 자라지는 않았지만 교회력을 따라 살아가는 것—성경, 기도, 축제를 통해 그리스도의 삶과 죽음과 부활을 기억하며 한 해를 살아가는 것—이 대단히 유익하다는 사실을 깨달았다. 성만찬을 소중히 여기는 그리스도인으로서 나는 떡과 포도주의 신비 속에서 살아 계신 하나님을 만나는 일을 기도 생활의 중심으로 삼는다. 이 옛 의식에 참여하면서 나는 삼위일체 하나님의 임재 안에 있음을 깨달을 뿐 아니라 앞서 간 모든 사람들과 함께 식탁에 앉아 있음을, 귀향의 잔치를 미리 맛보고 있음을 깨닫는다.

나는 날마다 넉넉히 시간을 떼어 놓고 「공동기도서」(성공회의 예배서—옮긴이)를 활용해 성경을 읽고 기도하고 묵상하는 것이 매우 중요함을 깨달았다. 나는 다른 사람들에게도 교회력에 따라 다른 신자들과 함께 기도하는 것을 포함한 삶의 예전을 만들어 갈 것을 권한다.

우리 부부에게 중요한 삶의 예전 중 하나는, 우리 각자의 삶과 부부로서의 삶을 향한 하나님의 부르심을 새롭게 발견하기 위해 해마다 서너 차례 이틀간의 기도 피정을 떠나는 것이다. 첫째 날에는 지난 석 달의 일기를 다시 읽으면서 우리가 앞으로 나아가고 있지 못하는 부분에 관해 하나님의 용서와 도움을 구한다. 둘째 날에는 하나님의 임재 안에서 성경과 기도를 통해 그분의 부르심을 새롭게 깨닫고자 노력한다. 그런 다음 우리는 새롭게 깨달은 소명에 비추어 삶의 각 영역의 목표를 글로 적고 새로운 계획을 세운다. 우리는 이 과정을 통해 우선순위뿐 아니라 문화적 가치까지도 조정해 왔다. 하나님이 어떻게 우리의 온 삶을 통해 그분의 조용한 모략에 더 온전히 참여하도록 우리를 부르시는지 보다 분명히 깨닫기 위해 모든 그리스도인들이 적어도 1년에 한 차례씩은 피정을 갖기를 권한다.

당신의 소그룹에 속한 모든 사람이 시간을 내어 자신의 삶을 향한 하나님의 부르심을 분별하고, 하나님이 그들의 겨자씨를 사용해 다른 이들을 돌볼 수 있도록 한 가지 방법을 만들고, 규칙적인 기도의 리듬을 만들고, 일주일에 7일 하루 24시간을 하나님이 베푸시는 좋은 삶을 누리는 축제처럼 살아가는 법을 배운다면, 전통적 회중이든 실험적 회중이든 당신의 교회가 얼마나 달라질지 생각해 보라. 우리가 더 참된 전인적 신앙을 실천하고자 한다면, 먼저 청지기로서 우리의 시간과 돈을 어떻게 사용할 것인지를 급진적으로 다시 상상해 보아야 할 것이다. 그것이야말로 전인적 제자도로 나아가는 첫걸음이 될 것이다.

> **함께 생각해 볼 문제**
>
> - 당신의 삶을 향한 하나님의 부르심을 발견하고 그 부르심을 실천하고자 한다면 당신은 무엇을 해야 하는가?
> - 전인적 신앙을 위한 성경적 기초는 무엇인가? 그것은 우리의 문화적 가치에 어떤 영향을 미치는가? 당신이 하나님께 당신의 영적·도덕적 가치뿐만 아니라 문화적 가치까지도 변화시켜 달라고 간구한다면 당신의 삶은 어떻게 바뀌겠는가?
> - 하나님이 베푸시는 좋은 삶을 살아갈 때 당신 삶의 초점과 성격이 어떻게 바뀔지 구체적인 예를 들어 생각해 보라.

## 15.
## 전인적 청지기직에 대한
## 새로운 상상

우리가 청지기직을 잘못 이해하고 있는 것은 아닐까? 예수님의 급진적 가르침은 우리에게 단순히
십일조보다 더 많은 것을 요구하지 않는가? 청지기직에 대한 우리의 전제가
우리의 성경적 가치보다 문화적 가치를 더 많이 반영하고 있다면, 과연 옳은 일일까?

---

네덜란드의 젊은 그리스도인 모임인 돌아설시간(Time to Turn, www.timetoturn. nl/new/english.php)은 "종교는 우리 사람을 더 편하게 만들고 우리의 영적 성장을 돕기 위해 존재한다"고 설명한다. 이들은 예수님이 경제학자가 아니라 목수였으며, 돈과 물질에 대한 그분의 몇몇 '까다로운' 가르침은 현대의 전 지구적 자유시장 경제 체제에서 더 이상 의미가 없다고 설명한다. 확실히 기독교는 이 전 지구적 경제의 건강하고 지속적인 성장을 위해서라면 더 많이 소비하고자 하는 우리 모두의 욕구를 강화해야 함을 깨달은 '현대적' 종교가 되어야 한다는 것이다. "구체적인 행동을 취할 때다…새로운 성경 번역을 시작해야 할 때다." 「서양의 성경」(The Western Bible)은 돈에 대해서 예수님이 가르치신 순진하고 비현실적인 내용을 모두 제거함으로써 현대의 전 지구적 소비문화 속에 쇼핑하며 살아가는 우리의 입맛에 맞게, 사용자 친화적으로 편집된 성경이다.

물론 이것은 우리 네덜란드 친구들의 장난이다. 그러나 놀랍게도 내가 만난 수많은 그리스도인들은 성경이 아니라 계몽주의에서 태동된 자유시

장의 자유주의적 근본 전제에 기초한 '기독교' 세계관을 가지고 있었다. 그들은 경제 성장을 추구하는 것이 최대의 사회적 선이라고 생각할 뿐 아니라 소비주의와 경제적 이익 추구가 하나님의 의도라고 치켜세우는 경향이 있다. 물론 이런 생각은 좋은 삶에 관한 그들의 관념에도 영향을 끼친다. 그런 다음 이들은 성경을 신자유주의적 전제 안에서 개인 신앙을 위한 지침이 되는 책으로 이해하려고 한다. 심지어 일부 복음주의 신학자들 중에도 자기 이익을 추구하는 태도를 하나님이 의도하신 인간 질서라고 치켜세우는 이들이 있다.

### 출발

만약 우리가 전인적 제자가 되기를 진지하게 추구한다면, 우리는 또한 전인적 청지기가 되어야 한다. 이는 곧 좋은 삶에 관한 우리의 관념을 새롭게 상상할 뿐 아니라 성경으로 다시 돌아가 청지기로서 우리의 삶과 자원을 어떻게 사용할 것인가에 관한 근본 전제를 재점검해야 한다는 뜻이다. 여기서 나는 청지기직에 관한 전인적인 접근법에 필요한 성경적 기초와 그러한 청지기직의 몇 가지 창의적 사례를 제시하고자 한다. 또한 하나님의 성령께서 우리의 시간과 자원을 얼마나 놀라운 방식으로 사용하셔서 깨어진 세상 속에서 하나님의 긍휼의 모략을 더 온전히 표현하시는지 살펴볼 것이다.

나는 수도원 네트워크와 이머징 교회, 모자이크 교회 운동에 참여하는 젊은이들이 남을 위해 자신의 돈과 시간을 후히 내놓는 경우를 많이 보았다. 많은 사람들이 조금 더 검소하게 살면서 자신이 속한 회중 내부의 필요보다는 지역사회의 어려운 사람들을 돕고 있다. 나는 서구 교회의 총 기부액 중 교회 밖의 소외된 사람들을 위해 사용되는 돈이 너무 적다고 걱정하는 목소리를 높이는 젊은 그리스도인들을 많이 만나 보았다. 라이언 볼저와 에디 깁스는, 수많은 이머징 교회 지도자들이 건물이나 프로그램, 급여에 돈을 거의 쓰지 않기 때문에 가난한 사람들과 훨씬 더 많이 나눌 수 있다고 지적한다. 이머징 교회 지도자인 조얼 매클루어(Joel McClure)는 "돈은 자립할 수 없는 사람들을 위해 쓰거나 잔치를 베푸는 데 써야 한다"고 말한다. 그는 "우리는 십일조를 강조하는 대신 후히 베풀라고 가르친다. 우리는 어려운 처지에 있는 사람들의 필요가 보이면 바로 베푼다"고 덧붙인다.[01]

새로운 수도원 운동 진영의 셰인 클레어본과 동료들은 제한된 수입을 기독단체에 기부하는 방법보다는 그들의 관계망을 통해 어려운 이들을 직접 돕는 '관계적 십일조'를 실천하고 있다. 셰인은 진작에 청지기직에 대한 개혁이 이루어졌어야 했다고 말한다. 그는 이그나티우스(Ignatius)를 인용하면서, "가난한 사람들과 억압받는 사람들, 굶주린 사람들을 돌보지 않고 있다면 우리는 이단의 죄를 범하고 있는 것이나 다름없다"고 말한다. 그는 청지기직을 1세기 교회의 특징이었던 하나님의 재분배적 경제로 새롭게 볼 것을 권한다. 실제로 이 네트워크에 속한 모든 사람들은 관계적 십일조를 모아 자신이 속한 지역사회와 전 세계의 가난한 이들을 돕는 일에 쓰고 있다. 그들은 모든 돈의 100퍼센트를 다른 이들을 돕는 데 사용한다고 한다. 또한 아시아의 쓰나미 피해자들에게 구호품을 보내거나 카트리나 희생자들을 돕는 자원 봉사자들을 위해 모아 둔 자원을 사용했다.[02]

앞서 언급했듯이, 수도원 운동에 참여하는 많은 사람들은 자신들이 사는 지역의 가난한 이웃들과 경제적으로 동일한 수준으로 살아간다. 이머징 교회와 모자이크 교회에 참여한 이들은 주변 사람들을 돕기 위해 검소하게 살고 있다. 이들의 모습을 보면서 나는 흔히들 생각하는 청지기직의 기준에 의문을 품게 되었다.

정말로 어려운 질문은 이런 것들이다. 우리는 청지기직을 잘못 이해한 것은 아닐까? 청지기직에 관한 예수님의 급진적 가르침에 따르면, 우리는 십일조 수준의 청지기직 그 이상을 행하라고 부름받은 것이 아닐까? 성경적 가치보다 문화적 가치를 반영하는 청지기직에서 출발하는 것이 옳은 일일까?

모든 세대의 그리스도인들이 청지기직 문제에 관심을 갖고 있다. 제도권 교회는 하나님이 청지기인 우리에게 맡겨 주신 자원을 더 잘 관리하는 방법에 대해 엄청난 양의 자료를 발표해 왔다. 그러나 이런 자료 대부분은 우리의 돈을 더 책임감 있게 '관리하는 사람'이 되는 데 초점을 맞추고 있다. 청지기직을 다룬 자료에서 그러한 돈 관리 방식의 근거가 되는 문화적 가치를 문제 삼는 경우는 거의 없다.

우리 서구인의 생활방식은 성경에 기초한 가치보다 우리의 소득 수준, 계급, 전 지구적 쇼핑몰의 가치에 의해 훨씬 더 많이 규정된다고 나는 확신한다. 따라서 단순히 더 나은 '관리자'가 되어야 한다는 말은 핵심을 벗어난 가르침이다. 문제의 원인은 우리가 십일조의 청지기직을 신자를 위한 신약성경의 표준적 기준으로 아무 비판 없이 받아들이고 있기 때문이다. 신자는 십일조를 내자마자 의무를 다했다고 생각하는 경향이 있다. 나머지 돈은 마음대로 쓸 수 있다고 생각한다. 이처럼 십일조와 자기 마음대로 쓸 수 있는 돈을 나누는 방식으로 청지기직을 이해하는 태도는 앞서 논의한 이원론적 경건, 이원론적 제자도 이해와 궤를 같이한다.

대부분의 그리스도인들이 십일조를 한다면 정말 멋진 일이겠지만, 나는 예수님이 십일조를 규범으로 가르쳤다고 생각하지 않는다. 삭개오나 부자 청년 관원과 대화를 하실 때 예수님은 신실한 그리스도인 삶이란 수입의 1/10을 나누는 것이라는 식으로 말씀하지 않으셨다. 크레이그 블롬버그(Craig Blomberg)처럼, 예수님이 십일조를 넘어서는 청지기직의 기준을 제시했다고 생각하는 신약학자들이 점점 더 많아지고 있다. 사복음서나 사도행전을 보면, 예수님은 우리가 자원을 사용하는 방식 일체를 급진적으로 재검토하기를 기대하셨음을 깨닫게 된다.

### 전인적 청지기직을 위한 성경적 기초

영국 그리스도인의 헌금과 기부에 관한 연구에서 레디나 콜러네시(Redina Kolaneci)는 그리스도를 따르는 사람들을 향해 "하루 24시간 주 7일 동안 청지기직을 실천해야 한다는 이해에 기초를 둔…청지기적 생활방식"을 따라야 한다고 촉구한다.[03] "청지기적 생활방식"은 하나님의 목적을 반영하는 전인적 청지기직의 성경적 기초를 찾고자 노력하는 데서 시작된다.

나는 그리스도가 가르치신 전인적 청지기직이 시편 기자의 말에서 시작된다고 생각한다. "땅과 거기에 충만한 것과 세계와 그 가운데에 사는 자들은 다 여호와의 것이로다. 여호와께서 그 터를 바다 위에 세우심이여. 강들 위에 건설하셨도다"(시 24:1-2).

청지기직에 대한 성경적 접근법은 우리가 가진 모든 것이 하나님의 것이라는 전제에 기초해야 한다. 이 말이 참이라면, 우리는 "내 것을 얼마나 많이 포기해야 하는가?"라고 묻는 대신 "교회 안에서, 도움이 필요한 사람들이 이토록 많은 세상에서 나는 하나님의 것을 얼마나 많이 갖고 있어야 하는가?"라고 물어야 한다. 서구 교회에 속한 우리가 우리에게 맡겨진 자원을 사용할 때 우리 자신의 필요와 욕구를 우선으로 삼는 대신 하나님의 목적을 먼저 이루기 위해 의도적으로 노력하기로 결단한다면, 이 세상이 얼마나 달라질지 상상할 수 있겠는가?

예수님은 우리가 청지기로서 우리의 삶과 자원을 어떻게 사용할지를 결정하려고 할 때, "무엇을 정말로 소중히 여기는가?"라는 중요한 물음을 먼저 던져야 한다고 주장하신다.

너희를 위하여 보물을 땅에 쌓아 두지 말라. 거기는 좀과 동록이 해하며 도둑이 구멍을 뚫고 도둑질하느니라. 오직 너희를 위하여 보물을 하늘에 쌓아 두라. 거기는 좀이나 동록이 해하지 못하며 도둑이 구멍을 뚫지도 못하고 도둑질도 못하느니라. 네 보물 있는 그 곳에는 네 마음도 있느니라.(마 6:19-21)

글렌 스타센과 데이비드 거쉬는 「하나님의 통치와 예수 따름의 윤리」에서 "마태에게 '하늘'은 '하나님의 뜻이 이루어지는, 하나님이 다스리시는 영역이다…너희 보물을 하늘에 쌓아 두라는 말은 자신을 온전히 천국에 속한 것—하나님의 주권적 통치—에 내맡기라는 뜻이다'"라고 주장한 로버트 귤릭(Robert Guelich)의 말을 인용한다. 계속해서 스타센과 거쉬는 "변혁을 향한 첫걸음은 넉넉히 베풀고 정의를 이루는 일을 실천함으로써 우리의 보물을 하나님의 공의와 사랑의 통치에 투자하는 것"이라고 말한다.[04] 이러한 가르침을 통해 예수님은 하나님이 우리에게 맡겨 주신 모든 것을 청지기 된 우리가 어떻게 관리하고 있는지를 재점검하도록 촉구하고 있음이 분명하다.

다시 말해, 만약 다른 사람들의 삶에 변화를 일으킬 수 있는 기회를 찾기보다 우리 자신을 위해 상품과 경험을 끌어모으는 일을 좋은 삶으로 생각하고 있다면, 우리는 이 여정의 진정한 의미를 완전히 놓치고 있는 셈이다. 참으로 우리는 하나님이 맡겨 주신 모든 것을 가지고 "넉넉히 베풀고 정의를 이루는 일을 실천함"으로써 하나님의 통치 아래서 살아가도록 부름받았다.

우리는 앞서 걸어간 수많은 사람들을 따라서, 자기 목숨을 구하려 하기보다는 하나님과 다른 사람을 섬기기 위해 자기 목숨을 잃음으로써 하나님이 베푸시는 좋은 삶을 발견하도록 부름받았다. 아우카족 인디언을 섬기는 선교 사역 중에 목숨을 잃은 짐 엘리엇(Jim Elliot)은 죽기 직전에 "영원한 것을 얻기 위해 영원하지 않은 것을 포기하는 사람은 결코 바보가 아니다"라고 썼다. 수단, 중국을 비롯해 세계 곳곳에서 그리스도를 따르는 수많은 사람들은, 우리가 따르는 그분의 삶이 그랬듯이, 이 여정이 우리를 십자가로 이끈다는 것을 우리보다 잘 알고 있다. 그러나 우리도 알고 있듯이, 이 여정의 마지막은 결코 십자가가 아니다.

청지기직에 관한 그리스도의 관점과 그것이 누가복음과 사도행전에 나타난 초대 교회에 끼친 영향에 관한 중요한 연구서인 「가난한 이들에게 주신 복음」(Good News to the Poor)에서 월터 필그림(Walter Pilgrim)은 예수님이 하나님의 새로운 질서와 자원의 정의로운 사용을 어떻게 연결시켰는지를 설득력 있게 논증한다.

> 가난한 사람들의 궁극적인 소망은 장차 올 종말론적 역전이다. 예수님은 장차 하나님 나라에서는 부자와 가난한 자, 권력자와 힘없는 자의 상황이 완전히 역전될 것이라고 약속하신다. 이 역전의 목적은 종말론적 복수가 아니라 궁극적 정의다.[05]

필그림은 성경적 청지기직의 문제를 세상 속으로 침투해 들어오는 새로운 하나님의 공의라는 질서와 연결시킨다. 예수 그리스도는 제자들에게 더 공의로운 사회를 만드시려는 하나님의 의도를 반영한 급진적 형태의 전인적 제자도와 청지기직을 구현하라고 촉구하신다. 이에 관해 "삭개오를 개별 신자들을 위한 본보기로, 예루살렘 교회를 신자들의 공동체를 위한 본보기로 제시하신다."[06]

위대한 역전에 참여함으로써 예수님을 따르기로 결심했다면, 우리가 먼저 던져야 할 물음은 다음과 같은 것들이다. 얼마나 많이 가져야 충분한 걸까? 우리 집에서 정말로 필요한 공간은 얼마만큼일까? 얼마나 큰 옷장이 필요할까? 차는 몇 대나 필요할까? 결혼식, 오락, 휴가에 얼마나 많은 돈을 써야 할까?[07] 우리의 필요와 욕구를 줄일 수 있는 방법을 찾는다면, 우리는 하나님의 조용한 혁명에 더 적극적으로 참여하라는 그분의 부르심에 더 많은 시간과 자원을 투자할 수 있을 것이다.

"렐러번트"(Relevant)와의 인터뷰에서 셰인 클레어본은 이 여정을 어떻게 시작해야 할지를 묻는 질문에 이렇게 조언한다. "이 여정을 시작하는 한 가지 방법은 나와 같은 물음을 던지는 다른 사람들—소비의 공허함을 의심하는 사람들, 조금 더 위험을 무릅쓰고 조금 더 깊이 사랑하라고 우리를 부추기는 사람들—과 더불어 지내는 것이다."[08]

## 한 번에 한 생명

이제 나는 "조금 더 위험을 무릅쓰겠다"고 나선 몇 가지 사례를 소개하고자 한다. 당신이 전인적 청지기직을 향해 나아갈 때 유익한 도움이 될 것이다.

**사순절 청지기 훈련에 대한 새로운 상상.** 벤 클루니는 영국 티어펀드에서 일한다. 그는 '얼마나 많이 가져야 충분한가'를 알아보기 위한 특이한 방법을 고안해 냈다. 영국의 빈곤 문제에 관해 우려하던 벤은 영국인 특유의 실험 정신으로 새로운 사순절 영성 훈련을 시도했다. 그는 가난한 노동자의 삶을 체험하기 위해 40일 동안 최저 임금으로 살았다. 현재 영국의 최저 임금은 시간당 4.25파운드(미국에서는 8달러가 조금 넘는 돈)다. 첫 주는 말하자면 밀월 같았다. 그러나 그 후로는 끊임없이 무엇을 취하고 무엇을 포기할 것인지를 결정해야만 한다는 것을 깨달았다. 그는 토요일에 축구 경기를 보러 가고 싶었으나, 그러려면 저녁식사로 구운 감자만 먹어야 했다. 일요일에 부모님 댁을 방문하려면 열차 요금을 내야 했기에 금요일 밤마다 가던 동네

술집을 포기해야 했다. 벤은 이렇게 주장한다.

테이크아웃 커피를 사 먹고 음악을 다운로드하는 이전의 삶으로 되돌아가자—비록 지출을 더 잘 관리할 수 있게 되기는 했으나—나는 달라졌다. 삶의 현실에 관해 완전히 새로운 관점을 갖게 되었고, 내가 원하는 것과 실제로 필요한 것이 무엇인지를 더 분명히 구분할 수 있었다. 무엇보다도 2백 파운드(약 4백 달러)를 아껴서 기부할 수 있었다. 그것만으로도 시도해 볼 가치가 있는 일이었다.[09]

올해는 이 사순절 훈련을 해 보기 바란다. 벤처럼 40일간 지속할 자신이 없다면 한 주만이라도 이 훈련을 해보고, 가난하고 힘없는 사람들 속에 하나님의 겨자씨가 자라기를 바라며 아낀 돈을 어디에 투자할지 미리 생각해 보라.

시애틀 겨자씨의 집에서 여는 사순절 훈련에 참여해 볼 수도 있다. 우리는 세계 인구의 절반이 1년 내내 하루 2달러로 살아가고 있기에 하루 식비를 1인당 2달러로 줄였고, 이 훈련을 처음 생각해 낸 호주의 무퉁가파트너십(Mutunga Partnership)에 모은 돈을 보냈다.[10]

**지역사회를 위한 청지기직에 대한 새로운 상상.** 조너선과 레아는 노스캐롤라이나 주 더럼에 있는 새로운 수도원 운동 공동체인 룻바 하우스의 창립자다. 룻바 공동체는 저소득층 거주지에 열두 사람이 지낼 수 있는 집 두 채를 가지고 있다. 집을 나눠 씀으로써 주거비, 전기요금, 식비 등 생활비를 한 달에 1인당 5백 달러로 낮출 수 있었다. 현재 미국의 상황에서 이것은 놀라울 정도로 낮은 생활비다. 이처럼 생활비를 줄였기 때문에 레아는 집에 머물면서 동네 아이들을 위한 방과 후 프로그램을 운영할 수 있다.

레아는 방과 후 프로그램에서 열두 살인 케일리와 열네 살인 테일리를 알게 되었다. 하루는 케일리와 테일리가 자기네 방을 고치는 일을 도와 달라며 레아를 집으로 초대했다. 집을 방문했을 때 레아는 두 소녀의 방을 고치려면 큰 도움이 필요하다는 것을 알게 되었고, 두 아이에게 방과 후 프로그램에 참여하는 다른 아이들과 함께 그 방을 수리하고 칠하는 게 어떻겠는지 물었다. 케일리와 테일리는 기뻐했고 친구들과 함께 수리한 방을 너무도 마음에 들어 했다.

**개인적 청지기직에 대한 새로운 상상.** 「그리스도인의 양심선언」(*The Scandal of the Evangelical Conscience*, IVP)의 저자인 론 사이더는 '누진 십일조'라는 전인적 청지기직의 접근법을 제안했다. 경제적으로 막 독립한 사람들은 인간답게 살기 위해 얼마나 많은 돈이 필요한지 결정해야 한다. 이것이 한계점 역할을 한다. 수입이 늘어나면 더 많이 소비하는 대신 더 많은 돈을 기부하는 것이다. 덴버 신학교에서 가르치고 있는 신약학자 크레이그 블롬버그는 자신과 아내가 20년 넘게 누진 십일조를 실천해 왔으며 현재는 총수입의 40퍼센트를 하나님 나라를 위해 투자한다.[11] 서구 교회에 속한 사람들은 많은 경우 생활방식을 조금도 희생하지 않고도 현재 드리는 십일조의 두세 배를 드릴 수 있다. 누진 십일조를 드리는 또 다른 부부는 가족 재단을 설립할 정도로 많은 돈을 기부했다. 하나님의 새로운 질서를 위해 자신의 겨자씨를 사용하라는 부르심에 응답해 하나님이 맡겨 주신 자원을 사용한다면, 그것이 어떤 변화를 불러올지 한번 상상해 보라. 이를 위해 우리 중 많은 사람이 현재 살고 있는 집을 창의적으로 활용하는 것부터 시작해 볼 수 있을 것이다.

**주거의 청지기직에 관한 새로운 상상.** 샌디와 데일은 북미의 많은 베이비부머 세대처럼 악순환에 갇혀 있었다. 집을 팔 때마다 그들은 양도소득세를

면하기 위해 더 큰 집을 샀다. 데일은 "내가 집을 유지하기 위해 일하고 있다는 것을 깨달았다"고 했다. 그래서 7년 전 그들은 삶을 되찾기로 결심했다. 캘리포니아 주의 비싼 집을 팔아서 받은 10만 달러로 오리건 주 카티지 그로브에 있는 전원 부지와 소박한 집을 짓기 위한 건축 자재를 샀다. 샌디와 데일은 자신들이 먹을 음식 대부분을 재배하고 있으며 더 이상 비싼 휴가에 돈을 쓰지 않는다. 그 결과 두 사람의 생활비는 한 달에 720달러밖에 되지 않으며, 그나마도 보험료가 가장 큰 비중을 차지한다. 그들은 생활비를 충당하기 위해 샌디에이고에 있던 집을 팔고 남은 17만 달러를 양도성예금증서에 투자했으며, 거기서 해마다 1만 달러에서 1만2천 달러의 수익을 얻는데 그 정도면 생활비를 충당하고도 남는다. 손님을 초대하고 등산을 하는 데 더 많은 시간을 보낼 수 있을 뿐 아니라, 환경 보호와 지속가능한 농업을 위해 노력하는 지역 단체와 더불어 자원봉사를 하는 데 많은 시간을 보낼 수 있게 되었다.[12]

브렌트와 셰리가 그랜드 래피즈에 새 집을 샀다고 말했을 때, "사람들은 모두 거대한 저택을 샀는지 묻더군요. 아니라고 답하자, 모두가 놀라하는 거예요. 우리는 부촌에 있는 큰 침실이 네 개 딸린 20만7천 달러짜리 집을 팔아 그보다 작은 침실이 세 개 딸린 12만6천 달러짜리 집을 샀다고 설명했지요."

"대학을 졸업하자마자 바로 결혼하면서 브렌트와 나는 우리가 타던 도요타 터슬 자동차에 전 재산을 싣고 다닐 수 있을 만큼 단순하게 살겠다고 농담처럼 말하곤 했어요. 두 아이가 태어났기 때문에 그것은 불가능해졌지요. 우리는 우리 삶을 향한 하나님의 부르심이 온 삶으로 신앙을 실천하는 것이라고 믿어요. 또한 이 부르심에는 수입보다 적게 쓰고 살아감으로써 우리가 결연을 맺은 페루의 한 마을에 사는 가난한 사람들과 더 많이 나누는 일도 포함된다고 믿습니다."

브렌트는 이렇게 덧붙인다. "우리는 전에 살던 집의 공간이 다 필요한 것이 아니며, 그 집에 살기 위해 엄청난 액수의 주택융자 할부금을 낼 필요가 없다는 것을 깨달았어요. 그래서 더 작은 집으로 옮겨 선교헌금을 더 많이 하기로 결정했어요. 또한 우리는 아이들이 다문화적인 풍성한 미래를 살아갈 수 있도록 준비시키고 싶었는데, 새로 이사한 동네는 그런 준비를 하기에 아주 적합한 곳입니다."

기운이 넘치는 그들의 열 살짜리 아들 팀은 이렇게 말한다. "오는 8월이면 이제 페루로 단기선교여행을 떠날 수 있어요. 온 가족이 2주 동안 그곳에 있으면서 앤디 아저씨가 아이들을 위해 학교 짓는 일을 도울 거예요. 저는 스페인어를 배울 거고요."

온 삶으로 청지기의 삶을 실천하기 위해 창의적 즉흥성을 발휘하는 사람들이 모인 공동체에 참여할 때 당신의 삶이 어떻게 변화될지 상상해 보라! 사람들이 전인적 청지기직을 배울 때 회중들이 하나님 나라의 일을 위해 얼마나 많은 시간과 자원을 사용할 수 있게 될지 상상해 보라. 새로운 형태의 전인적 청지기직을 상상하고 만드는, 이 어려운 과제를 시작할 수 있는 유일한 길은, 같은 여정에 있는 다른 형제자매들과 공동체를 이루며 서로 돕는 것이다.

> **함께 생각해 볼 문제**
>
> - 예수님이 십일조의 청지기직이 아니라 전인적 청지기직으로 당신을 부르고 있다면, 당신은 그 부르심에 어떻게 응답하겠는가?
> - 만약 모든 사람이 창의적인 전인적 청지기가 된다면 당신의 교회는 어떻게 변하겠는가?
> - 당신과 당신이 속한 교회의 교인들이 전인적 청지기로 자라기 위해 실천할 수 있는 창의적인 일 한 가지를 생각해 보라.

16.
# 전인적 공동체에 대한
# 새로운 상상

교회의 본질에 관해 그동안 우리가 잘못 이해해 온 것은 아닐까?
교회는 그저 일주일에 한 번 가서 우리의 필요를 채우는 곳에 불과한가,
아니면 다른 그 이상의 무엇일까?

어느 춥고 흐린 날, 우리는 영국성서공회의 창립 2백주년을 기념하기 위해 세인트 폴 성당에 들어가려고 기다리고 있었다. 이날 행사는 매우 인상적이었다. 대부분 백발인 2천여 명의 성공회 신자들이 우아한 예배당을 채우는 모습을 나는 뒷자리에 앉아 지켜보고 있었다. 기념식은 열방이 바벨탑에서 흩어지는 이야기를 기초로 만들어진 근사한 무용극으로 시작되었다. 두 사람이 성경 이야기를 낭독하는 동안 무용단은 열방이 흩어지는 장면을 춤으로 표현했다. 무용극은 무용수들이 청중 속으로 흩어지는 것으로 마무리되었다.

그런 다음 로언 윌리엄스 대주교가 하나님의 말씀이 어떻게 세상의 수많은 문화로 번역되어 전 지구적인 하나님의 가족을 만들어 냈는지에 관해 연설했다. 연설 직후 두 사람이 다시 나와서 오순절에 막 태어난 교회에 성령이 강림하시는 이야기를 낭독했다. 그들이 낭독하는 동안 흩어져 있던 무용수들이 춤을 추며 서서히 예배당 중앙으로 모여서 모두가 자신의 언어로 복된 소식을 듣는 장면을 표현했다. 영국에서 가장 오래된 기독단체 중 하

나인 성서공회 창립 2백주년을 기념하는 탁월하고 강력한 예식이었다.

이틀 후 나는 런던 동부 해크니에 있는 라운드 채플에서 열린 2백주년 기념식에 참석했다. 19세기 초에 건축된 건축공학적 걸작품인 라운드 채플은 대형교회라는 말이 생기기도 전에 지어졌지만 거의 2천 명 가까이 수용할 수 있는 교회다. 이 기념식에는 백발인 사람들이 거의 없었다. 대신 많은 아이들, 자메이카와 카리브 해 연안 나라들에서 이민 온 그들의 부모들이 참석했다. 호스트(Host)라는 작은 이머징 교회를 개척한 몇몇 청년들도 그 자리에 있었고, 우리 같은 방문객도 몇 사람 있었다. 총 50명이었던 우리는 웅장한 예배당이 아니라 작은 친교실에 모였다. 전문 무용수와 낭독자 대신 세 명의 자메이카 아이들이 성경을 봉독했다. 라운드 채플의 역사를 간략히 낭독한 후, 우리는 함께 노래하고 기도하고 카리브 해의 감미로운 맛이 담긴 잘 차려진 뷔페 식사를 나눴다.

두 개의 2백주년 기념식은 기독교의 과거를 전혀 다른 방식으로 기억할 뿐 아니라 기독교의 미래에 대해 많은 질문을 제기한다. 기독교 세계를 이루기 위해 노력해 온 교회에 과연 미래가 있을까? 다문화 교회나 호스트 교회처럼 새롭게 떠오르는 작은 실험에 소망이 있을까? 미래에 교회는 더 흩어질까, 아니면 더 모일까? 그리고 어떤 새로운 형태의 교회가 떠오를까?

### 출발

서구 교회의 미래에 관해 문제를 제기하는 사람이 나 혼자는 아니다. 사실 지난 30년을 돌아보면 오늘날 서구 교회의 미래의 불확실성에 대해 걱정하는 사람들이 그 어느 때보다 많았다. 영국에서는 기독교 세계 이후, 제도권 교회 이후, 서구 교회 이후, 교회 이후의 미래에 관한 논의가 점점 더 활발히 이루어지고 있다. 그러나 전통적 교회의 지도자들과 네 흐름에 속한 사람들 모두 이 새로운 미래가

> 어떤 모습일지 모르고 있는 듯하다. 여기서 우리는 신앙 공동체를 위한 성경적 기초를 다시 점검하고 혁신적 교회개척 활동가들한테도 낯설지 모를 새로운 가능성을 광범위하게 제시하고자 한다.

「레볼루션」(*Revolution*, 베이스캠프)에서 조지 바나(George Barna)는 지역 교회가 "대안적인 신앙 기반 공동체"—홈스쿨링 모임, 가정교회, 세계관 모임, 다양한 직장 사역단체, 기독예술가협회 등—로부터 "매체와 예술과 문화"—새롭게 나타나고 있는 온라인의 수많은 영성 채팅방이 이 범주에 속할 것이다—에 이르기까지 미국 그리스도인들의 영적 필요를 채우는 방식으로 대체될 것이라고 예측한다. 그는 이것을 "소규모 영적 운동"이라고 부른다.

바나는 2025년까지 미국 그리스도인의 과반수가 지역 교회에서 완전히 떨어져 나오고 2/3는 다른 방식으로 자신의 영적 양분을 공급받을 것이라고 예측한다. "궁극적으로 우리는 신자들이 수많은 선택사항 중에서 선호하는 대안들을 골라 '개인적인 교회'를 만드는 독특한 태피스트리를 만들 것으로 예상한다."[01] 바나는 만약 이런 변화가 개인적인 "신앙을 살아 움직일 수 있게" 해준다면 이를 환영한다고 말한다.[02] 만약 교회가 일주일에 한 번 가서 우리의 필요를 충족시키는 곳에 불과하다면, 홈스쿨링 모임이나 온라인 채팅방이 교회가 되지 못할 이유가 무엇인가?

정말로 어려운 질문이다. 교회의 본질에 관해 그동안 우리가 잘못 이해해 온 것은 아닐까? 교회는 그저 일주일에 한 번 가서 우리의 필요를 채우는 곳에 불과한가, 아니면 그 이상의 무엇일까? 교회는 그저 우리가 개인적으로 만들어 낸 것—우리의 필요를 가장 잘 충족시켜 줄 다양한 선택 사항을 골라서 엮어 낸 것—에 불과할까? 자신도 모르는 사이에 우리는 하나님의 공동체에 대해 심각한 결함이 있는 전제에서 시작한 것은 아닐까?

「선교적 교회」의 저자들은 교회의 의미에 관한 오해를 이렇게 설명한다. "흔히 사용하는 어법이 이를 잘 포착하고 있다. 당신은 가게에 가는 것처럼 '교회에 간다.' 당신은 학교나 극장에 다니는 것처럼 교회에 '다닌다.' 프로그램과 활동을 갖춘 봉사단체에 속한 것처럼 교회에 '속해' 있다."03 만일 교회가 그저 우리가 '속하거나 다니는' 곳이 아니라면, 교회는 무엇일까?

이와 비슷하게 「태풍의 전선」의 저자들은 "그저 우리의 필요를 채워 주는 하나님만 찾는 태도가…우리의 교회관을 왜곡시킨다"고 주장한다.04 그들은 그리스도인들이 "스스로를 무엇보다도 먼저 충족시켜야 할 필요를 지닌 소비자로 바라보는" 전 지구적 소비문화에 의해 규정되고 있다고 주장한다. 그 결과 필연적으로 자기에게만 몰두하는 삶을 살 수밖에 없고, 이는 다시 성경적 영성과 다른 사람의 필요에 초점을 맞추는 우리의 능력을 약화시킨다. 우리 중 많은 이들이 우리가 무엇보다도 먼저 소비자이며 교회와 다른 모든 선택사항은 일차적으로 우리의 필요를 채우기 위해 존재한다는 대중문화의 관념을 무심결에 받아들이고 있지는 않은가?

첫째, 나는 기독교 세계 이전의 교회가 어떤 모습이었는지를 간략히 살펴보는 것이 도움이 된다고 생각한다. 초대 교회는 그들을 둘러싼 제국과 전혀 다른 현실관을 가지고 움직였다. 「기독교 세계 이후의 교회」(Church After Christendom)라는 탁월한 책에서 스튜어트 머레이는 기독교 세계 이전의 교회는 사회 밑바닥에서 활동하며 지배문화를 비판했던 전복적이고 대안문화적인 공동체였다고 그 특징을 언급한다. 그는 교회를 향해 교회 내부 사람들을 위한 현상유지에 급급한 조직이 되기보다는 외부를 지향하는 선교적 공동체가 되고 "겨자씨"와 "반죽 속의 누룩 전략"을 만들어 냄으로써 영향력을 발휘하는 증인으로 살라고 촉구한다.05

이와 비슷하게 「태풍의 전선」의 저자들도 "구원받는다는 것은 지금의 우리보다 더 크고 위대한 무언가가 되라는 부르심을 받는 것, 세상을 위한 하나님의 구원 목적과 계획에 참여하라는 초대를 받는 것"이라고 주장한다.[06] 아멘! 세상을 위한 하나님의 선교 공동체가 되는 것의 의미를 새롭게 발견하기 위해 성경적 기초를 살펴보자.

**새로운 '일차' 가족으로서의 교회에 대한 새로운 상상**

로드니 클랩의 도발적인 책 「기로에 선 가정」(Families at the Crossroads)은 성경적 가정관에 관한 연구서다. 그러나 이 책은 교회론을 다룬 중요한 책으로, 교회의 본질에 대해 대안적이고 성경적인 관점을 제시하고 있다. 클랩은 신약성서가 가정에 관해 거의 언급하지 않으며, 가정에 관해 이야기하는 내용은 사뭇 급진적이라고 말한다. 언약의 전통에 서 있는 예수님은 "자신의 어머니와 형제들을 외면하면서 '누구든지 하나님의 뜻대로 행하는 자가 내 형제요 자매요 어머니'라고 선언하셨다…예수님의 일차 가족은 그분과 유전자를 공유하는 사람들이 아니라 그분의 순종의 정신을 공유하는 사람들로 이루어져 있었다." 계속해서 클랩은 말한다.

> 하나님 나라—물리적으로만 아니라 영적으로도, 개인적으로만 아니라 사회적으로도, 미래에만 아니라 현재에도 스스로 드러내는 나라—가 임할 때, 예수님은 새로운 가족을 만드신다. 그것은 새로운 일차 가족, 그분을 따르는 사람들로 이루어진 가족으로, 일차적인 충성을 요구하는 가족이다. 사실 이 가족은 심지어 예전의 일차 가족, 곧 생물학적 가족보다 우선하는 충성을 요구한다. 성부의 뜻을 행하는 사람들(다시 말해, 하나님의 통치 아래서 사는 사람들)은 이제 예수님의 형제이자 자매이며, 서로에게 형제이자 자매다.[07]

초대 교회가 세상 속으로 흘러들어 갈 때, 교회는 유대인과 그리스인, 노예와 자유인, 인종과 계급과 문화적 경계를 가로지르는 사람들로 이루어진 '새로운 가족'으로 인식되었다. 클랩은 이를 "제3의 인종"이라고 부른다.[08] 부활하신 예수님을 따르는 이들의 첫 공동체는 그저 일주일에 한 번 예배 드리고 자신의 필요를 채우기 위해 건물을 찾는 사람들의 모임이 아니었다. 그들은 이 세상으로 침투해 들어온 새로운 부활의 현실이 그들의 삶에서 살아 숨 쉬도록—하루 24시간 주 7일간—표현했다. 그들은 자신들을 둘러싼 모든 문화에 분명히 맞서는 완전히 새로운 존재 방식을 구현하는 새로운 가족이었다.

스탠리 하우어워스(Stanley Hauerwas)와 윌리엄 윌리몬(William Willimon)은 기독교 세계 이후의 교회를 더 큰 이야기의 일부인 새로운 가정의 가치를 함양하는 유배 공동체로 새롭게 상상해야 한다고 주장한다. 디아스포라 유대인들처럼 현재의 교회를 유배 공동체로 다시 바라보아야 한다고 촉구한다. 그들은 "나그네" 공동체였던 최초의 유대 그리스도인들이 "이름을 짓고, 이야기를 하고, 시온의 하나님을 알지 못하는 땅에서 시온의 노래를 부르기 위해 모이는" 일이 얼마나 중요했는지를 상기시킨다.[09]

초대 교회 안에서 이 유별난 새로운 일차 가족이 나타났을 때, 이 가족의 가장 매력적인 특징은 처음으로 그 길을 따르는 사람들이 서로를, 이웃들을 놀라운 방식으로 사랑했다는 점이다. 예루살렘 교회 같은 공동체는 자신의 소유를 팔아 하나의 큰 가족처럼 자원을 공유했다. 그리스도인들은 로마의 쓰레기 더미에서 아기들을 구출해 집으로 데려왔다. 그들은 이웃의 아픈 사람들, 때로는 전염성에 걸린 사람들을 돌보았다. 모두가 한 지붕 아래서 살 수는 없지만, 그들은 마치 하나의 거대하고 유기적인 대가족처럼 살았다. 그들은 가까이 살면서 "집집마다 떡을 떼며" 서로의 일상적인 삶에 관여하는 경우가 많았다.

크리스틴 폴(Christine Pohl)은 그녀의 중요한 저서인 『손대접』(Making Room, 복있는사람)에서, 초대 교회를 규정하는 특징 중 하나는 개인들이 친구뿐만 아니라 완전히 낯선 사람이나 사회에서 추방된 사람에게도 자신의 집과 삶을 개방한 점이라고 주장했다. "환대의 실천에는 거의 언제나 함께하는 식사가 포함된다. 환대를 꾸준히 실천하기 위해서는 물질적인 재산에 집착하지 말아야 하며 단순한 생활방식을 추구해야 한다." 폴은 초대 교회 성도들이 식사를 나눌 때 "하나님 나라의 임재가 예시되고 계시되고 반영되었다"고 지적했다.[10]

이언 브래들리(Ian Bradley)는 『하늘의 식민지』(Colonies of Heaven)에서 7세기 영국제도의 교회는 켈트 기독교의 영향 아래서 개인주의적이기보다는 공동체에 기반을 두고 있었다고 주장한다. 남자와 여자, 안수받은 사람과 평신도가 어우러져 수도원적 성격이 강하고 낯선 이들을 환대하고 어려운 사람들에게 다가가는 공동체로 더불어 살았다. 그들은 신앙을 삶으로 실천하려고 노력했던 것이다.[11] 만약 우리가 교회를 유지해야 하는 조직이 아니라 우리가 그 일원을 이루는 관계적이고 선교적인 가족으로 새롭게 만들어 낸다면, 우리의 교회는 어떤 모습이 될까? 에디 깁스와 라이언 볼저는 이머징 교회가 이미 교회를 조직으로 보는 교회론에서 벗어났다고 주장한다. 이머징 교회 지도자들 중 일부는 교회를 우리가 충성을 바쳐야 하는 가족으로 보는, 더 관계적인 교회론을 이미 수용하고 있다.[12] 두 저자는 이머징 교회에 속한 사람들이 이 새로운 일차 가족의 일원으로 예수님을 따르기 위해 노력할 때 "대단히 공동체적인 삶"을 사는 경우가 많다고 강조한다.[13] 수도원 운동의 흐름에 속한 사람들은 교회를 선교하는 가족으로 경험한다. 그들은 함께 살고, 삶을 나누고, 옛적부터 내려오는 예전을 실천하고, 가난한 사람들과 더불어 일하기 때문이다.

이 일차 공동체의 가장 놀라운 특징 중 하나는 오늘날 대부분의 교회와 달리 광범위한 인종과 계급에 속한 신자들로 이루어졌다는 점이다. 만약 교회가 하나님의 위대한 귀향에서 본 것처럼 인종과 계급이라는 구분선을 가로질러 가족이 된다면 오늘날 교회는 어떤 모습이 될까?

필라델피아에 있는 '영과진리의공동체'(Spirit and Truth Fellowship)는 대도시의 다인종 교회 중 하나다. 교회를 소개하는 글에서 하비 칸(Harvey Conn)은 이렇게 썼다. "계급과 권력과 가문에 따라 부자와 가난한 사람, 노예와 자유인, 남자와 여자가 나뉘어 있던 세상 가운데 예수의 이름을 지닌 모든 사람을 환영하는 공동체가 생겨난 것이다(고전 1:26-29)…[하지만 오늘날에는] 흑인, 백인, 히스패닉, 아시아계 그리스도인들이 각자 자기 교회 건물에서 몰려나오는 모습만 서로 지켜볼 뿐이다…그러나 또 다른 교회의 모형이 존재한다…그들은 다인종성이라는 보물함을 열고 함께 기쁨을 나눈다."

영과 진리의 공동체는 흑인, 히스패닉, 아시아, 유럽의 문화가 전해 준 풍성한 선물을 함께 기뻐하는 공동체다. 신자들은 실제로 서로에게 가족이 되어 준다. 목회자인 매니 오티즈는 이 모자이크 같은 가족 안에서 다른 문화로부터 얻은 은사와 통찰을 탁월한 방식으로 활용하고 있다. 그는 모든 교인이 서로의 필요함과 소중함을 깊이 깨닫고 있다고 말한다. 이 공동체는 우리의 본향인 새 예루살렘으로 돌아갈 때 모든 민족이 자신의 문화적 성취를 가져와 함께 나누는 모습을 보여 준다.[14] 점점 더 다문화적으로 바뀌어 갈 세상에서 교회가 앞장서서 서로 은사를 나누고 더 넓은 세상과 공유하는 새로운 다문화 가족을 만들어 낸다면, 이 얼마나 고무적인 일이겠는가?

**시간과 장소가 중요하다**

최근 시애틀의 교회들을 대표하는 이머징 교회 개척자들의 월례 모임에 참석한 적이 있다. 이 젊은 지도자들은 여러 교회개척 사역에 참여하고 있었다. 한 목회자는 바쁘게 살아가는 그리스도인들의 경우 평균 교회 참석률이 한 달에 한 번밖에 되지 않는다고 말했다. 이런 현실을 생각하면서 나는 비정기적으로 모이는 비공식적 모임이나 온라인 자료에서 영적 자양분을 얻고자 하는 그리스도인들이 점점 더 많아지고 있는 점이 떠올랐다. 나는 나 자신에게 이런 질문을 던졌다. 온라인 자료를 활용하고, 격식을 차리지 않는 모임에 나가고, 한 달에 한 번(심지어 일주일에 한 번) 교회에 나가는 것만으로 과연 초대 교회에서 예수님을 따랐던 사람들이 본을 보였던 가족 같은 삶을 이룰 수 있을까? 그런 제한된 접촉만으로 과연 진정한 그리스도인의 영성 형성이 우리 안에 일어날 수 있을까?

앞서 논의했듯이, 사람들이 종교 모임과 영성 훈련에 시간을 덜 쓰는 데는 이유가 있다. 새로운 전 지구적 경제가 우리로 하여금 더 열심히, 더 오래 일하고, 영상과 온라인에 더 많은 시간을 소비하도록 점점 더 압력을 가하고 있기 때문이다. 우리가 교회와 기도와 가족을 위해 사용할 수 있는 시간이 훨씬 줄어든 것도 전혀 놀랍지 않다. 그 결과 점점 더 많은 사람들이 바나의 주장처럼 부담이 덜한 온라인 활동이나 비정기 모임을 선택하고 있다.

데이비드 캐들(David Caddell)과 데이비드 디커마(David Diekema)는 기독교 고등교육에서 영성 형성이 이루어지는지는 과정을 논하면서, 기독교 교육의 목적은 정보를 전달하는 것만이 아니라 가치를 형성하는 것임을 주장한다. 학생들이 교실에서 직접 대면하지 않을뿐더러 생활을 공유하는 비공식적 만남을 가질 수 없는 온라인 교육(원격 학습)으로는 학생들의 삶에 동일한 종류의 영성 형성을 이루어 낼 수 없다고 결론 내린다. 그들은 부분적으로 사회학자 피에르 부르디외(Pierre Bourdieu)의 저작에 근거해 이런 결론을 제시했다.[15] 부르디외는 교육자들에게 대면 접촉뿐 아니라 하루 24시간 주 7일

동안 더불어 살고 배우는 학습 공동체를 통해 아비투스(habitus)를 만들 것을 촉구한다.[16]

일주일에 한 번, 혹은 한 달에 한 번 나가서 우리의 필요를 채우는 건물 이상의 교회를 만드는 것이 가능할까? 개인적인 신앙 성장을 위해 취사선택하는 온라인 자료나 여러 가지 비공식 모임을 넘어서는 교회를 만드는 것이 가능할까?

나는 성경적 교회관은 인종과 계급, 심지어 생물학적 구분까지 초월하는 새로운 가족의 일원이 되라는 부르심이라고 확신한다. 교회는 함께 모여 삼위일체 하나님을 예배하고 이 위대한 공동체와 더불어 식탁에 둘러앉는 가족이다. 교회는 우리의 삶과 신앙 모두를 자라게 해주는 고대의 이야기와 미래의 소망에 깊이 뿌리내린 가족이다. 교회는 우리가 그리스도를 따라서 더 급진적이고 전인적인 신앙으로 자라 가기 위해, 서로 알아 가고 사랑하고 도전을 주고받으며 시간을 함께 보내는 가족이다. 또한 교회는 우리가 서로와 더불어, 도움이 필요한 이들과 더불어 우리의 삶과 자원을 넉넉히 나누는 가족이다. 교회는 하나님 선교의 목적을 우리 삶과 신앙 공동체의 핵심으로 삼고, 외부에 관심을 집중하고, 다른 이들의 필요를 채우는 일을 우선으로 삼도록 부름받은 가족이다.

일주일에 겨우 두 시간을 떼어 교회에 출석하는 것만으로는 그 누구도 제대로 알 수 없을 것이다. 방금 함께 예배한 사람들을 정말 알고자 한다면, 예배 직후의 시간으로는 부족하다. 나는 무엇이든 자신의 필요를 가장 잘 채워 줄 만한 것을 얻고자 여기저기 찾아다니는 종교 소비자들의 쇼핑을 부추길 생각은 없다. 오히려 나는 기꺼이 위험을 감수하고자 하는 이들에게 기준을 높이라고, 교회 밖을 지향하는 수많은 방식을 통해 고대의 신앙과 미래의 소망을 창의적으로 표현하는 대안문화 가족 형태의 새로운 교회를 상상해 보라고 촉구한다. 이를 위한 첫 번째 과제는, 시간의 압박이 심한 이 세상에서 온 삶으로 그리스도를 따르기 위해 참으로 서로를 알고 깊이 사랑하며 급진적인 도전을 주고받을 수 있는 시간과 공간을 마련하는 것이다.

**새로운 형태의 소그룹에 대한 새로운 상상**

영국, 호주, 뉴질랜드에서 유행하는 소그룹은 함께하는 가족의 모습을 어느 정도 제공한다. 영국의 선교수도회는 회원들이 가족처럼 함께 일하면서 본격적인 전인적 신앙으로 성장하도록 서로 돕는 '작전 회의'라는 소그룹을 만들었다. 가장 효과적인 소그룹 모형 중 하나인 워싱턴에 있는 뉴커뮤니티 교회(New Community Church)의 '선교 모임'에는 진정한 의미의 공동체를 만들어 가는 동시에 외부, 곧 선교에 초점을 맞춘다. 이 교회의 핵심 원동력은 이 모임에서 나온다.

이를테면 새로운 선교 모임은, 예배 중에 자리에서 일어나 하나님이 자신에게 가까운 이웃에 있는 위험에 처한 아이들에게 더 관심을 기울이게 하셨다고 고백하는 한 사람으로부터 시작될 수 있다. 그는 마음속에 하나님이 주신 비슷한 마음을 느끼는 사람이 있는지 묻는다. 너덧 사람이 손을 들고, 이들은 하나의 선교 모임을 이룬다. 이들은 주 중에 하루 저녁에 만나는 가족이 되어 서로의 성숙을 도울 뿐 아니라 교회 밖 사람들에게 다가가기 위한 혁신적인 방법을 만든다. 다시 말해, 지도자가 사람들이 참여할 수 있는 프로그램을 만드는 대신 교인들이 주도적으로 자신의 겨자씨 사역을 만들고 그것을 추진하기 위해 매주 따로 시간을 내어 만난다.

혁신적인 활동을 벌이고 있는 구세주교회(Church of the Saviour)—여러 면에서 이머징 교회와 비슷한 유기적이고 관계적인 교회—가 개척한 뉴커뮤니티 교회는, 가정 선교 모임으로 초청하는 글에서 가족이 되라는 부르심을 이렇게 설명한다.

> 사도행전에서 첫 번째 그리스도인들은 예배, 상호 도움, 가르침, 식사, 물질 소유의 나눔, 사역을 위해 서로의 집에서 소그룹으로 만났다. 성경에는 그리스도인의 공동체에 속하지 않은 채 개별적으로 활동하는 그리스도인이 한 사람도 없다.[17]

친밀한 공동체로서의 교회에 대한 새로운 상상. 여러 해 동안 나는 또 다른 형태의 공동체의 삶을 구현하기 위해 서로 가까이 붙어 있는 집을 사거나 임대해서 살아가는 많은 그리스도인들을 만나 왔다. 새로운 점은, 몇몇 새로운 형태의 교회들이 시간과 공간의 중요성을 깨닫고 있다는 것이다. 그들은 교인들에게 더 친밀한 공동체를 이루고 다른 사람들의 삶에 더 많은 영향력을 미치기 위해 더 가까이 지낼 수 있는 한 동네로 이사하라고 권한다.

최근에 나는 워싱턴 주 타코마의 조이 리버블 교회(Zoe Livable Church)를 방문했다. 그 지역 지도자들은 이 이머징 교회의 교인들에게 타코마 도심의 20개 블록으로 이루어진 지역으로 이주해 들어오라고 권했다. 조이의 지도자들은, 교인들이 같은 동네로 이사해 들어옴에 따라 서로의 삶에 더 많이 관여할 뿐 아니라 그 지역의 노숙자와 약한 사람들에게 다가갈 시간이 더 많아졌다고 한다.

샌프란시스코 미션 지구의 예배 공동체 세븐(Seven)은 창조의 7일을 상징한다. 이 공동체는 반경 10개 블록 안에서 살아가는 35명의 사람들로 이루어져 있다. 새로운 상상(ReIMAGINE, 신앙, 문화, 참여에 관한 창의적인 접근법의 학습과 실험을 지원하는 사역 단체)의 지도자이자 「예수도」의 저자 마크 스캔드렛은 이 공동체에 속한 사람들이 대체로 젊고—25세에서 35세 사이—기존 교회를 떠난 사람들이라고 묘사한다. 이들의 공동생활 리듬에는 월요일 밤 지역 급식센터에서 봉사, 수요일 밤 함께하는 예배, 목요일 가필드 공원에서 동네 아이들과 놀이하기 등이 포함되어 있다. 날마다 성경을 읽고 기도하는 것도 그 리듬에 포함된다.

주거 공동체로서의 교회에 대한 새로운 상상. 만약 우리가 전인적인 신앙을 구현하고 교회를 가족으로 경험하는 일을 진지하게 받아들인다면, 그들이 집을 공유하며 살아가려고 하는 까닭을 이해할 수 있을 것이다. 게다가 주거비가 치솟는 상황에서 특히 젊은 세대는 이런 생활방식을 통해 주거비를 절감할 수도 있다. 수도원 공동체로 살아가는 사람들 역시 집을 공유하는 모형을 통해 생활비를 줄일 수 있을 뿐 아니라 대가족 살림을 운영함으로써 집안일에 들이는 시간도 줄일 수 있다고 한다. 영국의 지저스 아미(Jesus Army), 호주의 코너스톤 공동체(Cornerstone Community), 미국의 소저너스 공동체(Sojourners Community) 같은 단체들 역시 함께 모여 사는 그리스도인 공동체의 본보기를 제시한다. 이들은 각각 다른 방식으로 하나님의 새로운 질서를 구현하기 위해 노력하고 있다.

나는 시애틀에서 겨자씨의집이라는 작은 공동체 실험을 통해 하나님의 새로운 질서를 삶으로 표현하고자 노력하고 있다. 몇 해 전 나는 3층짜리 아파트 건물을 구입했다. 겨자씨협회에서 우리와 동역하고 있는 엘리아신과 리치 로자리오 부부, 그리고 그들의 두 자녀는 꼭대기층에서 산다. 크리스틴과 나는 가운데층에 산다. 피터와 애니키 질은 아래층에 산다. 우리는 주일 저녁에 만나 함께 식사를 하며, 삶을 나누고, 예배를 드린다. 정원을 함께 가꾸고, 이미 여기 와 있는 그 세상으로 인해 1년 내내 기뻐하며 잔치를 벌인다. 겨자씨의집 핵심 사명은 전 세계에서 찾아온 친구들을 환대하는 것이다. 우리는 수도원적 생활 규칙을 따르며 켈트식 예전을 기쁘게 행한다. 우리는 각자 다른 교회에 출석하지만, 겨자씨의집은 우리가 공동체를 이루어 사는 곳이다.

지난 30여 년 동안 종교적이지도 않은 덴마크의 혁신적인 사람들은 공동주거 공동체라는 공동생활의 새로운 모형을 만들어 냈다. 이 공동체는 지역 기반의 가치 및 환경에 민감한 가치를 반영하도록 설계되었다. 이제 이 공동체는 북미에서 가장 빠르게 성장하는 사회운동 중 하나다. 미국과 캐나다 전역에 있는 85개의 공동주거 공동체에서 5천여 명이 살아가고 있으며, 앞으로 더 많은 공동체가 세워질 예정이다.[18] 코플랫츠 스트로드(CoFlats Stroud)는 영국 최초의 공동주거 공동체 중 하나다. 이 공동체에서는 스트로드 도심에 7만9천 파운드에서 18만5천에 이르는 비용으로 작은 평수의 아파트를 제공한다.[19]

이 대안적 공동체에서 모든 거주자는 자신의 아파트를 갖지만, 뒷마당과 앞마당 대신에 아이들이 함께 뛰놀고 정원을 가꿀 수 있는 풀밭을 공유한다. 또한 부엌과 식당이 딸린 큰 방도 함께 사용한다. 보통 일주일에 한두 번 함께 모여 저녁을 먹는다. 대개는 다양한 세대가 섞여 있지만, 특히 노인들이 이런 대안적 주거 공동체를 좋아한다. 마치 규모가 큰 대가족처럼 운영되고, 몸이 불편한 노인들을 위해 공동체 구성원들이 쇼핑과 집안일을 도와주기 때문이다.

미국에서는 두 종류의 기독교 주거 공동체가 하나님의 새로운 질서를 더 온전히 실천하기 위해 이 모형을 채택했다. 2000년 3월, 9명의 아이들을 포함해 23명의 사람들이 캘리포니아 주 오클랜드의 가난한 동네에 있는 테메스칼 주거공동체(Temescal Cohousing Community)로 들어갔다. 이들은 공동체의 물리적 구조와 공동의 삶을 통해 피조세계에 대한 돌봄을 비롯한 기독교적 가치를 구현하기 위해 노력하고 있다.

예를 들어, 이들은 전력 효율이 높은 가전제품과 순간온수기를 설치했다. 가장 중요한 점은, 지붕에 집열판을 설치해 필요한 전기 대부분을 직접 발전해 쓴다는 것이다. 실제로 여름에는 전기가 너무 많이 생산되기 때문에, 캘리포니아 주 전력회사에서 오히려 전기를 사간다. 가전제품, 난방, 온수에 사용하는 전기요금은 가정당 한 달에 5달러에 불과하다. 테메스칼 공동체는 샌프란시스코 만 지역의 혁신적 환경 설계를 둘러보려는 사람들이 빼먹지 않고 방문하는 곳이다.

또한 이 공동체는 대부분의 교외 주거지의 특징인 개인주의적 가치를 부추기는 대신 더불어 가족이 될 수 있도록 돕는 주거 공간으로 설계되었다. 공동체 구성원들은 일주일에 적어도 한 번은 공동건물에서 같이 식사를 나눈다. 그들은 식사를 하면서 기쁨과 어려움, 믿음을 함께 나눈다.

공동체 생활로 얻은 자유 시간에 그들은 동네일에 더 적극적으로 참여할 수 있다. 마을 잔치를 열고, 미술 전시회를 하고, 학업에 어려움을 겪는 동네 아이들에게 관심을 기울인다. 실제로 올 여름 테메스칼 가족은 정원에서 일주일에 한 번 동네 영화제를 열고 이웃을 초대했다.

바디매오 공동체(Bartimaeus Community)는 시애틀 지역에 세워진 최초의 기독교 주거 공동체다. 실버데일에 있는 7에이커의 부지에 자리 잡은 25개의 주택과 넓은 공동체 센터를 바라볼 때면 나는 특히 기분이 좋았다. 이 공동체를 시작한 사람들이 공동체 계획을 구상할 때부터 이 대담한 공동체에 관여해 왔기 때문이다. 바디매오 공동체는 피조세계를 돌보는 일에 관심을 기울이며, 공동체를 소중히 여기고, 다른 이들을 돌보는 일에도 열심이다. 단지 안에 있는 드넓은 습지를 보존하기 위해 이들의 주택은 한곳에 모여 있다. 이들은 차량 주차구역을 따로 설계했고, 서로 더 친밀한 관계를 나누기 위해 주택 사이에 보도를 설치하고 모임을 위한 공간을 조성했다.

공동체의 구성원들은 다양한 종교 전통에 속해 있지만, 바디매오 공동체는 이미 하나의 대가족처럼 운영되고 있으며, 적어도 일주일에 한 번은 공동 건물에서 함께 식사하며 삶을 나눈다. 공동체는 어려운 사람들에게 다가가기를 원했고, 그래서 구성원들이 함께 기금을 모아 주택 한 곳을 임시 거처가 필요한 가족을 위한 집으로 사용하고 있다.[20]

비용이 적게 들 뿐 아니라 하나님의 새로운 질서를 구현하려고 노력하는 새로운 형태의 기독교 주거 공동체를 세운다면, 우리는 하나님의 조용한 모략을 진척시키는 일에 우리의 시간과 돈을 더 넉넉히 투자할 수 있을 것이다. 우리는 혼란스러운 세상에서 하나님의 사랑의 목적을 이루는 일에 헌신하는 하나님의 가족이 될 수 있다.

### 함께 생각해 볼 문제

- 교회를 그저 우리가 가는 장소가 아니라 우리가 서로 알고 사랑하고 책임지는 새로운 가족으로 다시 정의할 때 어떤 결과가 나타날까?
- 성경적인 관점에 따라 다른 사람들을 섬기는 선교에 초점을 맞춰 외부를 지향하는 관계 중심의 가족으로 교회를 이해하고자 할 때, 이런 교회관에 대해 당신은 어떻게 생각하는가?
- 서로를 돌보고 이웃과 하나님의 선한 피조세계를 돌보는 공동체를 만들기 위한 창의적인 방법을 한 가지 생각해 보라.

## 17.
### 전인적 선교에 대한 새로운 상상

우리가 선교를 잘못 이해하고 있는 것은 아닐까? 우리는 일차적으로 교회 안에 있는 사람들을 섬기는 일에 집중하면서, 전 지구적 선교를 연례 총회나 기도 소식지를 읽는 것쯤으로 취급했던 것은 아닐까? 선교를 공동체적 삶의 핵심으로 삼는, 새로운 모략에 가담한 많은 이들의 노력에 동참해야 하지 않을까?

---

어느 쌀쌀하고 눅눅한 9월의 아침, 런던 히드로 공항에 도착한 나는 마치 완전히 버려진 것 같았다. 사실 우리 부부는 짐을 찾고 15분 만에 통관을 마쳤다. 우리는 2001년 9월 11일 뉴욕에서 테러 공격이 발생한 직후 미국에서 영국으로 오는 첫 번째 유나이티드 항공기를 타고 도착한 터였다.

우리는 통합적 선교를 위한 미가 네트워크의 첫 회의에 참석해 전 지구화와 선교의 미래에 관해 연설할 예정이었다. 사실 세계복음주의연맹은 말과 행동이 통일된 보다 성경적인 선교를 어떻게 정의할 것인가에 관한 대화를 시작하기 위해 이 새로운 네트워크를 만들었다.[01]

세계 전역에서 온 대표들이 옥스퍼드 대학 대강당에 모였다. 호주 출신의 의장 스티브 브래드베리(Steve Bradbury)는 이렇게 말했다. "최근 뉴욕 시의 쌍둥이 빌딩에 대한 테러 공격으로 인해 소중한 생명을 잃는 비극을 당한 사람들을 위해 우리가 기도하고 있음을 모든 미국인들이 알기 원합니다. 또한 통합적 선교에 관한 이 회의에 참석한 모든 대표들이, 전 지구적 빈곤으로 인해 날마다 2만5천 명의 무고한 사람들이 목숨을 잃고 있음을 기억하기 바랍니다." 나는 이 말을 결코 잊지 않을 것이다. 또한 우리의 가장 가난한 이웃들이 직면한 긴급한 도전에 어떻게 대처할 것인지를 논의하는 그 첫 회의에 참석한 사람들의 깊은 헌신을 결코 잊지 않을 것이다.

## 통상적 방식의 선교를 넘어서

이제 예를 들어 설명하겠지만, 하나님은 세계 곳곳에서 새로운 선교 사역을 펼치고 계신다. 평범한 사람들과 작은 교회들을 사용해 그들이 결코 생각하지 못했던 변화를 이루고 계신다.

**선교: 교회의 심장박동?** 나는 아프리카, 아시아, 라틴아메리카에서 하나님의 뜻이 왕성히 펼쳐지는 것을 보며 감동한다. 수천 명의 중국 그리스도인들은 옛 실크로드를 따라 가사 도우미 같은 힘든 일을 하면서 생명의 위험을 무릅쓰고 신앙을 전한다. 브라질의 그리스도인들은 상파울루와 리우데자네이루의 위험한 거리에서 거리의 아이들에게 다가가 복음을 전한다. 수많은 아프리카의 나라들에서 교회 개척자들이 들불처럼 퍼져 일하고 있다.

마이클 프로스트와 앨런 허쉬는 「새로운 교회가 온다」에서 이렇게 말한다. "선교는 그저 교회의 활동이기만 한 것이 아니다. 그것은 하나님의 심장박동이자 그분의 일이다. 선교 사역의 근거는 하나님의 존재 안에서 찾을 수 있다. 하나님은 인류와 피조세계가 화해되고 구속되고 치유되는 것을 보고자 하시는 열망을 가지고 우리를 보내시는 하나님이다."[02]

만일 선교가 정말로 "하나님의 심장박동"이라면, 왜 더 많은 회중이 지역적 차원, 전 지구적 차원에서 선교에 직접 참여하지 않는 것일까? 우리는 혼란스러운 시대를 살아가고 있기 때문에 '늘 해오던 방식'이 더 이상 통하지 않는다는 것을 분명히 알고 있다. 우리에게는 '선교적', '하나님이 보내신 백성', '선교가 이끄는 교회' 같은 새로운 유행어를 현실로 만드는 새로운 모형이 필요하다.

정말로 어려운 질문은 다음과 같은 것들이다. 그동안 우리가 선교를 잘못 이해해 온 것은 아닐까? 사실상 우리는 선교를 일차적으로 교회 안에 있는 사람들을 대상으로 하는 일이라고 생각한 것은 아닐까? 우리는 세계를 향한 선교를 연례선교총회나 선교지에서 보내온 기도 소식지를 읽는 것쯤으로 취급했던 것은 아닐까?

> **출발**
>
> 여기서 나는 선교를 하는 것과 선교적 백성이 되는 것의 의미를 다시 검토하고, 예수님을 따르는 사람들이 점점 더 심각해지는 지역사회와 이 세상의 문제들에 대응하는 창의적인 방식도 소개할 것이다. 하나님이 어떻게 세계 곳곳에서 예수님을 따르는 이들과 함께 우리의 평범한 삶과 교회를 사용하셔서 그분의 조용한 모략에 동참하게 하시는지를 발견하라고 그분은 우리에게 권하신다.

### 선교가 핵심이다

내가 협력하고 있는 많은 전통적인 교회들, 특히 북미의 교회들은 지역사회의 사역을 단 하나도 지원하지 않는다. 그러나 영국, 호주, 뉴질랜드에서는 지역사회의 여러 가지 사역을 지원하는 않는 교회를 찾기가 오히려 쉽지 않다. 미국과 이들 나라의 많은 교회들이 해외 선교 사역을 지원한다. 그러나 내가 동역하고 있는 이들 영어권 국가의 교회들은 지역적·전 지구적 선교에 집행하는 예산이 교회 수입의 10-15퍼센트에도 미치지 못하는 경우가 많다. 이따금 살펴본 바에 따르면 선교는 회중의 삶의 중심이 아니라 변두리에 자리 잡고 있는 듯하다. 당신이 속한 교회는 예산 중 얼마만큼을 지역적·전지구적 선교에 투자하고 있는지 확인해 보라.

어쩌다 교회는 선교를 이처럼 소홀히 여기게 되었을까? 스위스 신학자인 발베르트 불만(Walbert Buhlmann)은 교회가 스스로를 바라보는 방식에 중대한 변화가 일어난 과정을 이렇게 설명한다. "로마 제국을 안에서부터 기독교화한 뒤로, 국가 종교가 된 뒤로, 특권과 토지를 받은 뒤로 예수 운동은…하나의 제도가 되었다."[03] 우리는 사실상 제도를 유지하고 제도권 교회에 속한 사람들을 섬기는 것이 '선교'라고 생각하게 되었다.

앞에서 나는 많은 교회가 일차적으로 우리의 필요를 채우는 데 초점을 맞추는 소비자 모형을 채택했다고 주장했다. 다시 말해서, 건물 안에 있는 사람들의 필요를 채우는 프로그램을 기획하는 것이 우리 선교의 핵심이 되고 만 것 같다. 이에 비해, 새로운 네 가지 흐름은 교회 문 밖에 있는 사람들의 필요에 관심을 기울인다는 공통점을 가지고 있다. 내가 방문한 이머징 교회들 대부분은 선교를 자기 정체성의 핵심으로 삼는다. 나는 많은 모자이크 교회와 선교적 교회들이 '자신들의 말을 실천에 옮기고' 있는 것을 발견했다. 어떻게 하면 모든 교회가 이런 새로운 흐름에 속한 교회들이 보여 주는 모범을 따라 더 외부지향적으로 사람들을 섬기는 선교에 초점을 맞출 수 있을까?

데이비드 보쉬(David Bosch)는 예수님이 그분의 삶과 사역을 통해 세상 속으로 침투해 들어오는 하나님의 미래를 선포했음을 일깨운다. "오늘날 우리는 하나님의 통치가 가까이 다가왔으며 사실상 그분의 말씀을 듣는 사람들 '위에', '바로 그들 가운데' 임했다는 예수님의 선포가 얼마나 혁명적인지를 제대로 깨닫지 못한다(눅 17:21)…미래가 현재 속으로 침입해 들어온 것이다."[04]

따라서 최초의 기독교 공동체는 이웃에게 다가가고, 병든 사람들을 돌보고, 위험에 처한 아이들을 구하고, 가난한 사람과 이방인을 돌보고, 모두에게 하나님의 사랑이라는 복된 소식을 전함으로써 하나님의 부활이란 새로운 미래를 드러내는 일에 집중했다. 분명히 선교는 그들의 공동체적 삶의 변두리가 아니라 중심에 자리 잡고 있었다.

역사적으로 영향력이 컸던 교회 운동들—6세기에 유럽을 재복음화했던 켈트 교회로부터 산업혁명기 영국의 웨슬리 부흥운동에 이르기까지—은 언제나 하나님의 선교라는 목적을 공동체 삶의 핵심으로 삼았다.

나는 전통 교회든 실험적 교회든 관계없이 지역 교회의 지도자들을 향해 '현재 속으로 침투해 들어온 하나님의 미래'라는 성경적 전망을 재발견함으로써 선교를 교회의 공동체적 삶의 핵심에 두도록 하기 위해 의식적으로 노력하라고 촉구한다. 그 이야기에 참여한다는 것은, 우리가 공동체로서 지역사회와 하나님의 세상 속에 이 복된 소식을 표현할 수 있는 창의적이고 새로운 방법을 발견하는 것을 뜻한다.

일부 새로 개척된 선교적 교회는 내부자들의 필요를 채우는 데 초점을 맞추는 프로그램 위주의 접근법을 버리고, 교인들로 하여금 자신의 소명을 발견하고 복음을 들고 이웃에게 다가갈 수 있도록 훈련시키는 소그룹 중심의 접근법을 취하고 있다.

영국의 교회들은 복음주의연맹(Evangelical Alliance)에서 후원하는 '1제곱마일'(A Square Mile)이라는 프로그램에 참여함으로써 좀 더 선교적인 교회가 되어 가고 있다. 이 프로그램은 영국 전역의 교회에 그들이 예배를 위해 모이는 곳에서 1제곱 마일 이내에 있는 이웃들에게 다가가라고 도전한다. 영국 곳곳의 교회들이 이 도전을 받아들이고 있다. 예를 들어, 런던 동부의 한 다문화 교회에서는 교회가 자리한 동네 사람들을 위해 학습지도를 실시하고 식품조합을 운영한다.

선교적인 교회가 되라는 부르심을 진지하게 받아들인다면, 영국 교회들처럼 더 넓은 세계에서만이 아니라 지역사회에서 사람들의 필요에 부응하는 구체적인 방법을 찾는 것이 대단히 중요하다. 또한 다가오는 하나님 나라의 이미지를 통해 하나님의 선교에 관한 통합적인 관점을 수용하는 것 역시 중요하다.

**선교는 통전적이다**

북서부의 한 교회에서 선교에 관해 강연하면서 나는 강연에 참석한 사람들이 대다수 복음주의자들과 마찬가지로 선교를 이른바 10/40 창 지역을 대상으로 한 복음 전도와 교회 개척으로만 이해하고 있음을 발견했다. 이런 편협한 선교관에 지나치게 사로잡힌 이들은 가난한 사람들을 돕는 것이 복음 전도를 위한 예비 전략이 아니라 '진정한' 선교임을 받아들이기 어려워했다.

이들은 '영혼 구원'에만 초점을 맞춰 하나님의 구속 사역을 이해하는 영성화된 종말론을 받아들이고 있는 듯했다. 물론 하나님의 뜻에 대해 이처럼 제한적인 관점을 수용하고 나면, 하나님이 우리를 전인적인 인격체로 구속하셨으며 교회가 정의와 화해, 피조세계를 돌보기 위해 노력해야 한다는 생각은 자연스럽게 배제하게 된다. 그 결과 사람들에게 다가가 사적인 신앙, 우리 이웃의 필요와 동떨어진 신앙을 심어 주는 협소한 영적 변화를 선교로 이해하기에 이른다.

신학자 오버리 헨드릭스(Obery M. Hendricks Jr.)는 "성경의 사사기가 주는 주된 교훈은, 억압받는 사람들의 해방을 위해 싸우는 것이 건전한 개인적 경건을 계발하는 것만큼이나 신앙인의 중요한 책임이라는 것"이라고 주장한다.[05] 미국의 흑인 교회들은 교회의 선교에 정의와 화해를 위한 노력도 포함된다고 오랫동안 가르쳐 왔다.

가톨릭과 주류 교회들은 복음주의권 교회들에 비해 통전성을 이해하는 데 있어 큰 어려움을 겪지 않았다. 1974년 로잔회의에서 복음주의자들은 선교에 사회적 책임 또한 포함되어야 함을 처음으로 분명히 밝혔다. 1982년 복음 전도와 사회적 책임 간의 관계에 관한 국제회의(International Consultation on the Relationship Between Evangelism and Social Responsibility)에서는 통전성을 향해 한 걸음 더 나아갔다. 여기서 존 스토트(John Stott)는 말의 선교와 행동의 선교를 "한 배를 움직이는 두 개의 노, 또는 가위의 양날"이라고 규정했다.

세계복음주의협회(World Evangelical Fellowship)는 휘튼 1983(Wheaton1983)이라는 회의를 열어 관련 대화를 이어 갔다. 나는 WEF에서 제3분과인 "인간의 필요에 대한 교회의 응답"을 진행하는 책임을 맡았다. 우리는 전 지구적 빈곤에 대한 성경적 대응을 규정해 보고자 했기 때문에 이 모임에 가능한 한 다양한 사람들이 포함되기를 원했다. 따라서 참가자 중 절반 이상이 다수 세계 출신이었고, 1/3이 여성이었다. 편집위원회에도 다양한 국적의 사람들을 포함시켰다. 선교에 관해 폭넓은 저술 활동을 해 온 르네 파디야, 비나이 사무엘(Vinay Samuel), 데이비드 보쉬, 론 사이더 등이 참여했다. 이들은 "사회 변혁에 관한 성명서"(A Statement on Social Transformation)라는 제목의 통전적인 선교관을 다룬 중요한 문서를 내놓았다. 데이비드 보쉬는 『변화하고 있는 선교』(Transforming Mission, CLC)에서 이렇게 말했다.

복음주의권 국제회의에서 발표한 공식 성명서로서는 최초로 고질적인 이분법을 극복했다. "악은 마음속에만 있는 것이 아니라 사회 구조 안에도 있다." 교회의 선교는 복음의 선포와 복음의 입증 모두를 포함한다. 우리는 복음 전도를 해야 하며, 인간의 즉각적 필요에 부응해야 하고, 사회 변혁을 위해 힘써야 한다.[06]

르네 파디야는 이 성명서가 발표된 뒤로 복음주의자들 사이에서 선교에 대한 전인적 접근이 더 뚜렷이 나타났다고 말한다.[07] 미가네트워크는 더 통전적인 선교관에 관해 중요한 대화를 이어 가고 있다. 사실 모자이크 운동, 선교적 교회, 이머징 교회, 수도원 운동에 속한 나의 동역자들은 거의 모두가 사회 정의, 화해, 피조세계의 돌봄을 비롯한 사회 변혁을 위해 헌신하고 있다.

우리는 바른 선교신학을 견지할 뿐 아니라 우리의 최종 목표가 무엇인지를 잊지 말아야 한다. 활동에 집중하다가 하나님이 원하시는 더 넓은 성경적 전망을 잊기 쉽다. 시카고의 '우범 지역'이나 케냐의 시골 마을에서 선한 말과 행동으로 선교 프로젝트를 진행하는 것만으로는 부족하다. 나는 가난한 사람들과 함께 일하는 사람들이 새로운 세상이 이 세상으로 침투해 들어올 때 그들이 섬기는 시카고의 우범 지역이 어떻게 변할지, 케냐의 마을이 어떻게 바뀔지를 상상하기 위해 함께 성경을 공부하기를 권한다. 우리는 사람들로 하여금 하나님 나라가 온전히 임할 때 사람과 공동체가 어떻게 변할지에 대해 소망의 그림을 그리고 노래를 만들고 이야기를 하도록 동기를 부여해야 한다. 이처럼 성경적 상상력을 일깨워 줄 때 사람들은 훨씬 더 큰 전망을 가지고 일할 수 있다.

## 선교를 핵심으로 삼는 교회에 대한 새로운 상상

나는 선교를 공동체적 삶의 중심으로 삼고 있는 선교적 교회, 모자이크 교회, 이머징 교회의 세 모형을 소개하고자 한다. 이 모형들은 모든 교회에 영감과 도전을 줄 것이다. 앞으로 살펴보겠지만, 이들은 분명 통전적인 선교관을 가지고 일한다. 또한 이들은 하나님이 어떻게 그들의 겨자씨를 사용해 지역적·전 지구적으로 다른 사람들의 삶에 영향을 미치시는지를 깨닫고 있다. 이렇게 외부에 초점을 맞춤으로써 개인과 회중의 시간과 자원 사용하는 방식이 어떻게 달라졌는지 살펴볼 것이다.

**캘리포니아 남부의 선교중심적 교회.** 생명의언약교회(Life Covenant)는 캘리포니아 주 토런스에 있는 새로 개척한 선교적 교회다. 담임목사인 팀 모리와 동역자들은 선교를 교회 공동체 생활의 중심으로 삼기 위한 혁신적인 방법을 만들어 냈다. 생명의 언약 교회는 건물 안에 있는 사람들의 필요를 채우는 프로그램을 제공하기보다는 차별화된 소그룹 프로그램을 제공한다. 소그룹은 자신이 사는 지역에서 선교에 임할 수 있도록 125명의 교인을 훈련시키는 데 초점을 맞춘다. 또한 날마다 영적 훈련을 위한 시간을 마련하고, 매주 복음 증거와 섬김을 위한 시간을 마련하도록 소그룹 안에서 서로 도울 것을 강조한다.

창립한 지 아직 3년밖에 안 되었지만 생명의언약교회는 20-30대에 초점을 맞춘 교회 두 곳을 개척하고 있다. 회복의언약교회(Restoration Covenant), 젊은 아시아계 및 아프리카계 교인이 대다수를 차지하는 캐털리스트 교회가 그 두 교회다. 이런 프로젝트 외에도 교인들은 해비타트, 가정폭력 피해 여성을 위한 쉼터, 가난한 가정을 위해 집수리를 돕는 일에도 적극적으로 참여하고 있다. 전 지구적으로는 아프리카에서 가장 가난한 나라 중 하나인 모잠비크의 소액 창업 지원 계획에 자금을 대는 일에도 참여하고 있다.

이 교회는 기존 교회의 예배 공간을 임대해 사용함으로써 교회 자체에 들어가는 비용을 줄일 수 있었다. 놀랍게도 2006년에 이 신생 교회는 수입의 30퍼센트를 국내외 선교에 투자했다.

**미니애폴리스의 선교중심적 교회.** 에프럼 스미스는 미니애폴리스의 도심 지역을 섬기는 모자이크 교회인 생추어리 교회(Sanctuary)의 창의적인 젊은 목회자이며 「힙합 교회」의 공저자이다. 이 교회는 매주 다인종 회중을 위한 예배를 드릴 뿐 아니라 소그룹 프로그램과 생추어리 지역개발법인(Sanctuary Community Development Corporation)을 운영한다. 별도의 비영리기구인 CDC에서는 힙합 학원, 젊은 여성을 위한 상담 프로그램, 지역 학생들을 위한 개인 지도 프로그램을 제공한다. 또한 소외된 사람들이 가족을 부양할 수 있도록 직업 훈련 프로그램도 지원한다.

여덟 명의 자녀를 둔 어머니로 오랫동안 실직 상태에 있었던 아샤키는 이 직업훈련 프로그램을 이수한 후에 사무실 보조원으로 취업했다. 그녀는 생애 처음으로 직업을 갖게 되었으며 연봉으로 3만 달러를 받는다. 수입이 늘었기 때문에 그녀는 마약과 폭력이 덜한 곳으로 아이들을 데리고 이사할 수 있었다.

생추어리는 헌금의 50퍼센트를 교회 바깥에 투자한다고 스미스는 말한다. 이 돈은 지역사회를 섬기는 일에 직접 사용되거나 지역민을 섬기는 사람들의 급여를 지불하는 데 사용된다. 또한 이 교회는 마약 및 음주 재활센터 안에 사무실을 임대해 사용하고 중학교 건물을 빌려서 예배를 드린다. 이 역시 지역사회에 투자하는 또 다른 방법이라고 스미스는 지적한다.

**영국 레인즈 파크의 선교중심적 교회.** 몇 해 전 필과 웬디 월 부부는 하나님 나라를 위해 세상을 변화시키는 새로운 꿈을 품고 이머징 교회를 개척했다. 이들은 일부러 가난한 가정들이 모여 사는 런던 외곽의 카터 지구 근처의 레인즈 파크에서 교회를 개척했다. 교회 안의 독신자들이 결혼을 하기 시작했는데, 네 커플이 카터 지구의 낡은 아파트를 임대해 그곳에 사는 가족과 아이들에게 다가가기로 했다. 그들은 이렇게 말한다. "결혼 선물은 필요 없습니다. 그 돈을 카터 지구에 사는 사람들을 돕는 우리 교회의 기금에 내 주십시오."

필은 이 젊은 부부들에게 감동을 받은 한 가정에 대해 이야기한다. "몇

해 전 메를린이라는 한 싱글맘과 세 자녀가 무너져 가는 아파트에서 살고 있었다. 하지만 그들에게는 집을 수리할 돈이 없었다." 이 네 부부는 3일간 휴가를 내어 다른 교인들과 힘을 합쳐 메를린과 세 자녀를 위해 집을 수리하고 완전히 개조했다. 메를린과 세 아이는 이웃의 돌봄에 너무도 큰 감동을 받았다.

웬디와 필은 에이즈로 부모를 잃은 아프리카 고아들이 겪는 고통에 깊은 관심을 갖게 되었다. 그들은 어머니가 에이즈로 죽어 가는 두 살짜리 여자아이 조드와를 입양하려고 했지만 성공하지 못했다. "입양 문제가 잘 해결되지 않았지만 하나님은 우리 마음속에서 부담을 덜어 주지 않으셨습니다." 그들은 많지 않지만 은행에 넣어 두었던 적금을 인출했으며 몇몇 친구들에게도 그렇게 하자고 설득했다. 그런 다음 그들은 리버풀에서 에이즈로 부모를 잃은 아이들을 위한 자선 파티를 열었다. 기발하게도 그들은 돈을 요구하지 않았다. 대신 그들은 적금을 깬 돈으로 파티에 참석한 1천6백 명에게 1인당 10파운드(약 미화 20달러)씩을 나눠 주었다. 필은 그 첫 파티에서 이렇게 말했다고 회상한다.

> 만약 이 돈이 에이즈로 부모를 잃은 아이들보다 여러분에게 더 필요하다면, 그냥 여러분 자신을 위해 이 돈을 쓰시기 바랍니다. 하지만 달란트 비유를 시험해 보고 싶으시다면, 이 10파운드를 투자할 수 있는 여러 가지 방법이 적힌 소책자가 여기 있습니다. 그 결과를 저희에게 알려 주시기 바랍니다.

이후 그들은 50만 달러가 넘는 돈을 돌려받았다. 그들은 아프리카의 고아들을 돕는 HopeHIV를 시작했고 새로운 세대의 아프리카 지도자들을 양성하는 일에 그 기금을 사용했다.

짐바브웨에 가서, 에이즈로 부모와 열네 명의 가족을 잃은 젊은이인 새뮤얼을 만나 보라. 그는 HopeHIV를 통해 자신의 삶이 바뀌었다고 말한다.

부모님이 돌아가신 후 나는 네 명의 동생을 돌보아야 했어요. 너무도 힘든 시간이었어요. 나는 어떻게 해야 할지 몰랐고 무척 슬펐습니다…그때 HopeHIV에서 일하는 마사를 만났습니다. 그녀는 내가 이 힘든 시간을 헤쳐 나올 수 있도록 도와주었어요. 그녀의 격려에 힘입어 나는 묻어 두었던 아버지의 재봉틀을 찾아 꺼냈습니다. 그들은 직업 훈련을 받도록 도와주었고, 나는 재봉틀로 옷을 만드는 사업을 시작했어요. 이제 나는 동생들을 부양할 뿐 아니라 동생들의 학비까지 낼 수 있게 되었죠. 우리가 받은 도움에 감사해, 나는 정기적으로 HopeHIV에서 자원봉사를 하면서 가족을 잃은 젊은이들이 다시 시작할 수 있도록 돕고 있습니다.

만약 우리가 다른 사람들을 위한 교회가 되기로 다짐하고 지역적·전 지구적으로 세상을 바꾸기 위해 우리의 시간과 자원을 더 많이 투자한다면, 교회가 어떤 영향력을 발휘할지 상상할 수 있겠는가?

## 선교 중심적인 삶과 교회에 대한 새로운 상상

이미 살펴보았듯이 우리는 불확실한 미래를 향해 달려가고 있으며, 이 세상과 교회는 가공할 만한 새로운 도전에 직면해 있다. 이런 도전에 맞서기 위해서는 하나님의 선교 목적을 우리의 삶과 교회의 중심으로 삼고 이미 여기와 있는 세상을 자비롭게, 창의적으로, 축제를 벌이듯 표현하기 위해 노력하는 전인적인 제자와 공동체가 되도록 힘써야 한다.

어디에서 시작해야 할까? 작은 것부터 시작하라. 당신의 대학이나 동네,

교회에서 겨자씨 모임을 계획하고, 하나님이 당신의 겨자씨를 사용하셔서 세상을 어떻게 바꾸어 가실지 기도하는 심정으로 상상해 보라. 동네에서 아이들을 개인 지도하는 일일 수도 있고, 십대들과 농구를 하는 일일 수도 있고, 독거 노인들과 함께 시간을 보내는 일일 수도 있다. 하나님이 놀라운 일을 행하실 것이다.

지역 교회 안에서 모략에 가담하고자 하는 이들에게 몇 가지 조언을 하고 싶다. 만약 당신의 교회가 신앙의 현상유지에 만족한다면 애써 교인들을 바꾸려고 하지 말라. 오히려 기도하면서 하나님의 목적을 삶의 우선순위로 삼고자 하는 두세 사람을 찾아 그들과 작은 겨자씨 모임을 시작해 보기를 권한다. 개인적으로, 공동체적으로 당신의 삶을 향한 하나님의 부르심을 분별하도록 서로를 위해 함께 기도하라. 그런 다음 당신이 사는 지역에서 하나님이 당신의 겨자씨를 사용해 다른 사람들의 삶에 변화를 일으키실 수 있도록 한 가지 방법을 찾으라. 당신이 얼마나 좋은 시간을 갖고 있는지 교회 안의 다른 사람들이 알게 된다면 그들 역시 성령의 감동을 받아 모략에 가담할지도 모른다.

선교를 교회 생활의 핵심으로 삼는 교회를 위해 준비된 특효약이나 프로그램 같은 것은 없다. 그러나 우리는 모두 선교적 교회, 모자이크 교회, 이머징 교회, 수도원 운동에 참여함으로써 하나님이 새로운 모략에 가담한 이들을 통해 행하시는 일에 주의를 기울이고 그들로부터 배워야 한다. 솔직히 말해서, 이들 지도자들이 실패하는 경우도 없지 않지만, 하나님은 놀라운 방식으로 그들을 사용하셔서 전통적인 교회라면 결코 교회에 오지 않았을 사람들의 삶을 변화시키시기도 하신다. 우리는 그들로부터 '자신의 스텝으로 춤을 추는' 사람들에게 다가갈 방법을 배울 수 있다. 그들은 아무런 자원 없이도 엄청난 모험을 감행하기도 하는데, 우리는 그들의 정원에 꽃들이 만발하는 놀라운 일을 볼 수도 있다. 그들의 영감 어린 창의성과 굽힐 줄 모르는 도전 정신에서 우리는 많은 것을 배울 수 있다.

전통적인 교회에 속한 사람들이 이 새로운 모형의 교회로부터 배워야 할 점은, 그들이 외부에 초점을 맞춘 선교를 하고 있으며 교회의 건물이나 운영에 드는 자원을 훨씬 덜 사용하고 있다는 점이다. 우리는 이들의 성공과 실패로부터 모두 배워야 한다. 또한 이들이 가지고 있는 하나님 나라에 대한 새로운 이미지와 이해, 진정한 제자도를 향한 열정, 교회를 가족으로 바라보는 태도, 성령의 능력으로 주변 세상에 작은 변화를 일으키겠다는 결단 등도 배워야 하겠다.

나는 이들 젊은 지도자들 중 다수가 멘토를 찾고 있으며, 나이 많은 그리스도인들과 더불어 이 혼란스러운 시대에 예수님을 따르는 삶의 의미를 기꺼이 배우고 싶어 한다는 것을 알고 있다. 하나님 나라를 위해 모략에 가담한 이들 젊은이들과 더불어 협력할 방법을 찾는 것도 좋을 방법일 것이다.

만약 당신의 교회가 실험적인 교회들처럼 선교 중심적인 교회가 되기 위한 여정을 시작할 준비가 되었다면, 이렇게 권하고 싶다. 시간을 가지고 창의적인 새로운 흐름에 속한 교회들을 살펴본 후 성경으로 돌아가 사람들과 세상을 위한 하나님의 사랑의 목적을 새롭게 발견하라. 하나님의 피조세계를 구현하는 새로운 축제의 삶을 만들어 냄으로써 하나님의 계획에 동참할 창의적인 방법을 구상해 보라. 그런 다음 당신의 교회가 지역사회와 더 넓은 세상 속에서 하나님의 긍휼의 목적을 이루는 일에 어떤 부르심을 받았는지 깨닫게 해달라고 기도하라.

그 다음 당신의 지역사회가 직면한 현재 및 미래의 긴급한 필요에 대해, 세계 곳곳의 가장 가난한 이웃들이 직면한 문제에 대해 조사해 보라. 하나님이 지역적·전 지구적으로 당신의 겨자씨를 사용하실 수 있는 창의적이고도 새로운 방법 한 가지를 생각해 보라. 기도하는 가운데 당신이 속한 지역 사회의 한 가지 필요에 대응하기 위한 한 가지 사역을 시작하라. 당신이 살고 있는 지역의 소외된 사람들의 자립을 돕기 위해 도심의 교회들과 손을 잡고 농업조합이나 경제조합을 시작해 볼 수 있다. 작은 규모로 시작하고, 기도와 동역을 통해 사역을 건실하게 이루어 가라. 작은 목표를 성취할 때마다 이를 기념하라.

또한 참가자들로 하여금 그들의 삶을 향한 하나님의 선교 소명을 발견하도록 돕는 소그룹 프로그램도 생각해 보라. 선교에 초점을 맞춘 전인적 신앙으로의 부르심에 응답할 수 있도록 그들을 도우라. 점증하는 시간과 자원의 압박에 대처하는 데 도움이 될 자료를 제공하는 것도 잊지 말라. 다시 말해서, 소그룹을 만들어 참가자들로 하여금 자신의 필요 너머를 바라보고 하나님이 어떻게 당신의 겨자씨를 사용하여 당신이 사는 지역의 다른 사람들의 필요에 응답하게 하시는지를 발견할 수 있도록 도우라.

당신의 교회가 지역적·전 지구적으로 관계에 초점을 맞춘 방식의 선교를 수행할 수 있는 한 가지 방법을 찾아보라. 당신의 새로운 지역적 선교와 새로운 전 지구적 선교를 연결시킬 수 있는 방법이 있는지 살펴보라. 오리건 주의 한 장로교회는 이미 이 여정을 시작했다. 그들은 근처의 한 히스패닉 교회, 멕시코 후아레스의 한 교회와 삼자 협력관계를 맺고 세 교회가 서로를 섬길 수 있는 방법을 찾고 있다. 이런 접근법은 관계 중심적이며 네트워크화된 선교 방식을 반영하며, 많은 비용이 드는 모형보다 지속가능한 접근법이 될 것으로 보인다. 북미의 교회들이 이런 협력 관계를 만들고 다른 사람들의 필요를 이해함에 따라, 많은 교회들이 새로운 가족과 자원을 나누고 함께 선교 사역을 행하는 일에 더 넉넉히 투자하기 시작했다.

마지막 장에서는 새로운 기업 운동을 살펴볼 것이다. 성령께서 당신의 상상력을 일깨우셔서 당신과 당신의 공동체가 어떻게 조용히 이 세상을 변화시키는 하나님의 창의적인 모략에 더 적극적으로 동참할 수 있는지를 깨닫게 해달라고 기도하기를 바란다.

> **함께 생각해 볼 문제**
> - 실험적인 교회나 전통적인 교회들이 외부에 더 초점을 맞춘 선교를 하는 것을 본 적이 있는가? 그러한 선교는 어떤 변화를 불러올 것인가?
> - 교회가 통전적 선교에 더욱 초점을 맞추어야 한다는 성경 말씀에 대해 당신은 반응은 무엇인가?
> - 당신의 교회가 외부에 더 초점을 맞춘 선교를 시행하고 당신의 지역사회와 연관된 필요에 부응할 수 있는 한 가지 창의적인 방법을 생각해 보라.

18.
# 새로운 기업 운동에 동참하라

우리는 새로운 모략을 꾸미는 사람들의 노력에 동참하고,
하나님의 성령이 우리의 상상력을 일깨우셔서 이미 여기 와 있는 세상을 표현하기 위한
새로운 방법을 만들어 낼 수 있게 해달라고 기도해야 하지 않을까?

---

이미 살펴보았듯이, 하나님은 세계 곳곳에서 평범한 급진주의자들의 상상력을 일깨우셔서 이미 여기 와 있는 세상을 새롭게 표현하게 하신다. 하나님은 화가와 시인, 건축가, 거리 공연가, 광대, 예배 기획자, 활동가, 디자이너, 사회적 기업가들의 상상력을 일깨우셔서 조용하지만 창의적인 모략에 동참하게 하신다. 사실 이머징 교회와 선교적 교회, 모자이크 운동, 수도원 운동을 규정하는 특징 중 하나는, 그들이 자신들의 상상력을 일깨우시는 하나님께 자신을 내맡김으로써 새로운 형태의 삶과 공동체, 교회, 잔치, 권익 옹호, 선교를 상상해 왔다는 것이다.

또한 하나님의 창의적인 성령께서는 전통적인 교회에 속한 많은 사람들이 다가올 세상의 도전에 맞서서 하나님의 새로운 질서를 표현해 내는 이 창의적인 모략에 가담하도록 이끄신다.

### 예술가와 광대와 기업가들의 노력에 동참하라

이것은 전 지구적 쇼핑몰의 건축가들이 우리의 생활환경과 우리 삶의 축제

를 설계하도록—그렇게 함으로써 예수님을 따르는 삶이 경건한 자기반성 정도로 축소되도록—내버려 두는 대신, 삶과 공동체와 선교의 모든 영역에서 하나님과 공동 창조자가 되라는 초대다. 우리는 새로운 창조를 들여다보도록 하는 새로운 가능성을 창의적으로 표현할 수 있는 놀라운 기회를 맞고 있다.

> **출발**
>
> 이 마지막 절에서 나는 우리가 하나님의 모략에 동참하는 길은 하나님 선교의 목적을 우리 삶과 교회의 최우선 순위로 삼는 것뿐 아니라, 살아 계신 성령님의 도우심으로 이미 여기 와 있는 그 세상을 더 온전히 살아가고, 그 세상을 옹호하고 예중하며, 그 세상을 널리 알리기 위한 새로운 방법을 상상하고 만들어 가는 것에서부터 시작된다고 주장할 것이다.

아래로부터 나오는 새로운 상상. 하비 콕스(Harvey Cox)는 중세 유럽 사람들은 바보제(Feast of Fools)라는 민속 축제를 열어 새해를 맞았다고 말한다.

대개 음탕한 가면을 쓴 경건한 사제들과 엄숙한 시민들이 저속한 노래를 불렀고, 술에 취해 떠드는 소리와 풍자로 온 세상을 깨어 있게 만들었다. 직위가 낮은 성직자들은 얼굴에 분을 칠한 채 자신보다 직위가 높은 성직자들의 옷을 입고 의기양양하게 걸어다니며 교회와 법정의 장엄한 의례를 조롱했다… 바보제 동안에는 비웃음을 당하지 않는 관습이나 관례가 없었고, 심지어 그 지역의 가장 지체 높은 인물조차도 풍자의 대상이 될 수 있었다.[01]

바보제는 한 문화가 정기적으로 자기 문화의 가장 성스러운 종교적 관행을 조롱할 수 있었음을 보여 준다. 가끔씩은 완전히 다른 종류의 세상—"꼴찌가 첫째가 되고, 인정되는 가치가 전복되고, 바보가 왕이 되고, 소년 성가대원이 고위 성직자가 되는 세상"—을 상상할 수 있었다.[02]

이사야의 이미지에서 볼 수 있듯이 참으로 하나님은 이 세상을 안팎과 아래위로 뒤집는 일을 하고 계신다. 하나님은 언제나 평범한 사람과 바보와 광대들을 통해 오만한 사람들의 정체를 폭로하고 새롭고 놀라운 일을 만들어 내기 위해 일하신다. 제국적·전 지구적 현실 속에서 유배 공동체로 살아가는 우리에게는 제국이 우리 앞에 내놓는 것들에 겨자씨 같은 대안을 상상하고 만들어 갈 기회가 있는 셈이다.

콕스는 하나님이 우리를 위해 계획해 두신 미래로 귀향할 새로운 방법에 대해 다음과 같은 전망을 제시한다.

> 기독교의 소망은 인간이 한 도성을 향해 나아가고 있다고 주장한다. 그 도성은 평범한 도시가 아니다. 만약 우리가 계시록의 상징뿐만 아니라 복음서의 이미지까지 고려한다면, 그곳은 단지 불의가 사라지고 더 이상 눈물이 없는 도성 정도가 아니다. 그곳은 웃음소리가 울려 퍼지고, 이제 막 춤이 시작되고, 최고의 포도주는 아직 나오지 않은, 즐거운 혼인 잔치가 벌어지는 도성이다.[03]

익숙한 이야기이지 않은가? 아래에서부터 새로운 것을 만들어 가는 이들과 함께 새로운 모략에 동참하자. 하나님 나라가 "하늘에서 이루어진 것 같이 땅에서도 이루어"지기를 기도하고 그 이미지를 더 온전히 표현할 강력하고 새로운 방법을 상상해 보자. 우리는 다양한 상상의 시도들을 살펴볼 것이다. 그중에는 날개를 펴고 높이 날아오른 것도 있고, 아직은 부화 단계에 있는 것도 있다. 하나님이 우리의 상상력을 통해 주시는 새로운 가능성에 주목해 보자.

**새로운 예배 표현에 대한 상상**

선교를 교회 생활의 핵심으로 삼을 것을 진지하게 생각하고 있다면, 우리는 음악가와 시인, 예술가들로 하여금 새로운 형태의 예배를 만들도록 해야 한다. 이 예배 속에서 우리는 상처입은 사람들이 회복되고, 가난한 사람들에게 정의가 이루어지며, 모든 나라에 샬롬이 임하는 세상을 고대하며 기뻐하는 부활의 공동체가 된다. 전 지구적 쇼핑몰 너머의 삶을 일깨우는 음악을 만드는 솔터즈(Psalters)가 바로 그런 단체다.

> 우리는 출애굽의 외침
> 여기에 우리가 머물 집은 없네.
> 우리는 시편을 노래하는 유목민
> 오랜 과거의 발자취를 따라
> 현재의 동떨어진 변두리까지 걸어가네.
> 안과 밖의 억압에 맞서
> 한목소리로
> 우리의 첫 사랑, 우리의 소망, 우리의 불기둥을
> 영원토록 노래하는 또 하나의 메아리라네.[04]

겨자씨협회에서는 지난 수련회 때 부활의 미래로 귀향하는 이미지를 표현한 노랫말 만들기 경연을 벌였다. 호주의 나이절 맨(Nigel Mann)이 쓴 가사가 우승을 차지했다. 1절과 후렴을 소개한다.

주님, 애통하는 이들에게 새벽이 밝아 옴을 느끼게 하소서.
그날에
가난한 이들 자유를 얻고 압제자들 도망가리니.

새 하늘과 새 땅을 만들고 계신 예수님
부활의 능력으로 다시 사신 분
그날은 이미 시작되었네.

우리에게는 새로운 음악도 필요하지만, 더 나아가 세상을 향한 하나님의 사랑으로 우리를 이끌어 주고 예수께서 소외되고 가난한 사람들을 위해서도 죽으셨음을 상기시켜 줄 예배도 필요하다. 영국 최초의 이머징 교회 중 하나인 '그레이스 교회'는 히드로 근처의 세인트 메리 성공회교회에서 주일 밤마다 모인다. 한번은 제3세계의 채무 탕감을 위한 캠페인 '희년 2000'에 초점을 맞춰 예배를 드렸다. 참가자들은 내가 전에도 본 적이 없고 그 후로도 본 적이 없는 방식으로 가난한 사람들에 대한 관심을 예배 속으로 끌어들였다. 예배당 정면에는 트럭도 끌어올릴 수 있을 것 같은 거대한 크기의 도르래 장치가 있었다. 그 도르래의 사슬에 매달려 있던 것은 트럭이 아니라 커다란 얼음 덩어리였다. 유럽인과 북미인들의 차가운 마음을 상징하는 얼음덩어리였다. 제3세계의 채무를 탕감해 주기를 주저하는 마음을 표현한 이미지였다.

예배 전체는 가난한 사람들을 돌보시는 하나님을 예배하는 데 초점이 맞춰졌다. 마지막 순서가 무엇이었는지 짐작이 되는가? 예배당 안에 있던 젊은 그리스도인들이 초를 가지고 앞으로 나와 얼음덩어리 아래 놓고는 하나님의 희년이 하늘에서 이루어진 것 같이 땅에서도 이루지게 해달라고 기도하는 순서였다.

새로운 세상이 이 세상을 변화시키고 가난하고 잊혀진 사람들이 소망을 갖게 되기를 원하시는 하나님을 예배한다면, 우리 중에 하나님이 행하시는 이 선교 사역에 동참하겠다고 나서는 사람들이 틀림없이 더 많아질 것이라고 나는 확신한다.05

## 새로운 공동체 기획

나는 예수님을 따르는 당신에게 예배만 아니라 온 삶을 '설계의 기회'로 바라보기를 권한다. 삶 전체가 우리에게 하나님과 함께 공동 창조자가 될 기회—하나님의 새로운 질서를 반영하는 도시, 수도원 공동체, 심지어 도심 주거 공동체적 교회를 설계함으로써 우리 안에 있는 소망을 창의적으로 표현할 기회—를 제공한다. 도시 설계부터 시작해 보자.

에릭 제이콥슨(Eric Jacobsen)은 「하나님 나라의 보도」(Sidewalks in the Kingdom)에서 어떻게 성경적 가치가 창의적인 도시 설계의 일부가 될 수 있는지를 연구한다. 건축가인 캐스린 슈스(Kathryn Schuth)는 종교건축연구소(Institute for Sacred Architecture) 웹사이트에 이 책에 대한 서평을 올렸다.

> 개인주의, 독립, 자유라는 가짜 신들은…'약속한 것을 주는 데 계속 실패한다.'…도시는 구속의 공간, 죄인 된 인간의 모습으로부터 회복되는 공간, 하나님의 선을 위해 사용되는 공간이다. 도시는 우리에게 중요하다. 하나님께 중요한 공간이기 때문이다.06

하나님은 바빌로니아 제국에 포로로 잡혀 있던 유대인들에게 그들이 망명자로 살아가는 그 도시의 선을 위해 일하라고 가르치셨다. 상상력을 조금만 발휘하면 우리는 우리가 살고 있는 도시의 선을 위해 일할 수 있고, 새 예루살렘의 이미지와 가치를 반영할 뿐 아니라 다른 이야기를 살아가는 이들을 환영하는 새로운 도심 마을을 설계할 수 있을 것이다.

### 새로운 수도원 공동체

뉴질랜드의 이머징 교회를 이끌고 있는 스티브 테일러는 '웹 디자인, 영화 제작, 그래픽 디자인'의 중심지가 되는 포스트모던적 수도사 공동체를 꿈꾼다. "이 수도사들은 자신이 선택한 생활방식에 필요한 자금을 마련하기 위해 창의적인 저예산 공동 프로젝트 같은 몇몇 상업적인 프로젝트를 진행할 수 있다. 이웃의 십대를 초대해 관계를 트고 기술을 나누고 영성을 계발하도록 최첨단 장비를 사용할 수 있게 할 수도 있다."[07]

시애틀의 캐런 워드는 한 루터교회를 생활형 수도원 공동체인 프리몬트 수도원으로 개조하고 있다. 그는 이 수도원을 이 지역 사람들을 위한 대안적 도심 공간으로 만들 계획이다.

겨자씨협회에서는 시애틀 북부에 있는 한 섬에 약 162,000제곱미터의 부지를 마련해 켈트 수도원 공동체를 세울 계획이다. 단순히 건물을 짓는 것이 아니라 7세기 아일랜드 수도원의 정신을 반영하는 건물을 세우려고 한다. 또한 이 공동체를 지속가능한 생활방식을 제공하는 마을로 만들어 갈 생각이다. 이들이 세운 세 가지 목표는 다음과 같다.

1. 한 번에 40-50명의 학생들을 수용한다. 학생들은 이곳에서 석 달 동안 켈트 공동체의 공동생활을 체험하고 기독교의 다양한 기도 전통을 탐색하면서 자신만의 영적 훈련을 개발한다.
2. 학생들은 모든 세대가 참여하는 주말기도피정 모임의 진행을 돕는다.

3. 마지막으로, 이 공동체는 예술가와 기업가를 위한 지원센터가 될 것이다. 우리는 예술가, 기업가, 혁신적인 흐름을 이끄는 사람들을 초대해, 하나님의 새로운 피조세계를 창의적으로 표현하도록 해주는 삶과 공동체에 대한 새롭고 지속가능한 접근 방식을 함께 상상하고 만들 기회를 제공할 것이다.

### 색다른 공동체

"종교건축연구소학회지"(The Institute for Sacred Architecture Journal)에 게재한 글에서 마이클 인라이트(Michael Enright)는, 우리가 어디에서 어떻게 살 것인가 하는 중대한 결정을 내릴 때 우리의 기독교 신앙이 거의 영향을 미치지 못하고 있다고 문제점을 지적한다. "당신의 남은 생애를 누구와 함께 살 것인가 하는 결정 다음으로 중요한 결정은 어디에서 살 것인가 하는 문제다…지금까지 우리는 복음의 가치에 따라 이런 결정을 내릴 수 있는 방법을 찾지 못했다."[08] 서구에서는 핵가족 및 단독주거가 문화적으로 주된 모형이 되었다. 그 결과, 우리는 현대 문화가 좋은 삶에 대한 우리의 관념을 지배하도록 허락해 버렸고 현대 문화의 가치가 우리의 주거 형태를 결정하도록 내버려 두었다. 이처럼 현대 문화의 주된 모형은 공동체보다는 개인주의를, 상호적 돌봄보다는 사생활을 더 우위에 두고 있지 않은가? 새로 지은 고급주택들 역시 신분과 명성과 사치라는 가치를 찬양하는 경우가 많지 않은가?

나는 이러한 모형에 반영된 가치뿐 아니라 그로 인해 우리와 환경이 치러야 할 비용에 대해서도 우려한다. 핵가족 단독주거 모형은 토지와 에너지와 자본이 가장 많이 필요한 주거방식이다. 앞서 살펴보았듯이, 40세 이하인 사람들 중 이런 형태의 주거를 유지할 여유가 없는 사람들이 점점 더 늘고 있다. 여유가 있는 사람들조차도 30년 넘게 수입의 절반 이상을 주택융자 할부금을 갚는 데 쓰다가 다른 사람들을 섬길 기회를 놓치는 경우가 많다.

나는 일군의 건축가들과 수도원 운동 지도자들, 이머징 교회 개척자들, 전통적인 교회에 속한 그리스도인들을 모아 비용과 환경에 미치는 악영향을 줄이는 동시에 하나님의 새로운 질서를 더 바르게 구현하는 주거 환경을 함께 상상하고 설계해 보고 싶다.

나는 우리가 설계할 주거 공동체가 개인 공간과 공동 공간을 혼합한 주거 공동체와 여러 모로 비슷할 것이라고 본다. 비용을 줄이기 위해서는 더 밀도가 높은 건물을 지어야 할 것이며, 사적 공간도 더 창의적으로 설계해야 할 것이다. 또한 정원, 아이들의 놀이 공간, 어른들의 교제 공간, 피정을 위한 조용한 공간을 사적인 마당이 아니라 공유지에 마련해야 할 것이다. 탄소 발자국(carbon footprint: 개인이나 공동체가 직간접적으로 발생시키는 온실 기체의 총량—옮긴이)을 줄이는 방향으로 설계를 하고, 식용 식물을 심어 지속가능한 주거 환경을 만드는 것이 필수적이라고 생각한다.

또한 도심 선교나 사회 권익옹호 분야에서 5년 동안 일하겠다고 약속하는 40세 이하의 젊은이들에게 무이자 대출을 받을 수 있게 해주는 프로그램을 도입해야 한다. 30년 동안 원금의 세 배 되는 금액을 갚기보다는 7년 동안 원금만 갚는 편을 원하는 이들이 많을 것이다. 그렇게 할 수 있다면 이 젊은 입주자들은 가족과 지역사회 및 다른 사람들을 섬기는 사역에 자신의 삶을 더 많이 투자할 수 있을 것이다. 혁신적인 공동체 설계를 통해 우리 모두가 하나님 나라의 일—아마도 가난한 사람들에게 주택을 제공하는 일—에 시간과 돈을 더 많이 사용할 수 있으리라고 나는 확신한다.

또한 우리는 이들에게 이미 여기 와 있는 새로운 세상의 가치와 리듬과 축제를 더 온전히 구현할 수 있는 방법을 기획해 보라고 권할 것이다. 이 가치는 개인주의, 사생활, 사회적 지위라는 현대의 가치 대신에 공동체, 상호 돌봄, 공동체적 돌봄, 피조물에 대한 돌봄을 추구할 것이다. 위대한 귀향의 축제를 건물의 내부 설계에, 공동체 사람들의 삶의 리듬에 어떻게 반영할 수 있을지 상상해 보라. 이 공동체의 생활환경, 자연환경과 성스러운 공간을 어떻게 결합할 수 있을지 상상해 보라.

나는 대부분의 독자들이 이런 식의 대안적 주거 공동체를 설계하거나 이런 공동체에 들어가 사는 것을 고려할 것이라고 기대하지는 않는다. 그러나 만약 혁신적이며 용기 있는 사업가들이 나서서 여러 가지 창의적인 방식으로 하나님 나라의 가치를 구현하는 동시에 더 저렴한 주거지를 제공하는 대안적 주거 공동체를 적어도 40개 정도 설계하고 건축한다면, 하나님 나라를 위한 훌륭한 선물이 될 것이다.

**주거 공동체 교회에 대한 새로운 상상**

하루 24시간 주 7일 동안 하나님 나라의 가치를 구현하기 위해 노력하는 주거 공동체로 대안적 교회 모형을 만든다면, 어떤 모습이 될까?

몇 해 전에 캘리포니아 남부에서 노령화되는 메노나이트 교회를 이끌던 젊은 지도자 제프는, 공동주거형 개척 교회라는 참신한 개념을 창안해 냈다. 캘리포니아 남부의 주거비용은 미국에서 가장 높은 수준이다. 제프는 그 지역의 아파트 주거비가 교외 주택의 주거비의 절반 이하라는 사실을 알게 되었다. 마침 교회 건물을 임대해 급성장하고 있던 한 인도네시아계 교회로부터 건물을 매입하고 싶다는 제안을 받았다. 제프는 교회 건물을 매각하면 그 금액으로 14세대를 수용할 수 있는 아파트 건물을 매입하기에 충분하리라고 판단했다.

제프는 아파트 1층의 두 가구를 합칠 생각이었다. 그 공간을 예배, 이웃 아이들을 개인 지도할 공간, 공동체가 모여 식사하며 잔치를 벌이는 공간으로 사용할 생각이었다. 남은 12세대는 이 새로운 개척교회에 출석하는 젊은 사람들에게 지역 주거비의 절반에 해당하는 값으로 매각할 계획이었다. 주택 매매로 얻은 수익은 지역의 가난한 사람들을 섬기는 사역에 사용할 생각이었다. 가족처럼 일주일에 7일간 참여하는 교회, 함께 예배를 드리는 동시에 이웃을 돌보는 교회를 만듦으로써 핵가족을 위한 단독주택과 일주일에 한 번 출석하는 교회라는 옛 패러다임을 대신하고자 했다.

이것은 하나님의 새로운 질서를 반영하는 새로운 형태의 도심, 주택, 공동주거형 개척교회를 만듦으로써 하나님의 새로운 창조를 창의적으로 표현하라는 권유다. 또한 이것은 거리 극장, 예술, 권익옹호 분야에서도 소망이 넘치는 하나님의 미래를 표현하라는 권유이기도 하다.

**소망이 넘쳐 나는 예술에 대한 새로운 상상**

**희년의 어릿광대:** "아무것도 사지 않는 날 파티." 쌀쌀한 11월의 어느 금요일, 심플웨이 수도원 공동체 회원들로 조직된 한 무리의 거리 공연가들이 필라델피아의 갤러리몰에 나타났다. 이들은 지친 쇼핑객들에게 무료로 핫초코와 전단을 나눠 주고 유머와 패러디가 넘쳐나는 공연을 보여 주면서, "지쳐 쓰러질 때까지 쇼핑하라"는 기업들의 메시지에 이의를 제기했다. 이들은 쇼핑객들에게 북미에서 성탄절 다음으로 가장 분주한 쇼핑 날인 추수감사절 다음 토요일에 열리는 '아무것도 사지 않는 날 파티'에 동참할 것을 권했다. 다른 가능성을 엿보게 해주는 색다른 거리공연을 당신도 상상해 보면 어떨까?

**누 제루스로의 귀향.** 전면이 세라믹 타일로 마감된 아파트 건물 벽에 그려진 3층 높이의 거대한 나비가 필라델피아 도심에 새로 단장한 노리스 광장 공원 위로 날아오른다. 다양한 문화와 다양한 신앙 전통에 속한 한 무리의 그리스도인들이 새 건물을 짓고, 마약 재활 센터를 마련하고, 카페를 새로 열고, 노리스 광장 공원을 복구했다. 쿠바 출신의 화가 살바도르 곤잘레스(Salvador Gonzales)는 지역의 아이들과 함께 타일 위에 기독교의 부활을 상징하는 벽화를 그렸다. "암흑가가 노리스 광장 사람들을 위한 푸른 땅이 되었다. 누 제루스(NU JERUZ: 새 예루살렘의 약칭—옮긴이)가 임했다. 모든 것이 천국처럼 보인다."[09]

**소웨토 소망의 산**. 남아프리카공화국 요하네스버그에 있는 '소웨토 소망의 산'(Soweto Mountain of Hope)에 온 것을 환영한다. 면적 약 182,000제곱미터에 달하는 이곳에는 산 하나와 위험한 쓰레기 매립지를 소망의 상징으로 탈바꿈시킨 물탱크가 있다. 만들라 멘투어(Mandla Mentoor)는 "힘을 주시고 이 과정을 이끌어 주시도록 날마다 기도하면서"[10] 젊은이들을 조직해 산을 청소할 뿐 아니라 이 일을 통해 마을 전체를 변화시키기 위해 노력했다. 자원봉사자들은 수십 년 된 쓰레기를 치웠을 뿐 아니라 언덕에 채소와 유실수를 심었다. 주민들은 임시 극장과 주방으로 쓸 오두막, 회의와 공연을 위한 모임을 만들었다. 처음에 만들라는 이 일을 위한 기금을 마련하기 위해 자신의 미술작품을 팔았지만, 최근에는 수많은 환경단체로부터 기금을 받고 있다.

소망의 산은 다른 마을에도 영감을 주었다. 조각 땅이 마을 정원으로 변했다. 어느 마을에서는 두 길 사이에 길게 올리브나무를 심었고, 이 나무들은 마을의 수익원이 되었다. 소망의 산에 가 보면, 이 산이 빵집과 바느질 가게, 영화와 녹음 스튜디오로 둘러싸여 있음을 알게 된다. 이 모든 것이 소웨토의 쓰레기 매립지에 심은 작은 씨앗이 많은 기도와 도움의 손길을 입고 자라난 결과다.[11]

**콜롬비아에서 만드는 소망의 기타**. 지난 40년 동안 콜롬비아는 좌익 게

릴라와 불법적인 우익 군사세력이 맞서 싸우고 정부와 전투를 벌이는 와중에 10만 명 이상이 살해되었다. 물론 마약 밀매와 연관된 폭력도 있다. 콜롬비아에서는 2-3백만 개의 불법 무기가 유통되고 있는 것으로 추정된다. 음악가인 세자르 로페스(Cesar Lopez)는 계속되는 이런 폭력에 맞서 매우 독특한 방식으로 대응했다. 그는 예술가로 이루어진 '기동 대응 대대'를 만들고, 일군의 예술가들을 모아 최근 공격을 받은 보고타의 한 지역에서 폭력 희생자들을 위한 연주회를 열었다. 한번은 공격이 있은 후 세자르가 보고타 시장에게 거리에서 모은 총을 몇 정 달라고 했다. 시장은 압수한 산탄총 5정을 그에게 주었다. 세자르는 8백 달러를 들여 이 산탄총으로 기타를 만들었다. 5주 후에 그는 공연 중에 새로 만든 기타를 머리 위로 치켜들고 이렇게 외쳤다. "이것이 바로 변화입니다…이것이 바로 악을 선으로 바꾸는 변화입니다…이것이 바로 가능성입니다." 그가 이 이상한 새 악기를 치켜든 이후, 에스코페타라(escopeta: 산탄총기타)의 수요가 늘어났다. 라틴아메리카의 다른 음악가들 역시 공연 중에 이 악기를 사용하고 있으며, 뉴욕현대미술관(Museum of Modern Art)은 이 악기를 구매하기 위해 협상을 벌이고 있다. "콘크리트를 뚫고 나온 풀"과 같은 소망이다.[12]

**선교하는 기업에 대한 새로운 상상**

소외된 사람들에게 복된 소식을 전해 줄 엄청난 가능성을 지닌 일이 시작되고 있다. 경영과 IT 분야의 혁신적이고 유능한 지도자들이 우리 사회에 놀라운 영향을 끼칠 준비를 하고 있다. 사회적 기업은 창의적으로 조용한 모략에 참여하는 길이자 개인과 공동체의 삶을 변화시키는 실용적이고 혁신적이고 지속가능한 방법이다.

사회적 기업은 신앙인들이 진지하게 받아들여야 하는 점점 거대해지고 거세지는 흐름이다. 옥스퍼드 대학은 사이드경영대학원(Saïd Business School) 안에 스콜 사회적기업연구소(Skoll Centre for Social Entrepreneurship)를 두고 있다. 또한 이 대학은 매년 사회적 기업에 관한 스콜 세계포럼(Skoll World Forum on Social Entrepreneurship)을 개최한다. 연구소와 연례 포럼의 목표는 변화를 일으킬 새로운 세대를 길러 내는 것이다. 그들은 참가자들에게 새로운 과제를 제시하고 그들에게 이런 도전에 대응할 혁신적인 방안을 마련하도록 권한다. 미국의 공영 텔레비전 방송도 프로젝트 엔터프라이즈(Project Enterprise)라는 연례 대회를 개최해, 시청자들로부터 지역에서 사회적 변화를 위해 노력하고 있는 사회적 기업가들을 추천받는다.

몇몇 기독교 기업 역시 사람들이 새롭고 혁신적인 사업을 실현하도록 돕고 있다. 워싱턴의 서번트 리더십 스쿨(Servant Leadership School)은 지역에서 영향력을 발휘할 새로운 사회적 기업을 만들고 운영할 기회를 제공한다. 미국과 영국에 지부를 둔 그라운드워크(Groundwork)는 가난한 지역에서 지속 가능한 공동체를 만드는 일처럼 새로운 가능성을 만들어 내도록 학생들을 돕고 있다.

겨자씨협회는 새로운 형태의 사회적 기업을 만들고 예술, 디자인, 연극 등을 활용해 하나님의 새로운 질서를 창의적으로 표현할 수 있는 새로운 길을 상상할 기회를 모두에게, 특히 학생들에게 제공하기 원한다. 올해 겨자씨협회는 '그것을 상상하라'(Imagine That)라는 웹사이트를 개설할 예정이다. 이 사이트를 통해 우리는 사람들이 새로운 가능성을 실제로 만들어 가면서 스스로 변화를 이루는 사람이 되는 방법을 발견하도록 돕고자 한다.

또한 우리는 하나님 나라를 위한 도구로 사용될 수 있는 새로운 도전과 잘 사용되지 않지만 유용한 자원을 발견하라고 권한다.

### 창의적인 넝마주이 그리스도인

약 30년 전 나는 「겨자씨 모략」이라는 책에서 예수님을 따르는 사람들이 창의적인 넝마주의 그리스도인이 되어야 한다고 주장했다. 더 적은 것으로 더 많은 일을 하는 법을 배워야 한다는 말이었다. 이 메시지는 오늘날 훨씬 더 중요하다. 많은 교회와 선교단체들이 장차 자원이 줄어드는 상황에 직면할 것으로 보이기 때문이다. 우리는 기업가적 상상력을 동원해 빈 자리, 빈 건물, 버려진 자원을 하나님의 새로운 질서를 위한 새로운 자원으로 변화시켜야 한다.

예를 들어, 신학교는 학생들로 하여금 앞으로 비게 될 교회 건물을 찾아서 그 건물을 지역 주민들이 직면한 새로운 도전과 기회와 관련된 일을 하는 공간으로 활용하도록 가르칠 수 있다. 몇 가지 가능성을 예로 들면, 이런 건물을 새로운 도심 사역이나 수도원 공동체, 개척 교회, 협동조합을 위한 공간으로 개조할 수 있다. 학생과 교수진은 창의적인 프로젝트를 위한 기금 마련을 위해 함께 노력할 수도 있다.

한 흑인 감리교회는 시카고 도심에 잘 사용되지 않는 주차 공간과 뒷마당이 있다는 것을 알게 되었다. 이들은 창의력을 발휘했다. 시카고 교외의 한 백인 감리교회와 협력해 그들에게 유실수 묘목을 재배하게 하고 자란 묘목을 도심에 옮겨 심어 지역의 과일 생산량을 크게 늘릴 수 있었다.

**보스턴에 지은 소망의 집.** 서구 사회에서 가장 잘 사용되지 않는 자원 중 하나는 주택 재고다. 빌드 투게더(Build Together)라는 보스턴의 한 단체는 노인들이 얼마 되지 않는 은퇴연금으로 큰 집을 유지하는 데 어려움을 겪고 있고 이로 인해 집이 현금자동인출기가 될 위험에 처해 있다는 사실을 알게 되었다. 그들은 제대로 사용되지 않는 이 주택 재고를 활용할 탁월한 사업 계획을 세웠다. 이 단체는 노인들이 집을 수리하고 개조해 자신을 위한 사적인 공간뿐 아니라 싱글맘과 경제적 어려움을 겪는 사람들을 위해 저렴한 임대료에 세를 줄 수 있는 공간까지 만들도록 융자를 받게 도와주었다. 이런 창의적인 사업 덕분에 노인들은 집을 개조할 수 있을 뿐 아니라 평균적으로 한 달에 1천 달러의 추가 수입(그중 일부는 집수리 비용을 갚는 데 쓰인다)을 얻을 수 있게 되었으며, 어려움을 겪는 사람들은 저렴한 가격에 주택을 구할 수 있게 되었다.[13]

**사회적 기업정신을 실천하는 시애틀의 커피 회사.** 아르민다는 니카라과에 있는 고향에서 커피를 구매하는 시애틀의 퓨라비다 커피에서 일하는 친구들을 만나기 위해 평생에 가장 긴 여행을 했다. 퓨라비다는 세계 전역에서 공정거래, 유기농, 그늘 재배 커피만을 구매해서, 자신이 구입하는 상품을 통해 세상을 변화시키기 원하는 북미의 소비자들에게 판매한다. 아르민다는 빈민촌에 있을 법한 오래된 창고에 함석판으로 공간을 나누어 놓은 퓨라비다 본사를 둘러보았다. 역설적이게도 퓨라비다 본부는 전 지구적인 대기업 스타벅스 본사 바로 건너편에 자리 잡고 있었다.

아르민다는 머뭇거리며 일어섰다.

남편과 나, 우리의 여섯 자녀는 공정한 가격에 커피를 구매해 준 것에 진심으로 감사를 표하고 싶습니다. 여러분이 우리의 커피 원두를 구매하기 전에는 온 가족이 온종일 원두를 수확해도 겨우 먹고살 정도의 돈밖에 벌지 못했습니다. 이제는 원두를 더 좋은 가격에 팔 수 있게 되었기 때문에 여섯 아이가 학교에 다닐 수 있습니다. 누가 알겠습니까? 언젠가 이 아이들 중 한 명은 대학에 들어갈지도 모르죠. 전에는 감히 꿈도 꾸지 못했던 일입니다.

존 세이지(John Sage)는 매우 흥미로운 두 가지 꿈을 가지고 퓨라비다(www.

puravida.com)를 시작했다. 첫째, 자유로운 기업 활동을 통해 가난한 사람들의 노동에 합당한 보수를 지불함으로써 그들로 하여금 새로운 전 지구적 경제에 참여할 수 있게 하는 것이다. 둘째, 회사가 커피를 구매하는 가난한 지역에 기업의 이윤을 넉넉히 환원함으로써 지역 개발을 돕는 것이다. 존은 이 두 목표를 달성하고 있다. 퓨라비다는 기업 활동으로 얻은 수익으로 커피 생산지의 문맹 퇴치 프로그램뿐 아니라 보건 교육과 컴퓨터 강좌에 이르기까지 다양한 사업을 지원하고 있다.

**아프리카에서 소망을 품고 시작하는 사회적 기업.** 킥스타트(KickStart)는 혁신 기술을 활용하여 아프리카의 가난한 사람들이 스스로 삶을 개선할 수 있도록 돕는 단체다. 예를 들어, 킥스타트는 어린아이도 줄만 잡아끌면 멀리 떨어진 곳까지 물을 나를 수 있는 20갤런들이 물통을 만들었다. 또한 이 단체는 사람의 힘으로 작동하는 양수기를 만들었고, 그 밖에도 여러 기술을 활용해 아프리카 사람들이 가난에서 벗어날 수 있도록 돕는 일을 하고 있다. 현재까지 5만 명의 아프리카인들이 기술 지원을 받아 새로운 사업을 시작했다.

**젊은 기업가들에 대한 새로운 상상**

우리는 놀라운 혁신의 시대를 살아가고 있다. 지금까지 소개한 네 가지 흐름의 가장 두드러진 특징 중 하나는, 고대의 성상 미술에서 가져온 이미지와 대중문화에서 가져온 영화 영상을 예술적으로 혼합하는 예배 경험에서 시작하여 방금 살펴본 '아무것도 사지 않는 날'을 홍보하는 거리 공연에 이르기까지, 탁월한 상상력으로 모든 것을 새롭게 만들어 낸다는 점이다. 그러나 전통 교회에 속한 이들은 아직도 젊은이들의 상상력을 활용할 생각이 없는 듯하다.

우리는 열세 살밖에 안 된 청소년이 창의적인 온라인 사업을 시작했다는 소식을 듣기도 했다. 너무도 많은 청소년 사역, 대학생 사역, 교육 모형들이 '젊은이들을 위한 사역'에 초점을 맞추고 있다. 이 경우에 젊은이들은 언제나 돌봄과 가르침을 수동적으로 받는 대상일 뿐이다. 대학을 졸업하거나 인생 경험을 어느 정도 하기까지는 젊은이들은 쓸 만한 생각을 전혀 하지 못한다고 무의식적으로 가정하는 사람들이 너무도 많은 것 같다. 따라서 젊은이들로 하여금 다른 사람의 삶에 영향을 미칠 새로운 모험을 상상하거나 만들어 보라고 권하는 청소년 사역 단체, 대학생 사역 단체, 기독교 학교와 대학을 찾아보기란 어렵다.

교회 생활에 적극적으로 참여하는 젊은이들의 비율이 높은 교회일수록 십대와 이십 대에게 지도자 역할을 맡기고 그들의 생각과 창의성을 진지하게 수용한다는 사실을 나는 알고 있다. 십대, 이십 대 청년들과 마주 앉아서 어떻게 해야 교회가 젊은 세대에게 더 효과적으로 다가가고 도움이 필요한 지역 주민들을 더 잘 섬길 수 있는지, 마음을 열고 그들의 창의적인 생각을 물어보기를 권한다. 그들의 대답에 당신은 깜짝 놀라고 말 것이다.

교회 중고등부에서 십대들에게 세상을 변화시키는 새로운 방법을 만들어 보라고 도전하고자 한다면, 어떻게 해야 할까? 중고등부에서는 십대 아이들을 모아서 쿨 함을 파는 장사꾼들이 쏟아 내는 거짓 메시지를 해독하도록 도와 주는 비디오 게임을 실제로 만들어 보게 할 수 있다. 혹은 지구 온난화에 대한 인식을 높이는 혁신적인 블로그 디자인을 해 보라고 도전할 수도 있다. 십대들이 얼마나 창의적인지를 보여 주는 한 사례를 소개하고자 한다.

**도시의 젊은이들과 함께하는 사업.** 나는 기독교지역사회개발협회(Christian Community Development Association)에서 십대 및 이십 대들과 함께 창의력 워크숍을 진행한 적이 있다. 나는 젊은이들에게 도심의 흑인교회 중고등부와 교외의 백인교회 중고등부가 하나가 되어 어울릴 수 있는 혁신적인 방법을 고안해 보라고 했다. 그들이 낸 아이디어는, 두 교회의 중고등부 아이들에게 디지털 비디오카메라를 주고 그들의 가정생활과 학교생활과 교회생활을 기록하게 한 후 그들의 삶을 보여 주는 45분짜리 영상으로 편집하게 하자는 것이었다. 그런 다음 두 중고등부가 주말 수련회를 통해 자신들이 만든 영상과 이야기를 서로 나누고 인종적·문화적 차이를 넘어 서로를 이해할 수 있는 기회를 만들자는 것이다.

많은 젊은이들이 이런 종류의 사업가적 잠재력을 가지고 있다. 하나님의 새로운 질서를 위해 세상을 바꿀 수 있는 방법을 생각해 보라고 학생들을 권한다면, 그들이 하나님이 주신 영감으로 어떤 창의력을 발휘할지 상상할 수 있겠는가? 대학 및 대학생 선교단체에서는 학생들이 학교를 다니는 중에도 실제로 사회적 기업가가 될 수 있는 기회를 마련할 수 있다. 다음은 주도적으로 나서서 이를 실천한 한 학생의 이야기다.

**프레즈노에 세운 사회적 기업.** 프레즈노 캘리포니아 주립대학교에서 컴퓨터공학을 공부하고 있는 제러미는 말했다. "저는 주로 앵글로색슨계 백인들이 사는 교외의 부촌에서 자랐기에 가난한 사람들을 만날 기회가 전혀 없었어요." 2학년 때 그는 교내의 기독학생회(InterVarsity Christian Fellowship) 모임에 참여하기 시작했다. 기독학생회는 제러미에게 가난한 히스패닉 아이들을 지도하는 일을 맡겼다. "처음에는 상황 때문에 어쩔 수 없이 맡았는데, 이내 아이들이 정말로 좋았고 그 일에 푹 빠졌어요."

제러미는 개인지도 프로그램에 계속 남았을 뿐 아니라 경영학을 전공하는 친구와 함께 사업계획을 세웠다. 그들은 아직 학생이지만 프레즈노의 히스패닉 아이들과 가족들에게 컴퓨터 교육을 제공하는 비영리 사역을 시작했다. 이 혁신적인 전략에는, 프로그램을 성공적으로 이수한 가정에 가정용 컴퓨터 한 대를 제공하는 것도 포함되어 있다. 대학생들에게 하나님의 새로운 질서를 위해 세상을 바꿀 수 있는 혁신적인 방법을 생각해 보라고 꾸준히 격려한다면, 그들이 하나님이 주신 영감으로 어떤 창의력을 발휘할지 상상할 수 있겠는가?

**아프리카에 세운 사회적 기업.** 내가 아는 가장 인상적인 젊은이들을 위한 창업지원센터인 론치(Launch)는 유스 언리미티드[Youth Unlimited, 토론토십대선교회(Toronto Youth for Christ)] 소속인 칼 내쉬(Carl Nash)가 설립했다. 나는 세계 곳곳에 론치처럼 젊은이들에게 기회를 만들어 주는 청소년 사역 단체와 대학생 사역 단체들이 생겨나기를 진심으로 바란다.

칼과 그의 팀에서는 15세에서 25세 사이의 젊은이들에게 하나님이 그들의 마음속에 주신 새로운 하나님 나라를 위한 사역 계획을 생각해 보라고 권한다. 각 학생에게 멘토를 붙여 주어 그들이 시작한 꿈을 과감한 사업 계획으로 만들 수 있도록 돕고, 새로운 회사를 시작하듯이 사업을 시작할 수 있도록 지원한다.

테드 웹(Ted Webb)은 열아홉 살의 자전거광이다. 그는 2004년 여름에 말라위로 여행을 갔을 때 품게 된 꿈을 가지고 론치를 찾았다. 그곳에서 테드는 다른 교통수단이 없어 교인을 심방하려면 두세 시간을 걸어가야 하는 목회자들을 만났다. 아프리사이클(Africycle)의 시작이었다.

테드는 토론토로 돌아와 캐나다 사람들로부터 180대의 자전거를 기증받았다. 그는 이 자전거를 수리하고 개조해서 말라위의 목회자들에게 보냈다. 그는 최근 수리한 4백 대의 자전거를 가지고 말라위를 다시 찾았다. 자전거를 싣고 온 컨테이너는 작은 자전거 수리점 역할까지 할 수 있도록 설계되었다. 그는 여분의 부품을 가져가 자전거를 유지, 보수하는 방법을 가르쳤다. 이제는 자전거 수리점을 통해 얻은 수익으로 장애 아동과 고아들도 도울 수 있게 되었다. 이 단체의 사명 진술서는 다음과 같다.

아프리사이클은 경제 발전의 촉매제라는 자전거의 잠재력을 활용해 아프리카인들이 자립하고 스스로 삶의 질을 향상시키도록 돕는 일에 캐나다인들을 동참하게 한다.

하나님은 이머징 교회, 선교적 교회, 모자이크 운동, 새로운 수도원 운동에 참여하는 새로운 세대의 상상력과 추진력을 통해 새로운 일을 행하고 계신다. 테드와 제러미의 경우처럼, 우리가 하나님이 십대와 이십대에게 상상력을 통해 일깨워 주신 일을 시작할 수 있도록 돕는다면, 그들의 생각과 혁신을 기꺼이 받아들인다면, 하나님이 더 많은 일을 하실 수 있으리라고 나는 확신한다. 이 창의적인 모략에 동참하고, 이 새로운 창조 활동을 표현할 수 있도록 우리의 상상력을 일깨워 달라고 기도한다면, 그때 하나님이 우리의 겨자씨와 젊은이들의 겨자씨를 가지고 행하실 일을 한번 상상해 보자.

### 함께 생각해 볼 문제

- 하나님의 새로운 창조 활동을 새로운 방식으로 표현하기 위해 우리의 상상력과 젊은이들의 상상력을 일깨워 달라고 하나님께 기도할 때, 어떤 일이 일어날 수 있을까?
- 우리의 삶과 하나님의 세상에서 하나님의 새로운 질서를 표현하는 새로운 방식을 만들기 위한 노력을 뒷받침하는 성경적 근거는 무엇인가?
- 그분의 창조적 모략에 더 적극적으로 동참하기 위해 하나님이 당신의 겨자씨를 사용하실 수 있는 창의적인 방법 한 가지를 생각해 보라. 당신의 생각을 소그룹이나 친한 친구들과 나누고, 그들에게 정기적인 기도와 지원을 통해 이 여정에 동참해 달라고 부탁하라.

### 정말로 작고 작은

21세기의 두 번째 10년을 맞이하는 이 시점에서 우리는 세상과 교회, 특히 가장 가난한 우리의 이웃들이 매우 어려운 도전에 직면하게 될 혼란스러운 미래를 향해 나아가고 있다. 그렇다고 해서 창조주 하나님이 통제력을 잃어버리신 것은 아니다. 우리는 이 이야기의 저자가 마지막 장을 쓰실 것이며, 이 세상의 나라들이 정말로 "우리 주와 그의 그리스도의 나라"가 될 것을 분명히 알고 있다. 내가 이 잔치에 동참하고 싶은 것도 바로 그 때문이다.

그러나 참으로 복된 소식은 우리가 마냥 기다리기만 할 필요가 없다는 것이다. 놀랍게도 하나님은 우리의 깨어짐과 실패에도 불구하고 다른 사람들과 함께 세상을 변화시키는 이 조용한 모략에 더 적극적으로 동참하라고 우리를 부르신다.

뉴저지 주 캠든에 있는 캠든 주택공동체의 일원인 안드레아는 이 조용한 모략에 동참하고 있다. 북미에서 일어나고 있는 수도원 운동에 참여하고 있는 캠든 공동체가 자리 잡은 지역은 미국에서 가장 오염이 심한 곳 중 하나로 꼽힌다.[01] 뉴저지 주에는 수퍼펀드(Superfund: 정식 명칭은 미국 포괄적 환경대응 책임 보상법으로서 유해 물질로 오염된 지역을 정부의 특별기금을 사용해 신속히 정화한 후 원인제공자에게 벌금이나 기타 민형사적 처벌을 받도록 규정한 법—옮긴이)의 적용을 받는 유독성 폐기물 매립지가 미국의 다른 어느 주보다 많다. 안드레아는 자신이 살고 있는 동네에는 뉴저지 주의 그 어느 지역보다 유독성 폐기물 매립지가 많다고 말한다.

우리 지역에는 수퍼펀드 법의 적용을 받는 매립지가 세 곳, 버려진 공장 부지가 열다섯 곳, 대규모 소각장이 한 곳이 있으며, 우리가 사는 곳에서 두 블록 떨어진 곳에는 매일 2천만 갤런의 하수를 처리하는 하수처리장이 있습니다. 그뿐 아니라 1년에 트럭 25만 대가 디젤 매연을 내뿜으면서 우리 동네를 통과합니다. 유해 물질로 오염된 이 지역에 25만 명 이상이 살고 있습니다. 아이들 중 61퍼센트 이상이 다섯 살 생일을 맞기도 전에 심각한 호흡기 질환에 걸립니다.

안드레아는 자신이 예배를 드리는 거룩한마음교회(Sacred Heart Church)에서 운영하는 초등학교에서 학생들에게 도심지 농업을 가르친다. 최근 이 학교는 가로 55피트, 세로 22피트 규모의 온실 두 채를 지었는데, 여기서 5학년 학생 45명이 야채 묘목을 키우고 있다. 잘 자란 묘목은 각 가정과 지역민들을 위해 넓은 도심의 정원으로 보내진다.

하루는 안드레아와 아이들이 학교 근처의 버려진 부지를 지나가다가 창의적인 생각이 떠올랐다. 그들은 클로버 씨앗을 가득 넣은 퇴비를 공 모양으로 만들어 오래된 냉장고 안에 넣었다. 그런 다음 어느 날 저녁 해질 무렵에 그 공터에 퇴비로 만든 공 수백 개를 뿌렸다. 클로버 씨앗이 흙에서 독소를 빨아들였고, 봄비가 몇 차례 흠뻑 내린 뒤에 아이들은 유독물질로 오염된 갈색 땅이 하얀색 클로버 꽃으로 뒤덮인 것을 보면서 기뻐했다.

## 겨자씨 하나로 미래를 만들어 가는 삶

우리 모두가 안드레아와 그의 학생들처럼, 또한 세계 곳곳에 있는 예수님을 따르는 사람들처럼, 잔치를 벌이듯 이미 여기 와 있는 그 세상을 표현하기 위해 하나님이 우리의 삶과 공동체를 작지만 놀라운 방식으로 사용하실 수 있다는 사실을 발견하도록 부름받았다. 하나님은 정말로 정말로 작은 일을 행하고 계시며, 기쁜 소식은 우리 모두가 이 일에 훨씬 더 적극적으로 동참할 수 있다는 사실이다. 이 모든 일이 한 줌의 씨앗에서부터 시작된다.

당신이 대학 교정이나 교회나 가정 모임에서 겨자씨 모임을 시작한다면, 우리는 이 창의적인 모략에 동참하라고 당신을 초대하고 싶다. 겨자씨협회에 편지를 써서 당신이 어떤 일을 하고 있는지 우리에게 알려 주기 바란다. 겨자씨협회는 변화를 만들어 내기 위해 애쓰는 사람들, 한 번에 하나의 겨자씨를 가지고 미래를 만들어 가려는 예수님의 제자들을 돕고자 하는 세계 곳곳의 그리스도인들로 이루어진 공동체다. 우리는 당신의 겨자씨가 어떻게 자라는지 듣고 싶다. 또한 지역사회와 세상을 변화시키기 위해 새로운 방법을 실험하고 있는 교회들로부터 소식을 듣고 싶다.

우리의 웹사이트(msainfo.us)를 방문해 자료를 살펴보기 바란다. 당신의 여정에 도움이 될 것이다. 또한 무료 웹진인 "시드 샘플러"(The Seed Sampler)를 구독하기 바란다. 우리는 세계 곳곳으로부터 변화를 만들어 내기 위해 애쓰는 사람들의 이야기를 나눌 것이다. 당신이 전통적인 교회에 속해 있든 실험적인 교회에 속해 있든(혹은 아무 교회에도 속해 있지 않더라도), 우리는 당신의 소식을 듣고 모략에 가담한 다른 사람들과 함께 당신의 이야기를 나눌 수 있기를 바란다.

우리는 모든 세대와 함께 일하지만, 특히 젊은 세대가 하나님이 그들의 겨자씨를 사용하셔서 행하실 창의적인 일들을 발견하도록 돕는 데 관심을 기울이고 있다. 우리는 개인과 신앙 공동체가 잔치를 벌이듯 더 풍성한 삶을 살고 이미 여기 와 있는 새로운 그 세상을 구현하는 사명을 실천하는 법을 발견하도록 돕기를 원한다.

당신으로부터 소식을 기다리며
탐 사인

## 혼란스러운 시대를 여행하는 법

1) "Bono's Prayer Breakfast Speech," Extracts: 54th Annual National Prayer Breakfast, Washington D.C., February 2006, 〈www.micahchallenge.org.uk/uk/pages/content.asp?plid=122〉, 2007년 1월 27일 접속.
2) 기독교 세계 이후에 관한 논의에는, 콘스탄티누스주의 이전의 교회와 관계를 맺는 데 관심 있는 이들, 스스로를 지배 문화로부터 탈주하는 운동으로 바라보는 이들이 참여하고 있다.
3) Alan J. Roxburgh, *The Sky Is Falling*(Eagle, Idaho: ACI Publishing, 2005), 67. 「길을 잃은 리더들」(국제제자훈련원).
4) Alan Hirsch, *The Forgotten Ways*(Grand Rapids: Brazos Press, 2006), p. 16.
5) Brian McLaren, Andy Crouch, "The Emergent Mystique," *Christianity Today*, November 2004, p. 39에서 재인용.
6) Dave Ward, "Malt Cross Vision," *Stories*, October 2006, 〈http://emergingchurch.info/stories/maltcross/index.htm〉, 2007년 1월 27일에 접속.
7) Eugene H. Peterson, *The Contemplative Pastor*(Grand Rapids: Eerdmans, 1989), p. 25. 「목회자의 영성」(포이에마).
8) Tom Sine, *The Mustard Seed Conspiracy*(Waco, Tex.: Word, 1981), pp. 11-12.
9) Shane Claiborne, "The Marketable Revolution," The Simple Way Online Newsletter, 〈www.thesimpleway.org/mailings/marchnewsletter.pdf〉, 2006년

3월에 접속.

10) Shane Claiborne, *The Irresistible Revolution*(Grand Rapids: Zondervan, 2006), p. 188, 강조 추가. 현재 심플웨이는 심플웨이 공동체의 후신인 Potter Street Community와 제휴 관계인 비영리 기구의 이름이다. 「믿음은 행동이 증명한다」(아바서원).

11) Eddie Gibbs and Ryan K. Bolger, *Emerging Churches*(Grand Rapids: Baker Academic, 2005), p. 54. 「이머징 교회」(쿰란출판사).

1. 이머징 교회, 선교적 교회, 모자이크 운동, 수도원 운동

1) Scot McKnight, "Five Streams of the Emerging Church," *Christianity Today*, January 19, 2007, 〈www.christianitytoday.com/ct/2007/february/ 11.35.html〉, 2007년 2월 1일에 접속.

2) Jonny Baker, 포스트모더니티에 관한 이메일, 1999년 11월 18일.

3) Ian J. Mobsby, *Emerging and Fresh Expressions of Church*(London: Moot Community, 2007).

4) Tom Sine, "Brave New Worldview," *Leadership Journal*, Fall 2000, p. 53.

5) 멜버른의 The Forge는 선교적 교회 운동의 대표적인 사례로 더 유명하다. 앞으로 살펴보겠지만, 선교적 교회의 흐름과 이머징 교회의 흐름은 합류하는 경우가 많다.

6) Eddie Gibbs and Ryan K. Bolger, *Emerging Churches*(Grand Rapids: Baker Academic, 2005), p. 44.

7) Scott Bader-Saye, "Improvising Church: An Introduction to the Emerging Church Conversation," *International Journal for the Study of the Christian Church* 6, no. 1 (2006): 12.

8) "God sent a person not a proposition…" Tamara Cissna가 인터뷰한 레너드 스윗과의 대화, *The George Fox University Online Journal*, 〈www.georgefox. edu/journalonline/fall05/emerging.html〉.

9) Tim Bednar, "We Know More Than Our Pastors: Why Bloggers Are the Vanguard of the Participatory Church," 〈http://creativecommons.org/

licenses/by-nd-nc/1.0〉.
10) Gibbs and Bolger, *Emerging Churches*, p. 53.
11) 나는 앨런 허쉬의 최근작 *The Forgotten Ways*과 마이클 프로스트의 *The Exiles*가 변화하는 세계 속에서 새로운 진로를 모색하고 있는 전통적인 교회에 속한 이들과 이머징 교회에 속한 이들 모두의 허기를 계속해서 채워 줄 것이라고 확신한다.
12) The Forge는 학생들로 하여금 실제로 새로운 선교적 교회를 개척하고 선교적 모험을 감행하도록 해주는 독특한 선교적 교회 훈련 센터이다. 이곳의 훈련 프로그램은 묵상과 행동, 두 가지 모두 필요함을 강조한다. 이 단체는 호주 전역의 혁신적인 활동가들을 위한 네트워크 〈www.forge.org.au〉를 운영하고 있다.
13) Tim Conder, "Missional Buzz: Will the Real Missional Church Please Stand Up?" *Out of Ur*, January 12, 2007, 〈http://blog.christianitytoday.com/outofur/archives/2007/01/missional_buzz.html〉, 2007년 1월 28일에 접속.
14) Tommy Kyllonen, *Un.orthodox*(Grand Rapids: Zondervan, 2007), p. 180.
15) 같은 책, pp. 126-27.
16) "Council for World Mission: Welcoming Strangers," 〈www.cwmission.org.uk/features/default.cfm?FeatureID=1607〉.
17) G. Jeffrey MacDonald, "From US Churches That Are Growing, a Sound of Drums," *The Christian Science Monitor*, January 3, 2007, pp. 1, 10.
18) Eric Dyson, *Debating Race with Eric Dyson*(New York: Basic Books, 2007), p. 117.
19) 모자이크의 웹사이트에서 인용: 〈www.mosaic.org〉.
20) John B. Hayes, *Sub-merge*(Ventura, Calif.: Regal, 2006), p. 113.
21) 같은 책, p. 140.
22) "UNOH Constitution 2004" 〈www.unoh.org〉.
23) Christopher L. Heuertz, "A Community of the Broken: A Young Organization Mod-els What It Might Mean to Be the Church in a Suffering World," *Christianity Today*, February 9, 2007, 〈www.christianitytoday.com/ct/2007/february/36.90.html〉.

24) Scott Bessenecker, *The New Friars*(Downers Grove, Ill.: IVP Books, 2006), pp. 24-26.
25) Shane Claiborne, *The Irresistible Revolution*(Grand Rapids: Zondervan, 2006), p. 166. 「믿음은 행동이 증명한다」(규장).
26) Jason Byassee, "The New Monastics," *The Christian Century*, October 18, 2005, 〈www.christiancentury.org〉.
27) Alasdair MacIntyre, *After Virtue*, 3rd ed. (Notre Dame, Ind.: University of Notre Dame Press, 2007). 「덕의 상실」(문예출판사).
28) Jonathan R. Wilson, *Living Faithfully in a Fragmented World*(Harrisburg, Penn.: Trinity Press, 1997), pp. 1-19.
29) 같은 책, pp. 68-78.

## 2. 9/11 이후 지구촌 이웃에게로의 귀향

1) 영국인들은 북아일랜드 문제 때문에 수십 년 동안 이런 공격을 많이 경험해 왔다.
2) Zalmay Khalilzad, "Why the United Nations Belongs in Iraq," *The New York Times*, July 20, 2007, p. a23.
3) Tom Sine, "Divided by a Common Faith," *Sojourners*, October 2004. 이 글에서는 이라크 전쟁에 대한 미국 복음주의자들과 영국, 호주, 뉴질랜드 복음주의자들의 차이점을 살펴보았다.
4) Laurie Goodstein, "Coalition of Evangelicals Voices Support for Palestinian State," *The New York Times*, July 29, 2007, p. 15. 미국의 몇몇 대학에서 이 문제를 다루고 있다. 이스턴 메노나이트 대학교와 조지 폭스 대학교에는 평화학 프로그램이 있으며, 듀크 대학교에는 화해 연구소가 있다. 중동을이해하기위한복음주의자들(Evangelicals for Middle East Understanding)과 중동평화를지향하는교회들(Churches for Middle East Peace) 같은 단체도 있고, 중동을 이해하려고 노력하는 이들에게 매우 중요한 통찰을 제공하는 중동의창(Middle East Window, http://mid-dleeastwindow.com)이라는 블로그도 있다. 〈www.elca.org/middleeast/bibliography.html〉에는 이 문제에 관한 훌륭한 참고문헌이 실려 있다.

5) James R. Krabill, David W. Shenk, Linford Stutzman, eds., *Anabaptists Meeting Muslims*(Scottdale, Penn.: Herald Press, 2005).
6) 이에 관한 심층적인 논의는 나의 책 *Mustard Seed Versus McWorld*(Grand Rapids: Baker Books, 1999)을 보라.
7) "A Topsy-Turvy World," *Economist*, September 16, 2006, p. 25.
8) Joseph E. Stiglitz, *Making Globalization Work*(New York: W. W. Norton, 2006). 「인간의 얼굴을 한 세계화」(21세기북스).
9) David Rohde, "A Lot of Cash in a Very Poor Nation: Welcome to the Mall," *The New York Times*, July 19, 2005, p. 4.
10) Somini Sengupta, "India Prosperity Creates Paradox; Many Children Are Fat, Even More Are Famished," *The New York Times*, December 31, 2006, p. 8.
11) Benjamin R. Barber, *Consumed*(New York: W. W. Norton, 2007), p. 180.
12) Robert H. Nelson, *Economics as Religion*(University Park: Pennsylvania State University Press, 2001), p. xv.

## 3. 전 세계적 쇼핑몰이 선전하는 좋은 삶으로의 귀향

1) Yolanda, "Your Stories," *KCTS Homecoming Project*, February 21, 2000, 〈www.pbs.org/itvs/homecoming/yourstories.html〉, 2007년 1월 26일에 접속.
2) John G. Stackhouse Jr., "In the World, but…" *Christianity Today*, April 22, 2002.
3) Lauren Winner, *Girl Meets God*, "The Emergent Matrix: A New Kind of Church?" The Christian Century, November 30, 2004, p. 25에서 재인용.
4) 사실 이머징 운동을 하는 나의 친구들 중에는 지배 문화의 해체를 위해 노력하는 마크 스캔드렛 같은 이들도 있다.
5) Bader-Saye, "Emergent Matrix," p. 25.
6) Manuel Ortiz, *The Hispanic Challenge*(Downers Grove, Ill.: InterVarsity Press, 1993), p. 107.
7) Shane Claiborne, *The Irresistible Revolution*(Grand Rapids: Zondervan, 2006), 174.

8) Lesslie Newbigin, "Cross-currents in Ecumenical and Evangelical Understandings of Mission," *International Bulletin of Missionary Research* 6, no. 4 (1982): p. 149.

9) Glen H. Stassen, David P. Gushee, *Kingdom Ethics*(Downers Grove, Ill.: InterVarsity Press, 2003), p. 11. 「하나님의 통치와 예수 따름의 윤리」(대장간).

10) Rodney Clapp, *A Peculiar People*(Downers Grove, Ill.: InterVarsity Press, 1999), p. 26.

11) 같은 책, pp. 28-29.

12) Robert H. Nelson, *Economics as Religion*(University Park: Pennsylvania State University Press, 2001), p. 9.

13) Brian J. Walsh, Sylvia C. Keesmaat, *Colossians Remixed*(Downers Grove, Ill.: InterVarsity Press, 2004), p. 85. 「제국과 천국」(IVP).

14) Michael L. Budde, Robert W. Brimlow, *Christianity Incorporated*(Grand Rapids: Brazos Press, 2002), pp. 1-24.

15) Steve Taylor, *The Out of Bounds Church?*(Grand Rapids: Zondervan, 2005), p. 25. 「교회의 경계를 넘어 다시 교회로!: 포스트모던 문화와 이머징 교회」(예영커뮤니케이션).

16) Ann Oldenburg, "TV Brings High Fashion Down to the Everyday," *USA Today*, July 12, 2006, p. 1.

17) Daphne Merkin, "Baby Got Back Hair," *The New York Times Style Magazine*, August 27, 2006, p. 186.

18) Lorraine Ali, "'Idol' Airs in Every Continent But Antarctica," *Newsweek*, July 2-9, 2007, 67.

19) Thomas de Zengotita, "Why We Worship 'American Idol,'" *Christian Science Monitor*, February 17, 2006, p. 9.

20) Juliet B. Schor, *Born to Buy*(New York: Scribner, 2005), p. 47. 「쇼핑하기 위해 태어났다」(해냄).

21) Kalle Lasn, *Culture Jam*(New York: Quill, 2000), p. 113.

22) Schor, *Born to Buy*, p. 48.

23) David G. Myers, "The Disconnect Between Wealth and Well-Being: It's Not the Economy Stupid," *Edge: The Third Culture*, ⟨www.edge.org/3rd_culture/story/54.html⟩, 2007년 1월 26일에 접속.
24) Kate Betts, "Luxury Fever," *Time Magazine Online*, September 14, 2004에서 재인용, ⟨www.time.com/time/magazine/article/0,9171,995123,00.html⟩, 2007년 1월 26일에 접속.
25) Clive Hamilton, Richard Denniss, *Affluenza*(Crowns Nest, Australia: Allen and Unwin, 2005), pp. 13-15.
26) Juliet B. Schor, *The Overspent American*(New York: Harper Perennial, 1998), p. 98.
27) Hamilton and Denniss, *Affluenza*, p. 15.
28) Colin Campbell, *The Romantic Ethic and the Spirit of Modern Consumerism* (London: Blackwell, 1987). 「낭만주의 윤리와 근대 소비주의 정신」(나남).
29) 같은 책, p. 13.
30) "The Lighter Side of Less," *Geez: Holy Mischief in an Age of Fast Faith* 2 (Spring 2006).
31) Naomi Klein, *No Logo*(New York: Picador, 2000), pp. 21-23. 「슈퍼 브랜드의 불편한 진실」(살림Biz).
32) Vincent J. Miller, *Consuming Religion*(New York: Continuum, 2004), p. 88.
33) Walter Brueggemann, *Hopeful Imagination*(Philadelphia: Fortress Press, 1986), pp. 196-97.
34) Alan J. Roxburgh, *The Sky Is Falling*(Eagle, Id.: ACI Publishing, 2005), p. 74. 「길을 잃은 리더들」(국제제자훈련원).
35) Brian J. Walsh, Sylvia C. Keesmaat, *Colossians Remixed*(Downers Grove, Ill.: InterVarsity Press, 2004), p. 82.

## 4. 하나님이 베푸신 좋은 삶으로의 귀향
1) Ellen Berry, "Irish Are Returning Home," *Gulf News*, March 9, 2006, ⟨http://archive.gulfnews.com/articles/06/ 03/09/10024085.html⟩, 2007년 2월 26일에 접속.

2) "Homecomers: Colin Hundermark," Homecoming Revolution, 〈http://www.homecomingrevolution.co.za/index.php?page= 2&category_id=35&related_id=138〉, 2007년 1월 26일에 접속.

3) Eddie Gibbs, Ryan K. Bolger, *Emerging Churches*(Grand Rapids: Baker Academic, 2005), pp. 62-63.

4) Frederick Buechner, *The Longing for Home*(San Francisco: HarperSanFrancisco, 1996), p. 3.

5) N. T. Wright, *The Resurrection of the Son of God*(Minneapolis: Fortress Press, 2003), p. 3.「하나님의 아들의 부활」(크리스챤다이제스트).

6) Brian McLaren, "An open letter to Worship Songwriters," 〈www.clba.org/resources/pdfs/Open_Letter_McLaren.pdf〉.

7) Brian McLaren, "Found in Translation," *Sojourners*(March 2006), pp. 14-19.

8) Bob Ekblad, *Reading the Bible with the Damned*(Louisville: Westminster John Knox, 2005).「소외된 자들과 함께 성경 읽기」(성서유니온선교회).

9) "Mason Temple Church of God in Christ," 〈www.cr.nps.gov/nr/travel/civilrights/tn1.htm〉, 2007년 1월 26일에 접속.

10) Jonathan Kozol, *Amazing Grace*(New York: Harper Perennial, 1996), pp. 3-6.

11) 같은 책, pp. 237-38.

12) J. Richard Middleton, Brian J. Walsh, "Theology at the Rim of a Broken Wheel: Bruce Cockburn and Christian Faith in a Postmodern World," *Grail* 9, no. 2 (1993): pp. 15-39.

13) Bruce Cockburn, "Broken Wheel," "Santiago Dawn," J. Richard Middleton, Brian J. Walsh, "Theology at the Rim of a Broken Wheel: Bruce Cockburn and Christian Faith in a Postmodern World," 〈www.things.org/music/bruce_cockburn/articles/grail.html〉, 2007년 1월 26일에 접속.

14) Middleton, Walsh, "Theology at the Rim of a Broken Wheel."

15) 예수님은 다른 어떤 자료보다 이사야서를 많이 인용하신 듯하다. 물론 이사야서도 세 부분으로 나뉘지만, 이사야서 전체의 메시지가 통일성을 지닌다는 전제

아래 이 이미지들을 활용하고 있다. 나는 이 이미지들을 자신의 삶과 먼저 하나님의 나라를 구하라는 자신의 요청과 직접 연결시키신 예수 그리스도의 삶과 죽음, 부활이라는 관점에서 이 구절을 이해한다.
16) C. S. Lewis, *The Last Battle*(New York: Collier Books, 1956), p. 184. 「마지막 전투」(시공주니어).

## 5. 이미 여기 와 있는 또 다른 세상

1) Eugene H. Peterson, *Living the Resurrection*(Colorado Springs: NavPress, 2006), p. 14. 「부활」(청림출판).
2) N. T. Wright, *The Resurrection of the Son of God*, (Minneapolis: Fortress Press, 2003), pp. 314-16.
3) N. T. Wright, *The Challenge of Jesus*(Downers Grove, Ill.: InterVarsity Press, 1999), pp. 143-44. 「Jesus 코드」(성서유니온선교회).
4) Wright, *Resurrection*, pp. 368-69.
5) Jürgen Moltmann, "Progress and Abyss: Remembering the Future of the Modern World," *The Future of Hope*, ed. Miroslav Volf, William Katerberg (Grand Rapids: Eerdmans, 2004), p. 19.
6) Walter Brueggemann, *Isaiah 1-39, Westminster Bible Commentary* (Louisville: John Knox Press, 1998), p. 24.
7) Richard J. Mouw, *When the Kings Come Marching In*(Grand Rapids: Eerdmans. 1983), p. 48.
8) Ched Myers, "God Speed the Year of Jubilee!" *Sojourners*, May 1, 1998.

## 6. 변화된 인류의 미래로의 귀향

1) Brian D. McLaren, *The Secret Message of Jesus*(Nashville: W, 2006), p. 17. 「예수님의 숨겨진 메시지」(생명의말씀사).
2) N. T. Wright, *The Challenge of Jesus*(Downers Grove, Ill.: InterVarsity Press, 1999), p. 35.
3) Craig L. Blomberg, *Preaching the Parables*(Grand Rapids: Baker Academic,

2004), p. 123. 「비유 설교」(크리스챤출판사).
4) John Howard Yoder, *The Politics of Jesus*(Grand Rapids: Eerdmans, 1972). 「예수의 정치학」(IVP).
5) Tom Sine, *The Mustard Seed Conspiracy*(Waco, Tex.: Word, 1981), p. 101.
6) Walter Wink, *Naming the Powers*(Philadelphia: Fortress, 1984), p. 135.
7) Richard B. Hays, *The Moral Vision of the New Testament*(San Francisco: HarperSanFrancisco, 1996), p. 89. 「신약의 윤리적 비전」(IVP).
8) Miroslav Volf, *Exclusion and Embrace*(Nashville: Abingdon Press, 1996), pp. 294-99. 「배제와 포용」(IVP).
9) Orlando E. Costas, *The Church and Its Mission*(Wheaton, Ill.: Tyndale House, 1974), p. 66.
10) C. René Padilla, *Mission Between the Times*(Grand Rapids: Eerdmans, 1985), p. 24. 「복음에 대한 새로운 이해」(대장간).
11) Tom Sine, *Wild Hope*(Waco, Tex.: Word, 1991), p. 1.
12) Jane Lampman, "Science Finds Giving Leads to a Healthier, Happier Life," *Christian Science Monitor*, July 25, 2007, p. 13.

## 7. 미래에 대한 성찰

1) Tom Sine, *The Mustard Seed Conspiracy*(Waco, Tex.: Word, 1981).

## 8. 바보들의 배를 타고 함께 여행하기

1) Marie Rose Napierkowski, ed., "Ship of Fools: Introduction," Novels for Students, vol. 14 (Detroit: Gale, 1998), ⟨www.enotes.com/ship-fools/20442⟩, 2007년 1월 18일에 접속.
2) Tom Sine, *The Mustard Seed Conspiracy*(Waco, Tex.: Word, 1981), pp. 23-24.
3) Bill McKibben, *Deep Economy*(New York: Times Books, 2007), p. 189.
4) Tom Sine, *Wild Hope*(Dallas: Word, 1991), p. 23.
5) Heather Timmons, "Britain Warns of High Costs of Global Warming," *The New York Times*, October 31, 2006, p. A8.

6) John Young, "Blackwater Rising: The Growing Global Threat of Rising Seas and Big-ger Hurricanes," *World Watch Magazine* 19, no. 5 (2006): 30.
7) "North America's Ecological Footprint: Summary," ⟨www.oneplanetliving.org/northamerica/ecofootprint.html⟩, 2007년 1월 16일에 접속.
8) Ian Sample, "World Moves into Ecological Overdraft Today, Says Study," *The Guardian*, October 9, 2006, ⟨www.guardian.co.uk/uk_news/story/0,,1890834,00.html⟩, 2007년 1월 16일에 접속.
9) Andrew C. Revkin, "Poorest Nations Will Bear the Brunt as World Warms," *The New York Times*, April 1, 2007, pp. 1, 6.
10) Mark Trumbull, "Rising Food Prices Curb Aid to Global Poor," *Christian Science Monitor*, July 24, 2007, pp. 1-2.
11) McKibben, *Deep Economy*, 18.
12) 환경 보호를 위한 노력에 훨씬 더 적극적으로 참여하기를 원하는 이들에게 가장 좋은 자료 중 하나는 그리스토(Grist)의 웹사이트 ⟨www.grist.org⟩이다. 친환경 건축이나 리모델링에 관한 정보에 관해서는 빌트 그린(Built Green)의 웹사이트 ⟨www.builtgreen.net⟩을 참고하라.
13) Kendra Norton, "In Britain, Wind Turbines Offer Homespun Electricity," *Christian Science Monitor*, November 30, 2006, pp. 13-15.
14) Mark Rice-Oxley, "Never Mind Aaltruism: 'Saving the Earth' Can Mean Bucks," *Christian Science Monitor*, October 25, 2006, p. 4.
15) McKibben, *Deep Economy*, p. 122.
16) 같은 책, 81.
17) Stephanie Strom, "Make Money, Save the World: Businesses and Nonprofits Are Spawning Corporate Hybrids," *The New York Times*, May 6, 2007, pp. 1, 8.
18) Neela Banerjee, "Citing Heavenly Injunctions to Fight Earthly Warming," *The New York Times*, October 15, 2006, p. 19.

## 9. 전 세계 부자들이 직면한 도전

1) Luisa Kroll and Allison Fass, eds., "The World's Billionaires," *Forbes*.

com, March 8, 2007, ⟨www.forbes.com/2007/03/07/billionaires-worlds-richest_07billionaires_cz_lk_af_0308billie_land.html⟩, 2007년 10월 11일에 접속.
2) Philip Beresford, "Wealth Goes Supernova," *Times Online*, April 29, 2007, ⟨http://business.timesonline.co.uk/tol/business/specials/rich_list/article1708616.ece⟩, 2007년 5월 13일에 접속.
3) "Merrill Lynch and Capgemini Unveil 10th Anniversary Edition of World Wealth Report," ⟨www.ml.com/?id=7695_7696_8149_63464_67074_67212⟩, 2007년 5월 13일에 접속.
4) James Petras, "Is There a Global Ruling Class?" *The Progress Report*, ⟨www.progress.org/2007/wealth02.htm⟩, 2007년 5월 13일에 접속.
5) Teresa Tritch, "The Rise of the Super-Rich," *The New York Times*, ⟨http://select.nytimes.com/2006/07/19/opinion/19talkingpoints.html?_r=1&oref=slogin⟩, 2007년 10월 11일에 접속.
6) Sarah Vine, "The Haves and Have Yachts," *Times Online*, December 4, 2006, ⟨http://women.timesonline.co.uk/article/0,,17909-2482054 .html⟩, 2007년 1월 21일에 접속.
7) 같은 곳.
8) Alex Kuczynski, "Lifestyles of the Rich and Red-Faced," *The New York Times*, September 22, 2002, 9:1.
9) 같은 곳, pp. 9:1-2.
10) Rachel Oldroyd, "7.2 Billion," *The Mail on Sunday*, March 7, 2004, p. 3.
11) Johnnie L. Roberts, "The Rap of Luxury," *Newsweek*, September 2, 2002, pp. 42-44.
12) Joseph Kahn, "China's Elite Learn to Flaunt It While the New Landless Weep," *The New York Times*, December 24, 2004, p. 1.
13) Kroll, Fass, "World's Billionaires."
14) Leigh Gallagher, "Having It All—but Needing a Grip," *Forbes*, October 8, 2001, p. 112.

15) Lynn Hirschberg, "Luxury in Hard Times," *The New York Times Magazine*, December 2, 2001, p. 124.
16) James B. Twitchell, *Living It Up*(New York: Columbia University Press, 2002)에 대한 서평 Kathleen Madigan, "Gucci Is Good," *Business Week*, July 8, 2002, p. 15.
17) "Conspicuous non-consumption," *The Economist*, January 8, 2005, p. 57.
18) Claude Rosenberg and Tim Stone, "A New Take on Tithing," *Stanford Social Innovation Review*, Fall 2006, 〈www.ssireview.org/articles/entry/a_new_take_on_tithing/〉, 2007년 5월 13일에 접속.
19) David Cay Johnston, "The Very Rich, It Now Appears, Give Their Share and Even More," *The New York Times*, January 1, 2004, pp. C1, C3.
20) 청지기로 당신의 자원을 더 신실하게 돌볼 수 있는 아이디어에 관해서는 하비스트 타임〈www.harvesttime.cc〉의 로즈 피드릭에게 연락해 보라.
21) Mark Greene, "Rich Christian in a World of Need," *Christianity and Renewal*, August 2004, pp. 46-48.

## 10. 취약한 중산층이 직면한 도전

1) Audrey Barrick, "Survey: Christians Too Busy for God," Christian Today, 〈www.christiantoday.com/articledir/print.htm?id=11977〉, 2007년 7월 31일에 접속.
2) Chris Hedges, "Seeking the Path to Riches: It's Not About Coveting, It's Unlocking the Inner Tycoon," *The New York Times*, December 24, 2002, p. A22.
3) Robert Frank, *Luxury Fever*(Princeton, N.J.: Princeton University Press, 1999), p. 18. 「사치 열병: 과잉 시대의 돈과 행복」(미지북스).
4) Geoff Tibballs, *The Mammoth Book of Zingers, Quips and One-Liners* (New York: Carroll & Graf, 2004), p. 352.
5) Joan Lowy, "Communities Rising Up Against McMansions," HGTV, 〈www.hgtv.com/hgtv/rm_home_building_other/article/0,,HGTV_3 727_3529761,00.

html〉, 2007년 1월 22일에 접속.
6) John Leland, "When Even Health Insurance Is No Safeguard," *The New York Times*, October 23, 2005, pp. 1, 20.
7) 더 철저한 분석에 관해서는 제이콥 해커(Jacob Hacker)의 중요한 책 *The Great Risk Shift*(New York: Oxford University Press, 2006)를 보라.
8) "Ever Higher Society, Ever Harder to Ascend," *The Economist*, January 1, 2005, p. 22.
9) Robert J. Shiller, "American Casino: The Promise and Peril of Bush's 'Ownership Society,'" *The Atlantic Monthly* 295, no. 2 (2005): 34.
10) Hacker, *Great Risk Shift*, p. 24.
11) 같은 책, pp. 12-18, 27.
12) Shiller, "American Casino," p. 33.
13) Elizabeth Warren, Amelia Warren Tyagi, *The Two-Income Trap*(New York: Basic Books, 2003), p. 8. 「맞벌이의 함정」(필맥).
14) "The Shift Away from Thrift," *The Economist*, April 9, 2005, p. 58.
15) Jennifer Bayot, "Economy Was Showing Strain Before Storm," *The New York Times*, September 2, 2005, p. C5.
16) Jennifer Steinhauer, "When the Joneses Wear Jeans: Signs of Status Are Harder to Spot, but Look Again," *The New York Times*, May 29, 2005, p. 13.
17) "The New Loan Sharks," *The Atlantic Monthly* 293, no. 1 (2004): 48.
18) Stephen Roach, "Paging Dr. Doom," Money, October 1, 2004, p. 72B.
19) "Debt Statistics," 〈www.creditaction.org.uk/debt-statistics.html〉.
20) Bayot, "Economy Was Showing Strain Before Storm," p. C5.
21) Elizabeth Warren, "The Growing Threat to Middle Class Families," *Brooklyn Law Review* 401 (April 2003): 3.
22) Hacker, *Great Risk Shift*, p. 13.
23) Tibballs, *Mammoth Book of Zingers*, p. 154.
24) Gail Russell Chaddock, Ron Scherer, "Bankruptcy Terms Toughen," *Christian Science Monitor*, March 10, 2005, p. 10.

25) Warren, "Growing Threat," p. 13.
26) Hacker, *Great Risk Shift*, pp. 13-14.
27) David R. Francis, "Why the Healthcare Crisis Won't Go Away," *Christian Science Monitor*, July 18, 2005, p. 17.
28) Julie Appleby, "Health Insurance Premiums Crash Down on Middle Class," *USA Today*, March 16, 2004, 〈www.usatoday.com/news/health/2004-03-16-healthcost_x.htm〉, 2007년 1월 22일에 접속.
29) 메노나이트 교회의 분파인 후터파에서는 지금도 상호적 돌봄의 네트워크를 유지하고 있다.
30) Rachel Kramer Bussel, "Interview: Anya Kamenetz, Author, Generation Debt," *Gothamist*, February 2, 2006, 〈www.gothamist.com/archives/2006/02/02/anya_kamenetz_a_1.php〉, 2007년 1월 22일에 접속.
31) 같은 곳.
32) Robert D. Manning, "Credit Cards on Campus," *Enough!*, Fall 2003, p. 1.
33) 앤드루 매크리어드(Andrew McLeod)는 협동조합에 관한 자료를 모아 둔 사도행전 프로젝트 〈www.bookofacts.info〉라는 매우 훌륭한 웹사이트를 만들었다.
34) 브라이언의 책 *Everything Must Change*(Nashville: Thomas Nelson, 2007)을 보라. 「예수에게서 답을 찾다」(포이에마).
35) "Co-ops Generate Billions in Income While Supporting Community Causes Like Education and the Environment, Study Finds," Co-op Month 〈www.co-opmonth.coop/toolkit/sample_article_nl.html〉.

## 11. 서구의 가난한 사람들이 직면한 도전

1) *Human Development Report 2005*(New York: United Nations Development Pro-gramme, 2005), p. 17.
2) Joe Leydon, "Review: When the Levees Broke: A Requiem in Four Acts," *Variety*, August 17, 2006, 〈www.variety.com/review/VE1117931327.html?categoryid=1237&cs=1&query=requiem%2C+spike+lee〉, 2007년 1월 23일에 접속.

3) Edward Robinson, "Gulfport Family, Escaping Katrina, Can't Find U.S. Aid," *Bloomberg.com: News & Commentary*, ⟨http://quote.bloomberg.com/apps/news?pid=nifea&&sid=azRjaR1Pa_1s⟩, 2007년 1월 22일에 접속.
4) "Two-in-Three Critical of Bush's Relief Efforts: Huge Racial Divide Over Katrina and Its Consequences," *The Pew Research Center for the People and the Press*, September 8, 2005, ⟨http://people-press.org/reports/display.php3?ReportID=255⟩, 2007년 1월 23일에 접속.
5) David Brooks, "The Bursting Point," *The New York Times*, September 4, 2005, ⟨http://select.nytimes.com/gst/abstract.html?res=F30D17F83F550C778CDDA00894DD404482⟩, 2007년 1월 22일에 접속.
6) The Urban Institute, "A New Look at Homelessness in America," February 1, 2000, ⟨www.urban.org/publications/900366.html⟩, 2007년 1월 23일에 접속.
7) Alexandra Marks, "Back from Iraq—and Suddenly on the Streets," *Christian Science Monitor*, February 8, 2005, p. 2.
8) Barbara Ehrenreich, *Nickel and Dimed*(New York: Metropolitan/Owl, 2001), pp. 11-49. 「노동의 배신」(부키).
9) 이런 자료를 감안할 때, 퓨의 설문조사에서 많은 흑인들이 인종적 불평등을 대단히 비판적인 태도를 지니고 있는 이유를 이해할 수 있다.
10) "United Kingdom Indicators," The Poverty Site, ⟨www.poverty.org.uk/summary/uk.htm⟩, 2007년 5월 13일에 접속.
11) "The Salvation Army and the National Coalition Against Poverty," ⟨www.salvationarmy.org.au/SALV.1310888:LANDING:511353:pc=PC_60977⟩, 2007년 13일에 접속.
12) "Minimum Wage: Facts at a Glance," Economic Policy Institute, April 2007, ⟨www.epi.org/content.cfm/issueguides_minwage_minwagefacts⟩, 2007년 5월 13일에 접속.
13) "CBI Urges Caution on Minimum Wage," *BBC—News*, September 25, 2006, ⟨http://news.bbc.co.uk/2/hi/business/5371896.stm⟩, 2007년 5월 13일에 접속.

14) Daniel B. Woods, "Katrina Casts Light on the Other Poor," *Christian Science Monitor*, October 24, 2005, pp. 1, 3.
15) Jonathan Kozol, *The Shame of the Nation*(New York: Crown, 2005).
16) Tom Sine, *Cease Fire*(Grand Rapids: Eerdmans, 1995).
17) ⟨www.christianchurchestogether.org⟩를 보라.
18) Jim Wallis, "Christian Churches Together—Finally," *Sojomail*, February 15, 2007, ⟨http://www.sojo.net/index.cfm?action=sojomail.display&issue=070215⟩, 2007년 5월 13일에 접속.
19) "Helping the Poor: From Welfare to Workfare," *The Economist*, July 29, 2006, p. 28.
20) Matt Feinstein, "YouthGROW: A Local Food System Grows an Alternative Economy" ⟨www.geo.coop/YouthGrow1104.htm⟩.
21) Church World Service Emergency Response Program ⟨www.cwserp.org/training⟩.

## 12. 전 세계 가난한 사람들이 직면한 도전

1) Jeffrey Sachs, *The End of Poverty*(New York: Penguin Press, 2005), p. 1. 「빈곤의 종말」(21세기북스).
2) "Haiti Flood Deaths May Top 2,000," *BBC—News*, September 28, 2004, ⟨http://news.bbc.co.uk/2/hi/americas/3697086.stm⟩, 2007년 1월 23일에 접속.
3) Dan Griffiths, "Agony Piled on Agony in Haiti," *BBC—News*, September 26, 2004, ⟨http://news.bbc.co.uk/2/hi/americas/3691226.stm⟩, 2007년 1월 23일에 접속.
4) Johan Norberg, "How Globalization Conquers Poverty," Globalization and World Capitalism: A Debate, *Cato Institute*, November 6, 2005, ⟨www.cato.org/special/symposium/essays/norberg.html⟩, 2007년 1월 23일에 접속.
5) Joseph E. Stiglitz, *Making Globalization Work*(New York: W.W. Norton, 2006), p. 11. 「인간의 얼굴을 한 세계화」(21세기북스).
6) Lisa Mastny, "HIV/AIDS Crisis Worsening Worldwide," Vital Signs 2005: The

Trends That Are Shaping Our Future, *The Worldwatch Institute*, ed. Lisa Mastny (New York: W.W. Norton, 2005), p. 68.

7) David E. Bloom, David Canning, "Booms, Busts, and Echoes," *Finance and Development* 43, no. 3 (2006): 9-10.

8) Paul Stevenson, "Children at Risk," *WHO Review: The Health Need of Children*, Form 5-9.

9) Christa Case, "A Low-Cost Laptop for Every Child," Christian Science Monitor, November 16, 2005, p. 4.

10) *Human Development Report 2005*, p. 18.

11) Stiglitz, *Making Globalization Work*, pp. 9-15, 78.

12) Cynthia D. Moe-Lobeda, *Healing a Broken World*(Minneapolis: Fortress, 2002), p. 24.

13) Stiglitz, *Making Globalization Work*, pp. 103-4.

14) Tom Sine, *The Mustard Seed Conspiracy*(Waco, Tex.: Word, 1981), p. 60.

15) Stiglitz, *Making Globalization Work*, pp. 125-26.

16) "Drop the Debt," *The New York Times*, September 24, 2005, p. A26.

17) Sachs, *End of Poverty*, p. 25.

18) 같은 책, p. 213.

19) "The $25 billion question," *The Economist*, July 2, 2005, p. 24.

20) 이 문제에 관한 용어가 바뀌고 있다는 점에 주목하라. 경제개발협력기구(OECD)에서는 2000년까지 국내총생산(GNP)을 사용했지만, 이제는 이를 무역 수지를 포함하는 비슷한 용어인 국민총소득(GNI)로 대체했다.

21) The Most Revd. Njongonkulu Ndungane, "Micah Challenge," *Asian Church Today*, July-October 2004, pp. 5-6.

22) 공적 신학 안에서의 대화에 관해서는 the Evangelical Alliance U.K. (www.eauk.org)와 Zadok Institute for Christianity and Society (www.zadok.org.au), The Veritas Forum (www.veritas.org), the Anabaptist Network in the U.K. (www.anabaptistnetwork.com), Root & Branch (www.rootandbranch.org.uk), Young Anabaptist Radicals in North America (http://young.

anabaptistradicals.org)을 보라. The Other Journal (www.theotherjournal. com) 역시 유용한 자료다.
23) Charles Shaw, "The End of 'Business As Usual,'" *Whole Life Times*, November 2006, accessed May 13, 2007, at 〈http://wholelifetimes. com/2006/11/korten0611.html〉.
24) Bill McKibben, *Deep Economy*(New York: Times Books, 2007), pp. 198-99.
25) 같은 책, pp. 207-8.
26) "New Thinking About an Old Problem," *The Economist*, September 17, 2005, p. 36.
27) Philippa Thomas, "Ending Child Poverty and Securing Child Rights: The Role of Social Protection," *briefing paper*, October 2005, p. 2.
28) John L. Ronsvalle, Sylvia Ronsvalle, *The Poor Have Faces*(Grand Rapids: Baker, 1992), pp. 53-54.

## 13. 위기에 처한 교회가 직면한 도전

1) Philip Johnson, "DIY Spirituality and Pop Culture," Reflections: Emerging Church.Info, 〈www.emergingchurch.info/reflection/philipjohnson/index. htm〉.
2) 같은 곳.
3) *Religion News*, January 7, 2005, The Pew Forum on Religion in Public Life, 〈www.pewforum.org〉.
4) David T. Olson, "12 Surprising Facts About the American Church," The American Church Research Project, 2006, 〈www.theamericanchurch.org〉, 2007년 5월 13일에 접속. (이 단체의 조사에서는 정통적인 기독교 교회, 곧 가톨릭이나 복음주의, 메인라인, 정교회에 출석하는 사람들만 포함시켰다.)
5) Mark Chaves, "Supersized: Analyzing the Trend Toward Larger Churches," *Christian Century*, November 28, 2006, pp. 20-25.
6) John L. Ronsvalle, Sylvia Ronsvalle, *The State of Church Giving Through 2003*(Champaign, Ill.: Empty Tomb, 2005), p. 7.

7) Philip Jenkins, *The Next Christendom*(Oxford: Oxford University Press, 2002), p. 3. 「신의 미래」(도마의 길).
8) Jeremy Webster, "Shouting and Dancing Our Way to Worship," "What I Learned from the African Church: Twenty-Two Students Reflect on a Life-Changing Experience," ed. James R. Krabill, *Missio Dei* 11.

**14. 이미 여기 와 있는 하나님 나라에 대한 새로운 상상**

1) Shane Claiborne, *The Irresistible Revolution*(Grand Rapids: Zondervan, 2006), 188.
2) 같은 책, p. 189.
3) 같은 책, pp. 335-36.
4) Henri J. M. Nouwen, *Clowning in Rome*(Garden City, N.Y.: Image Books, 1979), pp. 1-2. 「로마의 어릿광대」(가톨릭대학교출판부).
5) Brian J. Walsh, Sylvia C. Keesmaat, *Colossians Remixed*(Downers Grove, Ill.: InterVarsity Press, 2004), p. 40. 「제국과 천국」(IVP).
6) Harold Best, "God's Creation and Human Creativity," 발표되지 않은 글, Wheaton College, 1983, p. 8.
7) Erwin McManus, "Is the Church Still Relevant?" *The Relevant Church*, ed. Mike Howerton et al.(Lake Mary, Fla.: Relevant, 2004), p. 15.
8) Johnny Baker and Doug Gay, *Alternative Worship*(London: SPCK, 2004), pp. 139-43.
9) Herbert Anderson, Edward Foley, *Mighty Stories and Dangerous Rituals*(San Francisco: Jossey-Bass, 1998), p. 43. 「예배와 목회상담」(학지사).
10) Scott Bader-Saye, "Improvising Church: An Introduction to the Emerging Church Conversation," *International Journal for the Study of the Christian Church* 6, no. 1 (2006): 12-23.
11) Stanley J. Grenz, John R. Franke, *Beyond Foundationalism*(Louisville: Westminster John Knox, 2000), p. 272.
12) Efrem Smith, Phil Jackson, *The Hip-Hop Church*(Downers Grove, Ill.: IVP

Books, 2005), p. 87.
13) Stuart Murray, *Post-Christendom*(Milton Keynes, U.K.: Paternoster Press, 2004), pp. 84-85.
14) John Alexander, "Why We Must Ignore Jesus," *The Other Side*, October 1977, p. 8.
15) Rob Bell, *Velvet Elvis*(Grand Rapids: Zondervan, 2005), pp. 163-64. 「당당하게 믿어라」(두란노).
16) Wayne Meeks, *The Origins of Christian Morality*(New Haven, Conn.: Yale University Press, 1993), p. 12.
17) Stanley Hauerwas, William H. Willimon, *Resident Aliens*(Nashville: Abingdon, 1989), p. 12. 「하나님의 나그네 된 백성」(복있는사람).
18) "Being Culture-Makers: An Interview with Andy Crouch," StudentSoul.org, January 19, 2007, 〈www.intervarsity.org/studentsoul/item/andy-crouch〉, 2007년 1월 28일에 접속.
19) Bruce Bradshaw, *Change Across Cultures*(Grand Rapids: Baker Academic, 2002), p. 21.
20) Bell, *Velvet Elvis*, p. 170.
21) Sara Wenger Shenk, *Why Not Celebrate!*(Intercourse, Penn.: Good Books, 1987), p. 13.
22) 세상을 변화시키는 일에 동참하는 창의적인 결혼식에 관심이 있는 사람들은 아이 두 재단(I Do Foundation)이라는 새로운 자선 결혼식 희망선물목록 서비스를 활용할 수 있다. 이것은 결혼식 하객들에게 예비 부부의 이름으로 정해진 자선단체에 기부해 달라고 알려 주는 서비스다. Brad Foss, "Couples Choose Charity on Wedding Day," *Christian Science Monitor*, June 15, 2006, p. 16.
23) Christine Sine, Tom Sine, *Living on Purpose*(Grand Rapids: Baker, 2002). 「하나님 목적 나의 목적」(그루터기하우스).
24) Dennis W. Bakke, *Joy at Work*(Seattle, Wash.: Pearson Venture Group, 2005). 「일의 즐거움」(상상북스).
25) "Net Script," A Prairie Home Companion with Garrison Keiller, *National Public*

*Radio*, January 27, 2007, ⟨http://prairiehome.publicradio.org/programs/ 2007/01/27/scripts/net.shtml⟩, 2007년 1월 31일에 접속.
26) William John Fitzgerald, *Blessings for the Fast-Paced and Cyberspaced* (Leavenworth, Kans.: Forest of Peace, 2000).

## 15. 전인적 청지기직에 대한 새로운 상상

1) Eddie Gibbs, Ryan K. Bolger, *Emerging Churches*(Grand Rapids: Baker Academic, 2005), pp. 150-51.
2) Shane Claiborne, *The Irresistible Revolution*(Grand Rap-ids: Zondervan, 2006), pp. 333-34.
3) Redina Kolaneci, *Who Gives to What and Why? Getting to Know Evangelical Donors*(Oxford: Whitefield Institute, 1997), p. 16.
4) Glen H. Stassen, David P. Gushee, *Kingdom Ethics*(Downers Grove, Ill.: InterVarsity Press, 2003), pp. 410-11. 「하나님의 통치와 예수 따름의 윤리」(대장간).
5) Walter E. Pilgrim, *Good News to the Poor*(Minneapolis: Augsburg, 1981), p. 161.
6) 같은 책, p. 165.
7) 짐 머클(Jim Merkel)의 *Radical Simplicity*(Gabriola Island, B.C.: New Society, 2003)에서는 '충분함'을 평가하기 위한 실제적인 지침과 더 적은 것을 가지고 살아갈 수 있는 방법을 제시한다(125쪽). 「단순하게 살기」(황소자리).
8) 셰인 클레어본과의 인터뷰, "How Do You Break the Addiction to Money?" *Relevant*, May 2007.
9) "Lent Challenge: Live on the Minimum Wage," *Uncovered Extra*, 티어펀드(Tearfund)의 이메일 소식지, ⟨http://youth.tearfund.org/⟩.
10) 크리스틴은 사순절 훈련에 관한 실제적인 제안을 담은 사순절 지침서 「온전함을 향한 여정」(*A Journey into Wholeness*)을 만들었다. ⟨www.msainfo.org/clopcont.asp?id=614&subject=46⟩에서 볼 수 있다.
11) Craig L. Blomberg, *Preaching the Parables*(Grand Rapids: Baker, 2004), pp.

51-52. 「비유 설교」(크리스챤출판사).

12) "The Good Life on $8,000 a Year?" *Kiplinger's Personal Finance Magazine* 55, no. 8 (2001): 68.

## 16. 전인적 공동체에 대한 새로운 상상

1) George Barna, *Revolution*(Carol Stream, Ill.: Tyndale House, 2005), p. 66. 「레볼루션」(베이스캠프).
2) 같은 책, pp. 48-55.
3) Darrell Guder, ed., *Missional Church*(Grand Rapids: Eerdmans, 1998), p. 80.
4) James V. Brownson et al., *StormFront*(Grand Rapids: Eerdmans, 2003), pp. 32-34.
5) Stuart Murray, *Church After Christendom*(Milton Keynes, U.K.: Paternoster, 2004), p. 149.
6) Brownson et al., *StormFront*, p. 34.
7) Rodney Clapp, *Families at the Crossroads*(Downers Grove, Ill.: InterVarsity Press, 1993), pp. 73-77.
8) 같은 책, pp. 83-84.
9) Stanley Hauerwas, William H. Willimon, *Resident Aliens*(Nashville: Abingdon, 1989), p. 12.
10) Christine D. Pohl, *Making Room*(Grand Rapids: Eerdmans, 1999), pp. 11-12, 30. 「손대접」(복있는사람).
11) Ian Bradley, *Colonies of Heaven*(Kelowna, B.C.: Northstone, 2000), pp. 4-7.
12) Eddie Gibbs, Ryan K. Bolger, *Emerging Churches*(Grand Rapids: Baker Academic, 2005), pp. 96-97.
13) 같은 책, p. 45.
14) Larry Sibley, "Church Profile: You Want Salsa or Kimchi with That? Spirit and Truth Fellowship, Philadelphia, Pennsylvania," *Reformed Worship Magazine* no. 71, 〈www.reformedworship.org/magazine/article.cfm?article_id=1297〉, 2007년 1월 30일에 접속.

15) David Diekema, David Caddell, "The Significance of Place: Sociological Reflec-tions on Distance Learning and Christian Higher Education," *Christian Scholar's Review* 31, no. 2 (2001).
16) Pierre Bourdieu, *Outline of a Theory of Practice*(London: Cambridge University Press, 1977), Diekema, Caddell, "Significance of Place," p. 11에서 재인용.
17) "Handbook on Mission Groups," *New Community Church*, Washington, D.C., 2005-2006, p. 2.
18) Camille Sweeney, "The 21st-Century Commune," *The New York Times*, September 10, 2006.
19) Karen Dugdale, "Communal Living Comes Back into Fashion in New Flats," *Observer*, August 20, 2006.
20) 새로운 형식의 주거 공동체를 만드는 일에 관한 실용적이고 비종교적인 자료에 관심이 있다면, Diane Leafe Christian, *Creating a Life Together*(Gabriola Island, B.C.: New Society, 2003)를 보라.

## 17. 전인적 선교에 대한 새로운 상상

1) 더 최근에 미가 네트워크에서는 '가난을 종식하자'(Make Poverty History) 캠페인을 지원하기 위해 세계 전역의 교회를 조직화하는 '미가의 도전'을 시작하기도 했다.
2) Michael Frost, Alan Hirsch, *The Shaping of Things to Come*(Peabody, Mass.: Hendrickson, 2004), p. 18.
3) Walbert Buhlmann의 글, David Smith, *Mission After Christendom*(London: Darton, Longman and Todd, 2003), p. 3에서 재인용.
4) David J. Bosch, *Transforming Mission*(Maryknoll, N.Y.: Orbis Books, 1991), p. 32. 「변화하고 있는 선교」(기독교문서선교회).
5) Obery M. Hendricks Jr., *The Politics of Jesus*(New York: Random House, 2006), pp. 50-52.
6) Bosch, *Transforming Mission*, p. 407.

7) C. René Padilla, "Holistic Mission," *Occasional Paper No. 33*, Lausanne Committee for World Evangelization, Pattaya, Thailand, September 29 to October 5, 2004. 그러나 그는 이런 변화가 이 성명서의 영향 때문이라기보다는 그리스도인의 양심이 각성되었기 때문이라고 말한다.

### 18. 새로운 기업 운동에 동참하라

1) Harvey Cox, *The Feast of Fools*(New York: Harper and Row, 1969), p. 3. 「바보제」(대한기독교서회).
2) 같은 곳.
3) 같은 책, p. 162.
4) The Psalters, "Psalters Mission," ⟨www.psalters.com⟩.
5) Wild Goose Resource Group(www.iona.org.uk/wgrg/wild.htm)에서는 정의와 피조물의 돌봄에 관한 하나님의 관심에 초점을 맞춘 매우 감동적인 예전을 소개하고 있다.
6) Kathryn Schuth, "The City as a Place of Redemption," *The Institute for Sacred Architecture Journal* 8 (2003), ⟨www.sacredarchitecture.org/pubs/saj/books/sidewalks.php⟩, 2007년 1월 30일에 접속.
7) Steve Taylor, *The Out of Bounds Church? Learning to Create a Community of Faith in a Culture of Change*(Grand Rapids: Zondervan, 2005), 128.
8) Fr. Michael Enright, "The Second Most Important Question," *The Institute for Sacred Architecture*, ⟨www.sacredarchitecture.org/pubs/saj/articles/2nd.php⟩.
9) J. Nathan Corbitt, *Vivian Nix-Early, Taking It to the Streets*(Grand Rapids: Baker, 2003), p. 179.
10) "Interview with Mandla Mentoor: The Soweto Mountain of Hope: Making People Free," *Motion Magazine*, June 8, 2003, ⟨www.inmotionmagazine.com/global/mm1.html⟩, 2007년 1월 30일에 접속.
11) Megan Lindow, "From Rubble to Revival," Christian Science Monitor, February 26, 2004, pp. 14, 16.
12) Dana Harman, "Beating Guns into Guitars," *Christian Science Monitor*, June

13, 2006, p. 6.

13) Stacy A. Teicher, "Initiative Turns Seniors into Landlords," *Christian Science Monitor*, May 17, 2004, p. 15.

**정말로 작고 작은**

1) 캠든 공동체의 회원들은 다른 지역사회 단체와 연합해 아이들이 사는 지역의 공해를 줄일 수 있도록 트럭 전용도로의 경로를 바꾸기 위해 의회에 압력을 가하고 있다.

옮긴이 박세혁은 서울대학교 서양사학과를 졸업한 후 연세대학교(Th.M.)와 미국 에모리 신학교(M.Div., Th.M.)에서 신학을 공부했고, 현재 Graduate Theological Union에서 박사과정(미국 종교사 전공)을 공부하고 있다. 역서로는 「하나님 편에 서라」, 「복음주의 지성의 스캔들」, 「배제와 포용」(IVP), 「오두막에서 만난 하나님」, 「십자가를 아는 지식」(살림), 「분별의 기술」(사랑플러스), 「배제의 시대, 포용의 은혜」(아바서원) 등이 있다.

## 하나님 나라의 모략

초판 발행_ 2014년 5월 23일

지은이_ 탐 사인
옮긴이_ 박세혁
펴낸이_ 신현기

발행처_ 한국기독학생회출판부
등록번호_ 제313-2001-198호(1978.6.1)
주소_ 121-838 서울시 마포구 동교로 156-10
대표 전화_ (02)337-2257 팩스_ (02)337-2258
영업 전화_ (02)338-2282 팩스_ 080-915-1515
직영서점 산책_ (02)3141-5321
홈페이지_ http://www.ivp.co.kr 이메일_ ivp@ivp.co.kr
ISBN 978-89-328-1348-6

ⓒ 한국기독학생회출판부 2014

책값은 뒤표지에 있습니다.
무단 전재와 복제를 금합니다.